高云合同

合同江湖梦　法律侠客行

高云合同

MINFADIAN SHIDAI HETONG SHIWU ZHINAN

民法典时代

合同实务指南

高　云——主编

新旧对照 ◆ 操作指引 ◆ 示范条款

法律出版社 LAW PRESS · CHINA

图书在版编目(CIP)数据

民法典时代合同实务指南：新旧对照·操作指引·示范条款／高云主编. --北京：法律出版社，2020
ISBN 978-7-5197-4508-0

Ⅰ.①民… Ⅱ.①高… Ⅲ.①合同法-中国-指南 Ⅳ.①D923.6-62

中国版本图书馆 CIP 数据核字(2020)第078222号

民法典时代合同实务指南：
新旧对照·操作指引·示范条款
MINFADIAN SHIDAI HETONG SHIWU ZHINAN：
XINJIU DUIZHAO·CAOZUO ZHIYIN·SHIFAN TIAOKUAN

高 云 主编

责任编辑 李 群 董 昱
装帧设计 汪奇峰

编辑统筹 法规出版分社

出版 法律出版社
总发行 中国法律图书有限公司
经销 新华书店
印刷 中煤(北京)印务有限公司
责任印制 吕亚莉

开本 710毫米×1000毫米 1/16
印张 35.25
字数 400千
版本 2020年7月第1版
印次 2020年7月第1次印刷

法律出版社／北京市丰台区莲花池西里7号(100073)
网址／www.lawpress.com.cn
投稿邮箱／info@lawpress.com.cn
举报维权邮箱／jbwq@lawpress.com.cn
销售热线／400-660-8393
咨询电话／010-63939796

中国法律图书有限公司／北京市丰台区莲花池西里7号(100073)
全国各地中法图分、子公司销售电话：
统一销售客服／400-660-8393/6393
第一法律书店／010-83938432/8433　西安分公司／029-85330678　重庆分公司／023-67453036
上海分公司／021-62071639/1636　深圳分公司／0755-83072995

书号：ISBN 978-7-5197-4508-0　定价：86.00元
(如有缺页或倒装，中国法律图书有限公司负责退换)

编委会

民法典时代，什么是法律人的贡献？

不要浪费一场危机。

——丘吉尔

这是一个众声喧哗的时代。

20世纪70年代发射的旅行者1、2号探测器，已经冲出了太阳系，火星移民成为社会热门话题，人类探索宇宙的征程正式开启。地球上，世界进入了5G时代，马斯克的星云即将无所不在。

在高科技无处不在的今天，时代就像一趟高速运转的列车，裹挟着我们每个人不假思索地前行，难得有时间停下来思考一下人生的意义。

然而，这一切的繁华景象，竟然在2020年，被新型冠状病毒肺炎这场世纪疫情重重按下了暂停键。数日之内，全球几十亿人居家隔离，移动暂停，社交归零。整个地球，恍若进入了停转末日。

我们不幸，在有生之年，第一次遇上了如此重大的世界危机。但也有幸，让自己第一次拥有了如此阔绰的时间，反思自身，追问人生的意义。

这是一个容易迷失自我的时代。

在这段枯燥和焦虑的日子里，你是否追问过自己，如何度过这个至暗时刻？是否想过利用这段闲逸时光，为自己、家人或者社会，做些有意义的事情呢？

每个人的选择不尽相同。有人选择睡觉、煲剧、打游戏，刷手机、聊微信，甚至数出了一颗草莓上有178粒籽……

有人选择回归家庭,做一个孝顺的儿女,补上多年未曾陪父母聊天的时间;做一个温暖的老爸老妈,给儿女讲完一直拖欠的睡前故事,享受家庭亲情……

不能说谁的人生态度有问题,因为这是一个人人享有选择自由的时代。

不过,对于社会而言,要想安然渡过这场世纪疫情,继续前行,靠的肯定不是前述的被动等待或温情脉脉,而是更多人的挺身而出和积极奉献。

人们常说,在推动时代进步的生力军当中,有两种人不可或缺,一是医护人员,二是法律人。医护人员救死扶伤,拯救社会于危难当中;法律人推动社会法治建设,承担保障社会自由公平的使命,推动社会不断进步。

在这场世纪疫情当中,率先站出来的是最美逆行者——医护人员。尤其是中国的医护人员,他们奋不顾身,忘我投入,使中国在短短两个月内就控制了疫情,成为全世界最安全的国家之一。

人们不会忘记参与这场战役的每一位医护人员,包括了“吹哨人”、殉职医生李文亮,“国之重器”钟南山,“赤诚国士”李兰娟,还有在工作岗位上鞠躬尽瘁的武汉市武昌医院院长刘智明等。当然,也不会忘记在这场战役当中默默付出的平凡小人物,如未完成婚礼的彭银华、未能回家的母亲夏思思、连接社会动脉的快递小哥汪勇等。

他们并非什么从天而降的英雄,不过是一群挺身而出的普通人。但时代要进步,绝对离不开这种普通人,离不开这种燃烧自己、照亮社会的崇高精神。

面对这些表率和示范,同样肩负促进社会进步责任的法律人,是否应当认真思考,在重大社会事件到来之际,法律人应当如何行动?又应当作出什么贡献呢?

2020年5月,中华人民共和国第一部《民法典》正式颁布,中国人民终于拥有了第一部社会生活的法律百科全书,而这正是法律人回报时代的大好机会。

拿破仑曾说:“我真正的光荣,并非打了四十多次胜仗,滑铁卢一战就让所有战绩一笔勾销。但有一样东西是不会被人忘记的,它将永垂不朽,那就是我的《民法典》。”

为什么法典如此重要?因为它往往奠定了一个国家的基本法律制度和

法治体系，影响着一个国家、民族甚至时代的走向。以中国此次颁布的《民法典》为例，紧跟新时代的步伐，积极回应社会生活的热点问题，集合了9部单行法律之大成，建立了众多崭新的法律理论和制度，大量的法条、用词被改写。可以说，《民法典》引领中国步入了波澜壮阔的新法时代。

那么，身处民法典时代的法律人，应当如何应对和行动呢？

在我们看来，首先是充分认识到知识老化的危机，积极投身于学习中。由于《民法典》修改和新增了大量的法律规范，“六〇后”“七〇后”“八〇后”甚至“九〇后”的法律人，都会因此面临知识老化的尴尬局面。如果不积极学习，更新自己的《民法典》知识体系，必将被时代淘汰。

其次是充分把握好这个巨大的职业发展机遇。《民法典》出台后，不仅是法律人，中国所有人都有必要学好、用好、管理好中国社会生活的法律百科全书。如果法律人能够以《民法典》学习和普及为契机，积极投身于全社会的《民法典》宣讲和普法活动，既能承担社会赋予法律人的责任，个人也能从中收获更多的职业发展机会。

上述两个理由也正是本书的缘起。

就在2020年年初，世纪疫情肆虐中国大地之际，中国有一群从“七〇后”到“九〇后”的优秀律师和法务，秉承着热爱法律、践行法治的初心，发起了本书的写作。

当时，他们分散于全球各处，主编高云远在地球另一端的加拿大，副主编倪志刚更身处疫情中心的武汉……虽各自隔离在家，但时空距离丝毫没有影响他们的创作热情和工作效率。他们一边带娃做饭，温暖家人，做好家庭父母或子女的角色；一边挑灯夜读，勤奋写作，践行专业法律人的责任。经过近半年的反复雕琢，终于收获本书。

这是一本专门研究《民法典》核心内容的实务书。《民法典》共1260条，其中与合同有关的法条多达600余条，占据了《民法典》的半壁江山。而且，合同编内容是各编部门法当中修改最多的，大量新规定和新制度颁布，所以有“得合同编，得民法典精髓”之说法。

对于日常工作非常忙碌的律师和法务，面对如此繁多的内容，除了逐条阅读理解《民法典》这个费时长、效率低的笨办法外，是否还有更直接、更高效的解决方案呢？例如，梳理《民法典》合同编的总体思路，归纳主要的亮点、风险点和变化；结合合同写审改、谈判、诉讼和管理等合同实务场景，总结企业合同实务应当如何调整和改变的解决方案。

本书内容就是按照上述思路来设计的。第一部分实务总纲和第二部分对比精读，由高云法律团队6位成员集体编撰，为读者概括介绍《民法典》合同编的九大亮点、九大风险点和九大变化，逐一对比精读《合同法》、《九民纪要》和《民法典》合同编的所有对应条款，一举轻松掌握中国所有的合同法律法规、司法解释和判例要旨。第三部分应用总结，由来自于全国各地的20多位优秀律师和法务集体创作，他们依据《九民纪要》和《民法典》等新法，针对合同实务中遇到的各种合同疑难问题，总结出实操性非常强的解决方案。

丘吉尔说过，不要浪费一场危机。

在危机面前，与其担心害怕、坐以待毙，抑或消极等待、当无聊看客，不如奋而向前、积极行动。

这个时代的舞台足够容纳下我们所有人。如果你的能量足够大，可以化为熊熊燃烧的火炬，照亮这个时代，帮助尽量多的人，无愧于自己的一身才华。即使你只是一个普通人，也可以像前述的普通人一样，化作天上的一颗星星，为世界添一点亮光，温暖身边的人。

正如没有一个冬天不可逾越，没有一个春天不会到来。面对这场世纪疫情，我们相信，只要每个人积极行动和努力奉献，当风雨过后，你我重新相见于武汉樱花树下的那一刻，家国必安然无恙，山河将更加美好！

我们作为中国数百万法律人当中的普通一员，谨以勤奋写作、践行法治这个实际行动，向广大的医护人员学习和致敬，期待您，还有更多的法律人，加入我们的行动队伍，共同祝愿武汉加油、中国加油、世界加油！

让我们为推进民法典时代的法治建设一起并肩前行吧！

高云　曾理

2020年5月31日

目·录

CONTENTS

关键词速查表

法律部分

【《民法典》】《中华人民共和国民法典》的简称，由第十三届全国人民代表大会第三次会议于2020年5月28日通过，自2021年1月1日起施行。

【《民法通则》】《中华人民共和国民法通则》的简称，由第六届全国人民代表大会第四次会议于1986年4月12日通过，由第十一届全国人民代表大会常务委员会第十次会议于2009年8月27日修正，自1987年1月1日起施行。

【《合同法》】《中华人民共和国合同法》的简称，由第九届全国人民代表大会第二次会议于1999年3月15日通过，自1999年10月1日起施行。

【《公司法》】《中华人民共和国公司法》的简称，由第八届全国人民代表大会常务委员会第五次会议于1993年12月29日通过，由第十三届全国人民代表大会常务委员会第六次会议于2018年10月26日第四次修正，自2006年1月1日起施行。

【《民事诉讼法》】《中华人民共和国民事诉讼法》的简称，由第七届全国人民代表大会第四次会议于1991年4月9日通过，由第十二届全国人民代表大会常务委员会第二十八次会议于2017年6月27日第三次修正，自1991年4月9日起施行。

【《消费者权益保护法》】《中华人民共和国消费者权益保护法》的简称，由第八届全国人民代表大会常务委员会第四次会议于1993年10月31日通过，由第十二届全国人民代表大会常务委员会第五次会议于2013年10月25日第二次修正，自1994年1月1日起施行。

【《食品安全法》】《中华人民共和国食品安全法》的简称，由第十一届全国人民代表大会常务委员会第七次会议于 2009 年 2 月 28 日通过，由第十三届全国人民代表大会常务委员会第七次会议于 2018 年 12 月 29 日修正，自 2015 年 10 月 1 日起施行。

【《物权法》】《中华人民共和国物权法》的简称，由第十届全国人民代表大会第五次会议于 2007 年 3 月 16 日通过，自 2007 年 10 月 1 日起施行。

【《担保法》】《中华人民共和国担保法》的简称，由第八届全国人民代表大会常务委员会第十四次会议于 1995 年 6 月 30 日通过，自 1995 年 10 月 1 日起施行。

【《建筑法》】《中华人民共和国建筑法》的简称，由第八届全国人民代表大会常务委员会第二十八次会议于 1997 年 11 月 1 日通过，由第十三届全国人民代表大会常务委员会第十次会议于 2019 年 4 月 23 日第二次修正，自 1998 年 3 月 1 日起施行。

【《消防法》】《中华人民共和国消防法》的简称，由第九届全国人民代表大会常务委员会第二次会于 1998 年 4 月 29 日通过，由第十三届全国人民代表大会常务委员会第十次会议于 2019 年 4 月 23 日修正，自 2009 年 5 月 1 日起施行。

【《电子签名法》】《中华人民共和国电子签名法》的简称，由第十届全国人民代表大会常务委员会第十一次会议于 2004 年 8 月 28 日通过，由第十三届全国人民代表大会常务委员会第十次会议于 2019 年 4 月 23 日第二次修正，自 2005 年 4 月 1 日起施行。

【《道路交通安全法》】《中华人民共和国道路交通安全法》的简称，由第十届全国人民代表大会常务委员会第五次会议于 2003 年 10 月 28 日通过，由第十一届全国人民代表大会常务委员会第二十次会议于 2011 年 4 月 22 日第二次修正，自 2004 年 5 月 1 日起施行。

【《合伙企业法》】《中华人民共和国合伙企业法》的简称，由第八届全国人民代表大会常务委员会第二十四次会议于 1997 年 2 月 23 日通过，由第十届全国人民代表大会常务委员会第二十三次会议于 2006 年 8 月 27 日修订，自 2007 年 6 月 1 日起施行。

部门规章、司法解释及规范性文件部分

【《九民纪要》】《全国法院民商事审判工作会议纪要》(法〔2019〕254 号)的简称,由最高人民法院于 2019 年 11 月 8 日发布。

【新《民事证据规则》】《最高人民法院关于民事诉讼证据的若干规定》(法释〔2019〕19 号)的简称,自 2020 年 5 月 1 日起施行。

【旧《民事证据规则》】《最高人民法院关于民事诉讼证据的若干规定》(法释〔2001〕33 号)的简称,自 2002 年 4 月 1 日起施行。

【《民诉法司法解释》】《最高人民法院关于适用〈中华人民共和国民事诉讼法〉的解释》(法释〔2015〕5 号)的简称,自 2015 年 2 月 4 日起施行。

【《担保法司法解释》】《最高人民法院关于适用〈中华人民共和国担保法〉若干问题的解释》(法释〔2000〕44 号)的简称,自 2000 年 12 月 13 日起施行。

【《合同法司法解释一》】《最高人民法院关于适用〈中华人民共和国合同法〉若干问题的解释(一)》(法释〔1999〕19 号)的简称,自 1999 年 12 月 29 日起施行。

【《合同法司法解释二》】《最高人民法院关于适用〈中华人民共和国合同法〉若干问题的解释(二)》(法释〔2009〕5 号)的简称,自 2009 年 5 月 13 日起施行。

【《房屋租赁合同司法解释》】《最高人民法院关于审理城镇房屋租赁合同纠纷案件具体应用法律若干问题的解释》(法释〔2009〕11 号)的简称,自 2009 年 9 月 1 日起施行。

【《公司法司法解释三》】《最高人民法院关于适用〈中华人民共和国公司法〉若干问题的规定(三)》(法释〔2014〕2 号)的简称,自 2014 年 3 月 1 日起施行。

【《民商事纠纷指导意见》】《最高人民法院关于当前形势下审理民商事合同纠纷案件若干问题的指导意见》(法发〔2009〕40 号)的简称,由最高人民法院于 2009 年 7 月 7 日印发。

【《民间借贷适用若干规定》】《最高人民法院关于审理民间借贷案件适用

法律若干问题的规定》(法释〔2015〕18 号)的简称,自 2015 年 9 月 1 日起施行。

【《商品房买卖合同司法解释》】《最高人民法院关于审理商品房买卖合同纠纷案件适用法律若干问题的解释》(法释〔2003〕7 号)的简称,自 2003 年 6 月 1 日起施行。

【《融资租赁合同司法解释》】《最高人民法院关于审理融资租赁合同纠纷案件适用法律问题的解释》(法释〔2014〕3 号)的简称,自 2014 年 3 月 1 日起施行。

【《建设工程施工合同司法解释》】《最高人民法院关于审理建设工程施工合同纠纷案件适用法律问题的解释》(法释〔2004〕14 号)的简称,自 2005 年 1 月 1 日起施行。

【《买卖合同司法解释》】《最高人民法院关于审理买卖合同纠纷案件适用法律问题的解释》(法释〔2012〕8 号)的简称,自 2012 年 7 月 1 日起施行。

【《金融审判若干意见》】《最高人民法院关于进一步加强金融审判工作的若干意见》(法发〔2017〕22 号)的简称,由最高人民法院于 2017 年 8 月 4 日印发。

【《资管新规》】《关于规范金融机构资产管理业务的指导意见》(银发〔2018〕106 号)的简称,由中国人民银行、中国银行保险监督管理委员会、中国证监会、国家外汇管理局于 2018 年 4 月 27 日发布施行。

【《理财新规》】《商业银行理财业务监督管理办法》的简称,由银保监会于 2018 年 9 月 26 日作为《关于规范金融机构资产管理业务的指导意见》配套实施细则公布施行。

【《物业服务纠纷司法解释》】《最高人民法院关于审理物业服务纠纷案件具体应用法律若干问题的解释》(法释〔2009〕8 号)的简称,自 2009 年 10 月 1 日起施行。

【《旅游纠纷司法解释》】《最高人民法院关于审理旅游纠纷案件适用法律若干问题的规定》(法释〔2010〕13 号),自 2010 年 11 月 1 日起施行。

著　作

【《〈九民纪要〉理解与适用》】最高人民法院民事审判第二庭编著的《〈全国法院民商事审判工作会议纪要〉理解与适用》的简称，人民法院出版社2019年版。

政府机构

【最高院】最高人民法院的简称。

【人民银行】中国人民银行的简称。

【银保监会】中国银行保险监督管理委员会的简称。

常用关键术语

【疫情】新型冠状病毒肺炎疫情的简称。

【IM】即时通信软件的简称。

【OA】办公自动化系统（Office Automation）的简称。

【让与担保方式】股权让与担保融资方式的简称。

【资管业务】商业银行资产管理业务的简称。

【资管产品】银行对受托财产进行投资和管理的金融服务的简称。

【资管合同】金融消费者办理资管业务和购买资管产品时，与银行所签订的各类合同的简称。

【公司越权担保】公司法定代表人或实际控制人未取得股东（大）会或董事会决议同意，擅自对外提供担保的简称。

【高云合同六法】高云（汪宏杰）首创的合同实务知识体系，由心法、写法、改法、管法、战法六大模块组成。详情参阅微信公众号“高云合同”。

第 一 编

合同实务总纲

001—072

PART I

2014 年 10 月，中共中央第十八届四中全会决议提出了“加强市场法律制度建设，编纂民法典”要求，拉开了中国法典时代的大幕。

在《民法典》当中，合同编以其条文数量之多和重要程度，占据了最重要的地位。以条文数量为例，《民法典》共计 1260 条，其中合同编共 526 条、其他章节涉及合同条款约 121 条，与合同有关的法条共计 647 条、占据《民法典》篇幅达 51%，可谓占据了《民法典》的半壁江山。以重要性为例，合同编的作用不仅止于部门法，而是升格为债法总则，与物权编、人格权编和侵权责任编等共同构成《民法典》的基本框架。

所以说，得合同编者，得民法典精髓。

为方便读者阅读和理解，第一编实务总纲为读者全面总结合同编的九大亮点、九大风险点、九大变化和九大典型合同，分述如下。

一、九大亮点

作为新中国第一部《民法典》，当中各种亮点颇多，站在企业合同实务操作的角度，我们应当着重关注如下九大亮点：

【法律地位】合同编升格为债法总则

如果你留意观察一下《民法典》合同编用词特点，不难发现一个有趣现象，就是《合同法》当中大量使用的“合同的权利义务”一词，在《民法典》中大多被替换成“债权债务”的表述。而且，《民法典》新增了第三分编准合同，将原本不属于合同的无因管理、不当得利全部收归合同编名下。

为何如此？盖因《民法典》将合同编的法律地位从部门法升级为债法总则了。

在《民法典》编纂过程中，关于是否设置债法总则的问题一直存在争议。大多数人持不赞成的态度，主要是因为债法的两大基本内容——合同法和侵权责任法都已经在《民法典》中独立成编，债的内容所剩无几，而且债法总则内容大多已被合同编吸纳采用，再行规定债法总则，两者内容很可能重复，形同鸡肋。于是，将合同编升格成为债法总则就成了最合理的选择。

所以，首先，《民法典》第468条规定："非因合同产生的债权债务关系，适用有关该债权债务关系的法律规定；没有规定的，适用本编通则的有关规定，但是根据其性质不能适用的除外。"此条款以法律形式确立了合同编兼具债法总则的定位。

其次，依据上述定位，合同编第四章至第七章中规定的诸多条款内容，如按份之债、连带之债、选择之债、债的转移及消灭规则等，在以往的《合同法》当中并未出现，属于新增内容，但均为债法的基本规则。

上述定位在用语措辞上也能很清晰地看出来，就是前面所述的《合同法》当中关于合同的用语，在《民法典》当中已经大多被替换成"债权人""债务人""债权债务"等具有债法代表性的用语。

【法律体例】新增制度和合同种类，重点关注24种合同

《民法典》除保留了《合同法》大部分合同种类外，还吸纳了其他单行法律规定的有名合同，同时对《合同法》体例、称谓和内容进行了大幅调整。相关体例调整详见下表：

《合同法》和《民法典》合同编体例对比表①

《合同法》（1999年）	《民法典》合同编（2020年）
总则	第一分编　通则
第一章　一般规定	第一章　一般规定
第二章　合同的订立	第二章　合同的订立
第三章　合同的效力	第三章　合同的效力
第四章　合同的履行	第四章　合同的履行
	第五章　合同的保全

① 本表中，为了突出显示新旧变化，编者对旧法被删除的部分用"删除线"标注，对新法增加的部分"加粗"标注。

续表

《合同法》(1999 年)	《民法典》合同编(2020 年)
第五章　合同的变更和转让	第六章　合同的变更和转让
第六章　合同的权利义务终止	第七章　合同的权利义务终止
第七章　违约责任	第八章　违约责任
~~第八章　其他规定~~	
分则	第二分编　典型合同
第九章　买卖合同	第九章　买卖合同
第十章　供用电、水、气、热力合同	第十章　供用电、水、气、热力合同
第十一章　赠与合同	第十一章　赠与合同
第十二章　借款合同	第十二章　借款合同
	第十三章　保证合同
第十三章　租赁合同	第十四章　租赁合同
第十四章　融资租赁合同	第十五章　融资租赁合同
	第十六章　保理合同
第十五章　承揽合同	第十七章　承揽合同
第十六章　建设工程合同	第十八章　建设工程合同
第十七章　运输合同	第十九章　运输合同
第十八章　技术合同	第二十章　技术合同
第十九章　保管合同	第二十一章　保管合同
第二十章　仓储合同	第二十二章　仓储合同
第二十一章　委托合同	第二十三章　委托合同
	第二十四章　物业服务合同
第二十二章　行纪合同	第二十五章　行纪合同
第二十三章　居间合同	第二十六章　中介合同
	第二十七章　合伙合同
~~附则~~	
	第三分编　准合同
	第二十八章　无因管理
	第二十九章　不当得利

上述变化要点如下：

第一，为协调合同编与《民法典》的总体关系，《合同法》第一章关于合同法基本原则、合同效力等内容，改由《民法典》总则统一规定。《合同法》第八章的“其他规定”分散放置到《民法典》各处。

第二，基于合同编担任债法总则的定位，合同编第四章至第七章中增加了诸多的债法规则。此外，增加了第三分编准合同，将属于债法的两块内容——无因管理和不当得利收归门下，分设第二十八章无因管理以及第二十九章不当得利。

第三，为强化债权人利益保护力度，合同编吸纳了过去的立法成果，将合同代位权制度和合同撤销权制度单列成章，新增为《民法典》第五章合同保全。

第四，为适应现实交易当中大量存在的预约合同情况，第一分编通则新增了预约合同，与本约合同共同构建出一个完整的中国合同体系。

第五，将第二十三章居间合同所使用的“居间”一词改为“中介”，更加贴合常人理解。“居间”一词从此消失于中国法律长河当中。

第六，吸收单行法律规定的有名合同，例如《担保法》中的保证合同，同时因应中国经济发展和热点问题需要增加的新型合同，合计新增第十三章保证合同、第十六章保理合同、第二十四章物业服务合同、第二十七章合伙合同四种，新旧合同总计 19 种。同时，将《合同法》的“有名 - 无名”的合同分类方法改变为“典型 - 非典型合同”，更加容易理解。

基于方便学习和研究的角度，我们可以将新设的预约合同视为 1 种新型合同，加上 19 种典型合同，2 种准合同，还有《民法典》新增的第二编物权的居住权合同以及保留《合同法》原有的地役权合同，我们需研究学习的合同种类为 24 种。

【用语措辞】修订部分错误，表达更加准确严谨

相较《合同法》，《民法典》条文无论在用语措辞还是在行文表达方面，都更为严谨、精准和周到，较好地体现了立法语言专业化与通俗化之间的均衡，对比如下：

《合同法》和《民法典》合同编用语措辞修改对比表

《合同法》(1999 年)	《民法典》合同编(2020 年)
诚实信用原则	诚信原则
要求	请求
肢解	支解
、	或者
并且	且
但	但是
期间	期限
伤害	损害
损害赔偿责任	赔偿责任
原因	事由
包括	一般包括
其他组织	非法人组织
××的以外	××外
依照××条	依据××条
签字或者盖章	签名、盖章或者按指印
权利	债权
义务	债务
合同的权利义务	债权债务
合同性质	债务性质

上述用语措辞改进之处举例如下：

“诚实信用原则”简化为“诚信原则”，用语措辞更加精练。

“其他组织”改为“非法人组织”，与《民法典》总则主体分类“非法人组织”保持一致，与法人对应，逻辑更为周密。

“要求”改为“请求”。显然，“请求”这一法律专业词更能体现合同债权请求权属性。

在《合同法》当中，对于合同双方主张权利义务的，均统称为“要求”，但《民法典》将大部分的“要求”替换成“请求”，更符合体现合同双方主体地位平等的语境，例如《民法典》第 525 条规定：“当事人互负债务，没有先后履行顺序的，应当同时履行。一方在对方履行之前有权拒绝其履行请求。一方在对方履行债务不符合约定时，有权拒绝其相应的履行请求。”

但是，对于一些含有强制性意味的行为，《民法典》依然保留了“要求”的写法，例如，第 387 条规定：“债权人在借贷、买卖等民事活动中，为保障实现其债权，需要担保的，可以依照本法和其他法律的规定设立担保物权。第三人为债务人向债权人提供担保的，可以要求债务人提供反担保。反担保适用本法和其他法律的规定。”

此外，将《合同法》当中使用的“居间”一词全部改为“中介”，在不影响立法表达准确基础上，更符合普通人的日常认知。

“肢解”改为“支解”。《合同法》第 272 条第 1 款中规定：“发包人不得将应当由一个承包人完成的建设工程肢解成若干部分发包给几个承包人。”

这里的“肢解”确实有分割的意思，但该词在古语当中是“五马分尸”，也称“车裂”，此用词显属不当。所以《民法典》在将上述条款吸纳为第 791 条时，将“肢解”一词替换成“支解”。

【合同目的】强调依据合同目的解决双方分歧

如果合同在履行过程当中发生不可抗力事件，导致合同无法履行，一方是否可以就此要求解除合同呢？

有些人回答：既然合同因为不可抗力无法履行，又不是因为某一方违约造成的，该方自然可以请求解除啊。

其实答案是：不可以。因为《民法典》第 563 条第 1 款第 1 项规定，“有下列情形之一的，当事人可以解除合同：（一）因不可抗力致使不能实现合同目的”。

此条款明确规定：请求解除合同的条件除了发生不可抗力，还必须已经达到了“不能实现合同目的”的程度才行。

那么，什么是“合同目的”？立法并未明确规定。根据最高院于2009年发布的《最高人民法院知识产权案件年度报告（2009）》（法〔2010〕173号），“合同目的”是指合同双方当事人通过合同的订立和履行，期望最终得到的东西、结果或者达到的状态。合同目的通常表现为一种经济利益。

如此规定还是比较抽象，不过并不妨碍现实当中大量的合同和司法判例屡屡涉及运用合同目的判断双方主观意图、权利义务、损失赔偿范围等。据统计，《民法典》当中提及“合同目的”的条文有11处之多，它们分别决定了合同的八大问题：

第一，双方约定不明时按照合同目的判断。

《民法典》第511条规定：“当事人就有关合同内容约定不明确，依据前条规定仍不能确定的，适用下列规定：（一）质量要求不明确的，按照强制性国家标准履行；没有强制性国家标准的，按照推荐性国家标准履行；没有推荐性国家标准的，按照行业标准履行；没有国家标准、行业标准的，按照通常标准或者符合合同目的的特定标准履行。（二）价款或者报酬不明确的，按照订立合同时履行地的市场价格履行；依法应当执行政府定价或者政府指导价的，依照规定履行。（三）履行地点不明确，给付货币的，在接受货币一方所在地履行；交付不动产的，在不动产所在地履行；其他标的，在履行义务一方所在地履行。（四）履行期限不明确的，债务人可以随时履行，债权人也可以随时请求履行，但是应当给对方必要的准备时间。（五）履行方式不明确的，按照有利于实现合同目的的方式履行。（六）履行费用的负担不明确的，由履行义务一方负担；因债权人原因增加的履行费用，由债权人负担。”

第二，乙方主张因不可抗力或迟延履行债务而解除合同是依赖于合同目的的判断。

《民法典》第563条规定：“有下列情形之一的，当事人可以解除合同：（一）因不可抗力致使不能实现合同目的；（二）在履行期限届满前，当事人一方明确表示或者以自己的行为表明不履行主要债务；（三）当事人一方迟延履行主要债务，经催告后在合理期限内仍未履行；（四）当事人一方迟延履行债务或者有其他违约行为致使不能实现合同目的；（五）法律规定的其他情形。以持续履行的债务为内容的不定期合同，当事人可以随时解除合同，但是应当在合理期限之前通知对方。”

第三，违约方主张违约方解除权时依赖于合同目的判断。

《民法典》第580条规定：“当事人一方不履行非金钱债务或者履行非金钱债务不符合约定的，对方可以请求履行，但是有下列情形之一的除外：（一）法律上或者事实上不能履行；（二）债务的标的不适于强制履行或者履行费用过高；（三）债权人在合理期限内未请求履行。有前款规定的除外情形之一，致使不能实现合同目的的，人民法院或者仲裁机构可以根据当事人的请求终止合同权利义务关系，但是不影响违约责任的承担。”

第四，一方主张没收或返还定金时依赖于合同目的的判断。

《民法典》第587条规定：“债务人履行债务的，定金应当抵作价款或者收回。给付定金的一方不履行债务或者履行债务不符合约定，致使不能实现合同目的的，无权请求返还定金；收受定金的一方不履行债务或者履行债务不符合约定，致使不能实现合同目的的，应当双倍返还定金。”

第五，买受人主张标的物质量不合格解除买卖合同时依赖于合同目的判断。

《民法典》第610条规定：“因标的物不符合质量要求，致使不能实现合同目的的，买受人可以拒绝接受标的物或者解除合同。买受人拒绝接受标的物或者解除合同的，标的物毁损、灭失的风险由出卖人承担。”

第六，买受人主张标的物不符合约定解除买卖合同时依赖于合同目的的判断。

《民法典》第633条规定：“出卖人分批交付标的物的，出卖人对其中一批标的物不交付或者交付不符合约定，致使该批标的物不能实现合同目的的，买受人可以就该批标的物解除。出卖人不交付其中一批标的物或者交付不符合约定，致使之后其他各批标的物的交付不能实现合同目的的，买受人可以就该批以及之后其他各批标的物解除。买受人如果就其中一批标的物解除，该批标的物与其他各批标的物相互依存的，可以就已经交付和未交付的各批标的物解除。”

第七,承租人以租赁物部分或全部毁损、灭失主张解除租赁合同时依赖于合同目的的判断。

《民法典》第729条规定:“因不可归责于承租人的事由,致使租赁物部分或者全部毁损、灭失的,承租人可以请求减少租金或者不支付租金;因租赁物部分或者全部毁损、灭失,致使不能实现合同目的的,承租人可以解除合同。”

第八,双方预见损失赔偿范围时依赖于合同目的的判断。

《民法典》第584条规定:“当事人一方不履行合同义务或者履行合同义务不符合约定,造成对方损失的,损失赔偿额应当相当于因违约所造成的损失,包括合同履行后可以获得的利益;但是,不得超过违约一方订立合同时预见到或者应当预见到的因违约可能造成的损失。”

依据上述规定,违约方需要赔偿的损失包括了直接损失(因违约造成的损失)和间接损失(合同履行后可以获得的利益)。在合同实务中,间接损失除了预期收益,还可以包括信赖利益以及其他损失。但无论如何,均不得超过违约一方订立合同时预见到或者应当预见到的因违约可能造成的损失。这个预见的幅度,通常就存在于合同的目的范围当中。

与合同目的条款相比较,合同中其他所有条款,还没有哪一条能够起到如此广泛和重大的作用,因此,可以将合同目的条款称为“合同条款之王”。

鉴于合同目的条款如此重要,必须将合同目的条款在合同正文单独写明,而非混同于合同前言部分的鉴于条款,这点非常重要。

其实,这种做法在外文合同中已经非常普遍。外文合同正文的第一个条款,就是称为合同目的或先决条件的条款。

【国家利益】取消特殊主体保护

《合同法》第52条第1款第1项规定:“有下列情形之一的,合同无效:(一)一方以欺诈、胁迫的手段订立合同,损害国家利益……”这里的“国家利益”一词含糊不清,究竟具体包括什么主体和内容,长期以来被人诟病。

一方面,中国大部分的国有企业都属于国家出资,任何损害国有企业利益的行为都容易等同于“损害国家利益”,这就容易造成将国有企业视为特殊主体，给予特殊保护的问题。另一方面，我们国家实行的是市场经济体制，这就要求对待所有市场主体都应该一视同仁，不能区别对待，上述“损害国家利益”的含糊提法确实容易予人口实。

《民法典》开篇明义，第 4 条明确规定：“民事主体在民事活动中的法律地位一律平等。”因此，《合同法》第 52 条在《民法典》当中被彻底删除了。但保护国家利益的立法目标是不变的，《民法典》为此采用了如下两种方法：

第一，规定禁止性原则，在《民法典》总则第五章民事权利第 132 条规定：“民事主体不得滥用民事权利损害国家利益、社会公共利益或者他人合法权益。”

第二，加强行政执法，在《民法典》第 534 条规定：“对当事人利用合同实施危害国家利益、社会公共利益行为的，市场监督管理和其他有关行政主管部门依照法律、行政法规的规定负责监督处理。”

至于国有企业被欺诈、胁迫所造成的问题，将之降格为与其他所有市场主体同等待遇，通过无效合同、可撤销合同、可变更合同、合同解除等法律制度予以解决，不再给予特殊保护。

【缔约形式】新增合同订立方式，留白更多想象空间

《民法典》第 490 条对《合同法》第 32 条进行了修订，除了将“签字”改为“签名”这个更加准确的用词外，还修正了司法解释当中关于“摁手印”的错误写法①，增加了“按指印”这种已经长期约定俗成的合同订立方式以及新增了以实际履行方式代表同意缔约的缔约方式。

同时，规定了只要当事人有约定，可以采用除了要约承诺之外的多种其他合同订立方式。民商事主体可以充分发挥想象力，根据实际情况选择切合自身利益的缔约方式。例如，当事人可以通过在线签署、微信聊天、邮件以及伴随互联网发展而被人们所熟知并应用的电子合同等方式签订合同。

详细分析见九大变化中的论述。

---

① 《合同法司法解释二》第五条　当事人采用合同书形式订立合同的，应当签字或者盖章。当事人在合同书上摁手印的，人民法院应当认定其具有与签字或者盖章同等的法律效力。

【效力规则】五类合同判断规则全部改变

为了体现鼓励交易、尽量促使合同有效的立法原旨,《民法典》全面修订了《合同法》当中关于无效合同、无权处分合同、待批准合同、可撤销合同和格式合同总共五类重大合同判断规则,要点如下:

第一,关于无效合同判断规则。

重大改变包括了删除"以合法形式掩盖非法目的"的主观判断标准;取消"损害国家利益合同无效"的重要标准;重大误解、欺诈、胁迫和显失公平均列为可申请撤销合同;恶意串通仍保留为无效合同;"损害公共利益"改为"违反公共秩序",即违反公序良俗等。

此外,与之对应的合同有效判断标准则主要依据《民法典》第 143 条规定:"具备下列条件的民事法律行为有效:(一)行为人具有相应的民事行为能力;(二)意思表示真实;(三)不违反法律、行政法规的强制性规定,不违背公序良俗。"

《民法典》对于合同效力这种至关重要的问题,法律条款分别规定有效和无效两种情况,这是比较成熟和高明的写作手法。在"高云合同六法"当中,将这种写法归纳为"一正一反法",此举能够让合同内容严谨周密,不容易产生遗漏。

第二,关于无权处分合同。

《民法典》删除《合同法》第 51 条无权处分效力待定的规定,吸收《买卖合同司法解释》无权处分合同有效的观点,于《民法典》第 597 条规定:"因出卖人未取得处分权致使标的物所有权不能转移的,买受人可以解除合同并要求出卖人承担违约责任。"《民法典》认定,肯定无权处分合同有效,守约方可依据有效合同向违约方主张违约责任,较依据合同无效只能主张缔约过失责任相比,前者更利于保障守约方的合法权益。

第三,关于待批准合同。

《民法典》认为合同本身效力与报批义务条款之间效力独立,规定为第 502 条第 2 款:"依照法律、行政法规的规定,合同应当办理批准等手续的,依照其规定。未办理批准等手续影响合同生效的,不影响合同中履行报批等义务条款以及相关条款的效力。应当办理申请批准等手续的当事人未履行义务的,对方可以请求其承担违反该义务的责任。”

第四,关于可撤销合同。

《民法典》对《合同法》可撤销、变更合同制度进行了解构和重构,保留重大误解和胁迫两种,将欺诈拆分为合同一方欺诈和第三人欺诈,乘人之危合并到显失公平中,合共五种情形,分别在第147条至第151条予以规定。

第五,关于格式条款。

《民法典》于《合同法》第39条基础上增加新规定,《民法典》第496条第2款中规定:“提供格式条款的一方未履行提示或者说明义务,致使对方没有注意或者理解与其有重大利害关系的条款的,对方可以主张该条款不成为合同的内容。”

该条款赋予了权利人“可以主张该条款不成为合同的内容”的权利,使得权利人对合同内容有异议时直接抗辩和拒绝履行即可,而不需要主动向法院起诉申请撤销,减轻了格式条款相对方的维权成本。

关于五类合同判断规则详细介绍详见九大变化中的论述。

【履行规则】新建债务履行规则

第一,新建选择之债规则,赋予债务人履行选择权。

企业法务在起草合同时,为了保险起见,往往照抄法律条文,这样的做法对于彰显强势方权利是比较保险的做法。但由于《民法典》在第515、516条新增了选择之债的债法规则,如果以后合同当中对于债务人选择权没有特殊约定的话,法律就将自动赋予债务人对于履行债务的优先选择权。只有债务人怠于行使或放弃的,选择权才会转移到债权人处。

因此,如果企业法务继续沿用上述原有思维写作合同,容易变成赋予了对方履行债务的选择权,结果弄巧成拙了。

第二,融合预期违约制度,实现不安抗辩权与解除合同权的顺利衔接。

《合同法》不安抗辩权制度中关于“中止履行的一方可以解除合同”的规

定，一直存在争议。反对一方认为，不安抗辩权作为违约补救措施，仅能对抗对方请求权的迟延行使，不能直接行使合同解除权。因此，《民法典》在第528条中新增规定：中止履行后，对方在合理期限内未恢复履行能力且未提供适当担保的，属于违约。此规定意在将该不作为行为定义为预期违约，圆满解决不安抗辩权过渡到合同解除权的问题。

第三，新增清偿抵充制度。

《民法典》第560、561条转化《合同法司法解释二》第20、21条的司法成果，增设清偿抵充制度，正式从立法层面予以确认清偿抵充制度，分为约定抵充、指定抵充、法定抵充三种。详细介绍详见"九大变化"中的论述。

【裁判标准】从主观转向客观

第一，删除"以合法形式掩盖非法目的"主观判断标准。

在《合同法》时代，有一条非常著名的"以合法形式掩盖非法目的"的规定，来自《合同法》第52条规定："有下列情形之一的，合同无效：（一）一方以欺诈、胁迫的手段订立合同，损害国家利益；（二）恶意串通，损害国家、集体或者第三人利益；（三）以合法形式掩盖非法目的；（四）损害社会公共利益；（五）违反法律、行政法规的强制性规定。"

该条款由于判断标准过于主观，赋予法官的自由裁量权过大，不利于鼓励交易和尽量促成合同，因此《民法典》将这条主观判断标准取消了，取而代之的是更为客观的判断标准。

第二，缩小法院和仲裁机构变更合同的权力范围。

《合同法》第54条规定："下列合同，当事人一方有权请求人民法院或者仲裁机构变更或者撤销：（一）因重大误解订立的；（二）在订立合同时显失公平的。一方以欺诈、胁迫的手段或者乘人之危，使对方在违背真实意思的情况下订立的合同，受损害方有权请求人民法院或者仲裁机构变更或者撤销。当事人请求变更的，人民法院或者仲裁机构不得撤销。"

根据上述规定，人民法院和仲裁机构拥有较大的变更或撤销合同的主观裁判权力，该等情况不利于鼓励交易。因此，《民法典》虽然保留了上述主要内容，但直接取消了人民法院和仲裁机构对合同的变更权，规定人民法院和仲裁机构在特定情况下只能决定是否撤销合同而不能变更。

至于变更权，则只剩下《民法典》第 533 条规定的情势变更情形。详细内容在“九大变化”中另行介绍。

第三，显失公平吸收乘人之危。

《合同法》将显失公平、乘人之危作为两类独立的可撤销合同情形分别规定；而《民法典》的思路显得更为科学，它在第 151 条将两者合而为一，显失公平吸收了乘人之危情形。因为乘人之危通常为因，显失公平最后成果，合二为一不仅使得立法更加精练，而且更符合实际情况。

二、九大风险点

【合同体系】预约合同增加双方的违约风险度

预约合同，是指当事人以预约将来订立一定合同为内容而订立的合同，而预约合同所指向的“一定合同”称为本约合同，预约合同和本约合同两者共同建构出一个完整的中国合同体系。

经济交易当中之所以需要预约合同制度，是因为不少交易因为履行时间长、条件繁多、正式签约条件不具备或时机不成熟，双方又确有签约诚意，采用预约合同制度可以及时总结阶段性成果，进而促进交易。

1999 年颁布的《合同法》并未规定预约合同，但随着中国经济的迅猛发展，在房地产销售和租赁等领域，与预约合同类似性质的经济纠纷逐渐增加。为了促进交易和尊重当事人的意思自治，最高院针对此类纠纷逐步颁布了相关的司法解释。

首先是在 2003 年的《商品房买卖合同司法解释》将商品房的认购、订购、预订等协议认定为商品房买卖合同。其次是在 2012 年的《买卖合同司法解释》中，首次出现关于预约合同的规定，明确违约一方应当承担损害赔偿责任。

《民法典》吸收了上述司法实践成果，在第 495 条明确规定：“当事人约定在将来一定期限内订立合同的认购书、订购书、预订书等，构成预约合同。当事人一方不履行预约合同约定的订立合同义务的,对方可以请求其承担预约合同的违约责任。”

《民法典》首次将预约合同效力从买卖合同的司法解释提升至法律层面,强化预约合同效力。根据上述规定,预约合同的构成要件分为形式和实质两种。其中,形式要件是指预约合同常用名称为认购书、订购书、预订书三种。实质要件是指预约合同当中应当具备同意签订本约的明确意思表示。

需要注意的是,合同实务中还有一类貌似预约合同或本约合同的文件大量存在,如会议纪要、意向书、备忘录、框架协议等。这类文件甚至表面上称为协议,但是由于内文没有实质性内容,更没有明确签订本约的意思表示,仅为总结项目进度和双方各自意见的文件,不对交易双方产生法律约束力,所以此类文件不属于预约合同或本约合同,实务中通常将之称为安慰性文件或磋商性、谈判型文件。

在合同实务中,预约合同的风险主要来自预约合同形式不对或约定不明,则容易与本约合同相混淆,可能被追究违约责任以及被追究高额违约损失等问题。

在司法实践中,准确认定上述问题,往往需要根据预约合同中具体条款约定,还有考察双方履约行为及遭受损失一方的具体损失等具体因素综合判定,中间有非常大的想象和操作空间,很大程度上就依赖于律师和法务的智慧发挥。

关于新法下预约合同的具体分析,可以参见本书第三编“【合同总论 - 预约合同】预约合同主要内容和风控要点”相关介绍。

【合同相对性】首次被突破,增加了债务人的违约风险

现代社会交易日益频繁和复杂,牵涉各方主体更多,合同实务当中早已存在大量第三人加入合同的情况。本次《民法典》因应现实发展需要,建立利益第三人加入合同制度,扩大交易主体实现权利的途径和灵活度,此举非常必要和及时。

《合同法》第 64、65 条其实也有涉及合同第三人的规定,但并未明确突破。

此次《民法典》新增第522条第2款，实质赋予利益第三人类似于债权人的地位，在一定程度上突破了合同相对性。第522条规定："当事人约定由债务人向第三人履行债务，债务人未向第三人履行债务或者履行债务不符合约定的，应当向债权人承担违约责任。法律规定或者当事人约定第三人可以直接请求债务人向其履行债务，第三人未在合理期限内明确拒绝，债务人未向第三人履行债务或者履行债务不符合约定的，第三人可以请求债务人承担违约责任；债务人对债权人的抗辩，可以向第三人主张。"

上述规定增加了债务人履行合同债务时的风险度，关于利益第三人的详细介绍详见九大变化中的论述。

关于第三人代为签订和履行合同的问题，《民法典》保留了《合同法》的规定，规定受托人代为签订的合同，亦可直接约束委托人和第三人，这是关于向第三人履行合同的另外一条需要留意的重要规定。

《民法典》第925条规定："受托人以自己的名义，在委托人的授权范围内与第三人订立的合同，第三人在订立合同时知道受托人与委托人之间的代理关系的，该合同直接约束委托人和第三人；但是，有确切证据证明该合同只约束受托人和第三人的除外。"

【合同转让】债权人单方变更对债务人造成的新风险

《民法典》吸收了《合同法》第79条的规定，使得合同债权转让变得简单和容易，并且增加了不得对抗第三人的约定等重要内容。其第545条规定："债权人可以将债权的全部或者部分转让给第三人，但是有下列情形之一的除外：（一）根据债权性质不得转让；（二）按照当事人约定不得转让；（三）依照法律规定不得转让。当事人约定非金钱债权不得转让的，不得对抗善意第三人。当事人约定金钱债权不得转让的，不得对抗第三人。"

该条款的风险在于，尽管第1款写明当事人双方可以约定禁止转让合同债权，但由于第2款又写明约定不得对抗第三人（其中非金钱债权禁止转让不得对抗善意第三人），因此造成第1款的双方当事人约定禁止合同转让这个限制形同虚设，合同债权可否转让其实就是债权人单方说了算，此举对于促进合同债权实现有利,但也容易造成合同履行质量不稳定,履行结果难以预测。

因为在合同实务当中,大量的合同均为双务合同,合同债权债务通常是互为前提,交替给付受领,密不可分。还有,合同债权能否得到实现,往往又与合同主体的特定资格和能力密不可分。如果允许合同债权自由流转,是否会造成不良后果目前还难以估计。

例如,不少的大型企业尤其是国企,对于合同主体资格和资质往往有非常严格的合规审查要求。但基于《民法典》的上述规定,债权人在合同履行过程中,可以比较容易和合法地将合同债权转让给第三人。此时,国企对于原合同主体的严格审查和管理就形同虚设了。

更换之后的新合同主体是否能够如期按质量完成合同工作呢?这就难以预测了。即使是单纯的金钱债权转让,该等转让是否构成关联交易?是否能够符合国有资产处置、上市公司信息披露、大型企业内控合规等方面的要求呢?

合同转让所导致的这些新问题,对于企业合同法务而言,都是风险和挑战。

【保证形式】保证形式不清时的推定规则变化对债权人造成的新风险

在《民法典》生效之前,如果保证责任约定不明,司法实践当中的惯例是推定为连带保证,此举能够更好地保护债权人利益。但是,在《民法典》生效之后,这个规则就会发生颠覆性改变。

《民法典》第686条第2款规定:"当事人在保证合同中对保证方式没有约定或者约定不明确的,按照一般保证承担保证责任。"

换言之,保证方式究竟为一般保证抑或连带保证,必须明确写入保证合同中。否则一旦约定不明确,推定为一般保证,将导致债权人对保证人追偿债权的可能性大幅降低,债权价值严重受损。

【情势变更】新增情势变更制度增加了合同的不确定性

鉴于情势变更制度容易造成合同的不稳定性,因此我国法律对于情势变更制度非常谨慎，以往法律规定中从未出现。2008 年，鉴于遭受金融危机的严重影响，最高院在《合同法司法解释二》第 26 条规定："合同成立以后客观情况发生了当事人在订立合同时无法预见的、非不可抗力造成的不属于商业风险的重大变化，继续履行合同对于一方当事人明显不公平或者不能实现合同目的，当事人请求人民法院变更或者解除合同的，人民法院应当根据公平原则，并结合案件的实际情况确定是否变更或者解除。"

但是，最高院其后于 2009 年发布《关于正确适用〈中华人民共和国合同法〉若干问题的解释（二）服务党和国家的工作大局的通知》对情势变更原则适用问题补充规定："各级人民法院务必正确理解、慎重适用。如果根据案件的特殊情况，确需在个案中适用的，应当由高级人民法院审核。必要时应提请最高人民法院审核。"

上述规定将 2008 年刚刚打开的情势变更的大门重新关上了。

十多年之后的《民法典》，经过立法过程的数次博弈，最终新增了情势变更制度，在第 533 条规定："合同成立后，合同的基础条件发生了当事人在订立合同时无法预见的、不属于商业风险的重大变化，继续履行合同对于当事人一方明显不公平的，受不利影响的当事人可以与对方重新协商；在合理期限内协商不成的，当事人可以请求人民法院或者仲裁机构变更或者解除合同。人民法院或者仲裁机构应当结合案件的实际情况，根据公平原则变更或者解除合同。"

上述规定给予当事人在订立合同时无法预见的、不属于商业风险的重大变化，继续履行合同对于当事人一方明显不公平的，受不利影响的当事人有重新协商、变更和解除合同的机会。该条款对于中国合同制度而言，算得上是重大突破。同时也给合同双方尤其是守约方造成了新的风险。

【违约方解除权】有利于破除合同僵局但同时大幅增加守约方风险

在民商事领域中，合同双方遵循诚信原则是一项基础法则，因此部分观点认为，如果允许违约方享有合同解除权，必然造成对诚信原则的冲击。但司法实践中，如果一刀切地认定违约方不享有合同解除权，不利于解决"合同僵局”。基于大陆法系理论与司法实践发展，本次《九民纪要》与《民法典》，对难以继续履行或事实上不具备履行可能性的合同，尝试运用公平原则打破合同僵局，撕开了违约方解除权这一口子。

《民法典》第580条规定：“当事人一方不履行非金钱债务或者履行非金钱债务不符合约定的，对方可以请求履行，但是有下列情形之一的除外：(一)法律上或者事实上不能履行；(二)债务的标的不适于强制履行或者履行费用过高；(三)债权人在合理期限内未请求履行。有前款规定的除外情形之一，致使不能实现合同目的的，人民法院或者仲裁机构可以根据当事人的请求终止合同权利义务关系，但是不影响违约责任的承担。”

根据《民法典》的上述规定，关于违约方解除权的行使，必须存在法律上或者事实上不能履行、债务的标的不适于强制履行或者履行费用过高以及债权人在合理期限内未请求履行三种情形之一。而且还必须达到“不能实现合同目的”的程度，才能主张违约方解除权。

为了防止违约方滥用这一解除权，《民法典》对该解除权行使方式限制为，仅能向人民法院或仲裁机构“请求终止合同权利义务关系”(这种写法与《九民纪要》表述的“违约方起诉解除合同”有差别，但并无实质不同。为了便于读者理解，本书将两者统一表述为违约方解除权)，并明确规定违法方行使解除权“不影响违约责任的承担”，这一重要规定体现了对守约方的利益补偿。

关于合同解除的详细分析，详见本书第三编“【合同纠纷－合同解除】合同解除实务操作要点和写作范例”相关介绍。

【违约赔偿】新增第三人替代履行费用，提高违约方的违约赔偿额

《民法典》第581条规定：“当事人一方不履行债务或者履行债务不符合约定，根据债务的性质不得强制履行的，对方可以请求其负担由第三人替代履行的费用。”

上述规定对于债权人意义重大，因为合同一旦违约，守约方最重要、最高额的支出就是第三人替代履行费用。在以往的司法实践中，由于合同双方对此项损失缺乏明确约定，各地法院对此项损失的裁判尺度不一，往往导致债权人利益得不到充分保护。可以预见,有了此项规定后,上述问题将得到较好解决。

不过,在合同实务当中还有若干问题苛待澄清,例如,不得强制履行债权包括哪些?第三人替代费用的认定标准是什么,是否需要出于公平原则事先征询违约方意见等。这些都是实务操作中需要解决的问题,具体操作将在九大变化中详细介绍。

【合同解除后从权利】从权利随同主债权消灭的规定增加了权利人的风险

合同一旦解除,必然影响到合同的从权利效力问题。以抵押权为例,贷款合同一旦被解除,抵押权是否继续有效呢?在合同实务中,银行在借款人逾期不能还本付息时,一贯采取的策略都是宣布解除贷款合同,提前收回本息,同时对抵押物主张优先受偿权。换言之,主合同解除后,抵押权、质押权等从权利依然继续有效。

关于这种观点和处理方式,合同实务和司法实践都已经形成普遍常识,不存在歧义。

但是,随着《民法典》的公布,你会发现这一常识被颠覆了。根据《民法典》第559条规定:"债权债务终止时,债权的从权利同时消灭,但是法律另有规定或者当事人另有约定的除外。"

根据上述规定,主合同被解除,抵押权、质押权等从权利是否会存在必然同时消灭的风险呢?

虽然根据第559条但书条款,法律另有规定除外或当事人另有约定除外,但实践当中如果双方没有清晰约定的话,这个风险依然存在。

不过,根据《民法典》第566条第3款规定:"主合同解除后,担保人对债务人应当承担的民事责任仍应当承担担保责任,但是担保合同另有约定的除外。"亦可解释为主合同解除后,担保责任仍有效,除非担保合同另行约定。

目前绝大部分的银行、资产管理公司等金融机构的合同版本中,对于抵押权、质押权等从权利的终止时间点,还有主债务终止后抵押权、质押权等从权利是否继续保持有效等问题没有明确约定。

为彻底消除上述风险隐患，笔者建议各大银行、资产管理公司等金融机构应当借《民法典》颁布的契机，尽快对相关业务合同进行风险排查，重新梳理和拟定合同范本，以使法律所赋予权利得到充分发挥。

【居住权】对所有权、抵押权的流通和经济价值造成威胁

所谓居住权，是指以居住为目的，对他人的住宅及其附属设施所享有的占有、使用或收益的权利。这一概念在以往的中国立法当中没有，但在司法实践中并不陌生。

《最高人民法院关于适用〈中华人民共和国婚姻法〉若干问题的解释（一）》第27条第3款规定：“离婚时，一方以个人财产中的住房对生活困难者进行帮助的形式，可以是房屋的居住权或者房屋的所有权。”在离婚后，为无住处的配偶设定居住权是比较常见的社会现象，已经为人们所熟知。

早前在《物权法》制定的过程中，曾有学者呼吁规定居住权，后立法机关认为房屋租赁等权利能满足居住需求，就未再规定居住权。但在《物权法》颁布实施后，随着社会环境的变化，居住权应成为物权的呼声越来越高，为了回应这种社会需求，《民法典》物权编增设了第十四章居住权，将之作为用益物权的一种，具体条文如下：

第三百六十六条　居住权人有权按照合同约定，对他人的住宅享有占有、使用的用益物权，以满足生活居住的需要。

第三百六十七条　设立居住权，当事人应当采用书面形式订立居住权合同。居住权合同一般包括下列条款：(一)当事人的姓名或者名称和住所；(二)住宅的位置；(三)居住的条件和要求；(四)居住权期限；(五)解决争议的方法。

第三百六十八条　居住权无偿设立，但是当事人另有约定的除外。设立居住权的，应当向登记机构申请居住权登记。居住权自登记时设立。

第三百六十九条　居住权不得转让、继承。设立居住权的住宅不得出租，但是当事人另有约定的除外。

第三百七十条　居住权期限届满或者居住权人死亡的，居住权消灭。居住权消灭的，应当及时办理注销登记。

第三百七十一条　以遗嘱方式设立居住权的，参照适用本章的有关规定。

根据上述法律规定，居住权制度要点如下：

第一，设立方式和时间。居住权经由书面合同形式设立，并自向登记机构办理登记之日起设立。

第二，设立主体。居住权合同双方主体要求不同，提供居住权的一方应当是"他人住宅"的所有权人，也就是排除了房屋所有权人自己或者共有权人两种特殊主体。例如夫妻在婚姻关系存续期间，不能运用夫妻共有房产对夫或妻一方设立居住权。如果要设立，只能是在双方离婚之后已经将住宅分割给某一方，独立拥有住宅的一方，才能为另一方设立居住权。

至于居住权人，即接受居住权的一方，虽然《民法典》未明确规定居住权人的主体范围，但从"以满足生活居住的需要"及"居住权期限届满或者居住权人死亡的，居住权消灭"的规定来看，居住权人的主体应当是自然人。

第三，居住权限制。法律规定居住权不得转让或继承，即意味着双方即使另有约定也是无效的。同时，居住权在没有约定的情况下不得有偿设立或出租。但当事人另有约定除外。

第四，居住权期限。居住权期限届满或者居住权人死亡的，居住权直接消灭。是否办理注销登记，不影响居住权消灭效力。

尽管居住权制度设立初衷是保障人权，但容易造成"房屋无需过户即可合法使用"的严重后果。

而且，由于居住权是用益物权当中的人役权，该权利将优于法院查封、债权人的抵押权等，并限制房屋所有权。如此重大的超级权利如果不严加约束，将对中国的房地产管理体系和市场产生严重影响。

我们来看看如下几个例子。

(1)居住权容易成为恶意逃债的工具。由于居住权制度允许当事人可以对他人住宅采用有偿设立、出租和遗嘱继承等方式设立居住权，设立条件和居住期限均无严格限制，如此宽松的制度设计，极有可能沦为债务人恶意逃债的工具。

债务人完全可以将自有商品住宅向第三人设立居住权，并且向居住权人一次性收取未来 20 年、30 年的居住权使用费，相当于将商品住宅的经济价值提前套现离场，第三人即可合法使用商品住宅，无须办理过户，甚至可以逃避缴纳房地产交易税费。

第三人获得居住权后，既可以依法自用，又可以出租（当事人另有约定），期限没有任何限制，此举将导致居住权实质凌驾于法院查封、债权人抵押权甚至房屋所有权等所有权利之上，基于居住权所产生的租金收益无须优先用于抵偿房屋所有人欠款，居住权的经济价值和重要性实质上已经超越了房屋所有权。

这就意味着，即使债权人将来打赢了官司，通过强制执行获得了债务人的房产，但债权人最终获得的，也不过是一本毫无用处的房本而已，债务人很可能早已通过设立居住权，将自己名下的商品住宅套现逃跑，或者合法转移给第三人了，债权人对这类行为毫无办法。

（2）居住权容易成为非法房产的“洗白”途径。中国一直以来都严禁小产权房、宅基地房入市，对上述房产转让一律认定无效。但通过居住权登记这个方法，任何人均可合法取得对他人住宅占有、使用或出租等权利，直至约定的居住权期限届满、居住权人死亡，其间还可以将居住权住宅出租收益。此举将导致小产权房、宅基地房可以通过居住权的有偿设立、出租，实现“房产不需过户即可合法使用”的效果。一旦这个口子被突破，居住权很可能会成为大量小产权房、宅基地房的“洗白”途径。

最简单一种方式，就是房东和前手居住权人，可以通过居住权有偿设立并允许出租等方式，变相实现小产权房、宅基地房的自由流转和收益，将目前农村大量存在的小产权房和宅基地房买卖时，采用到村委或者当地法律服务所办理房屋使用权变更登记的实际做法进一步合理化。

（3）居住权容易对以商品住宅设立的抵押权产生严重影响。中国目前大量的商品住宅都是业主向银行按揭供房的方式，银行非常注重作为押品的商品住宅是否可以及时清空拍卖，以便及时将逾期贷款变现回收。由于目前《民法典》当中仅简单写明居住权经登记成立，而且期限没有限制（意味着可以轻易突破 20 年租赁期限制），直至居住权人死亡，还可以通过遗嘱继承继续延续。

当然,政府可以通过严厉管控居住权登记条件和查处虚假登记等行政措施,防止和杜绝上述负面问题的产生,如禁止抵押、按揭房屋设定居住权。

因此,尤其是对于银行、资产管理公司等金融机构,在接受住宅抵押时,一定要审慎核查是否存在居住权,同时注意强化合同约定等。

三、九大变化

《民法典》秉持鼓励交易、强调诚信等立法原则,在《合同法》基础上,吸收成熟的司法实践经验,对合同编进行了补充完善,显著变化有如下九处。

【合同订立】新增合同订立方式,分清合同成立和生效的法律性质

第一,新增其他合同订立方式。

《合同法》第 13 条规定:"当事人订立合同,采取要约、承诺方式。"其确定了"要约 - 承诺"的缔约方式,而《民法典》在《合同法》"要约 - 承诺"基础上引入"其他缔约方式",《民法典》第 471 条规定:"当事人订立合同,可以采取要约、承诺方式或者其他方式。"

允许当事人根据实际情况,自由选择切合自身利益的缔约方式。例如,当事人可以通过在线签署、微信聊天、邮件等方式订立合同。

《民法典》第 491 条第 2 款规定:"当事人一方通过互联网等信息网络发布的商品或者服务信息符合要约条件的,对方选择该商品或者服务并提交订单成功时合同成立,但是当事人另有约定的除外。"

该新增条款确定了电子合同订立规则,与《中华人民共和国电子商务法》相关规定保持一致。

对电子合同的具体分析,可以参见本书第三编"【合同总论 - 合同形式】电子合同和电子数据的新法规则和应对方案"。

第二,合同签署方式增加两种。

《民法典》第 490 条规定:"当事人采用合同书形式订立合同的,自当事人均签名、盖章或者按指印时合同成立。在签名、盖章或者按指印之前，当事人一方已经履行主要义务，对方接受时，该合同成立。法律、行政法规规定或者当事人约定合同应当采用书面形式订立，当事人未采用书面形式但是一方已经履行主要义务，对方接受时，该合同成立。”

其在《合同法》第32条基础上，增加按指印和实际履行两种合同签署方式。

此外值得注意的是，尽管《民法典》对于签名、盖章等合同签署方式的效力判断规则没有提及，但根据立法原意并结合《九民纪要》相关内容来看，对于上述行为效力的认定，并非僵化地沿用“认章不认人”的单一标准，而是根据实际情况分类判断。

可以参见本书第三编“【合同总论-合同签署】合同签署风险要点和防控方案”详细介绍。

第三，在尊重当事人约定优先基础上，分清合同成立和生效的法律性质。

关于这个问题，《民法典》较《合同法》的规定有了明显进步。《合同法》第44条规定：“依法成立的合同，自成立时生效。法律、行政法规规定应当办理批准、登记等手续生效的，依照其规定。”

《民法典》除了吸纳了上述规定外特点强调了当事人约定优先的原则，在第136条第1款规定：“民事法律行为自成立时生效，但是法律另有规定或者当事人另有约定的除外。”该条款明确赋予当事人自行约定合同成立和生效时点的权利，充分尊重当事人约定，更贴合合同实务。

该等原则在《民法典》各处皆有体现，第814条规定：“客运合同自承运人向旅客出具客票时成立，但是当事人另有约定或者另有交易习惯的除外。”第890条规定：“保管合同自保管物交付时成立，但是当事人另有约定的除外。”

但需要注意的是，《民法典》明确规定了定金合同、自然人之间的借款合同和仓储合同总共三种合同，合同成立时间受法律强制规定，不适用于当事人约定优先原则，具体规定分别是：

第五百八十六条第一款　当事人可以约定一方向对方给付定金作为债权的担保。定金合同自实际交付定金时成立。

第六百七十九条　自然人之间的借款合同，自贷款人提供借款时成立。

第九百零五条　仓储合同自保管人和存货人意思表示一致时成立。

《合同法》与《民法典》相比，对于合同成立和生效时点的态度是不同的。

以自然人借款合同为例，依据《合同法》第210条规定："自然人之间的借款合同，自贷款人提供借款时生效。"依据法律理论，生效合同是合法合同，受到法律保护，这就容易让现实生活中存在的高利贷合同这类明显违法合同鱼目混珠。所以《民法典》第679条改为，对于自然人之间的借款合同，即使贷款人已经实际提供了借款，其法律后果也只是合同成立；该合同最终是否生效，还需审查该合同是否具备生效要件，例如利率不得超过法定水平，否则就是高利贷。如此修改之后，可以更加凸显国家对于合同合法性的强调和控制。

所以，别看类似法律规定只是表面上简单地将"生效"改为"成立"，看似字眼修改而已，其实背后往往大有深意。

【合同效力】无效、无权处分、待批准和可撤销四类合同判断规则均发生重大变化

立法以及司法活动中历来鼓励交易，审慎认定合同效力。《民法典》据此修订了《合同法》不利鼓励交易的规则，细化了无效合同、无权处分合同、待批准合同、可撤销合同和格式合同多种形态之间的区别，致力于尽可能促成合同效力的发生。

1. 无效合同：删除"以合法形式掩盖非法目的"主观判断标准

第一，关于无效合同最显著的一点变化，就是著名的"以合法形式掩盖非法目的"的规定被取消了。

《合同法》第52条规定了五种合同无效情形："有下列情形之一的，合同无效：（一）一方以欺诈、胁迫的手段订立合同，损害国家利益；（二）恶意串通，损害国家、集体或者第三人利益；（三）以合法形式掩盖非法目的；（四）损害社会公共利益；（五）违反法律、行政法规的强制性规定。"

其中第三款"以合法形式掩盖非法目的"最出名，因为弹性空间太大，客观上赋予了法院很大的自由裁量权。而现在，《民法典》将这条取消了。

第二,《民法典》将“损害国家利益”这条也取消了,详情见前述。

第三,重大误解(第 147 条)、欺诈(第 148、149 条)、胁迫(第 150 条)、显失公平(第 151 条)四种情形,都统一列为可申请撤销的情形,而且申请期限只有 3 个月,其中胁迫为 1 年。

第四,关于恶意串通,《民法典》保留了《合同法》的规定。《民法典》第 154 条规定:“行为人与相对人恶意串通,损害他人合法权益的民事法律行为无效。”

第五,将《合同法》规定的损害公共利益,定义为“违反公共秩序”,即违反公序良俗。

总结前述分析,《合同法》无效合同判断规则转移到《民法典》后,关联法条如下:

《民法典》第 144 条规定:“无民事行为能力人实施的民事法律行为无效。”

第 146 条第 1 款规定:“行为人与相对人以虚假的意思表示实施的民事法律行为无效。”

第 153 条规定:“违反法律、行政法规的强制性规定的民事法律行为无效。但是,该强制性规定不导致该民事法律行为无效的除外。违背公序良俗的民事法律行为无效。”

《民法典》第 154 条规定:“行为人与相对人恶意串通,损害他人合法权益的民事法律行为无效。”

那么,如何判断合同有效呢？根据《民法典》第 143 条规定:“具备下列条件的民事法律行为有效:(一)行为人具有相应的民事行为能力;(二)意思表示真实;(三)不违反法律、行政法规的强制性规定,不违背公序良俗。”

也就是说,合同有效必须是如下三个前提条件同时成立:

第一个条件:合同主体合格和拥有相应资质。

合同主体合格首先是指合同主体具有相应的法定身份证明,例如法人有营业执照,自然人有身份证。其次是指某些类型的合同,只能由特定类型的主体签订,例如中外合资合同的中方,就只能是企业,不能是个人。企业股权转让协议,出让方主体只能是企业股东,而不能是企业本身等。

相应资质是指某些类型的合同,只能由持有相应资质证书的主体签订,分为企业资质和个人资质。

例如,建设工程设计、勘察、施工和建设,还有机电工程、电梯生产安装维修、装修、广告经营、互联网内容服务等,都需要签订合同的主体具备资质证书。即使是同一类的经营内容,里面还继续细分若干层次或小类,例如工程设计这个大类里面,还细分为综合、行业、专业和专项四类资质。

又如,从事某些特殊行业的专业人员,如操作锅炉、压力容器(含氧气瓶)、压力管道、电梯、起重机械、客运索道、大型游乐设施、场(厂)内专用机动车辆等特种设备作业人员及其相关管理人员,需要取得特种设备作业人员证;提供律师服务的人员,需要取得法律职业资格证书和执业证书等。

由于中国各类合同资质太多,律师或法务不可能都了解,所以每当遇到合同需要查询主体资质,都是相当头痛的事情。

为了解决这个痛点,笔者在个人公号"高云合同"里安装了一个免费小工具,可以提供给用户免费查询中国所有合同主体所对应的专业资质。只要打开"高云合同",点击菜单栏"工具范本"-"查询资质",即可使用,十分方便。

第二个条件:意思表示真实。

合同实务中,合同双方有时为了追求经济利益,不惜以身试法,采用虚假意思表示签订合同。

例如,我国现在绝大部分城市都实行限购,有人就通过"假结婚"方式获取购房资格;有人为了购买多套房产,或者获得二套房优惠政策,就办理假离婚。有人通过签订存量房屋买卖合同的形式实现利用涉案房屋入学指标上学的目的。

又如,很多中小企业缺乏资金,向银行申请贷款的信用度又不够,于是就想到向融资租赁公司融通资金。根据法律规定,融资租赁公司不能直接贷款,必须要以有相应的租赁物为基础。因此,有时候,融资租赁合同的双方就会铤而走险,虚假租赁物,以融资租赁为名,贷款为实。

对于这类扰乱中国金融管理秩序的行为,《民法典》已经在第737条规定:"当事人以虚构租赁物方式订立的融资租赁合同无效。"

另外，一些企业为了拿到政府补贴，通过签订各种虚假合同等手段，通过申请获得相关高新科技企业资质，这类行为也是虚假的。

司法实践中，需要注意分清“意思表示虚假”和“恶意串通”两种情形之间的区别。

意思表示虚假和恶意串通都是无效行为，但前者强调的是意思虚假，并不一定会损害他人合法权益，也就是不包括主观恶意。后者强调的是行为人与相对人存在共同串通，损害他人合法权益的恶意。企业合同实务当中如何理解和掌握举证标准，在后续内容中会详细讲解。

第三个条件：合同不违反法律、行政法规和公序良俗。

根据《中华人民共和国立法法》，这里的法律仅指全国人大颁布的法律规定，行政法规仅指国务院颁布的法律强制性规定；国务院相关部委、地方人大和地方政府颁布的各种规定、通知或文件等，均不属于前述所称的法律或行政法规。

由于最高院在司法解释中，将法律和行政法规拆分为“效力性规定”和“管理性规定”两种，并规定合同违反前者无效，违反后者仍然有效。在司法实践当中，我们应当如何运用和把握呢？笔者总结出以下“禁止性规定 + 违法后果”两者结合的判断方法：

(1)如果法条同时写明禁止性规定和违法后果的，这个法律规定就属于效力性规定，当然无效。例如《民法典》第 144 条规定：“无民事行为能力人实施的民事法律行为无效。”

(2)只写禁止性规定，但没写违法后果的，就需要评判一下违法后果所产生的损害影响，如果这个损害影响的是国家利益和社会公共利益的，这条规定也属于效力性规定，合同也无效。例如，近年来国家为了抑制房价上涨，各地政府对房屋买卖普遍实施限购和限价，有些买卖双方为了逃避国家监管，违反国家上述政策，偷偷签订买卖合同，这些抽屉协议很明显是无效协议。

如果这个损害影响的仅为合同当事人双方利益的，这条规定就属于管理性规定，合同有效。

例如关于“禁止流押”的问题，《物权法》第 186 条规定：“抵押权人在债务履行期届满前，不得与抵押人约定债务人不履行到期债务时抵押财产归债权人所有。”对于违反该等法律规定的后果，目前司法实践的通识是宣告该等条款无效。

而《民法典》将这个通识修改了，它在第401条规定：“抵押权人在债务履行期限届满前，与抵押人约定债务人不履行到期债务时抵押财产归债权人所有的，只能依法就抵押财产优先受偿。”

类似的有关于“禁止流质”的问题，《物权法》第211条规定：“质权人在债务履行期届满前，不得与出质人约定债务人不履行到期债务时质押财产归债权人所有。”对于违反该等法律规定的后果，目前司法实践的通识是宣告该等条款无效。

而《民法典》将这个通识修改了，它在第428条规定：“质权人在债务履行期限届满前，与出质人约定债务人不履行到期债务时质押财产归债权人所有的，只能依法就质押财产优先受偿。”

此外，关于不违反公序良俗是《民法典》第153条第2款取代《合同法》中“社会公共利益”概念。这里的公序是指公共秩序，即国家社会的存在及其发展所必需的一般秩序；良俗是指善良风俗，即国家社会的存在及其发展所必需的一般道德。

企业合同实务当中，对于公序良俗概念如何具体理解和掌握，在本书第三编中会介绍。

2. 无权处分合同：树立合同效力与物权效力相分离的原则

《合同法》第51条规定：“无处分权的人处分他人财产，经权利人追认或者无处分权的人订立合同后取得处分权的，该合同有效。”本条规定无权处分合同性质属于效力待定合同。

《买卖合同司法解释》第3条规定：“当事人一方以出卖人在缔约时对标的物没有所有权或者处分权为由主张合同无效的，人民法院不予支持。出卖人因未取得所有权或者处分权致使标的物所有权不能转移，买受人要求出卖人承担违约责任或者要求解除合同并主张损害赔偿的，人民法院应予支持。”则认定无权处分合同有效，而非效力待定。

《民法典》删除《合同法》第 51 条无权处分效力待定的规定，吸收《买卖合同司法解释》无权处分合同有效观点，于《民法典》第 597 条第 1 款规定："因出卖人未取得处分权致使标的物所有权不能转移的，买受人可以解除合同并请求出卖人承担违约责任。"

《民法典》认定无权处分合同有效的主要依据在于物权行为理论，即应当区分债权行为和物权行为，没有处分权，并不应致合同行为无效。

此外，肯定无权处分合同有效，于出卖人不能转移所有权情况下，相对方可主张合同违约责任较合同无效的缔约过失责任，更利于保障其合法权益。

另外还有一个例子，就是对于出租人超期租赁的合同是否有效问题，《房屋租赁合同司法解释》第 15 条规定："承租人经出租人同意将租赁房屋转租给第三人时，转租期限超过承租人剩余租赁期限的，人民法院应当认定超过部分的约定无效。但出租人与承租人另有约定的除外。"

显然，司法解释的思路是物权优先债权，因此认定侵犯物权的合同无效。

而《民法典》的态度更灵活和务实，从尽量确保合同有效，以便合同双方可以依据合同区分各自权利义务关系的角度，认定合同有效，但不对出租人具有法律约束力。具体规定见《民法典》第 717 条规定："承租人经出租人同意将租赁物转租给第三人，转租期限超过承租人剩余租赁期限的，超过部分的约定对出租人不具有法律约束力，但是出租人与承租人另有约定的除外。"

3. 待批准合同：合同本身效力与报批义务条款之间效力独立

关于待批准合同问题，《合同法》第 44 条第 2 款规定："法律、行政法规规定应当办理批准、登记等手续生效的，依照其规定。"该条规定并没有明确未经批准合同效力究竟属于无效还是成立未生效，这类合同效力成为悬而未决的问题。

其后，最高院在《合同法司法解释一》第 9 条中明确："依照合同法第四十四条第二款的规定，法律、行政法规规定合同应当办理批准手续，或者办理批准、登记等手续才生效，在一审法庭辩论终结前当事人仍未办理批准手续的，或者仍未办理批准、登记等手续的，人民法院应当认定该合同未生效。"该条规定肯定了待批准合同属于未生效合同。

接着，为了解决追究承担报批义务一方的责任，最高院于《合同法司法解释二》第8条规定："依照法律、行政法规的规定经批准或者登记才能生效的合同成立后，有义务办理申请批准或者申请登记等手续的一方当事人未按照法律规定或者合同约定办理申请批准或者未申请登记的，属于合同法第四十二条第（三）项规定的'其他违背诚实信用原则的行为'，人民法院可以根据案件的具体情况和相对人的请求，判决相对人自己办理有关手续；对方当事人对由此产生的费用和给相对人造成的实际损失，应当承担损害赔偿责任。"

该条规定为相对人提供了自行报批的救济途径，并规定不履行报批的责任为缔约过失责任，但是现实中，由于相对人资格和报批文件不容易符合行政审批的各项要求，较难获得主管部门批准，导致该条规定实际难以执行。

为更好地解决上述问题，最高院于《关于审理外商投资企业纠纷案件若干问题的规定（一）》第1条规定："当事人在外商投资企业设立、变更等过程中订立的合同，依法律、行政法规的规定应当经外商投资企业审批机关批准后才生效的，自批准之日起生效；未经批准的，人民法院应当认定该合同未生效。当事人请求确认该合同无效的，人民法院不予支持。前款所述合同因未经批准而被认定未生效的，不影响合同中当事人履行报批义务条款及因该报批义务而设定的相关条款的效力。"

上述规定的新思路，是将合同与报批条款两者效力分开，即使未报批合同未生效，但不影响报批条款独立生效，以法律手段赋予报批人的合同报批义务，完善了未生效合同转化机制实务层面的可操作性。从此，待批准合同成立但未生效以及报批义务条款独立性成为司法裁判共识。

其后，《九民纪要》第37条中规定，"【未经批准合同的效力】批准是合同的法定生效条件，未经批准的合同因欠缺法律规定的特别生效条件"，"而未生效合同已具备合同的有效要件，对双方具有一定的拘束力"。

《九民纪要》第38条规定："【报批义务及相关违约条款独立生效】须经行政机关批准生效的合同，对报批义务及未履行报批义务的违约责任等相关内容作出专门约定的，该约定独立生效。一方因另一方不履行报批义务，请求解除合同并请求其承担合同约定的相应违约责任的，人民法院依法予以支持。"

《民法典》吸纳上述相关司法解释及实务经验，在此基础上规定为第502条第2款规定："依照法律、行政法规的规定，合同应当办理批准等手续的，依照其规定。未办理批准等手续影响合同生效的，不影响合同中履行报批等义务条款以及相关条款的效力。应当办理申请批准等手续的当事人未履行义务的，对方可以请求其承担违反该义务的责任。"

该条明确了报批义务条款的独立性，规定了违反报批义务的法律后果，健全合同效力制度，有利于维护守信相对方的合法权益。

4. 可撤销合同：三款拆细成五种情形

《合同法》原有的可撤销、变更合同制度见于第54条："下列合同，当事人一方有权请求人民法院或者仲裁机构变更或者撤销：(一)因重大误解订立的；(二)在订立合同时显失公平的。一方以欺诈、胁迫的手段或者乘人之危，使对方在违背真实意思的情况下订立的合同，受损害方有权请求人民法院或者仲裁机构变更或者撤销。当事人请求变更的，人民法院或者仲裁机构不得撤销。"

《民法典》合同编对《合同法》原有的可撤销、变更合同制度进行了解构和重构，其中：保留重大误解和胁迫两种，将欺诈拆分为合同一方欺诈和第三人欺诈，乘人之危合并到显失公平中，合计五种情形。具体规定详见如下的第147条至第151条规定：

第一种，重大误解。第147条规定："基于重大误解实施的民事法律行为，行为人有权请求人民法院或者仲裁机构予以撤销。"

第二种，合同一方欺诈。第148条规定："一方以欺诈手段，使对方在违背真实意思的情况下实施的民事法律行为，受欺诈方有权请求人民法院或者仲裁机构予以撤销。"

第三种，第三人欺诈。第149条规定："第三人实施欺诈行为，使一方在违背真实意思的情况下实施的民事法律行为，对方知道或者应当知道该欺诈行为的，受欺诈方有权请求人民法院或者仲裁机构予以撤销。"

上述第二种"合同一方欺诈"和第三种"第三人欺诈"两种行为，受欺诈人的举证程度有很大差异，前者比后者简单。

以甲乙双方签订买卖合同为例，第 148 条“合同一方欺诈”，讲的是甲方拿着虚假的市场报价单欺诈乙方，诱使乙方同意以超低价格与甲方签约，乙方在事后可以“违背真实意思”为由申请法院撤销该合同。第 149 条“第三人欺诈”，讲的是拿着虚假市场报价单欺诈乙方并且诱使乙方与甲方签约的，并非甲方而是第三方。此时，乙方不仅要说明“违背真实意思”，还要证明甲方知道或应当知道这份市场报价单是虚假的，如此才能申请法院撤销该合同。

第四种，胁迫。第 150 条规定：“一方或者第三人以胁迫手段，使对方在违背真实意思的情况下实施的民事法律行为，受胁迫方有权请求人民法院或者仲裁机构予以撤销。”

第五种，显失公平。第 151 条规定：“一方利用对方处于危困状态、缺乏判断能力等情形，致使民事法律行为成立时显失公平的，受损害方有权请求人民法院或者仲裁机构予以撤销。”

《合同法》将显失公平、乘人之危作为两类并列的可撤销情形，而《民法典》总则第 151 条则将乘人之危、显失公平情形合二为一，即乘人之危为因，显失公平为果，《民法典》的设计更科学。

此外，《民法典》细化了各种可撤销合同的撤销权期限。《合同法》第 55 条将撤销权行使期限统一规定为自知道或者应当知道撤销事由之日起 1 年，而《民法典》总则第 152 条针对不同情形，细化了相应的撤销权行使期限，并规定撤销权存续的最长期限为 5 年。

关于合同撤销、解除实务的具体分析，可以参见本书第三编“【合同纠纷 - 合同解除】合同解除实务操作要点和写作范例”详细介绍。

【合同内容】赋予相对方成本更低的格式条款抗辩权

关于格式条款的提醒义务在以往的法律当中均有规定。例如，《合同法》第 39 条第 1 款规定：“采用格式条款订立合同的，提供格式条款的一方应当遵循公平原则确定当事人之间的权利和义务，并采取合理的方式提请对方注意免除或者限制其责任的条款，按照对方的要求，对该条款予以说明。”

《合同法司法解释二》第 9 条规定：“提供格式条款的一方当事人违反合同

法第三十九条第一款关于提示和说明义务的规定，导致对方没有注意免除或者限制其责任的条款，对方当事人申请撤销该格式条款的，人民法院应当支持。”

上述两条规定了提请注意义务属于一种法定强制义务，违反的法律后果为相对方可申请撤销。《民法典》对《合同法》第39条进行了修订，在第496条对格式条款规定如下：“格式条款是当事人为了重复使用而预先拟定，并在订立合同时未与对方协商的条款。采用格式条款订立合同的，提供格式条款的一方应当遵循公平原则确定当事人之间的权利和义务，并采取合理的方式提示对方注意免除或者减轻其责任等与对方有重大利害关系的条款，按照对方的要求，对该条款予以说明。提供格式条款的一方未履行提示或者说明义务，致使对方没有注意或者理解与其有重大利害关系的条款的，对方可以主张该条款不成为合同的内容。”

与《合同法司法解释二》规定的“对方当事人申请撤销该格式条款”不同，《民法典》对权利人赋予了“可以主张该条款不成为合同的内容”的权利，此举在合同实务当中有本质区别。前者需要向法院提起诉讼，申请撤销合同，不仅需要经历漫长的诉讼，而且受到撤销权期限的限制。而后者则仅需在合同履行当中直接抗辩，无须起诉，也无须受到撤销权期限限制，大大减轻了格式条款相对方的维权成本。

不过，从另外一个角度来看，立法对格式条款采取这种回避认定条款效力问题，告一个才理一个的态度，其实也有弊端，格式条款提供方就敢更加大胆地采用格式条款了，因为即使某个相对方主张获得支持，也只是在单份合同当中格式条款不成为合同内容而已，不会影响其他类似合同。

【合同履行】突破合同相对性、完善代位权和新增合同保全制度

第一，利益第三人合同：突破合同相对性。

《合同法》存在合同第三人规定，第64条规定：“当事人约定由债务人向第三人履行债务的，债务人未向第三人履行债务或者履行债务不符合约定，应当向债权人承担违约责任。”该条款虽然有提及第三人，但依然严守合同相对性，违约责任的承担人仍是债务人。

《民法典》吸收该规定并新增第522条第2款规定："法律规定或者当事人约定第三人可以直接请求债务人向其履行债务,第三人未在合理期限内明确拒绝,债务人未向第三人履行债务或者履行债务不符合约定的,第三人可以请求债务人承担违约责任;债务人对债权人的抗辩,可以向第三人主张。"

上述规定实质赋予利益第三人类似于债权人的地位,在一定程度上突破了合同相对性。

《民法典》增加的新型涉他合同扩大了交易主体实现权利的途径,在交易中充分运用《民法典》第522条第2款的规定可以大大降低己方的风险。

例如,在供应链很长的电子产品等类似行业中,上下游企业往往高度聚合和协作。此时,作为强势方的下游企业C,为了保障己方原材料的长期稳定供应,可以要求其上一级的企业B在与其同一级的企业A签订原料采购协议时,明确加入C的权利行使条款,即约定C有权在某种情形下(如B无法稳定供应、C需要紧急调货等),有权绕过B直接要求A向C供货,A应当履行该等条款。

第二,第三人代为清偿:完善相应规则。

第三人代为清偿制度系债法内容,分为基于合同约定的代为清偿和第三人自愿清偿两种。其中:

基于合同约定的代为清偿主要来自《合同法》第65条规定:"当事人约定由第三人向债权人履行债务,第三人不履行债务或者履行债务不符合约定,债务人应当向债权人承担违约责任。"

《民法典》新增第524条第三人自愿代为清偿规则,完善第三人代为清偿制度。条款分别为:

第五百二十三条　当事人约定由第三人向债权人履行债务,第三人不履行债务或者履行债务不符合约定的,债务人应当向债权人承担违约责任。

第五百二十四条　债务人不履行债务,第三人对履行该债务具有合法利益的,第三人有权向债权人代为履行;但是,根据债务性质、按照当事人约定或者依照法律规定只能由债务人履行的除外。债权人接受第三人履行后,其对债务人的债权转让给第三人，但是债务人和第三人另有约定的除外。

其中第523条讲述基于合同约定的第三人代为清偿，如果债务履行出现问题的，违约责任继续由债务人负责。第524条规定则为第三人自愿代为清偿。在债务履行完毕后，债权自动转让给第三人。即在代为清偿完毕后，第三人对债务人基于法律拟制取得类似债权受让人角色。

第三，合同保全：转化合同保全司法成果。

关于合同保全制度，《合同法》第73条至第75条，确认了代位权制度和撤销权制度，《合同法司法解释一》第11条至第26条详细规定了合同保全制度，《合同法司法解释二》第17条至第19条补充了合同保全制度，从而构建了较为完善的合同保全制度。

《民法典》合同编新增第五章合同的保全，具体规定为第535条至第542条，单独成章，强化了合同保全的重要性。其内容主要系转化上述合同保全司法成果，完善代位权行使等规则，使其行使效力精细化。

对合同保全的具体分析，可以参见本书第三编"合同撤销权"和"合同代位权"详细介绍。

【合同担保】明确非典型担保合同效力，丰富交易手段

我国立法长期以来，深受物权和债权"二分法"的影响，受物权法定原则的限制，担保物权种类有限，因此常见的担保合同只有抵押合同、质押合同两种。因而《物权法》第172条规定："设立担保物权，应当依照本法和其他法律的规定订立担保合同。担保合同是主债权债务合同的从合同。主债权债务合同无效，担保合同无效，但法律另有规定的除外。担保合同被确认无效后，债务人、担保人、债权人有过错的，应当根据其过错各自承担相应的民事责任。"

但是，市场主体基于实际需要，在商业交易中创设了多种具有担保功能的交易模式，逐渐被法律所认可。例如，买卖合同中的所有权保留制度，出卖人对于买受人尚未付清价款的货物保留所有权，其本意是对标的物的价款清偿设定担保；融资租赁合同中的出租人对租赁物保留所有权，其本意是对标的物的租金支付设定担保等。类似的制度还反映在让与担保合同、保理合同等各种合同中。

《民法典》吸收了上述制度设计，在第388条明确了担保合同的范围不再仅限于抵押合同、质押合同等典型担保合同，还包括了有担保功能的非典型担保合同。《民法典》第388条规定："设立担保物权，应当依照本法和其他法律的规定订立担保合同。担保合同包括抵押合同、质押合同和其他具有担保功能的合同。担保合同是主债权债务合同的从合同。主债权债务合同无效的，担保合同无效，但是法律另有规定的除外。担保合同被确认无效后，债务人、担保人、债权人有过错的，应当根据其过错各自承担相应的民事责任。"

在合同实务中，制作和履行非典型担保合同需要注意如下几个要点：

第一，做好审查和尽调工作。

对于大量使用非典型担保合同的各类企业、金融机构等，在签订合同之前，应当重视做好担保财产的尽调工作，对担保财产的现状、真实性、合法性、流通性和可处置性作出全面和准确的判断，切实保障担保权利的顺利实现。

第二，重视写好当事人约定。

非典型担保合同，无论其交易结构如何创新变化，其权利设立、公示、实现、顺位规则都是当事人约定优先，因此在合同中尽量将双方权利义务约定明确和详尽最为稳妥。例如《民法典》第783条规定："定作人未向承揽人支付报酬或者材料费等价款的，承揽人对完成的工作成果享有留置权或者有权拒绝交付，但是当事人另有约定的除外。"

当约定不明时，《民法典》的原则是参考典型担保合同相关规则，因此熟知典型担保合同规则也很重要。

第三，尽快办理登记。

以法律允许的动产、不动产设定担保物权的，或以财产性权利设定权利质权的，如果未经登记的，担保权仅在当事人之间有效，只有办理登记手续才能产生对抗第三人的效力，可以就担保财产处置所得价款优先受偿。例如《民法典》中有以下规定：

第七百六十八条　应收账款债权人就同一应收账款订立多个保理合同，

致使多个保理人主张权利的，已经登记的先于未登记的取得应收账款；均已经登记的，按照登记时间的先后顺序取得应收账款；均未登记的，由最先到达应收账款债务人的转让通知中载明的保理人取得应收账款；既未登记也未通知的，按照保理融资款或者服务报酬的比例取得应收账款。

第七百四十五条　出租人对租赁物享有的所有权，未经登记，不得对抗善意第三人。

第六百四十二条　当事人约定出卖人保留合同标的物的所有权，在标的物所有权转移前，买受人有下列情形之一，造成出卖人损害的，除当事人另有约定外，出卖人有权取回标的物：

（一）未按照约定支付价款，经催告后在合理期限内仍未支付；

（二）未按照约定完成特定条件；

（三）将标的物出卖、出质或者作出其他不当处分。

出卖人可以与买受人协商取回标的物；协商不成的，可以参照适用担保物权的实现程序。

【合同变更】确立情势变更制度，增加交易灵活性

《民法典》在中国立法史上首次建立情势变更制度，第533条规定："合同成立后，合同的基础条件发生了当事人在订立合同时无法预见的、不属于商业风险的重大变化，继续履行合同对于当事人一方明显不公平的，受不利影响的当事人可以与对方重新协商；在合理期限内协商不成的，当事人可以请求人民法院或者仲裁机构变更或者解除合同。人民法院或者仲裁机构应当结合案件的实际情况，根据公平原则变更或者解除合同。"

上述条款的核心问题，就是如何正确区分情势变更与商业风险。

依据常理，商业风险通常是指商业活动中由于各种不确定因素引起的，给商业主体带来获利或损失的机会或可能性的一种客观经济现象。而情势变更，则是排除了上述商业风险之外的情形，具体就是根据上述规定，主要指"合同成立后，合同的基础条件发生了当事人在订立合同时无法预见的、不属于商业风险的重大变化，继续履行合同对于当事人一方明显不公平的"的情况。

由于物价降浮，币值、汇率涨落或市场兴衰等，可以视为商业风险，似乎又可以算作情势变更。于是，一些当事人经常将正常的商业风险混同于情势变更，要求人民法院或仲裁机构变更或者解除合同。

为有效防止情势变更原则被滥用，法院对于情势变更原则的运用持高度审慎的态度。正如前述介绍，目前的司法解释规定，各级法院如需运用情势变更原则断案，需事先报经高级人民法院甚至最高院核准。在《民法典》生效之后，该规定是否继续沿用，目前尚待最高院予以明确。

在合同实务中，准确区分商业风险和情势变更，要掌握如下四点：

第一，变动原因。商业风险属于基于市场供求系统范围内的、必然遇到的固有风险，尚未达到异常变动程度，如价格涨跌、产品需求淡旺季等；而情势变更原则是合同成立的基础环境发生了异常变动，如2020年全世界突发新冠疫情，导致全球经济下滑，这就是基础环境发生异常变动的例子。

第二，可预见性。基于上一点，法律推定商业风险是合同当事人可以预见的，而情势变更则是常人未预见到，当事人自然无法预见。

第三，损失归责。基于上一点，既然合同当事人对于商业风险可以预见，所以法律推定合同当事人在缔约时已将相关商业风险合理计算在交易价格之内；同理，由于当事人对情势变更事由无法预见，因此在缔约时并未将相关因素考虑在内。

当然，如果当事人不做合理调查和预测，例如不遵循经济规律的要求、不了解市场行情、不充分掌握市场经济信息、一味投机冒险或在生产经营的商品中掺杂使假而被媒体曝光等，因此所产生的风险只能算作当事人一方不作为或乱作为，不能将之列入情势变更。

第四，履约结果。基于上述论证，法律推定合同当事人对于商业风险所导致的履约结果有所预计和推测；但是，由于情势变更事由无法预计，合同当事人做出了最大努力，仍不可避免。情势变更致使合同履行出现了不可逾越的客观障碍，如果仍然坚持合同严守原则，在结果上导致对于一方显失公平，而另外一方获得暴利，这个履约结果将与公平原则严重背离。

此外，在实际操作中，还需留意《民法典》关于主张情势变更之前需要与对方先行协商的相关规定。因此,当事人如需主张情势变更,需要举证相关的协商和谈判的充足证据。

【合同违约】预期违约、定金效力、赔偿范围、精神赔偿四大问题

第一,建立预期违约制度,实现不安抗辩权与合同解除权的顺利衔接。

《合同法》的不安抗辩权制度中关于中止履行的一方可以解除合同的规定,一直存在争议。反对的一方认为,不安抗辩权作为违约补救措施,仅能对抗对方请求权的迟延行使,而非违约救济制度,不安抗辩权人据此直接解除合同的,缺乏法理基础和依据。

《民法典》第528条在《合同法》第69条基础上,补充相应规定:“中止履行后,对方在合理期限内未恢复履行能力且未提供适当担保的,视为以自己的行为表明不履行主要债务,中止履行的一方可以解除合同并可以请求对方承担违约责任。”

上述法条明确了中止履行后,对方在合理期限内未恢复履行能力并且未提供适当担保的,属于预期违约行为,因此实现了从不安抗辩到合同解除权的顺利衔接。

第二,明确定金效力及定金不足以弥补损失时如何救济的问题。

《民法典》违约责任部分关于定金的规定,主要吸收了《担保法》第90条及《担保法司法解释》第119条的规定,并将是否“致使不能实现合同目的”作为适用定金罚则的前置条件,其他内容没有出入。

另外,新增了包括定金超过20%的效力如何认定的问题;明确了定金实际交付调整为定金合同成立要件;解决了实际交付的定金数额与约定不符时,效力如何认定的争议;若约定的定金不足以弥补一方违约造成的损失的,对方可以请求赔偿超过定金数额的损失等问题。

具体分析可以参见本书第三编“【合同总论-合同条款】定金条款的新变化和操作要点”的相关介绍。

第三,明确不得强制履行债务的赔偿范围包括第三人替代履行费用。

《民法典》第581条规定:“当事人一方不履行债务或者履行债务不符合约

定，根据债务的性质不得强制履行的，对方可以请求其负担由第三人替代履行的费用。”

上述规定除了增加守约方的救济途径外，一个很引人关注的焦点就是对于不得强制履行的债务的违约赔偿范围明确包括第三人替代履行费用，此举对于债权人而言意义重大。

在实务操作中，关于该条款需要掌握如下两个问题：

(1)什么是“债务的性质不得强制履行”？在实务中，该等债务常见的是基于人身信赖利益而产生的，例如某公司聘请某明星为该公司提供商业演出，但该明星因为家庭私事等原因无法按期演出；某公司聘请某作家创造一部指定主题或内容的小说等。对于该等债务，可以运用上述条款要求他承担违约责任，但不合适要求他继续履行合同。

(2)第三人替代履行费用认定标准是什么，在合同实务中通常是在合同中约定由双方或单方指定的鉴定或评估机构出具报告进行，该等报告可以知会违约方，但违约方不回应，或者虽然明确提出反对但同时又不能提出有效解决方案的话，不影响守约方聘请第三方替代履行。

第四，明确违约责任与精神损害赔偿并列。

《民法典》人格权编第996条规定：“因当事人一方的违约行为，损害对方人格权并造成严重精神损害，受损害方选择请求其承担违约责任的，不影响受损害方请求精神损害赔偿。”

因此，单纯的违约责任不包含精神损害赔偿，如果当事人因为合同违约行为造成人格权损害的，可以另行主张精神损害赔偿。

关于《民法典》出台后违约金规则的相关实务问题，具体分析详见本书第三编“【合同总论－合同条款】新法对违约金条款的影响和写作要点”详细介绍。

【合同解除】违约方解除权开启新时代

按照中国法律传统，为了更好地践行诚信原则，只有守约方才能解除合同。但《九民纪要》《民法典》为了兼顾司法实践中的各种复杂情况，尤其是更好体现公平原则，在经过多轮争论和博弈后，最终打开了违约方解除权的大门，从此开启了违约方解除权的新时代。

《九民纪要》是中国首次以司法解释的形式试水违约方解除权，第 48 条规定："【违约方起诉解除】违约方不享有单方解除合同的权利。但是，在一些长期性合同如房屋租赁合同履行过程中，双方形成合同僵局，一概不允许违约方通过起诉的方式解除合同，有时对双方都不利。在此前提下，符合下列条件，违约方起诉请求解除合同的，人民法院依法予以支持：(1) 违约方不存在恶意违约的情形；(2) 违约方继续履行合同，对其显失公平；(3) 守约方拒绝解除合同，违反诚实信用原则。"

《民法典》最终吸纳了上述司法成果，第 580 条规定："当事人一方不履行非金钱债务或者履行非金钱债务不符合约定的，对方可以请求履行，但是有下列情形之一的除外：(一) 法律上或者事实上不能履行；(二) 债务的标的不适于强制履行或者履行费用过高；(三) 债权人在合理期限内未请求履行。有前款规定的除外情形之一，致使不能实现合同目的的，人民法院或者仲裁机构可以根据当事人的请求终止合同权利义务关系，但是不影响违约责任的承担。"

综合上述法律规定，违约方如需主张解除权必须符合如下要点：

第一，违约方需要履行的债务仅限于非金钱债务，不包括金钱债务。

根据《民法典》580 条第 1 款规定，对于当事人一方不履行非金钱债务或者履行非金钱债务不符合约定的，才适用本条规定的违约方解除权；换言之，对于借款合同等，由于合同标的对应的是金钱债务，因而不适用违约方解除权。

第二，至少符合如下情形当中的任何一种。

情形 1：该债务必须是法律上或者事实上不能履行，才能适用违约方解除权。

合同在法律上或者事实上不能履行，学理上又称为履行不能。其中事实上的履行不能主要是基于自然客观法则的不能，例如标的物已经损毁或丧失等。法律上的履行不能，则是指基于法律的规定而履行不能，比如禁止流通物的买卖等。

情形 2：该债务的标的不适于强制履行或者履行费用过高，才能适用违约方解除权。

该债务的标的不适于强制履行虽然能够履行但费用会过高的情形，常见于基于人身信赖利益而产生的合同。

履行费用过高，一般可以根据履约所耗费的成本是否超过各方预期所能获得的利益来判断。当违约方继续履约所需的资金、成本等超过合同双方在合同履行后所能获得的利益时，一般可以认定“履行费用过高”。

情形3：债权人在合理期限内未请求履行。

《合同法》以及《民法典》均赋予非违约方可以选择实际履行或解除合同、赔偿损失等补救措施。若其选择了实际履行，则应在合理期限内提出。此处的规定主要是为了防止守约方滥用合同权利，恶意不行使法律赋予的解除权，导致违约方因合同履行的状态不确定而产生更大的损失。

第三，上述三种情形之一持续存在，已经达到了致使不能实现合同目的的程度。具体而言，就是该等情形应该是确定的，严重的，持续的程度，无法通过催告或补救等途径解决。

第四，违约方请求权只能通过诉讼实现。

《民法典》虽然赋予违约方法定解除权，但规定违约方行使该等权利，只能通过诉讼或仲裁的方式实现，即必须按照《民法典》第580条第2款规定向人民法院或仲裁机构申请终止合同权利义务关系，由人民法院或仲裁机构进行审查。

在实现方式上，违约方解除权与其他约定或法定解除权有大差异，这一点在合同实务中尤其需要特别注意。

【债法规则】选择之债、多数人之债、债务加入、债务清偿抵充制度要点

《民法典》合同编担任债法总则功能，因此纳入了众多的债法规则，要点如下：

第一，选择之债规则：新增债务人履行选择权。

关于选择之债，《民法典》第515条规定：“标的有多项而债务人只需履行其中一项的，债务人享有选择权；但是，法律另有规定、当事人另有约定或者另有交易习惯的除外。享有选择权的当事人在约定期限内或者履行期限届满未作选择,经催告后在合理期限内仍未选择的,选择权转移至对方。”

该条款的含义是,对于合同当中约定的当事人必须要履行多项义务的,如果双方对于履行选择权没有特殊约定的,债务人首先享有选择权。如果债务人在约定期限内或者履行期限届满未作选择,经催告后在合理期限内仍未选择的,选择权转移至对方。

根据前述条款规定,选择之债与简单之债的差异在于债的标的是否单一。简单之债标的是单一的,债务人仅能就该种标的履行。而选择之债在履行前,债务人对债的标的具有选择权,且该选择权的性质为形成权,应当以通知方式行使。

在实务中,企业法务在合同起草或审改时,如果按照以前的经验,照抄上述法条用作保护己方利益是最保险的做法。但是,由于《民法典》新增了选择之债,如果仍然沿袭以前思路而不作改变的话,将在无形中赋予对方债务履行选择权,对于己方权益保护不利。

例如《民法典》第801条规定:“因施工人的原因致使建设工程质量不符合约定的,发包人有权请求施工人在合理期限内无偿修理或者返工、改建。”

如果发包人法务在起草合同时,出于强化保护己方权利的考虑,将上述条款照抄进合同当中的话,表面上合同条款更强了,殊不知反而给予了施工人更多选择权。

因为根据上述法律规定,假设双方签订的建筑工程施工合同当中没有特别约定施工人放弃选择权的话,施工人就有权选择采用无偿修理、返工、改建三种债务当中任何一种,对工程质量进行补救。如果施工人在约定期限内或履行期内未作选择,经催告在合理期限内仍未选择的,选择权才转移到发包人处。

因此,《民法典》颁布之后,企业合同写审改思维需要及时改进。

第二,多数人之债规则:新增多数人之债务履行规则。

《民法典》第517条至第521条规定了新增多数人之债的履行规则,系吸取《民法通则》第86、87条原有规定并进行补充完善而成的,具体条款如下:

第五百一十七条　债权人为二人以上，标的可分，按照份额各自享有债权的，为按份债权；债务人为二人以上，标的可分，按照份额各自负担债务的，为按份债务。

按份债权人或者按份债务人的份额难以确定的，视为份额相同。

第五百一十八条　债权人为二人以上，部分或者全部债权人均可以请求债务人履行债务的，为连带债权；债务人为二人以上，债权人可以请求部分或者全部债务人履行全部债务的，为连带债务。

连带债权或者连带债务，由法律规定或者当事人约定。

第五百一十九条　连带债务人之间的份额难以确定的，视为份额相同。

实际承担债务超过自己份额的连带债务人，有权就超出部分在其他连带债务人未履行的份额范围内向其追偿，并相应地享有债权人的权利，但是不得损害债权人的利益。其他连带债务人对债权人的抗辩，可以向该债务人主张。

被追偿的连带债务人不能履行其应分担份额的，其他连带债务人应当在相应范围内按比例分担。

第五百二十条　部分连带债务人履行、抵销债务或者提存标的物的，其他债务人对债权人的债务在相应范围内消灭；该债务人可以依据前条规定向其他债务人追偿。

部分连带债务人的债务被债权人免除的，在该连带债务人应当承担的份额范围内，其他债务人对债权人的债务消灭。

部分连带债务人的债务与债权人的债权同归于一人的，在扣除该债务人应当承担的份额后，债权人对其他债务人的债权继续存在。

债权人对部分连带债务人的给付受领迟延的，对其他连带债务人发生效力。

第五百二十一条　连带债权人之间的份额难以确定的，视为份额相同。

实际受领债权的连带债权人，应当按比例向其他连带债权人返还。

连带债权参照适用本章连带债务的有关规定。

上述条款系原有合同立法内容合并而成，新增内容不多，在合同实务中需要注意的主要是连带之债会加重当事人履行债务的负担，因此其具体内容、承担方式以及追索权等问题，均应以法律规定或当事人明确约定为限。

第三，债务加入规则：新增债务加入规则。

债务加入，或称并存式债务承担，是指原债务人并没有脱离债的关系，而由第三人加入债的关系，并与债务人共同向债权人承担连带责任，系与《合同法》第 84 条债务转移（免责式债务承担）相对应的概念。

长期以来，因《合同法》第 84 条仅规定了免责的债务承担，而并存的债务承担仅长期存在于民法理论或个案实践当中，未曾有具体法律规定予以明确。此次《民法典》新增了债务加入规则，第 552 条规定："第三人与债务人约定加入债务并通知债权人，或者第三人向债权人表示愿意加入债务，债权人未在合理期限内明确拒绝的，债权人可以请求第三人在其愿意承担的债务范围内和债务人承担连带债务。"

上述债务加入规则，与《民法典》第 551 条债务移转规则，构成第三人履行债务的不同效力形态的完整规则体系。

同时，债务加入制度规则中，新加入的债务人与原来的债务人之间是共同债务关系，对债务承担连带责任，债权债务关系由单一的债务人变成了两个或多个共同债务人，这更有利于保护债权人的利益，保障了债权人对债权的实现。

此外，需注意的是，与债务移转相较，债务加入无须以债权人同意作为构成要件，与债务移转两者的适用规则是需债权人同意截然不同。

第四，债务清偿抵充规则：明确债务清偿抵充形式和顺序。

清偿抵充制度规则过去存在于债法理论体系中，用于明确解决债务人不足以清偿全部债务时的处理当事人之间争议的规则。《合同法》虽未规定清偿抵充规则，但《合同法司法解释二》第 20、21 条已结合司法实践以司法解释形式正式明确确立了清偿抵充规则制度。

《民法典》第 560、561 条转化在吸收《合同法司法解释二》第 20、21 条基础上的司法成果，增设清偿抵充规则制度，正式从立法层面予以确认清偿抵充制度。此外，需要注意的是清偿抵充规则的适用具有约定抵充、指定抵充、法定抵充三种形式，根据法律规定，应按前述优先顺序进行适用。

《民法典》具体条款如下：

第五百六十条　债务人对同一债权人负担的数项债务种类相同，债务人的给付不足以清偿全部债务的，除当事人另有约定外，由债务人在清偿时指定其履行的债务。

债务人未作指定的，应当优先履行已经到期的债务；数项债务均到期的，优先履行对债权人缺乏担保或者担保最少的债务；均无担保或者担保相等的，优先履行债务人负担较重的债务；负担相同的，按照债务到期的先后顺序履行；到期时间相同的，按照债务比例履行。

第五百六十一条　债务人在履行主债务外还应当支付利息和实现债权的有关费用，其给付不足以清偿全部债务的，除当事人另有约定外，应当按照下列顺序履行：

（一）实现债权的有关费用；

（二）利息；

（三）主债务。

第五，代物清偿规则：《九民纪要》的司法实践成果。

代物清偿是指债权人受领他种给付代替原定给付，从而使得合同关系消灭的行为。我国《合同法》以及《民法典》均未对代物清偿制度作出明确规定，但在司法实践中存在已承认了代物清偿概念的裁判观点。

《九民纪要》第44条规定："【履行期届满后达成的以物抵债协议】当事人在债务履行期限届满后达成以物抵债协议，抵债物尚未交付债权人，债权人请求债务人交付的，人民法院要着重审查以物抵债协议是否存在恶意损害第三人合法权益等情形，避免虚假诉讼的发生。经审查，不存在以上情况，且无其他无效事由的，人民法院依法予以支持。

当事人在一审程序中因达成以物抵债协议申请撤回起诉的，人民法院可予准许。当事人在二审程序中申请撤回上诉的，人民法院应当告知其申请撤回起诉。当事人申请撤回起诉，经审查不损害国家利益、社会公共利益、他人合法权益的，人民法院可予准许。当事人不申请撤回起诉，请求人民法院出具调解书对以物抵债协议予以确认的，因债务人完全可以立即履行该协议，没有必要由人民法院出具调解书，故人民法院不应准许，同时应当继续对原债权债务关系进行审理。”

第45条规定：“【履行期届满前达成的以物抵债协议】当事人在债务履行期届满前达成以物抵债协议，抵债物尚未交付债权人，债权人请求债务人交付的，因此种情况不同于本纪要第71条规定的让与担保，人民法院应当向其释明，其应当根据原债权债务关系提起诉讼。经释明后当事人仍拒绝变更诉讼请求的，应当驳回其诉讼请求，但不影响其根据原债权债务关系另行提起诉讼。”

从上述《九民纪要》内容可看出，我国在司法实践中已承认了代物清偿的法律效力，结合《民法典》，司法实践当中需要注意如下三点：

（1）依据债务履行期与以物抵债协议签订时间点的对比结果，判断以物抵债协议的效力。依据《九民纪要》，在债务履行期届满前签订的以物抵债协议，最高院的态度是判定为无效。虽然依据《民法典》第401条“抵押权人在债务履行期限届满前，与抵押人约定债务人不履行到期债务时抵押财产归债权人所有的，只能依法就抵押财产优先受偿”以及第428条“质权人在债务履行期限届满前，与出质人约定债务人不履行到期债务时质押财产归债权人所有的，只能依法就质押财产优先受偿”的规定，前述以物抵债约定仅产生抵押权人就抵押财产优先受偿的法律后果，由于该后果本来就属于抵押权、质押权的法定权利，因此，将以物抵债协议判定为无效，并不妨碍抵押权人依法行使抵押权。在债务履行期届满后签订的协议，无论《九民纪要》和《民法典》都无禁止性规定，因而协议有效。

（2）抵债物是否实际交付，也会影响以物抵债协议效力。除了主债务履行期限是否届满外，抵债物是否已经实际交付债权人，也是考虑的重要因素之一。

（3）以物抵债协议属于诺成性合同，并非实践性合同。《九民纪要》要旨表明，最高院对于以物抵债协议合同性质的态度是认定其属于诺成合同，此与传统债法理论通说认为以物抵债协议属于实践性合同存在较大差异，在合同实务中需要留意该等差异。

四、九种典型合同

【买卖合同】十处重要改动

《民法典》合同编关于买卖合同的变化比较多，另外还有物权编也有部分内容影响，归纳起来主要有以下几点：

第一，确认无权处分的买卖合同有效。

《民法典》第597条规定："因出卖人未取得处分权致使标的物所有权不能转移的，买受人可以解除合同并请求出卖人承担违约责任。"

本条规定是吸收了《买卖合同司法解释》第3条"当事人一方以出卖人在缔约时对标的物没有所有权或者处分权为由主张合同无效的，人民法院不予支持。出卖人因未取得所有权或者处分权致使标的物所有权不能转移，买受人要求出卖人承担违约责任或者要求解除合同并主张损害赔偿的，人民法院应予支持"的规定。

《民法典》将无权处分行为效力与无权处分合同效力相区分，肯定了无权处分不影响买卖合同效力，强调合同效力优先，更凸显诚信原则，对于守约方依据合同约定保护己方利益更为有利。

因为一旦宣告合同无效，守约方在合同中的全部内容设计包括违约赔偿条款等将全部落空，只能依据法律规定追究对方缔约过失责任，而实际情况往往是法定的缔约过失责任比双方约定的违约责任轻很多，违约方多数会通过故意主张合同无效的途径，意图逃脱更严重的惩罚。努力使合同有效，既体现充分尊重当事人双方意思表示，在定分止争时拥有充分依据，也更有利于引导当事人双方通过合同约定更主动保护和行使自身权利。

第二，限制出卖人的免责约定。

《民法典》第618条规定："当事人约定减轻或者免除出卖人对标的物瑕疵承担的责任，因出卖人故意或者重大过失不告知买受人标的物瑕疵的，出卖人无权主张减轻或者免除责任。"

本条规定是吸收了《买卖合同司法解释》第32条的规定，将司法解释中的内容以法律的形式予以正式确认,体现了立法者对民事交易中公平及诚信原则的重视。

第三,明确检验期限约定过短以及未约定的处理。

《民法典》第 623 条和第 624 条延续了《买卖合同司法解释》第 15 条和第 18 条的规定精神。

一方面,对于一方当事人利用优势地位约定明显过短的检验期限,导致对方当事人实际上难以对标的物进行完全全面实质检验,显失公平的,该检验期限的约定不能约束对方当事人,而是仅视为买受人对外观瑕疵提出异议的期限。

另一方面,对于合同未约定检验期限的,通过买受人签收的送货单、确认单等载明标的物数量、型号、规格的,推定买受人已经对标的物数量和外观瑕疵进行检验,也符合交易习惯和诚信原则。

第四,明确向第三人履行的检验标准。

《民法典》第 624 条的规定是关于向第三人履行的检验标准问题,仍然是延续了《买卖合同司法解释》第 16 条的规定。根据合同的相对性原则,出卖人根据买受人的指示,向第三人履行的,若买受人和第三人约定的检验标准不一致,仍然以出卖人和买受人约定的检验标准为准。

第五,当事人可以约定标的物孳息归属。

《合同法》第 163 条规定:"标的物在交付之前产生的孳息,归出卖人所有,交付之后产生的孳息,归买受人所有。"

《民法典》强调尊重当事人双方约定,第 630 条规定:"标的物在交付之前产生的孳息,归出卖人所有;交付之后产生的孳息,归买受人所有。但是,当事人另有约定的除外。"

律师和法务在写作孳息约定条款时应当充分利用上述法律规定,为己方争取更大利益。

第六,明确分期付款解除合同前的催告义务。

《民法典》第 634 条规定了分期付款买卖合同中出卖人解除合同前的催告义务。分期付款买卖中,买受人未支付到期价款的数额达到全部价款的五分之一，经催告后在合理期限内仍未支付到期价款的，出卖人可以解除合同。

本条规定增加了关于出卖人主张解除合同前的催告义务，而不能径行主张解除合同。至于催告的形式，规定未作具体要求，口头、书面、电子数据形式的催告均可。但解除行为涉及合同关系终止，影响较大，建议采取书面方式为宜，以保留证据。

对于何为合理期限，规定仍未予以明确。对于出卖人而言，应尽量在发出的催告通知中明确买受人的付款期限，且付款期限应结合合同内容、交易习惯等综合确定，以避免日后主张解除合同被法院认定为不符合本条规定的解除条件。

第七，明确试用买卖中的默认购买规则及使用费。

《民法典》第638条和第639条延续了《买卖合同司法解释》第41条和第43条的规定精神，对于试用期限内买受人已经支付部分价款或者对标的物实施出卖、出租、设立担保物权等行为的，推定为同意购买。明确对于试用期未约定使用费的，出卖人无权主张使用费。

需注意的是，对于本次规定的已经支付"部分价款"的比例如何认定，尚待司法实践中进一步明确。

第八，新增调整所有权保留规则。

《民法典》第641条规定："当事人可以在买卖合同中约定买受人未履行支付价款或者其他义务的，标的物的所有权属于出卖人。出卖人对标的物保留的所有权，未经登记，不得对抗善意第三人。"

本条规定是对合同法所有权保留规则的进一步补充，也与《民法典》物权编善意取得制度相衔接。

本条规定确立了所有权保留的登记对抗规则，一定程度上将有利于维护交易安全，出卖人只有办理了所有权登记，才能对抗善意第三人。但对于标的物为动产或不易登记的其他财产而言，客观上来说，将导致出卖人的所有权保留权利进一步受限制。此外，本条规定的善意第三人，应当是符合《民法典》物权编第311条规定的第三人。

第九，明确正常经营买受人对抗抵押权的规则。

《物权法》第181条规定:“经当事人书面协议,企业、个体工商户、农业生产经营者可以将现有的以及将有的生产设备、原材料、半成品、产品抵押,债务人不履行到期债务或者发生当事人约定的实现抵押权的情形,债权人有权就实现抵押权时的动产优先受偿。”该条规定有力保护了抵押权人的利益,但对于善意第三人尤其是买受人的合法利益如何保护没有提及,因此《民法典》第404条补充规定:“以动产抵押的,不得对抗正常经营活动中已经支付合理价款并取得抵押财产的买受人。”

该条规定大大强化了对于善意第三人的利益保护。对于买受人而言,该条规定意味着,即使买受人知道某批动产设定了抵押权,但只要支付了合理价款并取得占有该动产,即可以阻断抵押权的追索效力。而且,该规定广泛适用于所有动产抵押情形,对于动产抵押权的影响非常大。

第十,新设动产抵押登记限期优先原则。

《民法典》第416条规定:“动产抵押担保的主债权是抵押物的价款,标的物交付后十日内办理抵押登记的,该抵押权人优先于抵押物买受人的其他担保物权人受偿,但是留置权人除外。”

该条款的制定背景是基于大量商事交易中,往往将买卖标的设定为价款担保,但如果先交货后办抵押登记,买受人在实际接收货物后,就存在立刻为第三人设立其他担保物权的可能性,将原出卖人置于因为办理登记时间在后而无法实现担保物权的风险当中,落得财物两空的境地。

因此,《民法典》为出卖人制定了先交货后办抵押登记仍然具有优先权的特别规定,以立法手段促成交易效率的提高。

【租赁合同】四处重要改动

《民法典》关于租赁合同的主要变化如下:

第一,明确超期转租不约束出租人。

根据最高院《关于审理城镇房屋租赁合同纠纷案件具体应用法律若干问题的解释》第15条规定:“承租人经出租人同意将租赁房屋转租给第三人时,转租期限超过承租人剩余租赁期限的,人民法院应当认定超过部分的约定无效。但出租人与承租人另有约定的除外。”也就是说，最高院的观点是承租人与次承租人之间的合同，如果没有另行约定的，超过出租人与承租人之间的租赁期限部分的，超过部分无效。

而《民法典》对此进行了修正，第 717 条规定：“承租人经出租人同意将租赁物转租给第三人，转租期限超过承租人剩余租赁期限的，超过部分的约定对出租人不具有法律约束力，但是出租人与承租人另有约定的除外。”

按照《民法典》的上述规定，该类合同即使超出了租赁期限部分仍然有效，但对出租人不产生法律约束力。承租人与次承租人之间的合同仍有效，至于合同是否可继续有效履行问题，则属于合同履行及违约救济范畴，承租人与次承租人可在合同框架内予以解决，也彰显了《民法典》合同编鼓励交易的精神。

第二，补充优先购买权内容。

《民法典》第 726 ~ 728 条对房屋租赁合同承租人的优先购买权的行使范围、时间限制、救济途径等进行了完善和补充，再次肯定了承租人的这一法定权利。

《民法典》明确了承租人优先购买权遭受侵害时有权请求出租人承担损害赔偿责任，且确认了出租人与第三人订立的房屋买卖合同的效力不受影响。换言之，承租人不能因损害其优先购买权而主张合同无效。

第三，新增法定优先承租权。

在以往合同实务当中，只有合同当事人在合同当中作出书面约定，承租人方可主张优先承租权。如《民法典》第 734 条规定：“租赁期限届满，承租人继续使用租赁物，出租人没有提出异议的，原租赁合同继续有效，但是租赁期限为不定期。租赁期限届满，房屋承租人享有以同等条件优先承租的权利。”

该规定将优先承租权从约定权利固化为法定权利，更有利于保障承租人的权益。

但对于行使优先承租权的期限和程序、侵害优先承租权的法律责任等，缺乏明确规定。承租人能否现实地享受该权利，有待于实践中进一步明确。

第四，明确在先设立并已经占有的租赁权可以有效对抗抵押权。

《物权法》第 190 条规定：“订立抵押合同前抵押财产已出租的，原租赁关系不受该抵押权的影响。抵押权设立后抵押财产出租的，该租赁关系不得对抗已登记的抵押权”。此为“抵押不破租赁”原则的体现。

《民法典》对于上述规定的前半段在第405条进一步明确：“抵押权设立前，抵押财产已经出租并转移占有的，原租赁关系不受该抵押权的影响。”

《民法典》同时删除了《物权法》第190条后半段关于抵押权设立后才成立的租赁权不得对抗抵押权的规定。

对租赁合同的具体分析，可以参见本书第三编“【合同分论－商业租赁合同】新法要点和合同审查方法”详细介绍。

【承揽合同】限制定作人合同解除权和新增拒绝交付权

《民法典》合同编关于承揽合同的主要变化有两点：

第一，限制定作人的合同解除权。

将任意解除权的行使时间要求明确为在承揽人完成工作前，《民法典》第787条规定：“定作人在承揽人完成工作前可以随时解除合同，造成承揽人损失的，应当赔偿损失。”

在承揽人完成工作成果后，定作人即不再享有任意解除权。

第二，新增定作人拒绝交付权。

《合同法》第264条规定了承揽人有留置权，“定作人未向承揽人支付报酬或者材料费等价款的，承揽人对完成的工作成果享有留置权，但当事人另有约定的除外”。

《民法典》在上述基础上，新增了拒绝交付权。《民法典》第783条规定：“定作人未向承揽人支付报酬或者材料费等价款的，承揽人对完成的工作成果享有留置权或者有权拒绝交付，但是当事人另有约定的除外。”

对于承揽人已完成工作但不便于行使留置权的，可通过拒绝交付的形式合法占有定作物，更有利于保障承揽人的利益。

【委托合同】明确了委托人赔偿范围

《民法典》合同编关于委托合同的变化相对不大，主要变化在于首次明确规定了委托人解除合同造成对方当事人损失时的赔偿范围，且根据委托合同的类型进行了区分。

《民法典》第933条规定："委托人或者受托人可以随时解除委托合同。因解除合同造成对方损失的，除不可归责于该当事人的事由外，无偿委托合同的解除方应当赔偿因解除时间不当造成的直接损失，有偿委托合同的解除方应当赔偿对方的直接损失和合同履行后可以获得的利益。"

根据该规定，无偿委托合同的损失赔偿范围仅包括直接损失，而有偿委托合同的损失赔偿范围不仅包括直接损失，还包括预期利益，即间接损失。

【中介合同】合同名称改变和新增"禁止跳单"规定

《民法典》将《合同法》规定的居间合同使用的"居间"一词统一替换为"中介"，更符合合同实务习惯。此外，中介合同部分最大的亮点，是增加了俗称"禁止跳单"的规定。

《民法典》第965条规定："委托人在接受中介人的服务后，利用中介人提供的交易机会或者媒介服务，绕开中介人直接订立合同的，应当向中介人支付报酬。"

上述规定强化了中介人利益保护，彰显诚信原则。

【保证合同】保证方式推定规则和保证人免责事由的重大变化

保证合同为《民法典》合同编新增的四类典型合同之一。由于《民法典》实施后《担保法》被废止而不会单独存在，《担保法》中关于保证合同的内容绝大部分合并到《民法典》当中，存在如下四点重要变化：

第一，保证方式约定不明时推定为一般保证，此为颠覆性变化。

《民法典》第686条规定："保证的方式包括一般保证和连带责任保证。当事人在保证合同中对保证方式没有约定或者约定不明确的，按照一般保证承担保证责任。"该条款将《担保法》中对于保证方式约定不明的推定规则，从原来的推定为"连带保证"改为"一般保证"，属于颠覆性变化。

依据现实生活中大量发生的金融借款合同纠纷、民间借贷纠纷案例来看，由于自然人缺乏专业知识,对于保证方式遗漏约定或约定不明的情形非常常见,如果一律推定为连带责任,虽然有利于保护债权人,但会加重保证人尤其是自然人保证人的责任。

《民法典》从有利于债务人的角度出发,将保证责任推定规则由连带保证改为一般保证,有一定的合理性和现实原因。但对债权人而言则意味着利益受损的风险将大大增加。

第二,一般保证人的先诉抗辩权受到了明确限制,该条款亦属重大变化。

《担保法》第17条规定:"当事人在保证合同中约定,债务人不能履行债务时,由保证人承担保证责任的,为一般保证。一般保证的保证人在主合同纠纷未经审判或者仲裁,并就债务人财产依法强制执行仍不能履行债务前,对债权人可以拒绝承担保证责任。有下列情形之一的,保证人不得行使前款规定的权利:(一)债务人住所变更,致使债权人要求其履行债务发生重大困难的;(二)人民法院受理债务人破产案件,中止执行程序的;(三)保证人以书面形式放弃前款规定的权利的。"

《民法典》对上述三种情形作出了部分修正,第687条规定:"当事人在保证合同中约定,债务人不能履行债务时,由保证人承担保证责任的,为一般保证。一般保证的保证人在主合同纠纷未经审判或者仲裁,并就债务人财产依法强制执行仍不能履行债务前,有权拒绝向债权人承担保证责任,但是有下列情形之一的除外:(一)债务人下落不明,且无财产可供执行;(二)人民法院已经受理债务人破产案件;(三)债权人有证据证明债务人的财产不足以履行全部债务或者丧失履行债务能力;(四)保证人书面表示放弃本款规定的权利。"

对比后发现,《民法典》关于先诉抗辩权的立法倾向,究竟是侧重保护债权人抑或保证人,存在着如下变化:

关于第1款的债务人情况,从原来的"债务人住所变更,致使债权人要求其履行债务发生重大困难的"收紧到"债务人下落不明,且无财产可供执行",该条款将导致债权人追索一般保证人更加困难,对于一般保证人免责则更为有利。

关于第2款的债务人破产条件,从原来的"人民法院受理债务人破产案件，中止执行程序的”降格为“人民法院已经受理债务人破产案件”，删除了“中止执行程序”这一程序要件，该条款的修改使债权人追究一般保证人的条件更加宽松，对债权人更加有利。

第4款“保证人书面表示放弃本款规定的权利”维持不变。

最重大的变化存在于第3款，《民法典》第687条第2款第3项规定，“债权人有证据证明债务人的财产不足以履行全部债务或者丧失履行债务能力”。现实当中，债权人为了保护自己的债权安全，通常会监控债务人的财务状况，比较容易掌握债务人是否存在各种不足以履行全部债务或者丧失债务履行能力的证据（例如：反映经营亏损的财务报表、未能偿还到期债务的各种诉讼文件或者债务人本身没有较大价值的抵债资产等）。所以，债权人有较大的自由发挥空间和把握击溃一般保证人的先诉抗辩权。

因此，该条款明显偏向于保护债权人的利益，也相应地，给一般保证人带来重大风险。

第三，保证期间约定不明时，保证期间从原来的2年缩短为6个月，债权人的风险大为增加。

《担保法司法解释》第32条规定：“保证合同约定的保证期间早于或者等于主债务履行期限的，视为没有约定，保证期间为主债务履行期届满之日起六个月。保证合同约定保证人承担保证责任直至主债务本息还清时为止等类似内容的，视为约定不明，保证期间为主债务履行期届满之日起二年。”

《民法典》第692条规定：“保证期间是确定保证人承担保证责任的期间，不发生中止、中断和延长。债权人与保证人可以约定保证期间，但是约定的保证期间早于主债务履行期限或者与主债务履行期限同时届满的，视为没有约定；没有约定或者约定不明确的，保证期间为主债务履行期限届满之日起六个月。债权人与债务人对主债务履行期限没有约定或者约定不明确的，保证期间自债权人请求债务人履行债务的宽限期届满之日起计算。”

根据上述规定，如果保证合同中对于保证期间的写法是“直至主债务本息还清之日为止”等，视为约定不明，保证期间按照主债务履行期限届满之日起6个月计算。与原来的2年期限相比，由于保证期限大为缩短，意味着债权人的风险大为增加了。

第四,保证合同禁止债权转让而债权人擅自转让的,保证人免责。该条款属于非常重大的变化。

《担保法》第22条规定:“保证期间,债权人依法将主债权转让给第三人的,保证人在原保证担保的范围内继续承担保证责任。保证合同另有约定的,按照约定。”

《担保法司法解释》第28条规定:“保证期间,债权人依法将主债权转让给第三人的,保证债权同时转让,保证人在原保证担保的范围内对受让人承担保证责任。但是保证人与债权人事先约定仅对特定的债权人承担保证责任或者禁止债权转让的,保证人不再承担保证责任。”

《民法典》综合了上述两个规定,第696条规定:“债权人转让全部或者部分债权,未通知保证人的,该转让对保证人不发生效力。保证人与债权人约定禁止债权转让,债权人未经保证人书面同意转让债权的,保证人对受让人不再承担保证责任。”

《民法典》吸收了上述司法解释,以法律强制形式为保证人免责,属于保证制度的重大变化,此举将对受让人以及债权价值产生重大影响。

对于受让人,尤其是对于大量受让债权的银行、资产管理公司等机构而言,如果因为事前没有查清保证人与债权人之间是否存在禁止债权转让的约定,导致保证人事后免责的话,债权价值将大打折扣,相关的经办人、领导人甚至中介机构都需要赔偿相应的损失。

但是,即使受让人事前重金聘请了专业中介机构进行尽调,甚至查证所有的债权文件和保证合同等,但依然无法确保债权人与保证人在核查范围之外私下仍然有“禁止债权转让”类似内容的特殊约定。

所以,这个规定对于受让人而言,几乎是无法预见、无法控制的重大风险。根据目前的合同实践,解决方案无非如下三种:

(1)消灭风险。这是最安全的做法,就是要求债权人和保证人双方自证清白,双方联合出具说明,证明他们双方不存在禁止债权转让的约定。但在合同实务中,保证人通常是不愿意主动配合债权人的,因此这种做法很难实现。

（2）转嫁风险。这是最简单粗暴的方法，就是要求负责出具尽职调查报告的律师或中介机构，出具“债权人与保证人之间不存在禁止债权转让的约定”的调查结论，将风险转嫁给中介机构，实质上这是不负责任的做法。不过现实当中，如果律师或中介机构的风险意识较强，对于这种惊天大黑锅通常是懂得拒绝的。出具的尽调报告结论充其量只会是“至今为止没有发现禁止债权转让约定”而非“不存在禁止债权转让约定”。

（3）降低风险。这是比较现实的办法，就是要求债权人单方出具承诺，保证不存在禁止债权转让的约定，否则债权人愿意全额赔偿受让人的所有损失。不过，这种做法充其量只能起到事后补偿的效果，无法事前防止保证人逃脱保证责任，也无法保证受让人债权价值不受该事件影响。

此外，关于保证合同的实际运用，不能仅仅研究《民法典》，应当结合《九民纪要》一并学习。《九民纪要》尤其是对公司担保合同效力作了全面阐述并统一裁判规则，具体要点包括：

（1）除特殊情形外，公司担保必有决议；如无决议，依据善意或恶意判断效力；

（2）符合五种情形的保证合同直接认定有效；

（3）以债务加入等形式提供担保的，参照公司担保规则处理；

（4）公司保证合同有效的，公司承担保证责任，如果无效则公司承担过错赔偿责任；

（5）法定代表人需承担越权代表的赔偿责任。

关于上述各个要点的具体分析，详见本书第三编“【合同分论－公司保证合同】立法变化和应对方案”相关介绍。

【保理合同】三方主体和两个合同的特殊法律关系

保理合同为《民法典》合同编新增的四类典型合同之一。此次专门增加这类典型合同，主要原因是随着中国逐渐发展成为世界最大的保理市场，保理纠纷也随之剧增，亟待加强相关法律规范。

保理（Factoring），全称保付代理，指卖方将其依据基础交易合同（货物销售或服务合同）所获得的债权（应收账款）转让给保理商（银行或商业保理公司），由保理人向其提供资金融通、买方资信评估、应收账款催收和管理、坏账担保等综合金融服务。原来世界各地翻译不一，1991 年 4 月底中国正式将其定名为“保理”。

保理行为实质上是一种资金基于真实基础交易之上的资金融通行为。债权方是商业贸易或服务当中的收款方，为了及早回收资金，降低坏账风险，收款人可以考虑的除了常见的托收、赊账两种方式之外，也可以采用保理方式。

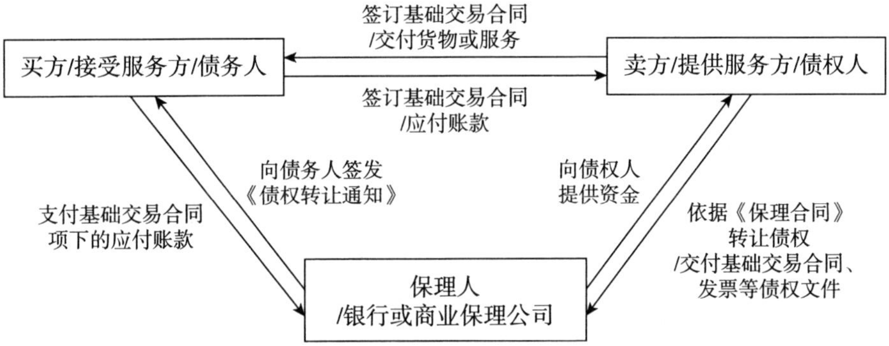

保理合同法律关系图

目前，保理方式更普遍用于国际贸易市场，因为国际买家的付款条件要求更加苛刻，比如 D/A 远期，甚至赊销等，卖方为了保持出口数量，又要减少出口收汇风险，于是催生了这样的需求。

保理业务在我国起步相对较晚，但近年来保理业务量逐渐增多，银行保理和商业保理均发展较快，由此产生的保理合同纠纷也逐渐增多。

《商业银行保理业务管理暂行办法》《中国银行业保理业务规范》等文件相继出台，对银行保理业务加以规范。2019 年 10 月 18 日，银保监会发布《关于加强商业保理企业监督管理的通知》，对商业保理企业的合规经营、监督管理、分类处置、市场准入、监管职责、优化营商环境等方面提出了监管要求。

《民法典》合同编保理合同部分内容不多，共 9 个条款，对保理合同的定义、合同内容、虚构债权的保理合同、保理人表明身份、基础交易合同变更影响、有追索权的保理合同及无追索权的保理合同等作出了基础性的规定。

当中主要涉及如下问题：

第一，保理法律关系的法律性质。

《民法典》第761条规定："保理合同是应收账款债权人将现有的或者将有的应收账款转让给保理人，保理人提供资金融通、应收账款管理或者催收、应收账款债务人付款担保等服务的合同。"

第762条规定："保理合同的内容一般包括业务类型、服务范围、服务期限、基础交易合同情况、应收账款信息、保理融资款或者服务报酬及其支付方式等条款。保理合同应当采用书面形式。"

《最高人民法院关于当前商事审判工作中的若干具体问题》第7条"关于保理合同纠纷案件的审理问题"中指出，"保理法律关系的实质是应收账款债权转让，涉及到三方主体和两个合同，这与单纯的借款合同有显著区别"，"保理合同涉及保理商与债权人、保理商与债务人之间不同的法律关系。债权人与债务人之间的基础合同是成立保理的前提，而债权人与保理商之间的应收账款债权转让则是保理关系的核心"。

第二，关于名为保理，实为借贷的处理方式。

保理系基于真实交易基础之上的资金融通行为，只会提高资金利用效率，不会产生债务放大效应，而纯粹的资金借贷行为则会产生放大效应，因此后者为我国金融政策严格管控。

关于名为保理、实为借贷的处理，《最高人民法院关于当前商事审判工作中的若干具体问题》第7条"关于保理合同纠纷案件的审理问题"中已明确要求，"实务中确实有部分保理商与交易相对人虚构基础合同，以保理之名行借贷之实。对此，应查明事实，从是否存在基础合同、保理商是否明知虚构基础合同、双方当事人之间实际的权利义务关系等方面审查和确定合同性质。如果确实是名为保理、实为借贷的，仍应当按照借款合同确定案由并据此确定当事人之间的权利义务"。

第三，关于虚构债权，骗取保理的情形。

对于虚构债权，骗取保理的情形，《民法典》第763条则作出了明确的规定："应收账款债权人与债务人虚构应收账款作为转让标的，与保理人订立保理合同的，应收账款债务人不得以应收账款不存在为由对抗保理人，但是保理人明知虚构的除外。”

第764条规定：“保理人向应收账款债务人发出应收账款转让通知的，应当表明保理人身份并附有必要凭证。”

据此，保理人权利是否受到保护，以其是否明知虚构为准。如果保理人并不知情，则应收账款债务人不得以应收账款不存在为由对抗保理人。因此，保理人在保理合同签订前，应当对应收账款尽到审慎的注意义务，如对基础合同、发票、应收账款转让确认证明等进行仔细查验，核实真实性。同时，及时向应收账款债务人发出应收账款转让通知，表明保理人身份并附有必要凭证，取得债务人同意和确认的书面凭证。否则，可能会被认定为“明知虚构”，导致利益严重受损。

第四，关于追索权保理的两种方式。

保理合同分为无追索权保理和有追索权保理，两者区别在于保理人资金回收安全性和获得收益程度不同。

前者注重更高收益，类似于承包收益，虽然保理人只能向债务人主张债权，但最终获得收益全归保理人，与债权人无关；后者注重资金回收安全性，类似于旱涝保收，保理人除了向债务人主张债权外，还可以要求债权人返还本息或回购债权，但最终获得收益在扣除融资本息和相关费用后，剩余部分应当退还债权人，即如果保理人选择了有追索权保理方式，就只能获得合理利润，不能获得全部收益。

《民法典》第766条规定：“当事人约定有追索权保理的，保理人可以向应收账款债权人主张返还保理融资款本息或者回购应收账款债权，也可以向应收账款债务人主张应收账款债权。保理人向应收账款债务人主张应收账款债权，在扣除保理融资款本息和相关费用后有剩余的，剩余部分应当返还给应收账款债权人。”

第767条规定：“当事人约定无追索权保理的，保理人应当向应收账款债务人主张应收账款债权，保理人取得超过保理融资款本息和相关费用的部分，无需向应收账款债权人返还。”

【物业服务合同】新增禁止恶意催收物业费等多项规定

物业服务合同为《民法典》合同编新增的四类典型合同之一。

物业管理属服务性行业,且伴随着我国房地产行业的高速发展而不断发展壮大,随之也产生了大量的物业服务合同纠纷。《民法典》针对物业服务领域的突出问题,增加规定了物业服务合同作为典型合同。

从物业服务合同的内容来看,其同时兼具委托、承揽、劳务、服务等多种合同类型的内容,却又不是合同法规定的有名合同类型的简单组合。

从合同的主体来看,因目前我国的房地产产权制度特点,会涉及业主、业主大会(业委会)、开发商以及物业管理公司等主体之间的关系,现有的典型合同类型均无法适用。

从这个角度出发,《民法典》单独规定物业服务合同有其现实必要性,具体要点如下:

第一,主要内容。

《民法典》合同编物业服务合同部分共 14 个条款,其中,部分内容吸收了《物业管理条例》《物业服务纠纷司法解释》的规定。例如,关于物业服务合同的基本内容、前期物业服务合同对业主的效力、前期物业服务合同的终止期限、物业服务事项的委托、物业服务人的义务、物业费的支付、业主装饰装修房屋的告知义务等。

第二,报告义务。

针对现实生活中物业管理企业常见的信息不公开、业主知情权得不到保障的问题,《民法典》首次规定了物业服务人员的报告义务。

《民法典》第 943 条规定:“物业服务人应当定期将服务的事项、负责人员、质量要求、收费项目、收费标准、履行情况,以及维修资金使用情况、业主共有部分的经营与收益情况等以合理方式向业主公开并向业主大会、业主委员会报告。”

只是何为“合理方式”尚不明确,对于未成立业主大会或业主委员会的小区,物业服务人如何报告、向谁报告也不明确,在实操中需尤为注意。

第三，不得以停水停电等方式催交物业费。

现实生活中业主与物业服务人因物业服务内容和欠缴物业费而发生的纠纷十分普遍。《民法典》首次明确规定：不得以停水停电等方式催交物业费。

《民法典》第944条第3款规定："物业服务人不得采取停止供电、供水、供热、供燃气等方式催交物业费。"

在以往的司法实践中，法院通常不支持物业服务人通过停水停电方式催交物业费。一方面，物业服务合同与供水、供电、供热、供气合同是两类不同性质的合同，涉及的合同相对人也不同，两项法律关系相互独立，物业服务人并非履行前述供应公共服务义务的主体，无权擅自停止供应服务。另一方面，即便是物业服务合同中约定了物业服务人受权代收费用及有权停止供应来催交费用，但该等约定涉嫌损害小区公共利益及公民生存权利。

《民法典》将审判实践中的上述精神以立法的形式予以明确，有利于维护广大业主的权益。但对于物业服务人而言则是新的挑战，将倒逼其改善经营管理、提高服务水平，以避免因物业服务质量不佳导致业主故意欠费的恶性循环局面出现。

第四，业主的合同解除权。

《民法典》还规定了业主就物业服务合同所享有的合同解除权及法律责任问题。

《民法典》第946条规定："业主依照法定程序共同决定解聘物业服务人的，可以解除物业服务合同。决定解聘的，应当提前六十日书面通知物业服务人，但是合同对通知期限另有约定的除外。依据前款规定解除合同造成物业服务人损失的，除不可归责于业主的事由外，业主应当赔偿损失。"

此处所称的法定程序，主要是指《物业管理条例》第11、12条的规定。即应当经专有部分占建筑物总面积过半数的业主且占总人数过半数的业主同意，并形成有效的业主大会决议。

第五，物业合同到期后的效力问题。

关于物业服务合同到期后，业主尚未选定物业服务人且原物业服务人继续提供服务的,《民法典》明确了原物业服务合同为继续有效的不定期合同。

《民法典》第948条规定:“物业服务期限届满后,业主没有依法作出续聘或者另聘物业服务人的决定,物业服务人继续提供物业服务的,原物业服务合同继续有效,但是服务期限为不定期。当事人可以随时解除不定期物业服务合同,但是应当提前六十日书面通知对方。”

此种情形下有点类似于房屋租赁合同期满后承租人继续使用租赁物的不定期合同处理方式,但明确了当事人提前通知解除合同的合理期限。

【合伙合同】新建民事合伙制度,与商事合伙制度建成中国合伙制度体系

合伙合同为《民法典》合同编新增的四类典型合同之一。

我国1997年颁布的《合伙企业法》,规定了商事合伙类型。但是,如果合伙双方不成立合伙企业,不登记成非法人组织,甚至不以营利为目的,这种民事合伙目前还缺乏相应规则规制。《民法典》合伙合同就是为解决这一问题而诞生的。

《民法典》合同编关于合伙合同的内容,主要规范的是民事合伙合同,是对民法通则关于个人合伙的规定的补充完善,它与《合伙企业法》所规定的商事合伙制度一起,构建并完善了中国合伙制度法律体系。

合伙合同的要点如下:

第一,关于民事合伙基本内容。

例如,合伙人的出资义务、合伙事务执行、利润分配与亏损承担、合伙份额转让等规定均与《合伙企业法》的规定较为类似。

第二,关于合伙人报酬请求权。

《民法典》作出了明确规定:以禁止为原则,以约定为例外。

《民法典》第971条规定:“合伙人不得因执行合伙事务而请求支付报酬,但是合伙合同另有约定的除外。”

对比《合伙企业法》第67条规定:“有限合伙企业由普通合伙人执行合伙事务。执行事务合伙人可以要求在合伙协议中确定执行事务的报酬及报酬提取方式。”二者存在明显的差异。

对于合伙合同的当事人来说,需注意在合同中明确约定合伙人是否享有执行合伙事务的报酬,若无约定视为无报酬。

第三,关于不定期合伙。

《民法典》第976条还规定,合伙合同未约定期限的,视为不定期合伙合同。合伙人可以随时解除不定期合伙合同,但是应当在合理期限之前通知其他合伙人。本处的通知并未限定通知的具体方式。关于合理期限是多久,《民法典》尚未明确。

第四,关于合伙合同的终止期限。

《民法典》第977条规定:"合伙人死亡、丧失民事行为能力或者终止的,合伙合同终止;但是,合伙合同另有约定或者根据合伙事务的性质不宜终止的除外。"

该规定赋予了当事人自行约定合伙合同终止的期限,并不因合伙人死亡、丧失民事行为能力或终止而当然终止。对于合伙合同的当事人而言,在起草和设计相关合同终止条款时,应当注意对其继承人或者权利承受人承接合伙资格等事项事先做好相应约定。

五、两种准合同

"准合同"概念肇始于罗马法,后被《法国民法典》采纳,英美法历来存在"准合同"的概念。无因管理、不当得利等制度之所以可以纳入"准合同",是因为它们与合同一样,都在实现一种分配正义,价值取向相似。但"准合同"的起源是侵权,与起源于双方当事人约定的合同显然不同,因而"准合同"加入合同编确实不太好解释。

不过,在合同实务当中,无因管理和不当得利往往也会与合同的签订和履行存在千丝万缕的联系,详述如下:

【无因管理】受益人拥有拒绝补偿费用权

《民法典》合同编关于无因管理共6个条款,分别就无因管理费用支付请求权、受益人适当补偿、管理人继续管理义务、管理人通知义务、管理人报告及财产交付义务、追认的管理适用委托规则等方面作出了规定，其中比较重要的是设定了受益人拥有拒绝补偿费用权。

《民法通则》第93条规定："没有法定的或者约定的义务，为避免他人利益受损失进行管理或者服务的，有权要求受益人偿付由此而支付的必要费用。"

《民法典》对上述内容作出了补充和完善，第979条规定："管理人没有法定的或者约定的义务，为避免他人利益受损失而管理他人事务，可以请求受益人偿还因管理事务而支出的必要费用；管理人因管理事务受到损失的，可以请求受益人给予适当补偿。管理事务不符合受益人真实意思的，管理人不享有前款规定的权利；但是，受益人的真实意思违反法律或者违背公序良俗的除外。"

对比新旧规定，《民法典》加入了管理人费用补偿必须符合"受益人真实意思"这一前提条件，赋予了受益人费用补偿拒绝权。

通俗而言，就是尽管管理人帮了忙，但如果受益人真实意思并非如此，管理人这个忙就算白帮了，不能要求受益人补偿任何费用。当然，如果受益人的意思表示违反法律或者公序良俗的除外。

【不当得利】明确三种不构成不当得利的例外情形

长期以来，关于不当得利的法律规定见于《民法通则》第92条规定："没有合法根据，取得不当利益，造成他人损失的，应当将取得的不当利益返还受损失的人。"

此次《民法典》合同编对于不当得利制定了4个条款，分别从不当得利人返还义务及除外情形、不当得利返还范围、第三人返还方面进行了规定。具体要点如下：

第一，不属于不当得利的三种例外情形。

《民法典》第985条规定："得利人没有法律根据取得不当利益的，受损失的人可以请求得利人返还取得的利益，但是有下列情形之一的除外：（一）为履行道德义务进行的给付；（二）债务到期之前的清偿；（三）明知无给付义务而进行的债务清偿。”

关于上述新规定，需要掌握的要点包括：为履行道德义务进行的给付，应当说明具体道德义务内容；提前清偿到期债务的前提是债务真实存在；明知无义务而进行的债务清偿属于意思自治范畴。

第二，关于得利人的返还义务。

《民法典》第987条规定：“得利人知道或者应当知道取得的利益没有法律根据的，受损失的人可以请求得利人返还其取得的利益并依法赔偿损失。”

若得利人主观上为故意的，受损失人可请求返还利益并赔偿损失。需注意的是，在这种情况下，因得利人恶意实施的行为，还可能构成侵权，此种情况下，构成不当得利返还责任和侵权损害赔偿责任的竞合，受损失人有权根据实际情况选择其中一项进行主张。

关于不当得利的实务应用的具体分析，详见本书第三编“【准合同－不当得利】不当得利的实务应用”详细介绍。

作者简介

倪志刚 曾于广东省属某大型国企担任企业法务，2014年加入高云法律团队，主要从事金融不良资产、股权并购、民商事诉讼纠纷、企业法律顾问等领域的法律业务，实务经验丰富。

苏　艳 北京律师，擅长投融资诉讼与非诉业务领域。

江　彬 自2009年从事法律职业，历任华帝股份、威创集团等上市企业集团法务，擅长处理企业投融资、商务谈判、招投标、合同管理、知识产权合规、应收账款法律管理、诉讼纠纷处置等法律实务。

曾　理 2019年毕业于四川师范大学，法学学士，同年12月进入高云法律团队。现为高云（汪宏杰）的助理，微信公众号“熊猫法律星球”的主笔人。专注于知识产权领域、民商事领域的法律服务，具有“互联网+法律”思维的新锐法律人。

案例下载

希望下载文中的案例全文？
扫码关注“高云合同”公众号，发送关键词“实务总纲”，自动获取。

第 二 编

法条对比精读

073—299

PART II

一、《合同法》与《民法典》合同编对比精读

总体而言，从编排体例上，我们可以看到，相较《合同法》23 章 428 条，民法典合同编调整后为 29 章 526 条，删除 1 章，新增 7 章，具体详见下表：

《合同法》	《民法典》合同编	解读
23 章/428 条	29 章/526 条	
总则① 第一章　一般规定 第二章　合同的订立 第三章　合同的效力 第四章　合同的履行 第五章　合同的变更和转让 第六章　合同的权利义务终止 第七章　违约责任 第八章　其他规定 分则 第九章　买卖合同 第十章　供用电、水、气、热力合同 第十一章　赠与合同 第十二章　借款合同 第十三章　租赁合同 第十四章　融资租赁合同 第十五章　承揽合同 第十六章　建设工程合同 第十七章　运输合同	**<u>第一分编　通则</u>** 第一章　一般规定 第二章　合同的订立 第三章　合同的效力 第四章　合同的履行 **<u>第五章　合同的保全</u>** 第六章　合同的变更和转让 第七章　合同的权利义务终止 第八章　违约责任 **<u>第二分编　典型合同</u>** 第九章　买卖合同 第十章　供用电、水、气、热力合同 第十一章　赠与合同 第十二章　借款合同 **<u>第十三章　保证合同</u>** 第十四章　租赁合同 第十五章　融资租赁合同 **<u>第十六章　保理合同</u>** 第十七章　承揽合同	体例主要变化为： 1. 原总则改为通则，删除原第八章其他规定，新增第五章合同的保全。 2. 原分则改为典型合同，新增：保证合同（第十三章）、保理合同（第十六章）、物业服务合同（第二十四章）、合伙合同（第二十七章）。 3. 原分则第二十三章居间合同，调整为第二十六章中介合同。 4. 原附则删除。 5. 新增第三分编准合同：其中新增第二十八章无因管理、第二十九章不当得利。

① 法条对比部分，为了突出显示新旧变化，编者对旧法有删改的部分“加灰”显示，对新法有增加、修改的部分“加下划线并加粗”显示。

续表

《合同法》	《民法典》合同编	解读
第十八章　技术合同 第十九章　保管合同 第二十章　仓储合同 第二十一章　委托合同 第二十二章　行纪合同 第二十三章　居间合同 附则	第十八章　建设工程合同 第十九章　运输合同 第二十章　技术合同 第二十一章　保管合同 第二十二章　仓储合同 第二十三章　委托合同 **第二十四章　物业服务合同** 第二十五章　行纪合同 **第二十六章　中介合同** **第二十七章　合伙合同** **第三分编　准合同** **第二十八章　无因管理** **第二十九章　不当得利**	

第一分编　通　　则

第一章　一般规定

《合同法》第一章主要规定了合同立法目的、定义及合同签署、履行原则。合同法律关系属于民事法律关系，鉴于《民法典》编撰体系安排，民法典采取"提取公因式"方式，将一般规定有关合同原则整合至《民法典》总则有关原则中，形成良好的外在及内在体系。具体详见下表：

序号	条文主旨	《合同法》	《民法典》合同编	解读
		总则	第一分编　通则	
		第一章　一般规定	第一章　一般规定	
1	立法目的	第一条　为了保护合同当事人的合法权益，维护社会经济秩序，促进社会主义现代化建设，制定本法。	**第四百六十三条　本编调整因合同产生的民事关系。**	表明《民法典》合同编法律适用范围。

续表

序号	条文主旨	《合同法》	《民法典》合同编	解读
		总则	第一分编　通则	
2	合同定义	第二条　本法所称合同是平等主体的自然人、法人、其他组织之间设立、变更、终止民事权利义务的协议。 婚姻、收养、监护等有关身份关系的协议，适用其他法律的规定。	**第四百六十四条**　合同是民事主体之间设立、变更、终止民事法律关系的协议。 婚姻、收养、监护等有关身份关系的协议，**适用有关该身份关系的法律规定；没有规定的，可以根据其性质参照适用本编规定。**	1. 表述更简洁。 2. 规定身份协议的法律适用。
3		第三条　合同当事人的法律地位平等，一方不得将自己的意志强加给另一方。		《合同法》第三条内容合并至《民法典》第四条："民事主体在民事活动中的法律地位一律平等。"
4		第四条　当事人依法享有自愿订立合同的权利，任何单位和个人不得非法干预。		《合同法》第四条内容合并至《民法典》第五条："民事主体从事民事活动，应当遵循自愿原则，按照自己的意思设立、变更、终止民事法律关系。"

续表

序号	条文主旨	《合同法》	《民法典》合同编	解读
		总则	第一分编　通则	
5		第五条　当事人应当遵循公平原则确定各方的权利和义务。		《合同法》第五条内容合并至《民法典》第六条:“民事主体从事民事活动,应当遵循公平原则,合理确定各方的权利和义务。”
6		第六条　当事人行使权利、履行义务应当遵循诚实信用原则。		《合同法》第六条内容合并至《民法典》第七条:“民事主体从事民事活动,应当遵循诚信原则,秉持诚实,恪守承诺。”
7		第七条　当事人订立、履行合同,应当遵守法律、行政法规,尊重社会公德,不得扰乱社会经济秩序,损害社会公共利益。		《合同法》第七条内容合并至《民法典》第八条:“民事主体从事民事活动,不得违反法律,不得违背公序良俗。”

续表

序号	条文主旨	《合同法》	《民法典》合同编	解读
		总则	第一分编　通则	
8	合同效力	第八条　依法成立的合同,对当事人具有法律约束力。当事人应当按照约定履行自己的义务,不得擅自变更或者解除合同。 依法成立的合同,受法律保护。	第四百六十五条　依法成立的合同,受法律保护。 依法成立的合同,**仅**对当事人具有法律约束力**,但是法律另有规定的除外**。	强调合同效力相对性原则,新增在法律规定情况下可突破,如《民法典》第五百二十二条有关向第三人履行规定。
9	合同解释原则	第一百二十五条　当事人对合同条款的理解有争议的,应当按照合同所使用的词句、合同的有关条款、合同的目的、交易习惯以及诚实信用原则,确定该条款的真实意思。 合同文本采用两种以上文字订立并约定具有同等效力的,对各文本使用的词句推定具有相同含义。各文本使用的词句不一致的,应当根据合同的目的予以解释。	**第四百六十六条　当事人对合同条款的理解有争议的,应当依据本法第一百四十二条第一款的规定,确定争议条款的含义。** **合同文本采用两种以上文字订立并约定具有同等效力的,对各文本使用的词句推定具有相同含义。各文本使用的词句不一致的,应当根据合同的相关条款、性质、目的以及诚信原则等予以解释。**	该条款为《合同法》第一百二十五条,因条款体系安排的缘故,调整到此处。
10	其他合同准用	第一百二十三条　其他法律对合同另有规定的,依照其规定。 第一百二十四条　本法分则或者其他法律没有明文规定的合同,适用本法总则的规定,并可以参照本法分则或者其他法律	**第四百六十七条　本法或者其他法律没有明文规定的合同,适用本编通则的规定,并可以参照适用本编或者其他法律最相类似合同的规定。** **在中华人民共和国境内履行的中外合资经营企**	该条款为《合同法》第一百二十三、一百二十四、一百二十六条,因条款体系安排的缘故,调整到此处。

续表

序号	条文主旨	《合同法》	《民法典》合同编	解读
		总则	第一分编　通则	
		最相类似的规定。 第一百二十六条　涉外合同的当事人可以选择处理合同争议所适用的法律，但法律另有规定的除外。涉外合同的当事人没有选择的，适用与合同有最密切联系的国家的法律。 在中华人民共和国境内履行的中外合资经营企业合同、中外合作经营企业合同、中外合作勘探开发自然资源合同，适用中华人民共和国法律。	业合同、中外合作经营企业合同、中外合作勘探开发自然资源合同，适用中华人民共和国法律。	
11	其他债权债务法律适用		**第四百六十八条　非因合同产生的债权债务关系，适用有关该债权债务关系的法律规定；没有规定的，适用本编通则的有关规定，但是根据其性质不能适用的除外。**	新增其他债权债务关系的法律适用规则。

第二章　合同的订立

《民法典》坚持鼓励交易的立法原则，在合同订立规则上体现较为显著，完善了以实际履行方式订约规则，建立了预约合同制度，新增了电子合同订立规则等。具体详见下表：

序号	条文主旨	《合同法》	《民法典》合同编	解读
		总则	第一分编　通则	
		第二章　合同的订立	第二章　合同的订立	
1		第九条　当事人订立合同，应当具有相应的民事权利能力和民事行为能力。 当事人依法可以委托代理人订立合同。		《合同法》第九条内容并入《民法典》第一百四十三条第一项“具备下列条件的民事法律行为有效：（一）行为人具有相应的民事行为能力”和《民法典》第一百六十一条第一款“民事主体可以通过代理人实施民事法律行为”。
2	合同形式	第十条　当事人订立合同，有书面形式、口头形式和其他形式。 法律、行政法规规定采用书面形式的，应当采用书面形式。当事人约定采用书面形式的，应当采用书面形式。	第四百六十九条　当事人订立合同，可以采用书面形式、口头形式或者其他形式。 书面形式是合同书、信件、电报、电传、传真等可以有形地表现所载内容的形式。 以电子数据交换、电子邮件等方式能够有形地表现所载内容，**并可以随时调取查用的数据电文，视为书面形式**。	书面形式当中新增“可以随时调取查用的数据电文”，与《电子签名法》第四条①规定保持一致。
3		第十一条　书面形式是指合同书、信件和数据电文（包括电报、电传、传真、电子数据交换和电子邮件）等可以有形地表现所载内容的形式。		

① 《电子签名法》第四条　能够有形地表现所载内容，并可以随时调取查用的数据电文，视为符合法律、法规要求的书面形式。

续表

序号	条文主旨	《合同法》	《民法典》合同编	解读
		总则	第一分编　通则	
4	合同内容	第十二条　合同的内容由当事人约定，一般包括以下条款： （一）当事人的名称或者姓名和住所； （二）标的； （三）数量； （四）质量； （五）价款或者报酬； （六）履行期限、地点和方式； （七）违约责任； （八）解决争议的方法。 当事人可以参照各类合同的示范文本订立合同。	第四百七十条　合同的内容由当事人约定，一般包括下列条款： （一）当事人的姓名或者名称和住所； （二）标的； （三）数量； （四）质量； （五）价款或者报酬； （六）履行期限、地点和方式； （七）违约责任； （八）解决争议的方法。 当事人可以参照各类合同的示范文本订立合同。	法条编号有所调整，内容不变。
5	合同订立方式	第十三条　当事人订立合同，采取要约、承诺方式。	第四百七十一条　当事人订立合同，**可以**采取要约、承诺方式**或者其他方式**。	合同的订立方式新增“其他方式”，前面用的是“可以”，即合同订立方式允许有多种，可以充分发挥想象力。

续表

序号	条文主旨	《合同法》	《民法典》合同编	解读
		总则	第一分编　通则	
6	要约	第十四条　要约是希望和他人订立合同的意思表示，该意思表示应当符合下列规定： （一）内容具体确定； （二）表明经受要约人承诺，要约人即受该意思表示约束。	第四百七十二条　要约是希望**与**他人订立合同的意思表示，该意思表示应当符合下列**条件**： （一）内容具体确定； （二）表明经受要约人承诺，要约人即受该意思表示约束。	法条编号有所调整，内容不变。
7	要约邀请	第十五条　要约邀请是希望他人向自己发出要约的意思表示。寄送的价目表、拍卖公告、招标公告、招股说明书、商业广告等为要约邀请。 商业广告的内容符合要约规定的，视为要约。	第四百七十三条　要约邀请是希望他人向自己发出要约的表示。拍卖公告、招标公告、招股说明书、**债券募集办法、基金招募说明书**、商业广告和**宣传**、寄送的价目表等为要约邀请。 商业广告和**宣传**的内容符合要约**条件**的，**构成**要约。	为适应资本市场发展要求，新增列举要约邀请形式：债券募集办法、基金招募说明书、宣传等常见方式。
8	要约生效	第十六条　要约到达受要约人时生效。 采用数据电文形式订立合同，收件人指定特定系统接收数据电文的，该数据电文进入该特定系统	**第四百七十四条　要约生效的时间适用本法第一百三十七条的规定。**	《合同法》第十六条内容并入《民法典》第一百三十七条①。

① 《民法典》第一百三十七条　以对话方式作出的意思表示，相对人知道其内容时生效。以非对话方式作出的意思表示，到达相对人时生效。以非对话方式作出的采用数据电文形式的意思表示，相对人指定特定系统接收数据电文的，该数据电文进入该特定系统时生效；未指定特定系统的，相对人知道或者应当知道该数据电文进入其系统时生效。当事人对采用数据电文形式的意思表示的生效时间另有约定的，按照其约定。

序号	条文主旨	《合同法》	《民法典》合同编	解读
		总则	第一分编　通则	
		的时间,视为到达时间;未指定特定系统的,该数据电文进入收件人的任何系统的首次时间,视为到达时间。		
9	要约撤回	第十七条　要约可以撤回。撤回要约的通知应当在要约到达受要约人之前或者与要约同时到达受要约人。	第四百七十五条　要约可以撤回。**要约的撤回适用本法第一百四十一条的规定**。	删除内容并入《民法典》第一百四十一条:"行为人可以撤回意思表示。撤回意思表示的通知应当在意思表示到达相对人前或者与意思表示同时到达相对人。"
10	要约撤销	第十八条　要约可以撤销。撤销要约的通知应当在受要约人发出承诺通知之前到达受要约人。	第四百七十六条　要约可以撤销,但是有下列情形之一的除外: (一)要约人以确定承诺期限或者其他形式明示要约不可撤销; (二)受要约人有理由认为要约是不可撤销的,并已经为履行合同**做**了**合理**准备工作。	删除了部分内容,其余并入《民法典》第四百七十七条。
11		第十九条　有下列情形之一的,要约不得撤销: (一)要约人确定了承诺期限或者以其他形式明示要约不可撤销; (二)受要约人有理由认为要约是不可撤销的,并已经为履行合同作了准备工作。		

续表

序号	条文主旨	《合同法》	《民法典》合同编	解读
		总则	第一分编　通则	
12	要约撤销时间		**第四百七十七条　撤销要约的意思表示以对话方式作出的，该意思表示的内容应当在受要约人作出承诺之前为受要约人所知道；撤销要约的意思表示以非对话方式作出的，应当在受要约人作出承诺之前到达受要约人。**	根据对话与非对话方式作区分，细化了要约撤销的时间规定。
13	要约失效	第二十条　有下列情形之一的，要约失效： （一）拒绝要约的通知到达要约人； （二）要约人依法撤销要约； （三）承诺期限届满，受要约人未作出承诺； （四）受要约人对要约的内容作出实质性变更。	第四百七十八条　有下列情形之一的，要约失效： **（一）要约被拒绝；** **（二）要约被依法撤销；** （三）承诺期限届满，受要约人未作出承诺； （四）受要约人对要约的内容作出实质性变更。	表述有所调整，意思更精准。
14	承诺定义	第二十一条　承诺是受要约人同意要约的意思表示。	第四百七十九条　承诺是受要约人同意要约的意思表示。	法条编号有所调整，内容不变。
15	承诺方式	第二十二条　承诺应当以通知的方式作出，但根据交易习惯或者要约表明可以通过行为作出承诺的除外。	第四百八十条　承诺应当以通知的方式作出；但**是**，根据交易习惯或者要约表明可以通过行为作出承诺的除外。	增加“是”，语义更确切。

续表

序号	条文主旨	《合同法》	《民法典》合同编	解读
		总则	第一分编　通则	
16	承诺期限	第二十三条　承诺应当在要约确定的期限内到达要约人。 要约没有确定承诺期限的，承诺应当依照下列规定到达： （一）要约以对话方式作出的，应当即时作出承诺，但当事人另有约定的除外； （二）要约以非对话方式作出的，承诺应当在合理期限内到达。	第四百八十一条　承诺应当在要约确定的期限内到达要约人。 要约没有确定承诺期限的，承诺应当依照下列规定到达： （一）要约以对话方式作出的，应当即时作出承诺； （二）要约以非对话方式作出的，承诺应当在合理期限内到达。	删除第二款第一项中的“但当事人另有约定的除外”，逻辑自洽，盖因第二款是针对没有约定承诺期限的法律推定，如有约定，自当适用第一款。其他内容不变。
17	承诺期限起算	第二十四条　要约以信件或者电报作出的，承诺期限自信件载明的日期或者电报交发之日开始计算。信件未载明日期的，自投寄该信件的邮戳日期开始计算。要约以电话、传真等快速通讯方式作出的，承诺期限自要约到达受要约人时开始计算。	第四百八十二条　要约以信件或者电报作出的，承诺期限自信件载明的日期或者电报交发之日开始计算。信件未载明日期的，自投寄该信件的邮戳日期开始计算。要约以电话、传真、**电子邮件**等快速通讯方式作出的，承诺期限自要约到达受要约人时开始计算。	增加“电子邮件”的快速通讯方式。
18	合同成立时间	第二十五条　承诺生效时合同成立。	第四百八十三条　承诺生效时合同成立，**但是法律另有规定或者当事人另有约定的除外**。	在实务中，合同当事人可设置合同成立的控制要件，增加合同当事人防范合同风险手段。

续表

序号	条文主旨	《合同法》	《民法典》合同编	解读
		总则	第一分编　通则	
19	承诺生效	第二十六条　承诺通知到达要约人时生效。承诺不需要通知的，根据交易习惯或者要约的要求作出承诺的行为时生效。 采用数据电文形式订立合同的，承诺到达的时间适用本法第十六条第二款的规定。	**第四百八十四条　以通知方式作出的承诺，生效的时间适用本法第一百三十七条的规定。** **承诺不需要通知的，根据交易习惯或者要约的要求作出承诺的行为时生效。**	删除内容并入《民法典》第一百三十七、一百四十一条。
20	承诺撤回	第二十七条　承诺可以撤回。撤回承诺的通知应当在承诺通知到达要约人之前或者与承诺通知同时到达要约人。	第四百八十五条　承诺可以撤回。**承诺的撤回适用本法第一百四十一条的规定。**	
21	迟延承诺	第二十八条　受要约人超过承诺期限发出承诺的，除要约人及时通知受要约人该承诺有效的以外，为新要约。	第四百八十六条　受要约人超过承诺期限发出承诺，**或者在承诺期限内发出承诺，按照通常情形不能及时到达要约人**的，为新要约；但是，要约人及时通知受要约人该承诺有效的除外。	新增迟到承诺构成新要约的情形。
22	迟到承诺	第二十九条　受要约人在承诺期限内发出承诺，按照通常情形能够及时到达要约人，但因其他原因承诺到达要约人时超过承诺期限的，除要约人及时通知受要约人因承诺超过期限不接受该承诺的以外，该承诺有效。	第四百八十七条　受要约人在承诺期限内发出承诺，按照通常情形能够及时到达要约人，但**是**因其他原因**致使**承诺到达要约人时超过承诺期限的，除要约人及时通知受要约人因承诺超过期限不接受该承诺外，该承诺有效。	表述稍作调整，内容不变。

续表

序号	条文主旨	《合同法》	《民法典》合同编	解读
		总则	第一分编 通则	
23	承诺实质性变更	第三十条 承诺的内容应当与要约的内容一致。受要约人对要约的内容作出实质性变更的,为新要约。有关合同标的、数量、质量、价款或者报酬、履行期限、履行地点和方式、违约责任和解决争议方法等的变更,是对要约内容的实质性变更。	第四百八十八条 承诺的内容应当与要约的内容一致。受要约人对要约的内容作出实质性变更的,为新要约。有关合同标的、数量、质量、价款或者报酬、履行期限、履行地点和方式、违约责任和解决争议方法等的变更,是对要约内容的实质性变更。	法条编号有所调整,内容不变。
24	承诺非实质性变更	第三十一条 承诺对要约的内容作出非实质性变更的,除要约人及时表示反对或者要约表明承诺不得对要约的内容作出任何变更的以外,该承诺有效,合同的内容以承诺的内容为准。	第四百八十九条 承诺对要约的内容作出非实质性变更的,除要约人及时表示反对或者要约表明承诺不得对要约的内容作出任何变更外,该承诺有效,合同的内容以承诺的内容为准。	法条编号有所调整,内容不变。
25	合同成立	第三十二条 当事人采用合同书形式订立合同的,自双方当事人签字或者盖章时合同成立。	第四百九十条 当事人采用合同书形式订立合同的,自**当事人**均签**名**、盖章或者**按指印时**合同成立。**在签名、盖章或者按指印之前,当事人一方已经履行主要义务,对方接受时,该合同成立。** **法律、行政法规规定**	1. 将合同签订形式从原来的两种新增到四种,新增按指印和实际履行,吸收《合同法司法解释二》第五条①相关规定。

① 《合同法司法解释二》(法释〔2009〕5号)第五条 当事人采用合同书形式订立合同的,应当签字或者盖章。当事人在合同书上摁手印的,人民法院应当认定其具有与签字或者盖章同等的法律效力。

续表

序号	条文主旨	《合同法》	《民法典》合同编	解读
		总则	第一分编　通则	
			或者当事人约定合同应当采用书面形式订立，当事人未采用书面形式但是一方已经履行主要义务，对方接受时，该合同成立。	2. 吸收《合同法》第三十六、三十七条内容。 3. 将原来的“双方当事人”调整为“当事人”，涵盖更多类型合同和实际情况。
26	确认书	第三十三条　当事人采用信件、数据电文等形式订立合同的，可以在合同成立之前要求签订确认书。签订确认书时合同成立。	第四百九十一条　当事人采用信件、数据电文等形式订立合同要求签订确认书的，签订确认书时合同成立。 **当事人一方通过互联网等信息网络发布的商品或者服务信息符合要约条件的，对方选择该商品或者服务并提交订单成功时合同成立，但是当事人另有约定的除外。**	新增互联网电子合同成立规定，吸收《中华人民共和国电子商务法》第四十九条第一款①，具体详细分析详见本书第三部分相应介绍。

① 《中华人民共和国电子商务法》第四十九条第一款　电子商务经营者发布的商品或者服务信息符合要约条件的，用户选择该商品或者服务并提交订单成功，合同成立。当事人另有约定的，从其约定。

续表

序号	条文主旨	《合同法》	《民法典》合同编	解读
		总则	第一分编　通则	
27	合同成立地点	第三十四条　承诺生效的地点为合同成立的地点。 采用数据电文形式订立合同的，收件人的主营业地为合同成立的地点；没有主营业地的，其经常居住地为合同成立的地点。当事人另有约定的，按照其约定。	第四百九十二条　承诺生效的地点为合同成立的地点。 采用数据电文形式订立合同的，收件人的主营业地为合同成立的地点；没有主营业地的，其**住所地**为合同成立的地点。当事人另有约定的，按照其约定。	"经常居住地"表述常用于自然人，本条第二款系针对法人/非法人组织而言，因此将"经常居住地"表述调整为"住所地"更为准确，其他内容不变。
28		第三十五条　当事人采用合同书形式订立合同的，双方当事人签字或者盖章的地点为合同成立的地点。	第四百九十三条　当事人采用合同书形式订立合同的，**最后**签名、盖章或者**按指印**的地点为合同成立的地点，**但是当事人另有约定的除外**。	增加内容系吸收《合同法司法解释二》第四条①相关规定。
29		第三十六条　法律、行政法规规定或者当事人约定采用书面形式订立合同，当事人未采用书面形式但一方已经履行主要义务，对方接受的，该合同成立。		《合同法》第三十六、三十七条内容并入《民法典》第四百九十条。
30		第三十七条　采用合同书形式订立合同，在签字或者盖章之前，当事人		

① 《合同法司法解释二》（法释〔2009〕5 号）第四条　采用书面形式订立合同，合同约定的签订地与实际签字或者盖章地点不符的，人民法院应当认定约定的签订地为合同签订地；合同没有约定签订地，双方当事人签字或者盖章不在同一地点的，人民法院应当认定最后签字或者盖章的地点为合同签订地。

续表

序号	条文主旨	《合同法》	《民法典》合同编	解读
		总则	第一分编　通则	
		一方已经履行主要义务，对方接受的，该合同成立。		
31	依国家计划订立合同	第三十八条　国家根据需要下达指令性任务或者国家订货任务的，有关法人、其他组织之间应当依照有关法律、行政法规规定的权利和义务订立合同。	第四百九十四条　国家根据**抢险救灾、疫情防控或者其他**需要下达国家订货任务**、指令性任务**的，有关**民事主体**之间应当依照有关法律、行政法规规定的权利和义务订立合同。 **依照法律、行政法规的规定负有发出要约义务的当事人，应当及时发出合理的要约。** **依照法律、行政法规的规定负有作出承诺义务的当事人，不得拒绝对方合理的订立合同要求。**	1. 第一款完善了国家订货合同制度，新增抢险救灾、疫情防控情形列举。 2. 第二、三款为新增强制缔约规则。
32	预约合同		**第四百九十五条　当事人约定在将来一定期限内订立合同的认购书、订购书、预订书等，构成预约合同。** **当事人一方不履行预约合同约定的订立合同义务的，对方可以请求其承担预约合同的违约责任。**	新增预约合同制度，吸收《买卖合同司法解释》第二条①相关规定。

① 《买卖合同司法解释》(法释〔2012〕8 号)第二条　当事人签订认购书、订购书、预订书、意向书、备忘录等预约合同，约定在将来一定期限内订立买卖合同，一方不履行订立买卖合同的义务，对方请求其承担预约合同违约责任或者要求解除预约合同并主张损害赔偿的，人民法院应予支持。

续表

序号	条文主旨	《合同法》	《民法典》合同编	解读
		总则	第一分编　通则	
33	格式条款	第三十九条　采用格式条款订立合同的，提供格式条款的一方应当遵循公平原则确定当事人之间的权利和义务，并采取合理的方式提请对方注意免除或者限制其责任的条款，按照对方的要求，对该条款予以说明。 格式条款是当事人为了重复使用而预先拟定，并在订立合同时未与对方协商的条款。	第四百九十六条　格式条款是当事人**为了重复使用而**预先拟定，并在订立合同时未与对方协商的条款。 采用格式条款订立合同的，提供格式条款的一方应当遵循公平原则确定当事人之间的权利和义务，并采取合理的方式提示对方注意免除或者减轻其责任等与对方有重大利害关系的条款，按照对方的要求，对该条款予以说明。**提供格式条款的一方未履行提示或者说明义务，致使对方没有注意或者理解与其有重大利害关系的条款的，对方可以主张该条款不成为合同的内容**。	新增格式条款提供方未履行提示或说明义务的法律后果。
34	格式条款无效情形	第四十条　格式条款具有本法第五十二条和第五十三条规定情形的，或者提供格式条款一方免除其责任、加重对方责任、排除对方主要权利的，该条款无效。	第四百九十七条　有下列情形之一的，该格式条款无效： （一）具有**本法第一编第六章第三节和本法第五百零六条**规定的无效情形； （二）提供格式条款一方**不合理地**免除或者减轻其责任、加重对方责任、**限制对方主要权利**；	分别列出格式条款无效情形，逻辑体系清晰、结构严谨。

续表

序号	条文主旨	《合同法》	《民法典》合同编	解读
		总则	第一分编　通则	
			（三）提供格式条款一方排除对方主要权利。	
35	格式条款解释	第四十一条　对格式条款的理解发生争议的，应当按照通常理解予以解释。对格式条款有两种以上解释的，应当作出不利于提供格式条款一方的解释。格式条款和非格式条款不一致的，应当采用非格式条款。	第四百九十八条　对格式条款的理解发生争议的，应当按照通常理解予以解释。对格式条款有两种以上解释的，应当作出不利于提供格式条款一方的解释。格式条款和非格式条款不一致的，应当采用非格式条款。	法条编号有所调整，内容不变。
36	公开悬赏		**第四百九十九条　悬赏人以公开方式声明对完成特定行为的人支付报酬的，完成该行为的人可以请求其支付。**	新增公开悬赏制度，吸收《合同法司法解释二》第三条①相关规定。
37	缔约过失	第四十二条　当事人在订立合同过程中有下列情形之一，给对方造成损失的，应当承担损害赔偿责任： （一）假借订立合同，恶意进行磋商； （二）故意隐瞒与订立合同有关的重要事实或者提供虚假情况； （三）有其他违背诚实信用原则的行为。	第五百条　当事人在订立合同过程中有下列情形之一，**造成对方**损失的，应当承担**赔偿责任**： （一）假借订立合同，恶意进行磋商； （二）故意隐瞒与订立合同有关的重要事实或者提供虚假情况； （三）有其他违背诚信原则的行为。	将“损害赔偿责任”的表述变更为“赔偿责任”，系与《民法典》第一百七十九条“承担民事责任的方式主要有：（八）赔偿损失”，前后表述相统一，立法更严谨。新法表述更精简。

① 《合同法司法解释二》（法释〔2009〕5号）第三条　悬赏人以公开方式声明对完成一定行为的人支付报酬，完成特定行为的人请求悬赏人支付报酬的，人民法院依法予以支持。但悬赏有合同法第五十二条规定情形的除外。

续表

序号	条文主旨	《合同法》	《民法典》合同编	解读
		总则	第一分编　通则	
38	保密义务	第四十三条　当事人在订立合同过程中知悉的商业秘密，无论合同是否成立，不得泄露或者不正当地使用。泄露或者不正当地使用该商业秘密给对方造成损失的，应当承担损害赔偿责任。	第五百零一条　当事人在订立合同过程中知悉的商业秘密或者其他应当保密的信息，无论合同是否成立，不得泄露或者不正当地使用；泄露、不正当地使用该商业秘密**或者信息，造成对方损失**的，应当承担**赔偿责任**。	1. 保密范围扩大至商业秘密或其他保密信息。 2. 将“损害赔偿责任”表述改为“赔偿责任”，表述更精准。

第三章　合同的效力

《民法典》合同编关于合同的效力问题，主要是增加未报批合同效力以及无权处分合同变化，其他效力规则遵从《民法典》立法“提取公因式”原则，整合至《民法典》总则有关规定。具体详见下表：

序号	条文主旨	《合同法》	《民法典》合同编	解读
		总则	第一分编　通则	
		第三章　合同的效力	第三章　合同的效力	
1	合同生效规则	第四十四条　依法成立的合同，自成立时生效。 法律、行政法规规定应当办理批准、登记等手续生效的，依照其规定。	第五百零二条　依法成立的合同，自成立时生效，**但是法律另有规定或者当事人另有约定的除外。** **依照**法律、行政法规的规定，合同应当办理批准等手续的，依照其规定。**未办理批准等手续影响合同生效的，不影响合同中**	1. 第一款表述逻辑更周延，涵括法律规定、当事人约定除外情形。 2. 第二款新增内容吸收《合同法司法解释一》第九

续表

序号	条文主旨	《合同法》	《民法典》合同编	解读
		总则	第一分编　通则	
			履行报批等义务条款以及相关条款的效力。应当办理申请批准等手续的当事人未履行义务的，对方可以请求其承担违反该义务的责任。 **依照法律、行政法规的规定，合同的变更、转让、解除等情形应当办理批准等手续的，适用前款规定。**	条①、《合同法司法解释二》第八条②相关规定。
2	附条件生效	第四十五条　当事人对合同的效力可以约定附条件。附生效条件的合同，自条件成就时生效。附解除条件的合同，自条件成就时失效。 当事人为自己的利益不正当地阻止条件成就的，视为条件已成就；不正当地促成条件成就的，视为条件不成就。		1.《合同法》第四十五、四十六条并入《民法典》总则编第六章第四节“民事法律行为的附条件和附期限”。 2.《合同法》第四十七条合并至《民

① 《合同法司法解释一》(法释〔1999〕19号)第九条　依照合同法第四十四条第二款的规定，法律、行政法规规定合同应当办理批准手续，或者办理批准、登记等手续才生效，在一审法庭辩论终结前当事人仍未办理批准手续的，或者仍未办理批准、登记等手续的，人民法院应当认定该合同未生效……

② 《合同法司法解释二》(法释〔2009〕5号)第八条　依照法律、行政法规的规定经批准或者登记才能生效的合同成立后，有义务办理申请批准或者申请登记等手续的一方当事人未按照法律规定或者合同约定办理申请批准或者未申请登记的，属于合同法第四十二条第(三)项规定的“其他违背诚实信用原则的行为”，人民法院可以根据案件的具体情况和相对人的请求，判决相对人自己办理有关手续；对方当事人对由此产生的费用和给相对人造成的实际损失，应当承担损害赔偿责任。

续表

序号	条文主旨	《合同法》	《民法典》合同编	解读
		总则	第一分编　通则	
3	附期限生效	第四十六条　当事人对合同的效力可以约定附期限。附生效期限的合同，自期限届至时生效。附终止期限的合同，自期限届满时失效。		法典》第一百四十五条："限制民事行为能力人实施的纯获利益的民事法律行为或者与其年龄、智力、精神健康状况相适应的民事法律行为有效；实施的其他民事法律行为经法定代理人同意或者追认后有效。相对人可以催告法定代理人自收到通知之日起三十日内予以追认。法定代理人未作表示的，视为拒绝追认。民事法律行为被追认前，善意相对人有撤销的权利。撤销应当以通知的方式作出。"
4	无权代理	第四十七条　限制民事行为能力人订立的合同，经法定代理人追认后，该合同有效，但纯获利益的合同或者与其年龄、智力、精神健康状况相适应而订立的合同，不必经法定代理人追认。 相对人可以催告法定代理人在一个月内予以追认。法定代理人未作表示的，视为拒绝追认。合同被追认之前，善意相对人有撤销的权利。撤销应当以通知的方式作出。		

续表

序号	条文主旨	《合同法》	《民法典》合同编	解读
		总则	第一分编　通则	
5	无权代理合同追认	第四十八条　行为人没有代理权、超越代理权或者代理权终止后以被代理人名义订立的合同，未经被代理人追认，对被代理人不发生效力，由行为人承担责任。 相对人可以催告被代理人在一个月内予以追认。被代理人未作表示的，视为拒绝追认。合同被追认之前，善意相对人有撤销的权利。撤销应当以通知的方式作出。	**第五百零三条　无权代理人以被代理人的名义订立合同，被代理人已经开始履行合同义务或者接受相对人履行的，视为对合同的追认。**	1. 删除内容并入《民法典》第一百七十一条①。 2. 新增内容吸收《合同法司法解释二》第十二条②。
6	表见代理	第四十九条　行为人没有代理权、超越代理权或者代理权终止后以被代理人名义订立合同，相对人有理由相信行为人有代理权的，该代理行为有效。		《合同法》第四十九条并入《民法典》第一百七十二条："行为人没有代理权、超越代理权或者代理权终止后，仍然实施代理行为，相对人有理由相信行为人有代理权的，代理行为有效。"

① 《民法典》第一百七十一条　行为人没有代理权、超越代理权或者代理权终止后，仍然实施代理行为，未经被代理人追认的，对被代理人不发生效力。相对人可以催告被代理人自收到通知之日起三十日内予以追认。被代理人未作表示的，视为拒绝追认。行为人实施的行为被追认前，善意相对人有撤销的权利。撤销应当以通知的方式作出。行为人实施的行为未被追认的，善意相对人有权请求行为人履行债务或者就其受到的损害请求行为人赔偿。但是，赔偿的范围不得超过被代理人追认时相对人所能获得的利益。相对人知道或者应当知道行为人无权代理的，相对人和行为人按照各自的过错承担责任。

② 《合同法司法解释二》(法释〔2009〕5号)第十二条　无权代理人以被代理人的名义订立合同，被代理人已经开始履行合同义务的，视为对合同的追认。

续表

序号	条文主旨	《合同法》	《民法典》合同编	解读
		总则	第一分编　通则	
7	越权代表行为	第五十条　**法人或者其他组织的法定代表人、负责人**超越权限订立的合同，除相对人知道或者应当知道其超越权限的以外，**该代表行为**有效。	第五百零四条　**法人的法定代表人或者非法人组织的负责人**超越权限订立的合同，除相对人知道或者应当知道其超越权限外，**该代表行为有效，订立的合同对法人或者非法人组织**发生效力。	表述有所调整，强调了代表行为的法律效果，即合同对被代表法人或非法人组织具有拘束力。
8	无权处分	第五十一条　无处分权的人处分他人财产，经权利人追认或者无处分权的人订立合同后取得处分权的，该合同有效。	**第五百零五条　当事人超越经营范围订立的合同的效力，应当依照本法第一编第六章第三节和本编的有关规定确定，不得仅以超越经营范围确认合同无效。**	1. 删除内容并入《民法典》总则编第六章第三节有关规定。 2. 明确超经营范围订立的合同效力。
9	无效合同	第五十二条　有下列情形之一的，合同无效： （一）一方以欺诈、胁迫的手段订立合同，损害国家利益； （二）恶意串通，损害国家、集体或者第三人利益； （三）以合法形式掩盖非法目的； （四）损害社会公共利益； （五）违反法律、行政法规的强制性规定。		

续表

序号	条文主旨	《合同法》	《民法典》合同编	解读
		总则	第一分编　通则	
10	无效免责	第五十三条　合同中的下列免责条款无效： （一）造成对方人身伤害的； （二）因故意或者重大过失造成对方财产损失的。	第五百零六条　合同中的下列免责条款无效： （一）造成对方人身**损害**的； （二）因故意或者重大过失造成对方财产损失的。	“伤害”改为“损害”，表述更精准。
11		第五十四条　下列合同，当事人一方有权请求人民法院或者仲裁机构变更或者撤销： （一）因重大误解订立的； （二）在订立合同时显失公平的。 一方以欺诈、胁迫的手段或者乘人之危，使对方在违背真实意思的情况下订立的合同，受损害方有权请求人民法院或者仲裁机构变更或者撤销。 当事人请求变更的，人民法院或者仲裁机构不得撤销。		《合同法》第五十四、五十五、五十六条内容并入《民法典》总则编第六章第三节有关规定。此外，关于撤销权，《民法典》与《合同法》最大的不同在于，《民法典》根据不同情形分别规定了撤销权除斥期的起算点，并规定最长除斥期限为5年。
12		第五十五条　有下列情形之一的，撤销权消灭： （一）具有撤销权的当事人自知道或者应当知道撤销事由之日起一年内没有行使撤销权；		

续表

序号	条文主旨	《合同法》	《民法典》合同编	解读
		总则	第一分编　通则	
		（二）具有撤销权的当事人知道撤销事由后明确表示或者以自己的行为放弃撤销权。		
13		第五十六条　无效的合同或者被撤销的合同自始没有法律约束力。合同部分无效，不影响其他部分效力的，其他部分仍然有效。		
14	争议解决条款独立	第五十七条　合同无效、被撤销或者终止的，不影响合同中独立存在的有关解决争议方法的条款的效力。	第五百零七条　合同**不生效**、无效、被撤销或者终止的，不影响合同中有关解决争议方法的条款的效力。	
15	合同无效的法律后果	第五十八条　合同无效或者被撤销后，因该合同取得的财产，应当予以返还；不能返还或者没有必要返还的，应当折价补偿。有过错的一方应当赔偿对方因此所受到的损失，双方都有过错的，应当各自承担相应的责任。	**第五百零八条　本编对合同的效力没有规定的，适用本法第一编第六章的有关规定。**	《合同法》第五十八、五十九条内容并入《民法典》第一百五十七条："民事法律行为无效、被撤销或者确定不发生效力后，行为人因该行为取得的财产，应当予以返还；不能返还或者没有必要返还的，应当折价补偿。有过错的一方应当赔偿对方由此所受到的损失；各方都有过错的，应当各自承担相应的责任。法律另有规定的，依照其规定。"
16		第五十九条　当事人恶意串通，损害国家、集体或者第三人利益的，因此取得的财产收归国家所有或者返还集体、第三人。		

第四章　合同的履行

《民法典》合同编兼具债法总则功能，因此合同编在合同履行规则上，新增债法履行相关规定，新增电子合同履行规则，确立情事变更制度等，具体详见下表：

序号	条文主旨	《合同法》	《民法典》合同编	解读
		总则	第一分编　通则	
		第四章　合同的履行	第四章　合同的履行	
1	合同履行原则	第六十条　当事人应当按照约定全面履行自己的义务。 当事人应当遵循诚实信用原则，根据合同的性质、目的和交易习惯履行通知、协助、保密等义务。	第五百零九条　当事人应当按照约定全面履行自己的义务。 当事人应当遵循诚信原则，根据合同的性质、目的和交易习惯履行通知、协助、保密等义务。 **当事人在履行合同过程中，应当避免浪费资源、污染环境和破坏生态。**	新增的第三款系与《民法典》绿色原则相呼应。
2	漏洞填补规则	第六十一条　合同生效后，当事人就质量、价款或者报酬、履行地点等内容没有约定或者约定不明确的，可以协议补充；不能达成补充协议的，按照合同有关条款或者交易习惯确定。	第五百一十条　合同生效后，当事人就质量、价款或者报酬、履行地点等内容没有约定或者约定不明确的，可以协议补充；不能达成补充协议的，按照合同**相关**条款或者交易习惯确定。	法条编号有所调整，内容不变。
3		第六十二条　当事人就有关合同内容约定不明确，依照本法第六十一条	第五百一十一条　当事人就有关合同内容约定不明确，依据前条规定仍	1. 与《中华人民共和国标准化法》相关规定①

① 《中华人民共和国标准化法》第二条　本法所称标准(含标准样品)，是指农业、工业、服务业以及社会事业等领域需要统一的技术要求。

标准包括国家标准、行业标准、地方标准和团体标准、企业标准。国家标准分为强制性标准、推荐性标准，行业标准、地方标准是推荐性标准。

强制性标准必须执行。国家鼓励采用推荐性标准。

续表

序号	条文主旨	《合同法》	《民法典》合同编	解读
		总则	第一分编　通则	
		的规定仍不能确定的，适用下列规定： （一）质量要求不明确的，按照国家标准、行业标准履行；没有国家标准、行业标准的，按照通常标准或者符合合同目的的特定标准履行。 （二）价款或者报酬不明确的，按照订立合同时履行地的市场价格履行；依法应当执行政府定价或者政府指导价的，按照规定履行。 （三）履行地点不明确，给付货币的，在接受货币一方所在地履行；交付不动产的，在不动产所在地履行；其他标的，在履行义务一方所在地履行。 （四）履行期限不明确的，债务人可以随时履行，债权人也可以随时要求履行，但应当给对方必要的准备时间。 （五）履行方式不明确的，按照有利于实现合同目的的方式履行。 （六）履行费用的负担不明确的，由履行义务一方负担。	不能确定的，适用下列规定： （一）质量要求不明确的，**按照强制性国家标准履行**；没有强制性国家标准的，**按照推荐性国家标准**履行；没有推荐性国家标准的，按照行业标准履行；没有国家标准、行业标准的，按照通常标准或者符合合同目的的特定标准履行。 （二）价款或者报酬不明确的，按照订立合同时履行地的市场价格履行；依法应当执行政府定价或者政府指导价的，依照规定履行。 （三）履行地点不明确，给付货币的，在接受货币一方所在地履行；交付不动产的，在不动产所在地履行；其他标的，在履行义务一方所在地履行。 （四）履行期限不明确的，债务人可以随时履行，债权人也可以随时**请求**履行，但是应当给对方必要的准备时间。 （五）履行方式不明确的，按照有利于实现合同	相适应，将国家标准细化为强制性标准、推荐性标准，并明确其适用顺序。 2. 规定因债权人原因新增的履行费用，由债权人负担。

续表

序号	条文主旨	《合同法》	《民法典》合同编	解读
		总则	第一分编　通则	
			目的的方式履行。 （六）履行费用的负担不明确的，由履行义务一方负担；**因债权人原因增加的履行费用，由债权人负担。**	
4	电子合同履行规则		**第五百一十二条　通过互联网等信息网络订立的电子合同的标的为交付商品并采用快递物流方式交付的，收货人的签收时间为交付时间。电子合同的标的为提供服务的，生成的电子凭证或者实物凭证中载明的时间为提供服务时间；前述凭证没有载明时间或者载明时间与实际提供服务时间不一致的，以实际提供服务的时间为准。** **电子合同的标的物为采用在线传输方式交付的，合同标的物为进入对方当事人指定的特定系统且能够检索识别的时间为交付时间。**	适应网络经济需要，新增网络电子合同履行规则，吸收《中华人民共和国电子商务法》第五十一条①相关规定，有关电子合同规则应用详见本书第三部分相应介绍。

① 《中华人民共和国电子商务法》第五十一条　合同标的为交付商品并采用快递物流方式交付的，收货人签收时间为交付时间。合同标的为提供服务的，生成的电子凭证或者实物凭证中载明的时间为交付时间；前述凭证没有载明时间或者载明时间与实际提供服务时间不一致的，实际提供服务的时间为交付时间。

合同标的为采用在线传输方式交付的，合同标的进入对方当事人指定的特定系统并且能够检索识别的时间为交付时间。

合同当事人对交付方式、交付时间另有约定的，从其约定。

续表

序号	条文主旨	《合同法》	《民法典》合同编	解读
		总则	第一分编　通则	
			电子合同当事人对交付商品或者提供服务的方式、时间另有约定的，按照其约定。	
5	政府定价、指导价	第六十三条　执行政府定价或者政府指导价的，在合同约定的交付期限内政府价格调整时，按照交付时的价格计价。逾期交付标的物的，遇价格上涨时，按照原价格执行；价格下降时，按照新价格执行。逾期提取标的物或者逾期付款的，遇价格上涨时，按照新价格执行；价格下降时，按照原价格执行。	第五百一十三条　执行政府定价或者政府指导价的，在合同约定的交付期限内政府价格调整时，按照交付时的价格计价。逾期交付标的物的，遇价格上涨时，按照原价格执行；价格下降时，按照新价格执行。逾期提取标的物或者逾期付款的，遇价格上涨时，按照新价格执行；价格下降时，按照原价格执行。	法条编号有所调整，内容不变。
6	金钱之债履行币种约定不明时的处理		**第五百一十四条　以支付金钱为内容的债，除法律另有规定或者当事人另有约定外，债权人可以请求债务人以实际履行地的法定货币履行。**	金钱之债的标的物一般有：通用货币、外国货币。在国内，由于外国货币属限制流通物，因此国内交易货币应当以人民币交付；若系涉外交易，则可以约定以外币交付。

续表

<table>
<tr><th>序号</th><th>条文主旨</th><th>《合同法》</th><th>《民法典》合同编</th><th>解读</th></tr>
<tr><td></td><td></td><td>总则</td><td>第一分编　通则</td><td></td></tr>
<tr><td>7</td><td rowspan="2">选择之债的履行</td><td></td><td>第五百一十五条　标的有多项而债务人只需履行其中一项的，债务人享有选择权；但是，法律另有规定、当事人另有约定或者另有交易习惯的除外。
享有选择权的当事人在约定期限内或者履行期限届满未作选择，经催告后在合理期限内仍未选择的，选择权转移至对方。</td><td rowspan="2">新增选择之债的履行：
1. 在无特别规定/约定情况下，选择权归属债务人享有，系便于债务人提前做履行准备，以利于债务履行。
2. 选择权怠于行使的，该选择权移转对方。
3. 选择权性质属于形成权，以通知方式行使，行使后果系由债务标的确定，债务标的一旦确定，原则上不得变更。</td></tr>
<tr><td>8</td><td></td><td>第五百一十六条　当事人行使选择权应当及时通知对方，通知到达对方时，标的确定。标的确定后不得变更，但是经对方同意的除外。
可选择的标的发生不能履行情形的，享有选择权的当事人不得选择不能履行的标的，但是该不能履行的情形是由对方造成的除外。</td></tr>
</table>

续表

序号	条文主旨	《合同法》	《民法典》合同编	解读
		总则	第一分编　通则	
9	按份之债		**第五百一十七条　债权人为二人以上，标的可分，按照份额各自享有债权的，为按份债权；债务人为二人以上，标的可分，按照份额各自负担债务的，为按份债务。** **按份债权人或者按份债务人的份额难以确定的，视为份额相同。**	1. 此处新按份之债规则，吸取《民法通则》第八十六条①相关规定，并细化。 2. 份额有约定从约定，无约定推定均等。 3. 较连带之债，按份之债强调标的给付必须系可分的。
10	连带之债		**第五百一十八条　债权人为二人以上，部分或者全部债权人均可以请求债务人履行债务的，为连带债权；债务人为二人以上，债权人可以请求部分或者全部债务人履行全部债务的，为连带债务。** **连带债权或者连带债务，由法律规定或者当事人约定。**	1. 此处新增连带之债规则，吸取《民法通则》第八十七条②相关规定，并细化。 2. 规定连带之债发生限于法律规定或当事人约定。 3. 连带债

① 《民法通则》第八十六条　债权人为二人以上的，按照确定的份额分享权利。债务人为二人以上的，按照确定的份额分担义务。

② 《民法通则》第八十七条　债权人或者债务人一方人数为二人以上的，依照法律的规定或者当事人的约定，享有连带权利的每个债权人，都有权要求债务人履行义务；负有连带义务的每个债务人，都负有清偿全部债务的义务，履行了义务的人，有权要求其他负有连带义务的人偿付他应当承担的份额。

续表

序号	条文主旨	《合同法》	《民法典》合同编	解读
		总则	第一分编　通则	
11	连带债务份额及追偿权		<u>**第五百一十九条　连带债务人之间的份额难以确定的，视为份额相同。**</u> <u>**实际承担债务超过自己份额的连带债务人，有权就超出部分在其他连带债务人未履行的份额范围内向其追偿，并相应地享有债权人的权利，但是不得损害债权人的利益。其他连带债务人对债权人的抗辩，可以向该债务人主张。**</u> <u>**被追偿的连带债务人不能履行其应分担份额的，其他连带债务人应当在相应范围内按比例分担。**</u>	务内部份额确定规则，有约定从约定，无约定推定相同。 4. 明确连带债务人之间的追偿权以及连带债务人履行不能情况下的债务分摊规则。
12	连带债务涉他效力		<u>**第五百二十条　部分连带债务人履行、抵销债务或者提存标的物的，其他债务人对债权人的债务在相应范围内消灭；该债务人可以依据前条规定向其他债务人追偿。**</u> <u>**部分连带债务人的债务被债权人免除的，在该连带债务人应当承担的份额范围内，其他债务人对债权人的债务消灭。**</u>	

续表

序号	条文主旨	《合同法》	《民法典》合同编	解读
		总则	第一分编　通则	
			部分连带债务人的债务与债权人的债权同归于一人的，在扣除该债务人应当承担的份额后，债权人对其他债务人的债权继续存在。 **债权人对部分连带债务人的给付受领迟延的，对其他连带债务人发生效力。**	
13	连带债权内部关系及法律适用		**第五百二十一条　连带债权人之间的份额难以确定的，视为份额相同。** **实际受领债权的连带债权人，应当按比例向其他连带债权人返还。** **连带债权参照适用本章连带债务的有关规定。**	
14	向第三人履行合同	第六十四条　当事人约定由债务人向第三人履行债务的，债务人未向第三人履行债务或者履行债务不符合约定，应当向债权人承担违约责任。	第五百二十二条　当事人约定由债务人向第三人履行债务，债务人未向第三人履行债务或者履行债务不符合约定的，应当向债权人承担违约责任。 **法律规定或者当事人约定第三人可以直接请求债务人向其履行债务，第三人未在合理期限内明确拒绝，债务人未向第三人履行债务或者履行债务不**	此处新增第二款，突破了合同相对性原则，赋予第三人合同债权人地位，为银行和不良资产公司大规模的债权转让扫清了法律障碍。

续表

序号	条文主旨	《合同法》	《民法典》合同编	解读
		总则	第一分编　通则	
15			**符合约定的，第三人可以请求债务人承担违约责任；债务人对债权人的抗辩，可以向第三人主张。**	
15	第三人履行合同	第六十五条　当事人约定由第三人向债权人履行债务，第三人不履行债务或者履行债务不符合约定，债务人应当向债权人承担违约责任。	第五百二十三条　当事人约定由第三人向债权人履行债务，第三人不履行债务或者履行债务不符合约定的，债务人应当向债权人承担违约责任。	法条编号有所调整，内容不变。
16	第三人履行合同		**第五百二十四条　债务人不履行债务，第三人对履行该债务具有合法利益的，第三人有权向债权人代为履行；但是，根据债务性质、按照当事人约定或者依照法律规定只能由债务人履行的除外。** **债权人接受第三人履行后，其对债务人的债权转让给第三人，但是债务人和第三人另有约定的除外。**	新增第三人代为履行规则，赋予第三人代为履行权，类似债权受让人角色。
17	同时履行抗辩权	第六十六条　当事人互负债务，没有先后履行顺序的，应当同时履行。一方在对方履行之前有权拒绝其履行要求。一方在对方履行债务不符合约定时，有权拒绝其相应的履行要求。	第五百二十五条　当事人互负债务，没有先后履行顺序的，应当同时履行。一方在对方履行之前有权拒绝其履行**请求**。一方在对方履行债务不符合约定时，有权拒绝其相应的履行**请求**。	"要求"改为"请求"，内容不变。

续表

序号	条文主旨	《合同法》	《民法典》合同编	解读
		总则	第一分编　通则	
18	先履行抗辩权	第六十七条　当事人互负债务，有先后履行顺序，先履行一方未履行的，后履行一方有权拒绝其履行要求。先履行一方履行债务不符合约定的，后履行一方有权拒绝其相应的履行要求。	第五百二十六条　当事人互负债务，有先后履行顺序，**应当**先履行**债务**一方未履行的，后履行一方有权拒绝其履行**请求**。先履行一方履行债务不符合约定的，后履行一方有权拒绝其相应的履行**请求**。	“要求”改为“请求”，其他表述精简，内容不变。
19	不安抗辩权及行使	第六十八条　应当先履行债务的当事人，有确切证据证明对方有下列情形之一的，可以中止履行： （一）经营状况严重恶化； （二）转移财产、抽逃资金，以逃避债务； （三）丧失商业信誉； （四）有丧失或者可能丧失履行债务能力的其他情形。 当事人没有确切证据中止履行的，应当承担违约责任。	第五百二十七条　应当先履行债务的当事人，有确切证据证明对方有下列情形之一的，可以中止履行： （一）经营状况严重恶化； （二）转移财产、抽逃资金，以逃避债务； （三）丧失商业信誉； （四）有丧失或者可能丧失履行债务能力的其他情形。 当事人没有确切证据中止履行的，应当承担违约责任。	法条编号有所调整，内容不变。
20		第六十九条　当事人依照本法第六十八条的规定中止履行的，应当及时通知对方。对方提供适当担保时，应当恢复履行。	第五百二十八条　当事人依**据前条**规定中止履行的，应当及时通知对方。对方提供适当担保的，应当恢复履行。中止履行	针对实践当中不安抗辩权行使后缺乏对对方行为性质的判断，此

续表

序号	条文主旨	《合同法》	《民法典》合同编	解读
		总则	第一分编 通则	
		中止履行后，对方在合理期限内未恢复履行能力并且未提供适当担保的，中止履行的一方可以解除合同。	后，对方在合理期限内未恢复履行能力且未提供适当担保的，**视为以自己的行为表明不履行主要债务**，中止履行的一方可以解除合同**并可以请求对方承担违约责任**。	处明确后果是对方构成预期违约，将预期违约与不安抗辩连接起来。同时新增有权要求对方违约责任，对于不安抗辩权更有法律保障。
21	履行困难	第七十条 债权人分立、合并或者变更住所没有通知债务人，致使履行债务发生困难的，债务人可以中止履行或者将标的物提存。	第五百二十九条 债权人分立、合并或者变更住所没有通知债务人，致使履行债务发生困难的，债务人可以中止履行或者将标的物提存。	法条编号有所调整，内容不变。
22	提前履行债务	第七十一条 债权人可以拒绝债务人提前履行债务，但提前履行不损害债权人利益的除外。 债务人提前履行债务给债权人增加的费用，由债务人负担。	第五百三十条 债权人可以拒绝债务人提前履行债务，但是提前履行不损害债权人利益的除外。 债务人提前履行债务给债权人增加的费用，由债务人负担。	法条编号有所调整，内容不变。
23	部分履行债务	第七十二条 债权人可以拒绝债务人部分履行债务，但部分履行不损害债权人利益的除外。 债务人部分履行债务给债权人增加的费用，由债务人负担。	第五百三十一条 债权人可以拒绝债务人部分履行债务，但**是**部分履行不损害债权人利益的除外。 债务人部分履行债务给债权人增加的费用，由债务人负担。	增加“是”，语义更确切。

续表

序号	条文主旨	《合同法》	《民法典》合同编	解读
		总则	第一分编　通则	
24	当事人变化对合同影响	第七十六条　合同生效后，当事人不得因姓名、名称的变更或者法定代表人、负责人、承办人的变动而不履行合同义务。	第五百三十二条　合同生效后，当事人不得因姓名、名称的变更或者法定代表人、负责人、承办人的变动而不履行合同义务。	《合同法》第七十六条调整到此处，内容不变。
25	情势变更		第五百三十三条　合同成立后，合同的基础条件发生了当事人在订立合同时无法预见的、不属于商业风险的重大变化，继续履行合同对于当事人一方明显不公平的，**受不利影响的当事人可以与对方重新协商；在合理期限内协商不成的，**当事人可以请求人民法院或者仲裁机构变更或者解除合同。 人民法院或者仲裁机构应当结合案件的实际情况，根据公平原则变更或者解除合同。	1. 吸收《合同法司法解释二》第二十六条①情势变更原则。 2. 新增重新协商的程序，有利于鼓励交易。

① 《合同法司法解释二》（法释〔2009〕5 号）第二十六条　合同成立以后客观情况发生了当事人在订立合同时无法预见的、非不可抗力造成的不属于商业风险的重大变化，继续履行合同对于一方当事人明显不公平或者不能实现合同目的，当事人请求人民法院变更或者解除合同的，人民法院应当根据公平原则，并结合案件的实际情况确定是否变更或者解除。

续表

序号	条文主旨	《合同法》	《民法典》合同编	解读
		总则	第一分编　通则	
26	合同监督	第一百二十七条　工商行政管理部门和其他有关行政主管部门在各自的职权范围内，依照法律、行政法规的规定，对利用合同危害国家利益、社会公共利益的违法行为，负责监督处理；构成犯罪的，依法追究刑事责任。	第五百三十四条　对当事人利用合同实施危害国家利益、社会公共利益行为的，市场监督管理和其他有关行政主管部门依照法律、行政法规的规定负责监督处理。	将《合同法》第一百二十七条有关合同监督内容调整至此，并作表述调整。

第五章　合同的保全

《民法典》合同编新增第五章合同的保全，系将《合同法》以及相关司法解释中的代位权、撤销权制度单独成章，强化了合同保全的重要性，具体详见下表：

序号	条文主旨	《合同法》	《民法典》合同编	解读
		总则	第一分编　通则	
			第五章　合同的保全	
1	债权人代位权	第七十三条　因债务人怠于行使其到期债权，对债权人造成损害的，债权人可以向人民法院请求以自己的名义代位行使债务人的债权，但该债权专属于债务人自身的除外。 代位权的行使范围以债权人的债权为限。债权人行使代位权的必要费用，由债务人负担。	第五百三十五条　因债务人怠于行使其债权**或者与该债权有关的从权利，影响债权人的到期债权实现的**，债权人可以向人民法院请求以自己的名义代位行使**债务人对相对人的权利**，但是该权利专属于债务人自身的除外。 代位权的行使范围以债权人的**到期**债权为限。债权人行使代位权的必要费用，由债务人负担。	1. 代位权行使范围扩大至：债权或与债权有关的从权利。 2. "损害"改为"影响债权人的到期债权实现"，语义更确切。 3. 新增第三款吸收《合同法司法解释

续表

序号	条文主旨	《合同法》	《民法典》合同编	解读
		总则	第一分编　通则	
2			**相对人对债务人的抗辩，可以向债权人主张。**	一》第十八条第一款①明确相对人抗辩权。
2			**第五百三十六条　债权人的债权到期前，债务人的债权或者与该债权有关的从权利存在诉讼时效期间即将届满或者未及时申报破产债权等情形，影响债权人的债权实现的，债权人可以代位向债务人的相对人请求其向债务人履行、向破产管理人申报或者作出其他必要的行为。**	一般情况下，代位权行使前提系主债权到期；本条新增债权到期前可行使代位权情形，扩大了债权保全范围，有利于债权人利益保护。
3	代位权行使后果		**第五百三十七条　人民法院认定代位权成立的，由债务人的相对人向债权人履行义务，债权人接受履行后，债权人与债务人、债务人与相对人之间相应的权利义务终止。债务人对相对人的债权或者与该债权有关的从权利被采取保全、执行措施，或**	代位权行使后果，吸收《合同法司法解释一》第二十条②相关规定。

① 《合同法司法解释一》(法释〔1999〕19 号)第十八条第一款　在代位权诉讼中，次债务人对债务人的抗辩，可以向债权人主张。

② 《合同法司法解释一》(法释〔1999〕19 号)第二十条　债权人向次债务人提起的代位权诉讼经人民法院审理后认定代位权成立的，由次债务人向债权人履行清偿义务，债权人与债务人、债务人与次债务人之间相应的债权债务关系即予消灭。

续表

序号	条文主旨	《合同法》	《民法典》合同编	解读
		总则	第一分编　通则	
			者债务人破产的，依照相关法律的规定处理。	
4	债权人撤销权	第七十四条　因债务人放弃其到期债权或者无偿转让财产，对债权人造成损害的，债权人可以请求人民法院撤销债务人的行为。债务人以明显不合理的低价转让财产，对债权人造成损害，并且受让人知道该情形的，债权人也可以请求人民法院撤销债务人的行为。 撤销权的行使范围以债权人的债权为限。债权人行使撤销权的必要费用，由债务人负担。	第五百三十八条　债务人以放弃其债权、**放弃债权担保**、无偿转让财产等方式无偿处分财产权益，或者**恶意延长其到期债权的履行期限**，影响债权人的债权实现的，债权人可以请求人民法院撤销债务人的行为。	合并整合《合同法》第七十四条、《合同法司法解释二》第十八条①相关规定。
5			第五百三十九条　债务人以明显不合理的低价转让财产、**以明显不合理的高价受让他人财产或者为他人的债务提供担保**，影响债权人的债权实现，债务人的相对人知道或者应当知道该情形的，债权人可以请求人民法院撤销债务人的行为。	合并整合《合同法》第七十四条、《合同法司法解释二》第十九条第三款②相关规定。
6			第五百四十条　撤销权的行使范围以债权人的债权为限。债权人行使撤销权的必要费用，由债务人负担。	

① 《合同法司法解释二》（法释〔2009〕5号）第十八条　债务人放弃其未到期的债权或者放弃债权担保，或者恶意延长到期债权的履行期，对债权人造成损害，债权人依照合同法第七十四条的规定提起撤销权诉讼的，人民法院应当支持。

② 《合同法司法解释二》（法释〔2009〕5号）第十九条第三款　债务人以明显不合理的高价收购他人财产，人民法院可以根据债权人的申请，参照合同法第七十四条的规定予以撤销。

续表

序号	条文主旨	《合同法》	《民法典》合同编	解读
		总则	第一分编　通则	
7	撤销权除斥期间	第七十五条　撤销权自债权人知道或者应当知道撤销事由之日起一年内行使。自债务人的行为发生之日起五年内没有行使撤销权的，该撤销权消灭。	第五百四十一条　撤销权自债权人知道或者应当知道撤销事由之日起一年内行使。自债务人的行为发生之日起五年内没有行使撤销权的，该撤销权消灭。	法条编号有所调整，内容不变。
8	撤销权行使效果		**第五百四十二条　债务人影响债权人的债权实现的行为被撤销的，自始没有法律约束力。**	吸收《合同法司法解释一》第二十五条第一款①相关规定。

第六章　合同的变更和转让

《民法典》合同编将《合同法》合同变更和转让规则适用范围扩大至债权债务关系，此外，新增债务加入规则，以更好保护债权人利益。具体详见下表：

序号	条文主旨	《合同法》	《民法典》合同编	解读
		总则	第一分编　通则	
		第五章　合同的变更和转让	第六章　合同的变更和转让	
1	协商变更	第七十七条　当事人协商一致，可以变更合同。 法律、行政法规规定变更合同应当办理批准、登记等手续的，依照其规定。	第五百四十三条　当事人协商一致，可以变更合同。	删除内容合并至《民法典》合同编第五百零二条。

① 《合同法司法解释一》（法释〔1999〕19号）第二十五条第一款　债权人依照合同法第七十四条的规定提起撤销权诉讼，请求人民法院撤销债务人放弃债权或转让财产的行为，人民法院应当就债权人主张的部分进行审理，依法撤销的，该行为自始无效。

续表

序号	条文主旨	《合同法》	《民法典》合同编	解读
		总则	第一分编 通则	
2	变更不明	第七十八条 当事人对合同变更的内容约定不明确的，推定为未变更。	第五百四十四条 当事人对合同变更的内容约定不明确的，推定为未变更。	法条编号有所调整，内容不变。
3	债权转让	第七十九条 债权人可以将合同的权利全部或者部分转让给第三人，但有下列情形之一的除外： （一）根据合同性质不得转让； （二）按照当事人约定不得转让； （三）依照法律规定不得转让。	第五百四十五条 债权人可以将**债权**的全部或者部分转让给第三人，但是有下列情形之一的除外： （一）根据**债权**性质不得转让； （二）按照当事人约定不得转让； （三）依照法律规定不得转让。 **当事人约定非金钱债权不得转让的，不得对抗善意第三人。当事人约定金钱债权不得转让的，不得对抗第三人。**	1. 将“合同的权利”变更为“债权”，适用范围扩大。 2. 完善禁止转让特约规则，本条第二款区分金钱债务与非金钱债务的禁止转让对外效力，以确保金钱债权的流通性，利于银行和不良资产公司的债权转让。
4	债权让与通知	第八十条 债权人转让权利的，应当通知债务人。未经通知，该转让对债务人不发生效力。 债权人转让权利的通知不得撤销，但经受让人同意的除外。	第五百四十六条 债权人转让**债权**，未通知债务人的，该转让对债务人不发生效力。 债权转让的通知不得撤销，但是经受让人同意的除外。	删掉“应当通知债务人”表述，明确债权转让不以通知债务人作为构成要件。

续表

序号	条文主旨	《合同法》	《民法典》合同编	解读
		总则	第一分编　通则	
5	债权转让时从权利转移	第八十一条　债权人转让权利的，受让人取得与债权有关的从权利，但该从权利专属于债权人自身的除外。	第五百四十七条　债权人转让债权的，受让人取得与债权有关的从权利，但是该从权利专属于债权人自身的除外。 **受让人取得从权利不因该从权利未办理转移登记手续或者未转移占有而受到影响。**	新增从权利随主债权自然转移，解决了受让人因变更登记流程过长等原因而无法实际享有从权利的障碍，解决了银行、资产公司转让不良资产时抵押权、质押权无法及时办理变更登记所可能产生的权利行使障碍甚至丧失的风险。
6	债务人抗辩权	第八十二条　债务人接到债权转让通知后，债务人对让与人的抗辩，可以向受让人主张。	第五百四十八条　债务人接到债权转让通知后，债务人对让与人的抗辩，可以向受让人主张。	法条编号有所调整，内容不变。
7	债务人抵销权	第八十三条　债务人接到债权转让通知时，债务人对让与人享有债权，并且债务人的债权先于转让的债权到期或者同时到期的，债务人可以向受让人主张抵销。	第五百四十九条　有下列情形之一的，债务人可以向受让人主张抵销： （一）债务人接到债权转让通知时，债务人对让与人享有债权，且债务人的债权先于转让的债权到期或者同时到期； **（二）债务人的债权与转让的债权是基于同一合同产生。**	新增债务人抵销权行使情形。

续表

序号	条文主旨	《合同法》	《民法典》合同编	解读
		总则	第一分编　通则	
8	债权让与增加的履行费用负担		**第五百五十条　因债权转让增加的履行费用，由让与人负担。**	1. 明确债权转让新增履行费用由让与人负担。 2. 若在债权全部转让情况下，受让人代替了债权人地位，按合同相对性原则，债权转让费用原本应该由受让人与债务人根据合同解决即可。但现在规定由让与人负责，但让与人已经退出该合同关系情况下，若有增加的债务人履行成本的，债务人救济或存在一定困难。
9	债务转移	第八十四条　债务人将合同的义务全部或者部分转移给第三人的，应当经债权人同意。	第五百五十一条　债务人将债务的全部或者部分转移给第三人的，应当经债权人同意。 **债务人或者第三人可以催告债权人在合理期限内予以同意，债权人未作表示的，视为不同意。**	明确债务转移中债权人未作表示的推定为拒绝。

续表

序号	条文主旨	《合同法》	《民法典》合同编	解读
		总则	第一分编　通则	
10	并存式债务加入		**第五百五十二条　第三人与债务人约定加入债务并通知债权人，或者第三人向债权人表示愿意加入债务，债权人未在合理期限内明确拒绝的，债权人可以请求第三人在其愿意承担的债务范围内和债务人承担连带债务。**	新增并存式债务承担规则，系将司法实践中认可的并存式的债务承担（如"中远公司诉香港美通公司、天津美通公司拖欠海运费、港杂费纠纷案"）①，上升至法律层级，填补债务承担方式的空白。
11	债务移转的新债务人抗辩权	第八十五条　债务人转移义务的，新债务人可以主张原债务人对债权人的抗辩。	第五百五十三条　债务人转移债务的，新债务人可以主张原债务人对债权人的抗辩；**原债务人对债权人享有债权的，新债务人不得向债权人主张抵销。**	抵销权系权利，并非义务；因此债务移转情况下，新债务人并不当然承继该权利，自不享有抵销权。
12	债务转移从债务一并转移	第八十六条　债务人转移义务的，新债务人应当承担与主债务有关的从债务，但该从债务专属于原债务人自身的除外。	第五百五十四条　债务人转移债务的，新债务人应当承担与主债务有关的从债务，但**是**该从债务专属于原债务人自身的除外。	"但"改为"但是"，内容不变。

① 载《中华人民共和国最高人民法院公报》2002 年第 5 期。

续表

序号	条文主旨	《合同法》	《民法典》合同编	解读
		总则	第一分编　通则	
13	变更手续	第八十七条　法律、行政法规规定转让权利或者转移义务应当办理批准、登记等手续的,依照其规定。		《合同法》第八十七条内容并入《民法典》合同编第五百零二条。
14	概括让与	第八十八条　当事人一方经对方同意,可以将自己在合同中的权利和义务一并转让给第三人。	第五百五十五条　当事人一方经对方同意,可以将自己在合同中的权利和义务一并转让给第三人。	法条编号有所调整,内容不变。
15		第八十九条　权利和义务一并转让的,适用本法第七十九条、第八十一条至第八十三条、第八十五条至第八十七条的规定。	第五百五十六条　合同的权利和义务一并转让的,**适用债权转让、债务转移的有关规定**。	表述相应调整,内容不变,均系关于权利义务概括让与的适用债权转让、债务转移规定。
16	合并、分立合同履行	第九十条　当事人订立合同后合并的,由合并后的法人或者其他组织行使合同权利,履行合同义务。当事人订立合同后分立的,除债权人和债务人另有约定的以外,由分立的法人或者其他组织对合同的权利和义务享有连带债权,承担连带债务。		《合同法》第九十条内容合并《民法典》第六十七条:"法人合并的,其权利和义务由合并后的法人享有和承担。法人分立的,其权利和义务由分立后的法人享有连带债权,承担连带债务,但是债权人和债务人另有约定的除外。"

第七章　合同的权利义务终止

《民法典》合同编将合同权利义务终止规则的适用范围扩大至债权债务，此外新增了明确清偿抵充制度，完善了提存的法律效力等。具体详见下表：

序号	条文主旨	《合同法》	《民法典》合同编	解读
		总则	第一分编　通则	
		第六章　合同的权利义务终止	第七章　合同的权利义务终止	
1	债权债务终止	第九十一条　有下列情形之一的，合同的权利义务终止： （一）债务已经按照约定履行； （二）合同解除； （三）债务相互抵销； （四）债务人依法将标的物提存； （五）债权人免除债务； （六）债权债务同归于一人； （七）法律规定或者当事人约定终止的其他情形。	第五百五十七条　有下列情形之一的，**债权债务**终止： （一）债务已经履行； （二）债务相互抵销； （三）债务人依法将标的物提存； （四）债权人免除债务； （五）债权债务同归于一人； （六）法律规定或者当事人约定终止的其他情形。 **合同解除的，该合同的权利义务关系终止。**	1. 将“合同”改为“债权债务”，扩大本条适用范围。 2. 合同解除是合同债权债务终止的原因之一，适用于合同，因此单列作第二款。
2	后合同义务	第九十二条　合同的权利义务终止后，当事人应当遵循诚实信用原则，根据交易习惯履行通知、协助、保密等义务。	第五百五十八条　**债权债务**终止后，当事人应当遵循**诚信等**原则，根据交易习惯履行通知、协助、保密、**旧物回收**等义务。	新增列举“旧物回收”，以对应绿色原则。 将“合同权利义务”表述变更为“债权债务”扩大本条适用范围。

续表

序号	条文主旨	《合同法》	《民法典》合同编	解读
		总则	第一分编　通则	
3	从权利消失		**第五百五十九条　债权债务终止时，债权的从权利同时消灭，但是法律另有规定或者当事人另有约定的除外。**	该条规定意味着债权终止，抵押权、质押权、留置权、优先权等权利同时消失，除非另有约定，这对于从权利人是一个重大风险，具体分析详见本书第三部分相应介绍。
4	债的清偿抵充顺序		**第五百六十条　债务人对同一债权人负担的数项债务种类相同，债务人的给付不足以清偿全部债务的，除当事人另有约定外，由债务人在清偿时指定其履行的债务。** **债务人未作指定的，应当优先履行已经到期的债务；数项债务均到期的，优先履行对债权人缺乏担保或者担保最少的债务；均无担保或者担保相等**	1. 明确规定清偿抵充规则，吸收《合同法司法解释二》第二十条①相关规定。 2. 清偿抵充的顺序：当事人约定优先，清偿人指定次之，法定抵偿再之。

① 《合同法司法解释二》（法释〔2009〕5号）第二十条　债务人的给付不足以清偿其对同一债权人所负的数笔相同种类的全部债务，应当优先抵充已到期的债务；几项债务均到期的，优先抵充对债权人缺乏担保或者担保数额最少的债务；担保数额相同的，优先抵充债务负担较重的债务；负担相同的，按照债务到期的先后顺序抵充；到期时间相同的，按比例抵充。但是，债权人与债务人对清偿的债务或者清偿抵充顺序有约定的除外。

续表

序号	条文主旨	《合同法》	《民法典》合同编	解读
		总则	第一分编　通则	
5			**的，优先履行债务人负担较重的债务；负担相同的，按照债务到期的先后顺序履行；到期时间相同的，按照债务比例履行。**	
			第五百六十一条　债务人在履行主债务外还应当支付利息和实现债权的有关费用，其给付不足以清偿全部债务的，除当事人另有约定外，应当按照下列顺序履行： **（一）实现债权的有关费用；** **（二）利息；** **（三）主债务。**	新增条款，吸收《合同法司法解释二》第二十一条①相关规定。
6	合同意定解除	第九十三条　当事人协商一致，可以解除合同。 当事人可以约定一方解除合同的条件。解除合同的条件成就时，解除权人可以解除合同。	第五百六十二条　当事人协商一致，可以解除合同。 当事人可以约定一方解除合同的**事由**。解除合同的**事由发生**时，解除权人可以解除合同。	"条件"改为"事由"，表述更精准。

① 《合同法司法解释二》（法释〔2009〕5号）第二十一条　债务人除主债务之外还应当支付利息和费用，当其给付不足以清偿全部债务时，并且当事人没有约定的，人民法院应当按照下列顺序抵充：

（一）实现债权的有关费用；

（二）利息；

（三）主债务。

续表

序号	条文主旨	《合同法》	《民法典》合同编	解读
		总则	第一分编　通则	
7	合同法定解除	第九十四条　有下列情形之一的，当事人可以解除合同： （一）因不可抗力致使不能实现合同目的； （二）在履行期限届满之前，当事人一方明确表示或者以自己的行为表明不履行主要债务； （三）当事人一方迟延履行主要债务，经催告后在合理期限内仍未履行； （四）当事人一方迟延履行债务或者有其他违约行为致使不能实现合同目的； （五）法律规定的其他情形。	第五百六十三条　有下列情形之一的，当事人可以解除合同： （一）因不可抗力致使不能实现合同目的； （二）在履行期限届满前，当事人一方明确表示或者以自己的行为表明不履行主要债务； （三）当事人一方迟延履行主要债务，经催告后在合理期限内仍未履行； （四）当事人一方迟延履行债务或者有其他违约行为致使不能实现合同目的； （五）法律规定的其他情形。 **以持续履行的债务为内容的不定期合同，当事人可以随时解除合同，但是应当在合理期限之前通知对方。**	1. 新增不定期继续性合同的法定任意解除权，需注意合理期限前通知。 2. 不定期合同的任意解除权并非新规则，散见《合同法》相关有名合同规定中，如第二分编典型合同中不定期租赁合同、期限不明的借款合同等。《民法典》此处系在总则层面，增加了一般性规定。
8	解除权除斥期间	第九十五条　法律规定或者当事人约定解除权行使期限，期限届满当事人不行使的，该权利消灭。 法律没有规定或者当事人没有约定解除权行使期限，经对方催告后在合理期限内不行使的，该权	第五百六十四条　法律规定或者当事人约定解除权行使期限，期限届满当事人不行使的，该权利消灭。 法律没有规定或者当事人没有约定解除权行使期限，**自解除权人知道或**	完善了合同解除权除斥期间规则，规定合同解除权除斥期间不明时，最长除斥期间为一年。

续表

序号	条文主旨	《合同法》	《民法典》合同编	解读
		总则	第一分编 通则	
		利消灭。	**者应当知道解除事由之日起一年内不行使**，或者经对方催告后在合理期限内不行使的，该权利消灭。	
9	合同解除程序	第九十六条 当事人一方依照本法第九十三条第二款、第九十四条的规定主张解除合同的，应当通知对方。合同自通知到达对方时解除。对方有异议的，可以请求人民法院或者仲裁机构确认解除合同的效力。 法律、行政法规规定解除合同应当办理批准、登记等手续的，依照其规定。	第五百六十五条 当事人一方依法主张解除合同的，应当通知对方。合同自通知到达对方时解除；**通知载明债务人在一定期限内不履行债务则合同自动解除，债务人在该期限内未履行债务的，合同自通知载明的期限届满时解除**。对方对解除合同有异议的，**任何一方**当事人均可以请求人民法院或者仲裁机构确认解除行为的效力。 **当事人一方未通知对方，直接以提起诉讼或者申请仲裁的方式依法主张解除合同，人民法院或者仲裁机构确认该主张的，合同自起诉状副本或者仲裁申请书副本送达对方时解除。**	1. 明确合同解除方式有：通知及诉讼/仲裁方式。 2. 通知解除方式涉及《合同法司法解释二》第二十四条有关异议期、《九民纪要》有关问题，此对合同管理提出了新的要求，具体关于合同解除的应用详见本书第三部分相应介绍。

续表

序号	条文主旨	《合同法》	《民法典》合同编	解读
		总则	第一分编　通则	
10	合同解除效力	第九十七条　合同解除后，尚未履行的，终止履行；已经履行的，根据履行情况和合同性质，当事人可以要求恢复原状、采取其他补救措施，并有权要求赔偿损失。	第五百六十六条　合同解除后，尚未履行的，终止履行；已经履行的，根据履行情况和合同性质，当事人可以请求恢复原状**或者**采取其他补救措施，并有权**请求**赔偿损失。 **合同因违约解除的，解除权人可以请求违约方承担违约责任，但是当事人另有约定的除外。** **主合同解除后，担保人对债务人应当承担的民事责任仍应当承担担保责任，但是担保合同另有约定的除外。**	新增第二款，明确了违约条款的独立性，吸收最高人民法院《民商事纠纷指导意见》第八条①、《买卖合同司法解释》第二十六条②相关规定。
11	结算、清理条款独立	第九十八条　合同的权利义务终止，不影响合同中结算和清理条款的效力。	第五百六十七条　合同的权利义务**关系**终止，不影响合同中结算和清理条款的效力。	法条编号有所调整，内容不变。

① 《民商事纠纷指导意见》（法发〔2009〕40 号）第八条　……合同解除后，当事人主张违约金条款继续有效的，人民法院可以根据合同法第九十八条的规定进行处理。

② 《买卖合同司法解释》（法释〔2012〕8 号）第二十六条　买卖合同因违约而解除后，守约方主张继续适用违约金条款的，人民法院应予支持；但约定的违约金过分高于造成的损失的，人民法院可以参照合同法第一百一十四条第二款的规定处理。

续表

序号	条文主旨	《合同法》	《民法典》合同编	解读
		总则	第一分编　通则	
12	法定抵销	第九十九条　当事人互负到期债务，该债务的标的物种类、品质相同的，任何一方可以将自己的债务与对方的债务抵销，但依照法律规定或者按照合同性质不得抵销的除外。 当事人主张抵销的，应当通知对方。通知自到达对方时生效。抵销不得附条件或者附期限。	第五百六十八条　当事人互负债务，该债务的标的物种类、品质相同的，任何一方可以将自己的债务与对方的**到期**债务抵销；但**是**，根据**债务**性质、**按照当事人约定**或者依照法律规定不得抵销的除外。 当事人主张抵销的，应当通知对方。通知自到达对方时生效。抵销不得附条件或者附期限。	新增了当事人约定禁止抵销有效的内容，吸收《合同法司法解释二》第二十三条①相关规定。
13	合意抵销	第一百条　当事人互负债务，标的物种类、品质不相同的，经双方协商一致，也可以抵销。	第五百六十九条　当事人互负债务，标的物种类、品质不相同的，经协商一致，也可以抵销。	删除“双方”，精简表述，内容不变。
14	提存	第一百零一条　有下列情形之一，难以履行债务的，债务人可以将标的物提存： （一）债权人无正当理由拒绝受领； （二）债权人下落不明； （三）债权人死亡未确定继承人或者丧失民事行为能力未确定监护人；	第五百七十条　有下列情形之一，难以履行债务的，债务人可以将标的物提存： （一）债权人无正当理由拒绝受领； （二）债权人下落不明； （三）债权人死亡未确定继承人、**遗产管理人**，或者丧失民事行为能力未确	新增遗产管理人这一身份，与继承编新增的遗产管理人相对应。

① 《合同法司法解释二》（法释〔2009〕5号）第二十三条　对于依照合同法第九十九条的规定可以抵销的到期债权，当事人约定不得抵销的，人民法院可以认定该约定有效。

续表

序号	条文主旨	《合同法》	《民法典》合同编	解读
		总则	第一分编　通则	
		（四）法律规定的其他情形。 标的物不适于提存或者提存费用过高的，债务人依法可以拍卖或者变卖标的物，提存所得的价款。	定监护人； （四）法律规定的其他情形。 标的物不适于提存或者提存费用过高的，债务人依法可以拍卖或者变卖标的物，提存所得的价款。	
15	提存成立及法律效果		**第五百七十一条　债务人将标的物或者将标的物依法拍卖、变卖所得价款交付提存部门时，提存成立。** **提存成立的，视为债务人在其提存范围内已经交付标的物。**	新增提存的法律后果，吸收《合同法司法解释二》第二十五条①相关规定。
16	提存通知	第一百零二条　标的物提存后，除债权人下落不明的以外，债务人应当及时通知债权人或者债权人的继承人、监护人。	第五百七十二条　标的物提存后，债务人应当及时通知债权人或者债权人的继承人、**遗产管理人**、监护人、**财产代管人**。	1. 删除"除债权人下落不明的以外"，即提存均需通知，即便下落不明时亦需通知。 2. 增加债权人死亡、下落不明时涉及的人员——遗产管理人，财产代管人。

① 《合同法司法解释二》（法释〔2009〕5号）第二十五条　依照合同法第一百零一条的规定，债务人将合同标的物或者标的物拍卖、变卖所得价款交付提存部门时，人民法院应当认定提存成立。

提存成立的，视为债务人在其提存范围内已经履行债务。

续表

序号	条文主旨	《合同法》	《民法典》合同编	解读
		总则	第一分编　通则	
17	提存对债权人效力	第一百零三条　标的物提存后，毁损、灭失的风险由债权人承担。提存期间，标的物的孳息归债权人所有。提存费用由债权人负担。	第五百七十三条　标的物提存后，毁损、灭失的风险由债权人承担。提存期间，标的物的孳息归债权人所有。提存费用由债权人负担。	法条编号有所调整，内容不变。
18	领取权、取回权	第一百零四条　债权人可以随时领取提存物，但债权人对债务人负有到期债务的，在债权人未履行债务或者提供担保之前，提存部门根据债务人的要求应当拒绝其领取提存物。 债权人领取提存物的权利，自提存之日起五年内不行使而消灭，提存物扣除提存费用后归国家所有。	第五百七十四条　债权人可以随时领取提存物。但**是**，债权人对债务人负有到期债务的，在债权人未履行债务或者提供担保之前，提存部门根据债务人的要求应当拒绝其领取提存物。 债权人领取提存物的权利，自提存之日起五年内不行使而消灭，提存物扣除提存费用后归国家所有。**但是，债权人未履行对债务人的到期债务，或者债权人向提存部门书面表示放弃领取提存物权利的，债务人负担提存费用后有权取回提存物。**	新增债务人对提存物的取回权，系吸收《提存公证规则》第二十六条第二款①相关规定。

① 《提存公证规则》第二十六条第二款　提存受领人以书面形式向公证处表示抛弃提存受领权的，提存人得取回提存物。

续表

序号	条文主旨	《合同法》	《民法典》合同编	解读
		总则	第一分编　通则	
19	债务免除	第一百零五条　债权人免除债务人部分或者全部债务的，合同的权利义务部分或者全部终止。	第五百七十五条　债权人免除债务人部分或者全部债务的，**债权债务**部分或者全部终止，**但是债务人在合理期限内拒绝的除外**。	新增债务人对于债权免除的拒绝权。此新增债务人拒绝权，或改变债权免除的行为性质，或由单方法律行为变为双方法律行为，类似赠与行为性质。
20	债权债务混同	第一百零六条　债权和债务同归于一人的，合同的权利义务终止，但涉及第三人利益的除外。	第五百七十六条　债权和债务同归于一人的，**债权债务**终止，但是**损害**第三人利益的除外。	将“合同的权利义务”变更为“债权债务”，表述统一。 将混同的除外情形限定为“损害第三人利益”，较原条款更为符合条款本意。

第八章　违约责任

《民法典》合同编基本维持《合同法》违约责任有关体系、内容，将第三人替代履行纳入违约责任范围，吸收《担保法》有关定金规定等。具体详见下表：

序号	条文主旨	《合同法》	《民法典》合同编	解读
		总则	第一分编　通则	
		第七章　违约责任	第八章　违约责任	
1	违约责任	第一百零七条　当事人一方不履行合同义务或者履行合同义务不符合约定的，应当承担继续履行、采取补救措施或者赔偿损失等违约责任。	第五百七十七条　当事人一方不履行合同义务或者履行合同义务不符合约定的，应当承担继续履行、采取补救措施或者赔偿损失等违约责任。	法条编号有所调整，内容不变。
2	预期违约责任	第一百零八条　当事人一方明确表示或者以自己的行为表明不履行合同义务的，对方可以在履行期限届满之前要求其承担违约责任。	第五百七十八条　当事人一方明确表示或者以自己的行为表明不履行合同义务的，对方可以在履行期限届满前请求其承担违约责任。	"要求"改"请求"，统一表述，内容不变。
3	金钱债务的继续履行	第一百零九条　当事人一方未支付价款或者报酬的，对方可以要求其支付价款或者报酬。	第五百七十九条　当事人一方未支付价款、报酬、**租金、利息，或者不履行其他金钱债务**的，对方可以请求其支付。	对金钱债务作增加列举是立法的进步，并作兜底约定。
4	非金钱债务继续履行及解除	第一百一十条　当事人一方不履行非金钱债务或者履行非金钱债务不符合约定的，对方可以要求履行，但有下列情形之一的除外： （一）法律上或者事实上不能履行； （二）债务的标的不适于强制履行或者履行费用过高； （三）债权人在合理期限内未要求履行。	第五百八十条　当事人一方不履行非金钱债务或者履行非金钱债务不符合约定的，对方可以请求履行，但是有下列情形之一的除外： （一）法律上或者事实上不能履行； （二）债务的标的不适于强制履行或者履行费用过高； （三）债权人在合理期限内未请求履行。	1. 新增第二款，"违约方起诉解除"。结合《九民纪要》第48条【违约方起诉解除】内容，应根据诚信原则综合考量，将违约方起诉解除限于本条规定，即适用于合同僵局情形。

续表

序号	条文主旨	《合同法》	《民法典》合同编	解读
		总则	第一分编　通则	
			有前款规定的除外情形之一，致使不能实现合同目的的，人民法院或者仲裁机构可以根据当事人的请求终止合同权利义务关系，但是不影响违约责任的承担。	2. 新增条款实质系对《合同法》第一百一十条的扩张和完善，以解决合同僵局局面。若不赋予违约方一定的解除请求权，合同僵局无法打破；这既不利于交易目的和商业价值的实现，也不利于合同争议的解决及社会的稳定，还可能造成社会资源浪费。
5	替代履行		**第五百八十一条　当事人一方不履行债务或者履行债务不符合约定，根据债务的性质不得强制履行的，对方可以请求其负担由第三人替代履行的费用。**	新增非违约方救济方式——替代履行，吸收《民事诉讼法》第二百五十二条①相关规定。

① 《民事诉讼法》第二百五十二条　对判决、裁定和其他法律文书指定的行为，被执行人未按执行通知履行的，人民法院可以强制执行或者委托有关单位或者其他人完成，费用由被执行人承担。

续表

序号	条文主旨	《合同法》	《民法典》合同编	解读
		总则	第一分编　通则	
6	瑕疵履行违约责任	第一百一十一条　质量不符合约定的，应当按照当事人的约定承担违约责任。对违约责任没有约定或者约定不明确，依照本法第六十一条的规定仍不能确定的，受损害方根据标的的性质以及损失的大小，可以合理选择要求对方承担修理、更换、重作、退货、减少价款或者报酬等违约责任。	第五百八十二条　**履行**不符合约定的，应当按照当事人的约定承担违约责任。对违约责任没有约定或者约定不明确，依据本法**第五百一十条**的规定仍不能确定的，受损害方根据标的的性质以及损失的大小，可以合理选择请求对方承担修理、重作、更换、退货、减少价款或者报酬等违约责任。	立法的进步，删除“质量”两字，将该条款的适用范围扩大至全部的“履行瑕疵”范围。
7	违约损害赔偿责任	第一百一十二条　当事人一方不履行合同义务或者履行合同义务不符合约定的，在履行义务或者采取补救措施后，对方还有其他损失的，应当赔偿损失。	第五百八十三条　当事人一方不履行合同义务或者履行合同义务不符合约定的，在履行义务或者采取补救措施后，对方还有其他损失的，应当赔偿损失。	法条编号有所调整，内容不变。
8	损失赔偿范围	第一百一十三条　当事人一方不履行合同义务或者履行合同义务不符合约定，给对方造成损失的，损失赔偿额应当相当于因违约所造成的损失，包括合同履行后可以获得的利益，但不得超过违反合同一方订立合同时预见到或者应当预见到的因违反合同可能造成的损失。	第五百八十四条　当事人一方不履行合同义务或者履行合同义务不符合约定，造成对方损失的，损失赔偿额应当相当于因违约所造成的损失，包括合同履行后可以获得的利益；但是，不得超过**违约一方**订立合同时预见到或者应当预见到的因**违约**可能造成的损失。	1. 将“违法合同”调整为“违约”表述精简。 2.《合同法》第一百一十三条第二款，有关惩罚性赔偿内容，合并至《民法典》第一百七

续表

序号	条文主旨	《合同法》	《民法典》合同编	解读
		总则	第一分编　通则	
		经营者对消费者提供商品或者服务有欺诈行为的，依照《中华人民共和国消费者权益保护法》的规定承担损害赔偿责任。		十九条第二款："法律规定惩罚性赔偿的，依照其规定。"
9	违约金	第一百一十四条　当事人可以约定一方违约时应当根据违约情况向对方支付一定数额的违约金，也可以约定因违约产生的损失赔偿额的计算方法。 约定的违约金低于造成的损失的，当事人可以请求人民法院或者仲裁机构予以增加；约定的违约金过分高于造成的损失的，当事人可以请求人民法院或者仲裁机构予以适当减少。 当事人就迟延履行约定违约金的，违约方支付违约金后，还应当履行债务。	第五百八十五条　当事人可以约定一方违约时应当根据违约情况向对方支付一定数额的违约金，也可以约定因违约产生的损失赔偿额的计算方法。 约定的违约金低于造成的损失的，人民法院或者仲裁机构可以根据当事人的请求予以增加；约定的违约金过分高于造成的损失的，人民法院或者仲裁机构可以根据当事人的请求予以适当减少。 当事人就迟延履行约定违约金的，违约方支付违约金后，还应当履行债务。	表述有所调整，内容不变。 此外，违约金条款系合同救济模块的核心内容；其在司法裁判中涉及违约认定、举证责任分配、损失构成、计算标准等诸多因素，具体分析详见本书第三部分相应介绍。
10	定金担保	第一百一十五条　当事人可以依照《中华人民共和国担保法》约定一方向对方给付定金作为债权的担保。债务人履行债务后，定金应当抵作价款或者收回。给付定金的一方	第五百八十六条　当事人可以约定一方向对方给付定金作为债权的担保。**定金合同自实际交付定金时成立。** **定金的数额由当事人约定；但是，不得超过主合**	新增内容： 1. 定金合同依交付时成立，与《担保法》第九十条①相关规定稍有差异，但符合

① 《担保法》第九十条　……定金合同从实际交付定金之日起生效。

续表

序号	条文主旨	《合同法》	《民法典》合同编	解读
		总则	第一分编　通则	
		不履行约定的债务的，无权要求返还定金；收受定金的一方不履行约定的债务的，应当双倍返还定金。	**同标的额的百分之二十，超过部分不产生定金的效力。实际交付的定金数额多于或者少于约定数额的，视为变更约定的定金数额**。	定金合同为实践性合同的司法认知。 2. 第二款吸收《担保法》第九十一条①、《担保法司法解释》第一百一十九条②相关规定，具体分析详见本书第三部分相应介绍。
11			第五百八十七条　债务人履行债务的，定金应当抵作价款或者收回。给付定金的一方不履行债务**或者履行债务不符合约定，致使不能实现合同目的的**，无权请求返还定金；收受定金的一方不履行债务**或者履行债务不符合约定致使不能实现合同目的的**，应当双倍返还定金。	新增内容吸收《担保法司法解释》第一百二十条③相关规定。 关于定金作为担保方式应用于诸多交易场合，但其法律适用涉及《合同法》《担

① 《担保法》第九十一条　定金的数额由当事人约定，但不得超过主合同标的额的百分之二十。

② 《担保法司法解释》（法释〔2000〕44 号）第一百一十九条　实际交付的定金数额多于或者少于约定数额，视为变更定金合同；收受定金一方提出异议并拒绝接受定金的，定金合同不生效。

③ 《担保法司法解释》（法释〔2000〕44 号）第一百二十条　因当事人一方迟延履行或者其他违约行为，致使合同目的不能实现，可以适用定金罚则。但法律另有规定或者当事人另有约定的除外。

当事人一方不完全履行合同的，应当按照未履行部分所占合同约定内容的比例，适用定金罚则。

续表

序号	条文主旨	《合同法》	《民法典》合同编	解读
		总则	第一分编　通则	
12	定金与违约金竞合	第一百一十六条　当事人既约定违约金，又约定定金的，一方违约时，对方可以选择适用违约金或者定金条款。	第五百八十八条　当事人既约定违约金，又约定定金的，一方违约时，对方可以选择适用违约金或者定金条款。 **定金不足以弥补一方违约造成的损失的，对方可以请求赔偿超过定金数额的损失。**	保法》以及相关司法解释等，且与保证金、违约金、损失赔偿等容易混同，情况非常复杂，具体分析详见本书第三部分相应介绍。
13	拒绝受领和受领延迟		**第五百八十九条　债务人按照约定履行债务，债权人无正当理由拒绝受领的，债务人可以请求债权人赔偿增加的费用。** **在债权人受领迟延期间，债务人无须支付利息。**	本条系诚信原则的具体表现： 1. 债权人无正当理由拒接受领的，债务人仍负有妥善保管标的物的义务；导致债务人履行费用增加的，据诚实信用原则，理应由债权人负担。 2. 第二款主要系针对金钱债务。利息系债务人利用本金的对价，即便债权人受领迟延，但其仍可随时要求债务

续表

序号	条文主旨	《合同法》	《民法典》合同编	解读
		总则	第一分编 通则	
				人清偿，致债务人无充分利用本金的机会，所以无须支付利息。
14	不可抗力	第一百一十七条 因不可抗力不能履行合同的，根据不可抗力的影响，部分或者全部免除责任，但法律另有规定的除外。当事人迟延履行后发生不可抗力的，不能免除责任。 本法所称不可抗力，是指不能预见、不能避免并不能克服的客观情况。	第五百九十条 当事人一方因不可抗力不能履行合同的，根据不可抗力的影响，部分或者全部免除责任，但是法律另有规定的除外。因不可抗力不能履行合同的，应当及时通知对方，以减轻可能给对方造成的损失，并应当在合理期限内提供证明。 当事人迟延履行后发生不可抗力的，不免除其违约责任。	合并《合同法》第一百一十七、一百一十八条有关规定。
15		第一百一十八条 当事人一方因不可抗力不能履行合同的，应当及时通知对方，以减轻可能给对方造成的损失，并应当在合理期限内提供证明。		
16	减损义务	第一百一十九条 当事人一方违约后，对方应当采取适当措施防止损失的扩大；没有采取适当措施致使损失扩大的，不得就扩大的损失要求赔偿。 当事人因防止损失扩大而支出的合理费用，由违约方承担。	第五百九十一条 当事人一方违约后，对方应当采取适当措施防止损失的扩大；没有采取适当措施致使损失扩大的，不得就扩大的损失请求赔偿。 当事人因防止损失扩大而支出的合理费用，由违约方负担。	法条编号有所调整，内容不变。

续表

序号	条文主旨	《合同法》	《民法典》合同编	解读
		总则	第一分编　通则	
17	混合过错	第一百二十条　当事人双方都违反合同的，应当各自承担相应的责任。	第五百九十二条　当事人都违反合同的，应当各自承担相应的责任。 **当事人一方违约造成对方损失，对方对损失的发生有过错的，可以减少相应的损失赔偿额。**	新增第二款吸收《买卖合同司法解释》第三十条①相关规定。
18	第三人违约	第一百二十一条　当事人一方因第三人的原因造成违约的，应当向对方承担违约责任。当事人一方和第三人之间的纠纷，依照法律规定或者按照约定解决。	第五百九十三条　当事人一方因第三人的原因造成违约的，应当**依法**向对方承担违约责任。当事人一方和第三人之间的纠纷，依照法律规定或者按照约定**处理**。	表述有所调整，内容不变。
19	责任竞合	第一百二十二条　因当事人一方的违约行为，侵害对方人身、财产权益的，受损害方有权选择依照本法要求其承担违约责任或者依照其他法律要求其承担侵权责任。		《合同法》第一百二十二条内容合并至《民法典》第一百八十六条："因当事人一方的违约行为，损害对方人身权益、财产权益的，受损害方有权选择请求其承担违约责任或者侵权责任。"

① 《买卖合同司法解释》(法释〔2012〕8号)第三十条　买卖合同当事人一方违约造成对方损失，对方对损失的发生也有过错，违约方主张扣减相应的损失赔偿额的，人民法院应予支持。

续表

序号	条文主旨	《合同法》	《民法典》合同编	解读
		总则	第一分编　通则	
20	特殊时效	第一百二十九条　因国际货物买卖合同和技术进出口合同争议提起诉讼或者申请仲裁的期限为四年，自当事人知道或者应当知道其权利受到侵害之日起计算。因其他合同争议提起诉讼或者申请仲裁的期限，依照有关法律的规定。	第五百九十四条　因国际货物买卖合同和技术进出口合同争议提起诉讼或者申请仲裁的时效期间为四年。	删除内容合并至民法典总则编有关时效规定中。

第二分编　典型合同

第九章　买卖合同

买卖合同属于典型合同中的典型，《民法典》合同编在《合同法》基础上吸收司法实践共识，作一定改善，主要表现在：肯定了无权买卖合同的效力，衡平规制出卖方滥用优势地位所作的不合理的免责条款、过短的检验期间，贯彻鼓励交易原则，完善试用买卖规则等。具体详见下表：

序号	条文主旨	《合同法》	《民法典》合同编	解读
		分则	第二分编　典型合同	
		第九章　买卖合同	第九章　买卖合同	
1	买卖合同定义	第一百三十条　买卖合同是出卖人转移标的物的所有权于买受人，买受人支付价款的合同。	第五百九十五条　买卖合同是出卖人转移标的物的所有权于买受人，买受人支付价款的合同。	法条编号有所调整，内容不变。

续表

序号	条文主旨	《合同法》	《民法典》合同编	解读
		分则	第二分编　典型合同	
2	买卖合同内容	第一百三十一条　买卖合同的内容除依照本法第十二条的规定以外，还可以包括包装方式、检验标准和方法、结算方式、合同使用的文字及其效力等条款。	第五百九十六条　买卖合同的内容**一般包括标的物的名称、数量、质量、价款、履行期限、履行地点和方式**、包装方式、检验标准和方法、结算方式、合同使用的文字及其效力等条款。	增加买卖合同内容的列举。
3	无权买卖效力	第一百三十二条　出卖的标的物，应当属于出卖人所有或者出卖人有权处分。 法律、行政法规禁止或者限制转让的标的物，依照其规定。	第五百九十七条　**因出卖人未取得处分权致使标的物所有权不能转移的，买受人可以解除合同并请求出卖人承担违约责任。** 法律、行政法规禁止或者限制转让的标的物，依照其规定。	在《买卖合同司法解释》第三条第二款①相关规定基础上，调整了部分内容。即肯定了无权处分行为的效力。
4		第一百三十三条　标的物的所有权自标的物交付时起转移，但法律另有规定或者当事人另有约定的除外。		《合同法》第一百三十三条内容并入《民法典》第二百零八条："不动产物权的设立、变更、转让和消灭，应当依照法律规定登记。动产物

① 《买卖合同司法解释》(法释〔2012〕8号)第三条第二款　出卖人因未取得所有权或者处分权致使标的物所有权不能转移，买受人要求出卖人承担违约责任或者要求解除合同并主张损害赔偿的，人民法院应予支持。

续表

序号	条文主旨	《合同法》	《民法典》合同编	解读
		分则	第二分编　典型合同	
5				权的设立和转让，应当依照法律规定交付。”
5		第一百三十四条　当事人可以在买卖合同中约定买受人未履行支付价款或者其他义务的，标的物的所有权属于出卖人。		合并至《民法典》合同编第六百四十一条。
6	出卖人基本义务	第一百三十五条　出卖人应当履行向买受人交付标的物或者交付提取标的物的单证，并转移标的物所有权的义务。	第五百九十八条　出卖人应当履行向买受人交付标的物或者交付提取标的物的单证，并转移标的物所有权的义务。	法条编号有所调整，内容不变。
7	附随交付义务	第一百三十六条　出卖人应当按照约定或者交易习惯向买受人交付提取标的物单证以外的有关单证和资料。	第五百九十九条　出卖人应当按照约定或者交易习惯向买受人交付提取标的物单证以外的有关单证和资料。	法条编号有所调整，内容不变。
8	知识产权归属	第一百三十七条　出卖具有知识产权的计算机软件等标的物的，除法律另有规定或者当事人另有约定的以外，该标的物的知识产权不属于买受人。	第六百条　出卖具有知识产权的标的物的，除法律另有规定或者当事人另有约定外，该标的物的知识产权不属于买受人。	表述调整，更简洁，内容不变。

续表

序号	条文主旨	《合同法》	《民法典》合同编	解读
		分则	第二分编　典型合同	
9	交付期限	第一百三十八条　出卖人应当按照约定的期限交付标的物。约定交付期间的，出卖人可以在该交付期间内的任何时间交付。	第六百零一条　出卖人应当按照约定的**时间**交付标的物。约定交付**期限**的，出卖人可以在该交付**期限**内的任何时间交付。	“期间”改“期限”，表述统一，内容不变。
10	交付期限	第一百三十九条　当事人没有约定标的物的交付期限或者约定不明确的，适用本法第六十一条、第六十二条第四项的规定。	第六百零二条　当事人没有约定标的物的交付期限或者约定不明确的，适用本法**第五百一十条、第五百一十一条**第四项的规定。	法条编号有所调整，内容不变。
11	占有交付	第一百四十条　标的物在订立合同之前已为买受人占有的，合同生效的时间为交付时间。		《合同法》第一百四十条内容并入《民法典》物权编第二百二十六条。
12	交付地点	第一百四十一条　出卖人应当按照约定的地点交付标的物。 当事人没有约定交付地点或者约定不明确，依照本法第六十一条的规定仍不能确定的，适用下列规定： （一）标的物需要运输的，出卖人应当将标的物交付给第一承运人以运交给买受人；	第六百零三条　出卖人应当按照约定的地点交付标的物。 当事人没有约定交付地点或者约定不明确，**依据本法第五百一十条**的规定仍不能确定的，适用下列规定： （一）标的物需要运输的，出卖人应当将标的物交付给第一承运人以运交给买受人；	法条编号有所调整，内容不变。

续表

序号	条文主旨	《合同法》	《民法典》合同编	解读
		分则	第二分编　典型合同	
		（二）标的物不需要运输，出卖人和买受人订立合同时知道标的物在某一地点的，出卖人应当在该地点交付标的物；不知道标的物在某一地点的，应当在出卖人订立合同时的营业地交付标的物。	（二）标的物不需要运输，出卖人和买受人订立合同时知道标的物在某一地点的，出卖人应当在该地点交付标的物；不知道标的物在某一地点的，应当在出卖人订立合同时的营业地交付标的物。	
13	标的物风险负担	第一百四十二条　标的物毁损、灭失的风险，在标的物交付之前由出卖人承担，交付之后由买受人承担，但法律另有规定或者当事人另有约定的除外。	第六百零四条　标的物毁损、灭失的风险，在标的物交付之前由出卖人承担，交付之后由买受人承担，但**是**法律另有规定或者当事人另有约定的除外。	“但”改为“但是”，表述更确切，内容不变。
14	迟延交付的风险负担	第一百四十三条　因买受人的原因致使标的物不能按照约定的期限交付的，买受人应当自违反约定之日起承担标的物毁损、灭失的风险。	第六百零五条　因买受人的原因致使标的物**未**按照约定的期限交付的，买受人应当自违反约定**时**起承担标的物毁损、灭失的风险。	“不能”改为“未”，“日”改为“时”，表述更确切，内容不变。
15	在途买卖风险承担	第一百四十四条　出卖人出卖交由承运人运输的在途标的物，除当事人另有约定的以外，毁损、灭失的风险自合同成立时起由买受人承担。	第六百零六条　出卖人出卖交由承运人运输的在途标的物，除当事人另有约定外，毁损、灭失的风险自合同成立时起由买受人承担。	法条编号有所调整，内容不变。

续表

序号	条文主旨	《合同法》	《民法典》合同编	解读
		分则	第二分编　典型合同	
16	需要运输标的物风险负担	第一百四十五条　当事人没有约定交付地点或者约定不明确，依照本法第一百四十一条第二款第一项的规定标的物需要运输的，出卖人将标的物交付给第一承运人后，标的物毁损、灭失的风险由买受人承担。	第六百零七条　**出卖人按照约定将标的物运送至买受人指定地点并交付给承运人后，标的物毁损、灭失的风险由买受人承担。** 当事人没有约定交付地点或者约定不明确，依据**本法第六百零三条第二款第一项**的规定标的物需要运输的，出卖人将标的物交付给第一承运人后，标的物毁损、灭失的风险由买受人承担。	新增第一款货交承运人的风险承担规则，系吸收《买卖合同司法解释》第十二条①相关规定。
17	买受人未受领的风险负担	第一百四十六条　出卖人按照约定或者依照本法第一百四十一条第二款第二项的规定将标的物置于交付地点，买受人违反约定没有收取的，标的物毁损、灭失的风险自违反约定之日起由买受人承担。	第六百零八条　出卖人按照约定或者**依据本法第六百零三条第二款第二项**的规定将标的物置于交付地点，买受人违反约定没有收取的，标的物毁损、灭失的风险自违反约定**时**起由买受人承担。	“依照”改为“依据”，“之日”改为“时”，表述更确切，法条编号有所调整，内容不变。
18	未交付单证和资料不影响风险转移	第一百四十七条　出卖人按照约定未交付有关标的物的单证和资料的，不影响标的物毁损、灭失风险的转移。	第六百零九条　出卖人按照约定未交付有关标的物的单证和资料的，不影响标的物毁损、灭失风险的转移。	法条编号有所调整，内容不变。

① 《买卖合同司法解释》(法释〔2012〕8号)第十二条　出卖人根据合同约定将标的物运送至买受人指定地点并交付给承运人后，标的物毁损、灭失的风险由买受人负担，但当事人另有约定的除外。

续表

序号	条文主旨	《合同法》	《民法典》合同编	解读
		分则	第二分编　典型合同	
19	标的物出卖人根本违约的风险负担	第一百四十八条　因标的物质量不符合质量要求,致使不能实现合同目的的,买受人可以拒绝接受标的物或者解除合同。买受人拒绝接受标的物或者解除合同的,标的物毁损、灭失的风险由出卖人承担。	第六百一十条　因标的物不符合质量要求,致使不能实现合同目的的,买受人可以拒绝接受标的物或者解除合同。买受人拒绝接受标的物或者解除合同的,标的物毁损、灭失的风险由出卖人承担。	法条编号有所调整,内容不变。
20	违约责任与风险关系	第一百四十九条　标的物毁损、灭失的风险由买受人承担的,不影响因出卖人履行债务不符合约定,买受人要求其承担违约责任的权利。	第六百一十一条　标的物毁损、灭失的风险由买受人承担的,不影响因出卖人履行**义务**不符合约定,买受人请求其承担违约责任的权利。	"债务"表述调整为"义务",更精准。
21	标的物权利瑕疵担保	第一百五十条　出卖人就交付的标的物,负有保证第三人不得向买受人主张任何权利的义务,但法律另有规定的除外。	第六百一十二条　出卖人就交付的标的物,负有保证第三人对该标的物**不享有任何权利的义务**,但**是**法律另有规定的除外。	明确受让人取得标的物完整性权利,加大出让方的披露义务,更利于买受人利益保护。
22	权利瑕疵担保义务豁免	第一百五十一条　买受人订立合同时知道或者应当知道第三人对买卖的标的物享有权利的,出卖人不承担本法第一百五十条规定的义务。	第六百一十三条　买受人订立合同时知道或者应当知道第三人对买卖的标的物享有权利的,出卖人不承担**前条**规定的义务。	表述精简,内容不变。

续表

序号	条文主旨	《合同法》	《民法典》合同编	解读
		分则	第二分编　典型合同	
23	买受人中止支付价款权	第一百五十二条　买受人有确切证据证明第三人可能就标的物主张权利的,可以中止支付相应的价款,但出卖人提供适当担保的除外。	第六百一十四条　买受人有确切证据证明第三人对标的物**享有**权利的,可以中止支付相应的价款,但是出卖人提供适当担保的除外。	买受人中止支付价款的适用前提由第三方可能主张权利,变更为第三人享有权利,减轻了举证责任,利于买受人。
24	标的物质量标准	第一百五十三条　出卖人应当按照约定的质量要求交付标的物。出卖人提供有关标的物质量说明的,交付的标的物应当符合该说明的质量要求。	第六百一十五条　出卖人应当按照约定的质量要求交付标的物。出卖人提供有关标的物质量说明的,交付的标的物应当符合该说明的质量要求。	法条编号有所调整,内容不变。
25	标的物质量标准	第一百五十四条　当事人对标的物的质量要求没有约定或者约定不明确,依照本法第六十一条的规定仍不能确定的,适用本法第六十二条第一项的规定。	第六百一十六条　当事人对标的物的质量要求没有约定或者约定不明确,**依据本法第五百一十条**的规定仍不能确定的,适用本法**第五百一十一条第一项**的规定。	法条编号有所调整,内容不变。
26	质量瑕疵担保责任	第一百五十五条　出卖人交付的标的物不符合质量要求的,买受人可以依照本法第一百一十一条的规定要求承担违约责任。	第六百一十七条　出卖人交付的标的物不符合质量要求的,买受人可以**依据本法第五百八十二条至第五百八十四条**的规定**请求**承担违约责任。	"依照"改为"依据"、"要求"改为"请求",表述调整,法条编号有所调整,内容不变。

续表

序号	条文主旨	《合同法》	《民法典》合同编	解读
		分则	第二分编　典型合同	
27	瑕疵担保责任减免的除外		**第六百一十八条　当事人约定减轻或者免除出卖人对标的物瑕疵承担的责任,因出卖人故意或者重大过失不告知买受人标的物瑕疵的,出卖人无权主张减轻或者免除责任。**	吸收《买卖合同司法解释》第三十二条①相关规定。
28	标的物包装方式	第一百五十六条　出卖人应当按照约定的包装方式交付标的物。对包装方式没有约定或者约定不明确,依照本法第六十一条的规定仍不能确定的,应当按照通用的方式包装,没有通用方式的,应当采取足以保护标的物的包装方式。	第六百一十九条　出卖人应当按照约定的包装方式交付标的物。对包装方式没有约定或者约定不明确,**依据本法第五百一十条**的规**定**仍不能确定的,应当按照通用的方式包装;没有通用方式的,应当采取足以保护标的物且有利于节约资源、保护生态环境的包装方式。	增加标的物包装节约资源、保护生态的环保原则,避免过度浪费包装。
29	标的物检验	第一百五十七条　买受人收到标的物时应当在约定的检验期间内检验。没有约定检验期间的,应当及时检验。	第六百二十条　买受人收到标的物时应当在约定的检验**期限**内检验。没有约定检验**期限**的,应当及时检验。	"期间"改为"期限",更为精准。
30	买受人通知义务	第一百五十八条　当事人约定检验期间的,买受人应当在检验期间内将标的物的数量或者质量不符合约定的情形通知出卖	第六百二十一条　当事人约定检验**期限**的,买受人应当在检验**期限**内将标的物的数量或者质量不符合约定的情形通知出卖	"期间"改为"期限","但"改为"但是",表述更确切,内容不变。

① 《买卖合同司法解释》(法释〔2012〕8号)第三十二条　合同约定减轻或者免除出卖人对标的物的瑕疵担保责任,但出卖人故意或者因重大过失不告知买受人标的物的瑕疵,出卖人主张依约减轻或者免除瑕疵担保责任的,人民法院不予支持。

续表

序号	条文主旨	《合同法》	《民法典》合同编	解读
		分则	第二分编　典型合同	
		人。买受人怠于通知的，视为标的物的数量或者质量符合约定。 当事人没有约定检验期间的，买受人应当在发现或者应当发现标的物的数量或者质量不符合约定的合理期间内通知出卖人。买受人在合理期间内未通知或者自标的物收到之日起两年内未通知出卖人的，视为标的物的数量或者质量符合约定，但对标的物有质量保证期的，适用质量保证期，不适用该两年的规定。 出卖人知道或者应当知道提供的标的物不符合约定的，买受人不受前两款规定的通知时间的限制。	人。买受人怠于通知的，视为标的物的数量或者质量符合约定。 当事人没有约定检验**期限**的，买受人应当在发现或者应当发现标的物的数量或者质量不符合约定的合理**期限**内通知出卖人。买受人在合理**期限**内未通知或者自收到标的物之日起二年内未通知出卖人的，视为标的物的数量或者质量符合约定；但**是**，对标的物有质量保证期的，适用质量保证期，不适用该二年的规定。 出卖人知道或者应当知道提供的标的物不符合约定的，买受人不受前两款规定的通知时间的限制。	
31	检验、期限过短处理		**第六百二十二条　当事人约定的检验期限过短，根据标的物的性质和交易习惯，买受人在检验期限内难以完成全面检验的，该期限仅视为买受人**	新增检验/质量保证期限过短处理条款，吸收《买卖合同司法解释》第十八条①相关规定。

① 《买卖合同司法解释》（法释〔2012〕8号）第十八条　约定的检验期间过短，依照标的物的性质和交易习惯，买受人在检验期间内难以完成全面检验的，人民法院应当认定该期间为买受人对外观瑕疵提出异议的期间，并根据本解释第十七条第一款的规定确定买受人对隐蔽瑕疵提出异议的合理期间。约定的检验期间或者质量保证期间短于法律、行政法规规定的检验期间或者质量保证期间的，人民法院应当以法律、行政法规规定的检验期间或者质量保证期间为准。

续表

序号	条文主旨	《合同法》	《民法典》合同编	解读
		分则	第二分编　典型合同	
			对标的物的外观瑕疵提出异议的期限。 **约定的检验期限或者质量保证期短于法律、行政法规规定期限的，应当以法律、行政法规规定的期限为准。**	
32	检验期限未约定的推定		**第六百二十三条　当事人对检验期限未作约定，买受人签收的送货单、确认单等载明标的物数量、型号、规格的，推定买受人已经对数量和外观瑕疵进行检验，但是有相关证据足以推翻的除外。**	新增外观和数量检验推定条款，吸收《买卖合同司法解释》第十五条①相关规定。
33	向第三人履行的检验标准		**第六百二十四条　出卖人依照买受人的指示向第三人交付标的物，出卖人和买受人约定的检验标准与买受人和第三人约定的检验标准不一致的，以出卖人和买受人约定的检验标准为准。**	新增向第三人履行的检验标准条款，仍以合同相对性为准，吸收《买卖合同司法解释》第十六条②相关规定。

① 《买卖合同司法解释》(法释〔2012〕8 号)第十五条　当事人对标的物的检验期间未作约定，买受人签收的送货单、确认单等载明标的物数量、型号、规格的，人民法院应当根据合同法第一百五十七条的规定，认定买受人已对数量和外观瑕疵进行了检验，但有相反证据足以推翻的除外。

② 《买卖合同司法解释》(法释〔2012〕8 号)第十六条　出卖人依照买受人的指示向第三人交付标的物，出卖人和买受人之间约定的检验标准与买受人和第三人之间约定的检验标准不一致的，人民法院应当根据合同法第六十四条的规定，以出卖人和买受人之间约定的检验标准为标的物的检验标准。

续表

序号	条文主旨	《合同法》	《民法典》合同编	解读
		分则	第二分编　典型合同	
34	出卖人回收义务		**第六百二十五条　依照法律、行政法规的规定或者按照当事人的约定，标的物在有效使用年限届满后应予回收的，出卖人负有自行或者委托第三人对标的物予以回收的义务。**	该条款是对《民法典》绿色原则的具体体现。
35	买受人价款支付	第一百五十九条　买受人应当按照约定的数额支付价款。对价款没有约定或者约定不明确的，适用本法第六十一条、第六十二条第二项的规定。	第六百二十六条　买受人应当按照约定的数额**和支付方式**支付价款。对价款的数额**和支付方式**没有约定或者约定不明确的，适用本法**第五百一十条、第五百一十一条第二项和第五项**的规定。	明确价款支付义务内容包括数额和支付方式。
36	支付价款地点	第一百六十条　买受人应当按照约定的地点支付价款。对支付地点没有约定或者约定不明确，依照本法第六十一条的规定仍不能确定的，买受人应当在出卖人的营业地支付，但约定支付价款以交付标的物或者交付提取标的物单证为条件的，在交付标的物或者交付提取标的物单证的所在地支付。	第六百二十七条　买受人应当按照约定的地点支付价款。对支付地点没有约定或者约定不明确，依据**本法第五百一十条**的规定仍不能确定的，买受人应当在出卖人的营业地支付；但**是，**约定支付价款以交付标的物或者交付提取标的物单证为条件的，在交付标的物或者交付提取标的物单证的所在地支付。	法条编号有所调整，内容不变。

续表

序号	条文主旨	《合同法》	《民法典》合同编	解读
		分则	第二分编　典型合同	
37	价款支付时间	第一百六十一条　买受人应当按照约定的时间支付价款。对支付时间没有约定或者约定不明确，依照本法第六十一条的规定仍不能确定的，买受人应当在收到标的物或者提取标的物单证的同时支付。	第六百二十八条　买受人应当按照约定的时间支付价款。对支付时间没有约定或者约定不明确，**依据本法第五百一十条**的规定仍不能确定的，买受人应当在收到标的物或者提取标的物单证的同时支付。	法条编号有所调整，内容不变。
38	多交标的物处理	第一百六十二条　出卖人多交标的物的，买受人可以接收或者拒绝接收多交的部分。买受人接收多交部分的，按照合同的价格支付价款；买受人拒绝接收多交部分的，应当及时通知出卖人。	第六百二十九条　出卖人多交标的物的，买受人可以接收或者拒绝接收多交的部分。买受人接收多交部分的，按照**约定**的价格支付价款；买受人拒绝接收多交部分的，应当及时通知出卖人。	“合同”改为“约定”，内容不变。
39	标的物孳息归属	第一百六十三条　标的物在交付之前产生的孳息，归出卖人所有，交付之后产生的孳息，归买受人所有。	第六百三十条　标的物在交付之前产生的孳息，归出卖人所有；交付之后产生的孳息，归买受人所有。**但是，当事人另有约定的除外**。	增加当事人可约定孳息归属的规定。
40	从物与合同解除	第一百六十四条　因标的物的主物不符合约定而解除合同的，解除合同的效力及于从物。因标的物的从物不符合约定被解除的，解除的效力不及于主物。	第六百三十一条　因标的物的主物不符合约定而解除合同的，解除合同的效力及于从物。因标的物的从物不符合约定被解除的，解除的效力不及于主物。	法条编号有所调整，内容不变。

续表

序号	条文主旨	《合同法》	《民法典》合同编	解读
		分则	第二分编　典型合同	
41	数物的合同解除	第一百六十五条　标的物为数物,其中一物不符合约定的,买受人可以就该物解除,但该物与他物分离使标的物的价值显受损害的,当事人可以就数物解除合同。	第六百三十二条　标的物为数物,其中一物不符合约定的,买受人可以就该物解除。但**是,**该物与他物分离使标的物的价值显受损害的,**买受人**可以就数物解除合同。	"但"改为"但是",内容不变。
42	分批交付的合同解除	第一百六十六条　出卖人分批交付标的物的,出卖人对其中一批标的物不交付或者交付不符合约定,致使该批标的物不能实现合同目的的,买受人可以就该批标的物解除。 出卖人不交付其中一批标的物或者交付不符合约定,致使今后其他各批标的物的交付不能实现合同目的的,买受人可以就该批以及今后其他各批标的物解除。 买受人如果就其中一批标的物解除,该批标的物与其他各批标的物相互依存的,可以就已经交付和未交付的各批标的物解除。	第六百三十三条　出卖人分批交付标的物的,出卖人对其中一批标的物不交付或者交付不符合约定,致使该批标的物不能实现合同目的的,买受人可以就该批标的物解除。 出卖人不交付其中一批标的物或者交付不符合约定,致使**之后**其他各批标的物的交付不能实现合同目的的,买受人可以就该批以及**之后**其他各批标的物解除。 买受人如果就其中一批标的物解除,该批标的物与其他各批标的物相互依存的,可以就已经交付和未交付的各批标的物解除。	"今后"改为"之后",内容不变。

续表

序号	条文主旨	《合同法》	《民法典》合同编	解读
		分则	第二分编　典型合同	
43	分期付款合同	第一百六十七条　分期付款的买受人未支付到期价款的金额达到全部价款的五分之一的，出卖人可以要求买受人支付全部价款或者解除合同。 出卖人解除合同的，可以向买受人要求支付该标的物的使用费。	第六百三十四条　分期付款的买受人未支付到期价款的数额达到全部价款的五分之一，**经催告后在合理期限内仍未支付到期价款的**，出卖人可以**请求**买受人支付全部价款或者解除合同。 出卖人解除合同的，可以向买受人**请求**支付该标的物的使用费。	新增分期付款买卖合同违约解除权之前的催告程序，有助买受人控制风险。 “要求”改为“请求”，表述更精准。
44	凭样品买卖	第一百六十八条　凭样品买卖的当事人应当封存样品，并可以对样品质量予以说明。出卖人交付的标的物应当与样品及其说明的质量相同。	第六百三十五条　凭样品买卖的当事人应当封存样品，并可以对样品质量予以说明。出卖人交付的标的物应当与样品及其说明的质量相同。	法条编号有所调整，内容不变。
45	凭样品买卖合同的隐蔽瑕疵处理	第一百六十九条　凭样品买卖的买受人不知道样品有隐蔽瑕疵的，即使交付的标的物与样品相同，出卖人交付的标的物的质量仍然应当符合同种物的通常标准。	第六百三十六条　凭样品买卖的买受人不知道样品有隐蔽瑕疵的，即使交付的标的物与样品相同，出卖人交付的标的物的质量仍然应当符合同种物的通常标准。	法条编号有所调整，内容不变。
46	试用买卖的试用期限	第一百七十条　试用买卖的当事人可以约定标的物的试用期间。对试用期间没有约定或者约定不明确，依照本法第六十一条的规定仍不能确定的，由出卖人确定。	第六百三十七条　试用买卖的当事人可以约定标的物的试用**期限**。对试用**期限**没有约定或者约定不明确，**依据本法第五百一十条的**规定仍不能确定的，由出卖人确定。	“期间”改为“期限”、“依照”改为“依据”，表述更精准，内容不变。

续表

序号	条文主旨	《合同法》	《民法典》合同编	解读
		分则	第二分编　典型合同	
47	试用买卖的效力	第一百七十一条　试用买卖的买受人在试用期内可以购买标的物，也可以拒绝购买。试用**期间**届满，买受人对是否购买标的物未作表示的，视为购买。	第六百三十八条　试用买卖的买受人在试用期内可以购买标的物，也可以拒绝购买。试用**期限**届满，买受人对是否购买标的物未作表示的，视为购买。 **试用买卖的买受人在试用期内已经支付部分价款或者对标的物实施出卖、出租、设立担保物权等行为的，视为同意购买。**	新增视为同意购买的行为类型列举，吸收《买卖合同司法解释》第四十一条①相关规定。
48	试用买卖使用费负担		**第六百三十九条　试用买卖的当事人对标的物使用费没有约定或者约定不明确的，出卖人无权请求买受人支付。**	新增试用买卖使用费负担规则，吸收《买卖合同司法解释》第四十三条②相关规定。
49	试用买卖风险承担		**第六百四十条　标的物在试用期内毁损、灭失的风险由出卖人承担。**	完善了试用期买卖风险承担的规定。

① 《买卖合同司法解释》（法释〔2012〕8 号）第四十一条　试用买卖的买受人在试用期内已经支付一部分价款的，人民法院应当认定买受人同意购买，但合同另有约定的除外。

在试用期内，买受人对标的物实施了出卖、出租、设定担保物权等非试用行为的，人民法院应当认定买受人同意购买。

② 《买卖合同司法解释》（法释〔2012〕8 号）第四十三条　试用买卖的当事人没有约定使用费或者约定不明确，出卖人主张买受人支付使用费的，人民法院不予支持。

续表

序号	条文主旨	《合同法》	《民法典》合同编	解读
		分则	第二分编　典型合同	
50	所有权保留	第一百三十四条　当事人可以在买卖合同中约定买受人未履行支付价款或者其他义务的，标的物的所有权属于出卖人。	第六百四十一条　当事人可以在买卖合同中约定买受人未履行支付价款或者其他义务的，标的物的所有权属于出卖人。 **出卖人对标的物保留的所有权，未经登记，不得对抗善意第三人。**	新增所有权保留未经登记不得对抗善意第三人的规定，几乎将所有权保留条款彻底消灭。
51	出卖人的取回权		**第六百四十二条　当事人约定出卖人保留合同标的物的所有权，在标的物所有权转移前，买受人有下列情形之一，造成出卖人损害的，除当事人另有约定外，出卖人有权取回标的物：** **（一）未按照约定支付价款，经催告后在合理期限内仍未支付；** **（二）未按照约定完成特定条件；** **（三）将标的物出卖、出质或者作出其他不当处分。**	新增出卖人的取回权规则，吸收《买卖合同司法解释》第三十五条①相关规定。

① 《买卖合同司法解释》（法释〔2012〕8号）第三十五条　当事人约定所有权保留，在标的物所有权转移前，买受人有下列情形之一，对出卖人造成损害，出卖人主张取回标的物的，人民法院应予支持：

（一）未按约定支付价款的；

（二）未按约定完成特定条件的；

（三）将标的物出卖、出质或者作出其他不当处分的。

取回的标的物价值显著减少，出卖人要求买受人赔偿损失的，人民法院应予支持。

续表

序号	条文主旨	《合同法》	《民法典》合同编	解读
		分则	第二分编　典型合同	
			出卖人可以与买受人协商取回标的物；协商不成的，可以参照适用担保物权的实现程序。	
52	买受人回赎权		**第六百四十三条　出卖人依据前条第一款的规定取回标的物后，买受人在双方约定或者出卖人指定的合理回赎期限内，消除出卖人取回标的物的事由的，可以请求回赎标的物。** **买受人在回赎期限内没有回赎标的物，出卖人可以以合理价格将标的物出卖给第三人，出卖所得价款扣除买受人未支付的价款以及必要费用后仍有剩余的，应当返还买受人；不足部分由买受人清偿。**	新增买受人的回赎权，吸收《买卖合同司法解释》第三十七条①相关规定。

① 《买卖合同司法解释》（法释〔2012〕8号）第三十七条　出卖人取回标的物后，买受人在双方约定的或者出卖人指定的回赎期间内，消除出卖人取回标的物的事由，主张回赎标的物的，人民法院应予支持。

买受人在回赎期间内没有回赎标的物的，出卖人可以另行出卖标的物。

出卖人另行出卖标的物的，出卖所得价款依次扣除取回和保管费用、再交易费用、利息、未清偿的价金后仍有剩余的，应返还原买受人；如有不足，出卖人要求原买受人清偿的，人民法院应予支持，但原买受人有证据证明出卖人另行出卖的价格明显低于市场价格的除外。

续表

序号	条文主旨	《合同法》	《民法典》合同编	解读
		分则	第二分编　典型合同	
53	招标投标买卖	第一百七十二条　招标投标买卖的当事人的权利和义务以及招标投标程序等，依照有关法律、行政法规的规定。	第六百四十四条　招标投标买卖的当事人的权利和义务以及招标投标程序等，依照有关法律、行政法规的规定。	法条编号有所调整，内容不变。
54	拍卖	第一百七十三条　拍卖的当事人的权利和义务以及拍卖程序等，依照有关法律、行政法规的规定。	第六百四十五条　拍卖的当事人的权利和义务以及拍卖程序等，依照有关法律、行政法规的规定。	法条编号有所调整，内容不变。
55	有偿合同准用	第一百七十四条　法律对其他有偿合同有规定的，依照其规定；没有规定的，参照买卖合同的有关规定。	第六百四十六条　法律对其他有偿合同有规定的，依照其规定；没有规定的，参照**适用**买卖合同的有关规定。	增加“适用”，表述更精准。
56	易货交易准用	第一百七十五条　当事人约定易货交易，转移标的物的所有权的，参照买卖合同的有关规定。	第六百四十七条　当事人约定易货交易，转移标的物的所有权的，参照适用买卖合同的有关规定。	法条编号有所调整，内容不变。

第十章　供用电、水、气、热力合同

供用电、水、气、热力合同往往涉及社会公众利益，具有公益属性，因此，《民法典》合同编在《合同法》基础上新增了面向社会公众的供用电、水、气、热力的强制缔约义务，以维护社会公众利益。

序号	条文主旨	《合同法》	《民法典》合同编	解读
		分则	第二分编　典型合同	
		第十章　供用电、水、气、热力合同	第十章　供用电、水、气、热力合同	
1	供用电合同定义	第一百七十六条　供用电合同是供电人向用电人供电，用电人支付电费的合同。	第六百四十八条　供用电合同是供电人向用电人供电，用电人支付电费的合同。 **向社会公众供电的供电人，不得拒绝用电人合理的订立合同要求。**	新增第二款，向社会公众供电的供电人的强制缔约义务。
2	供用电合同内容	第一百七十七条　供用电合同的内容包括供电的方式、质量、时间，用电容量、地址、性质，计量方式，电价、电费的结算方式，供用电设施的维护责任等条款。	第六百四十九条　供用电合同的内容一般包括供电的方式、质量、时间，用电容量、地址、性质，计量方式，电价、电费的结算方式，供用电设施的维护责任等条款。	法条编号有所调整，内容不变。
3	供用电合同履行地点	第一百七十八条　供用电合同的履行地点，按照当事人约定；当事人没有约定或者约定不明确的，供电设施的产权分界处为履行地点。	第六百五十条　供用电合同的履行地点，按照当事人约定；当事人没有约定或者约定不明确的，供电设施的产权分界处为履行地点。	法条编号有所调整，内容不变。
4	供电人安全供电义务	第一百七十九条　供电人应当按照国家规定的供电质量标准和约定安全供电。供电人未按照国家规定的供电质量标准和约定安全供电，造成用电人损失的，应当承担损害赔偿责任。	第六百五十一条　供电人应当按照国家规定的供电质量标准和约定安全供电。供电人未按照国家规定的供电质量标准和约定安全供电，造成用电人损失的，应当承担赔偿责任。	"损害赔偿责任"改为"赔偿责任"，表述更精准。

续表

序号	条文主旨	《合同法》	《民法典》合同编	解读
		分则	第二分编　典型合同	
5	供电人断电通知义务	第一百八十条　供电人因供电设施计划检修、临时检修、依法限电或者用电人违法用电等原因，需要中断供电时，应当按照国家有关规定事先通知用电人。未事先通知用电人中断供电，造成用电人损失的，应当承担损害赔偿责任。	第六百五十二条　供电人因供电设施计划检修、临时检修、依法限电或者用电人违法用电等原因，需要中断供电时，应当按照国家有关规定事先通知用电人；未事先通知用电人中断供电，造成用电人损失的，应当承担**赔偿责任**。	“损害赔偿责任”改为“赔偿责任”，表述更精准。
6	供电人抢修义务	第一百八十一条　因自然灾害等原因断电，供电人应当按照国家有关规定及时抢修。未及时抢修，造成用电人损失的，应当承担损害赔偿责任。	第六百五十三条　因自然灾害等原因断电，供电人应当按照国家有关规定及时抢修；未及时抢修，造成用电人损失的，应当承担赔偿责任。	“损害赔偿责任”改为“赔偿责任”，表述更精准。
7	用电人支付电费义务	第一百八十二条　用电人应当按照国家有关规定和当事人的约定及时交付电费。用电人逾期不交付电费的，应当按照约定支付违约金。经催告用电人在合理期限内仍不交付电费和违约金的，供电人可以按照国家规定的程序中止供电。	第六百五十四条　用电人应当按照国家有关规定和当事人的约定及时支付电费。用电人逾期不支付电费的，应当按照约定支付违约金。经催告用电人在合理期限内仍不**支付**电费和违约金的，供电人可以按照国家规定的程序中止供电。 **供电人依据前款规定中止供电的，应当事先通知用电人。**	新增依法中止供电前的通知义务，利于用电人做相应准备，以免不必要损失发生或扩大，符合诚信原则。

续表

序号	条文主旨	《合同法》	《民法典》合同编	解读
		分则	第二分编　典型合同	
8	用电人安全用电义务	第一百八十三条　用电人应当按照国家有关规定和当事人的约定安全用电。用电人未按照国家有关规定和当事人的约定安全用电，造成供电人损失的，应当承担损害赔偿责任。	第六百五十五条　用电人应当按照国家有关规定和当事人的约定安全、**节约和计划**用电。用电人未按照国家有关规定和当事人的约定用电，造成供电人损失的，应当承担赔偿责任。	新增用电人的节约和计划用电义务。
9	供用水、供用气、供用热力合同准用	第一百八十四条　供用水、供用气、供用热力合同，参照供用电合同的有关规定。	第六百五十六条　供用水、供用气、供用热力合同，参照**适用**供用电合同的有关规定。	增加“适用”，语义更确切。

第十一章　赠与合同

关于赠与合同，《民法典》合同编在《合同法》基础上，变化主要系在不可撤销的赠与情形中增加“助残”情形，以解决实践中存在的虚假助残捐赠问题。具体详见下表：

序号	条文主旨	《合同法》	《民法典》合同编	解读
		分则	第二分编　典型合同	
		第十一章　赠与合同	第十一章　赠与合同	
1	赠与合同定义	第一百八十五条　赠与合同是赠与人将自己的财产无偿给予受赠人，受赠人表示接受赠与的合同。	第六百五十七条　赠与合同是赠与人将自己的财产无偿给予受赠人，受赠人表示接受赠与的合同。	法条编号有所调整，内容不变。

续表

序号	条文主旨	《合同法》	《民法典》合同编	解读
		分则	第二分编　典型合同	
2	赠与人任意撤销权与限制	第一百八十六条　赠与人在赠与财产的权利转移之前可以撤销赠与。 具有救灾、扶贫等社会公益、道德义务性质的赠与合同或者经过公证的赠与合同,不适用前款规定。	第六百五十八条　赠与人在赠与财产的权利转移之前可以撤销赠与。 经过公证的赠与合同或者**依法不得撤销**的具有救灾、扶贫、**助残**等公益、道德义务性质的赠与合同,不适用前款规定。	表述有所调整,强调救灾、扶贫、助残等公益、道德义务性质的赠与合同不得撤销。
3	赠与财产手续	第一百八十七条　赠与的财产依法需要办理登记等手续的,应当办理有关手续。	第六百五十九条　赠与的财产依法需要办理登记或者其他手续的,应当办理有关手续。	法条编号有所调整,内容不变。
4	受赠人交付请求权	第一百八十八条　具有救灾、扶贫等社会公益、道德义务性质的赠与合同或者经过公证的赠与合同,赠与人不交付赠与的财产的,受赠人可以要求交付。	第六百六十条　经过公证的赠与合同或者**依法不得撤销**的具有救灾、扶贫、**助残**等公益、道德义务性质的赠与合同,赠与人不交付赠与财产的,受赠人可以**请求**交付。 依据前款规定应当交付的赠与财产因赠与人故意或者重大过失致使毁损、灭失的,赠与人应当承担赔偿责任。	合并《合同法》第一百八十八、一百八十九条。 "要求"改为"请求",表述更精准,内容不变。
5		第一百八十九条　因赠与人故意或者重大过失致使赠与的财产毁损、灭失的,赠与人应当承担损害赔偿责任。		
6	附义务赠与	第一百九十条　赠与可以附义务。 赠与附义务的,受赠人应当按照约定履行义务。	第六百六十一条　赠与可以附义务。 赠与附义务的,受赠人应当按照约定履行义务。	法条编号有所调整,内容不变。

续表

序号	条文主旨	《合同法》	《民法典》合同编	解读
		分则	第二分编　典型合同	
7	赠与人瑕疵担保责任	第一百九十一条　赠与的财产有瑕疵的，赠与人不承担责任。附义务的赠与，赠与的财产有瑕疵的，赠与人在附义务的限度内承担与出卖人相同的责任。 赠与人故意不告知瑕疵或者保证无瑕疵，造成受赠人损失的，应当承担损害赔偿责任。	第六百六十二条　赠与的财产有瑕疵的，赠与人不承担责任。附义务的赠与，赠与的财产有瑕疵的，赠与人在附义务的限度内承担与出卖人相同的责任。 赠与人故意不告知瑕疵或者保证无瑕疵，造成受赠人损失的，应当承担赔偿责任。	“损害赔偿责任”改为“赔偿责任”，表述更精准。
8	赠与人撤销权	第一百九十二条　受赠人有下列情形之一的，赠与人可以撤销赠与： （一）严重侵害赠与人或者赠与人的近亲属； （二）对赠与人有扶养义务而不履行； （三）不履行赠与合同约定的义务。 赠与人的撤销权，自知道或者应当知道撤销原因之日起一年内行使。	第六百六十三条　受赠人有下列情形之一的，赠与人可以撤销赠与： （一）严重侵害赠与人或者赠与人近亲属**的合法权益**； （二）对赠与人有扶养义务而不履行； （三）不履行赠与合同约定的义务。 赠与人的撤销权，自知道或者应当知道撤销**事由**之日起一年内行使。	增加“合法权益”、“原因”改为“事由”，立法表述更加严谨。
9		第一百九十三条　因受赠人的违法行为致使赠与人死亡或者丧失民事行为能力的，赠与人的继承人或者法定代理人可以撤销赠与。 赠与人的继承人或者	第六百六十四条　因受赠人的违法行为致使赠与人死亡或者丧失民事行为能力的，赠与人的继承人或者法定代理人可以撤销赠与。 赠与人的继承人或者	法条编号有所调整，内容不变。

续表

序号	条文主旨	《合同法》	《民法典》合同编	解读
		分则	第二分编　典型合同	
		法定代理人的撤销权，自知道或者应当知道撤销原因之日起六个月内行使。	法定代理人的撤销权，自知道或者应当知道撤销事由之日起六个月内行使。	
10	赠与财产返还	第一百九十四条　撤销权人撤销赠与的，可以向受赠人要求返还赠与的财产。	第六百六十五条　撤销权人撤销赠与的，可以向受赠人**请求**返还赠与的财产。	“要求”改为“请求”，表述更精准。
11	赠与人穷困抗辩	第一百九十五条　赠与人的经济状况显著恶化，严重影响其生产经营或者家庭生活的，可以不再履行赠与义务。	第六百六十六条　赠与人的经济状况显著恶化，严重影响其生产经营或者家庭生活的，可以不再履行赠与义务。	法条编号有所调整，内容不变。

第十二章　借款合同

《民法典》合同编关于借款合同变化较少，主要系贷款利率由原央行贷款利率变更为贷款市场报价利率（LPR）；强调了禁止高利贷，明确支付利息没有约定或约定不明确的，视为没有利息。主要详见下表：

序号	条文主旨	《合同法》	《民法典》合同编	解读
		分则	第二分编　典型合同	
		第十二章　借款合同	第十二章　借款合同	
1	借款合同定义	第一百九十六条　借款合同是借款人向贷款人借款，到期返还借款并支付利息的合同。	第六百六十七条　借款合同是借款人向贷款人借款，到期返还借款并支付利息的合同。	法条编号有所调整，内容不变。
2	借款合同形式及内容	第一百九十七条　借款合同采用书面形式，但自然人之间借款另有约定	第六百六十八条　借款合同**应当**采用书面形式，但**是**自然人之间借款	增加“应当”，强调借款合同的要式性。

序号	条文主旨	《合同法》	《民法典》合同编	解读
		分则	第二分编　典型合同	
		的除外。 借款合同的内容包括借款种类、币种、用途、数额、利率、期限和还款方式等条款。	另有约定的除外。 借款合同的内容**一般**包括借款种类、币种、用途、数额、利率、期限和还款方式等条款。	增加“是”“一般”，语义更确切。
3	合同的担保	第一百九十八条　订立借款合同，贷款人可以要求借款人提供担保。担保依照《中华人民共和国担保法》的规定。		《合同法》第一百九十八条内容并入《民法典》第三百八十七条第一款：“债权人在借贷、买卖等民事活动中，为保障实现其债权，需要担保的，可以依照本法和其他法律的规定设立担保物权。”
4	借款人披露义务	第一百九十九条　订立借款合同，借款人应当按照贷款人的要求提供与借款有关的业务活动和财务状况的真实情况。	第六百六十九条　订立借款合同，借款人应当按照贷款人的要求提供与借款有关的业务活动和财务状况的真实情况。	法条编号有所调整，内容不变。
5	利息不得预先扣除	第二百条　借款的利息不得预先在本金中扣除。利息预先在本金中扣除的，应当按照实际借款数额返还借款并计算利息。	第六百七十条　借款的利息不得预先在本金中扣除。利息预先在本金中扣除的，应当按照实际借款数额返还借款并计算利息。	法条编号有所调整，内容不变。

续表

序号	条文主旨	《合同法》	《民法典》合同编	解读
		分则	第二分编　典型合同	
6	贷款违约责任	第二百零一条　贷款人未按照约定的日期、数额提供借款,造成借款人损失的,应当赔偿损失。 借款人未按照约定的日期、数额收取借款的,应当按照约定的日期、数额支付利息。	第六百七十一条　贷款人未按照约定的日期、数额提供借款,造成借款人损失的,应当赔偿损失。 借款人未按照约定的日期、数额收取借款的,应当按照约定的日期、数额支付利息。	法条编号有所调整,内容不变。
7	贷款人检查监督权	第二百零二条　贷款人按照约定可以检查、监督借款的使用情况。借款人应当按照约定向贷款人定期提供有关财务会计报表等资料。	第六百七十二条　贷款人按照约定可以检查、监督借款的使用情况。借款人应当按照约定向贷款人定期提供有关财务会计报表**或者其他资料**。	表述稍作调整,内容不变。
8	未按借款用途使用借款的责任	第二百零三条　借款人未按照约定的借款用途使用借款的,贷款人可以停止发放借款、提前收回借款或者解除合同。	第六百七十三条　借款人未按照约定的借款用途使用借款的,贷款人可以停止发放借款、提前收回借款或者解除合同。	法条编号有所调整,内容不变。
9	贷款利率标准	第二百零四条　办理贷款业务的金融机构贷款的利率,应当按照中国人民银行规定的贷款利率的上下限确定。		目前实施的关于贷款利率标准,已调整为根据全国银行间同业拆借中心公布的贷款市场报价利率(LPR)①确定。

① 中国人民银行于2019年8月16日就改革完善贷款市场报价利率(LPR)形成机制发布(〔2019〕第15号公告)。

续表

序号	条文主旨	《合同法》	《民法典》合同编	解读
		分则	第二分编　典型合同	
10	利息支付期限	第二百零五条　借款人应当按照约定的期限支付利息。对支付利息的期限没有约定或者约定不明确,依照本法第六十一条的规定仍不能确定,借款期间不满一年的,应当在返还借款时一并支付;借款期间一年以上的,应当在每届满一年时支付,剩余期间不满一年的,应当在返还借款时一并支付。	第六百七十四条　借款人应当按照约定的期限支付利息。对支付利息的期限没有约定或者约定不明确,依据**本法第五百一十条**的规定仍不能确定,借款期间不满一年的,应当在返还借款时一并支付;借款期间一年以上的,应当在每届满一年时支付,剩余期间不满一年的,应当在返还借款时一并支付。	法条编号有所调整,内容不变。
11	借款返还期限	第二百零六条　借款人应当按照约定的期限返还借款。对借款期限没有约定或者约定不明确,依照本法第六十一条的规定仍不能确定的,借款人可以随时返还;贷款人可以催告借款人在合理期限内返还。	第六百七十五条　借款人应当按照约定的期限返还借款。对借款期限没有约定或者约定不明确,**依据本法第五百一十条**的规定仍不能确定的,借款人可以随时返还;贷款人可以催告借款人在合理期限内返还。	法条编号有所调整,内容不变。
12	逾期还款的责任	第二百零七条　借款人未按照约定的期限返还借款的,应当按照约定或者国家有关规定支付逾期利息。	第六百七十六条　借款人未按照约定的期限返还借款的,应当按照约定或者国家有关规定支付逾期利息。	法条编号有所调整,内容不变。
13	提前还款的利息计算	第二百零八条　借款人提前偿还借款的,除当事人另有约定的以外,应当按照实际借款的期间计算利息。	第六百七十七条　借款人提前**返还**借款的,除当事人另有约定外,应当按照实际借款的期间计算利息。	“偿还”改为“返还”,前后统一,表述更为精准。

续表

序号	条文主旨	《合同法》	《民法典》合同编	解读
		分则	第二分编　典型合同	
14	借款展期	第二百零九条　借款人可以在还款期限届满之前向贷款人申请展期。贷款人同意的,可以展期。	第六百七十八条　借款人可以在还款期限届满前向贷款人申请展期;贷款人同意的,可以展期。	法条编号有所调整,内容不变。
15	自然人借款合同成立	第二百一十条　自然人之间的借款合同,自贷款人提供借款时生效。	第六百七十九条　自然人之间的借款合同,自贷款人提供借款时成立。	自然人借款合同,提供借款由原合同生效要件调整为合同成立要件,更符合实践中对自然人借贷合同为实践性合同的认知。
16	禁止高利放贷及借款利息确定	第二百一十一条　自然人之间的借款合同对支付利息没有约定或者约定不明确的,视为不支付利息。 自然人之间的借款合同约定支付利息的,借款的利率不得违反国家有关限制借款利率的规定。	第六百八十条　**禁止高利放贷,**借款的利率不得违反国家有关规定。 **借款合同对支付利息没有约定的,视为没有利息。** **借款合同对支付利息约定不明确,当事人不能达成补充协议的,按照当地或者当事人的交易方式、交易习惯、市场利率等因素确定利息**;自然人之间借款的,视为没有利息。	1. 明确禁止高利贷。 2. 利息约定不明的处理规则吸收《民间借贷适用若干规定》第二十五条①相关规定。

① 《民间借贷适用若干规定》(法释〔2015〕18号)第二十五条　借贷双方没有约定利息,出借人主张支付借期内利息的,人民法院不予支持。

自然人之间借贷对利息约定不明,出借人主张支付利息的,人民法院不予支持。除自然人之间借贷的外,借贷双方对借贷利息约定不明,出借人主张利息的,人民法院应当结合民间借贷合同的内容,并根据当地或者当事人的交易方式、交易习惯、市场利率等因素确定利息。

第十三章　保证合同

保证合同系《民法典》合同编新增的四类典型合同之一。《民法典》合同编关于保证合同的内容，绝大部分系源于担保法及其司法解释的规定，并无太大的变化。最具颠覆性的改变是关于保证方式约定不明的推定，变成了从“连带保证”到“一般保证”的大反转。

序号	条文主旨	《合同法》	《民法典》合同编	解读
		分则	第二分编　典型合同	
			第十三章　保证合同	
1			**第一节　一般规定**	
2	保证合同定义		**第六百八十一条　保证合同是为保障债权的实现，保证人和债权人约定，当债务人不履行到期债务或者发生当事人约定的情形时，保证人履行债务或者承担责任的合同。**	吸收《担保法》第六条①相关规定。
3	保证合同的从属性		**第六百八十二条　保证合同是主债权债务合同的从合同。主债权债务合同无效的，保证合同无效，但是法律另有规定的除外。** **保证合同被确认无效后，债务人、保证人、债权**	吸收《担保法》第五条②相关规定。

① 《担保法》第六条　本法所称保证，是指保证人和债权人约定，当债务人不履行债务时，保证人按照约定履行债务或者承担责任的行为。

② 《担保法》第五条　担保合同是主合同的从合同，主合同无效，担保合同无效。担保合同另有约定的，按照约定。

担保合同被确认无效后，债务人、担保人、债权人有过错的，应当根据其过错各自承担相应的民事责任。

续表

序号	条文主旨	《合同法》	《民法典》合同编	解读
		分则	第二分编　典型合同	
			人有过错的，应当根据其过错各自承担相应的民事责任。	
4	不得担任保证人的主体		**第六百八十三条　机关法人不得为保证人，但是经国务院批准为使用外国政府或者国际经济组织贷款进行转贷的除外。** **以公益为目的的非营利法人、非法人组织不得为保证人。**	吸收合并《担保法》第八、九条①相关规定。
5	保证合同内容		**第六百八十四条　保证合同的内容一般包括被保证的主债权的种类、数额，债务人履行债务的期限，保证的方式、范围和期间等条款。**	吸收《担保法》第十五条②相关规定。
6	保证合同形式		**第六百八十五条　保证合同可以是单独订立的书面合同，也可以是主债**	吸收合并《担保法》第十三条、《担保法

① 《担保法》第八条　国家机关不得为保证人，但经国务院批准为使用外国政府或者国际经济组织贷款进行转贷的除外。

第九条　学校、幼儿园、医院等以公益为目的的事业单位、社会团体不得为保证人。

② 《担保法》第十五条　保证合同应当包括以下内容：

（一）被保证的主债权种类、数额；

（二）债务人履行债务的期限；

（三）保证的方式；

（四）保证担保的范围；

（五）保证的期间；

（六）双方认为需要约定的其他事项。

保证合同不完全具备前款规定内容的，可以补正。

续表

序号	条文主旨	《合同法》	《民法典》合同编	解读
		分则	第二分编　典型合同	
			权债务合同中的保证条款。 第三人单方以书面形式向债权人作出保证，债权人接收且未提出异议的，保证合同成立。	司法解释》第二十二条第一款①相关规定。
7	保证方式		第六百八十六条　保证的方式包括一般保证和连带责任保证。 当事人在保证合同中对保证方式没有约定或者约定不明确的，按照一般保证承担保证责任。	第一款吸收《担保法》第十六条②相关规定。 第二款是对《担保法》第十九条③的颠覆性改变，即保证方式不明推定为一般保证，具体分析详见本书第三部分相关介绍。

① 《担保法司法解释》（法释〔2000〕44号）第二十二条第一款　第三人单方以书面形式向债权人出具担保书，债权人接受且未提出异议的，保证合同成立。

《担保法》第十三条　保证人与债权人应当以书面形式订立保证合同。

② 《担保法》第十六条　保证的方式有：

（一）一般保证；

（二）连带责任保证。

③ 《担保法》第十九条　当事人对保证方式没有约定或者约定不明确的，按照连带责任保证承担保证责任。

续表

序号	条文主旨	《合同法》	《民法典》合同编	解读
		分则	第二分编　典型合同	
8	一般保证的先诉抗辩权		**第六百八十七条　当事人在保证合同中约定，债务人不能履行债务时，由保证人承担保证责任的，为一般保证。** **一般保证的保证人在主合同纠纷未经审判或者仲裁，并就债务人财产依法强制执行仍不能履行债务前，有权拒绝向债权人承担保证责任，但是有下列情形之一的除外：** **（一）债务人下落不明，且无财产可供执行；** **（二）人民法院已经受理债务人破产案件；** **（三）债权人有证据证明债务人的财产不足以履行全部债务或者丧失履行债务能力；** **（四）保证人书面表示放弃本款规定的权利。**	吸收《担保法》第十七条①相关规定。

---

① 《担保法》第十七条　当事人在保证合同中约定，债务人不能履行债务时，由保证人承担保证责任的，为一般保证。

一般保证的保证人在主合同纠纷未经审判或者仲裁，并就债务人财产依法强制执行仍不能履行债务前，对债权人可以拒绝承担保证责任。

有下列情形之一的，保证人不得行使前款规定的权利：

（一）债务人住所变更，致使债权人要求其履行债务发生重大困难的；

（二）人民法院受理债务人破产案件，中止执行程序的；

（三）保证人以书面形式放弃前款规定的权利的。

续表

序号	条文主旨	《合同法》	《民法典》合同编	解读
		分则	第二分编　典型合同	
9	连带责任保证		**第六百八十八条　当事人在保证合同中约定保证人和债务人对债务承担连带责任的，为连带责任保证。** **连带责任保证的债务人不履行到期债务或者发生当事人约定的情形时，债权人可以请求债务人履行债务，也可以请求保证人在其保证范围内承担保证责任。**	吸收《担保法》第十八条①相关规定。
10	反担保		**第六百八十九条　保证人可以要求债务人提供反担保。**	吸收《担保法》第四条②相关规定。
11	最高额保证		**第六百九十条　保证人与债权人可以协商订立最高额保证的合同，约定在最高债权额限度内就一定期间连续发生的债权提供保证。** **最高额保证除适用本章规定外，参照适用本法**	吸收《担保法》第十四条③相关规定。

① 《担保法》第十八条　当事人在保证合同中约定保证人与债务人对债务承担连带责任的，为连带责任保证。

连带责任保证的债务人在主合同规定的债务履行期届满没有履行债务的，债权人可以要求债务人履行债务，也可以要求保证人在其保证范围内承担保证责任。

② 《担保法》第四条　第三人为债务人向债权人提供担保时，可以要求债务人提供反担保。

反担保适用本法担保的规定。

③ 《担保法》第十四条　保证人与债权人可以就单个主合同分别订立保证合同，也可以协议在最高债权额限度内就一定期间连续发生的借款合同或者某项商品交易合同订立一个保证合同。

续表

序号	条文主旨	《合同法》	《民法典》合同编	解读
		分则	第二分编　典型合同	
			第二编最高额抵押权的有关规定。	
12			**第二节　保证责任**	
13	保证范围		**第六百九十一条　保证的范围包括主债权及其利息、违约金、损害赔偿金和实现债权的费用。当事人另有约定的，按照其约定。**	吸收《担保法》第二十一条第一款①相关规定。
14	保证期间		**第六百九十二条　保证期间是确定保证人承担保证责任的期间，不发生中止、中断和延长。** **债权人与保证人可以约定保证期间，但是约定的保证期间早于主债务履行期限或者与主债务履行期限同时届满的，视为没有约定；没有约定或者约定不明确的，保证期间为主债务履行期限届满之日**	吸收《担保法司法解释》第三十一、三十二、三十三条②相关规定。

① 《担保法》第二十一条第一款　保证担保的范围包括主债权及利息、违约金、损害赔偿金和实现债权的费用。保证合同另有约定的，按照约定。

② 《担保法司法解释》（法释〔2000〕44号）第三十一条　保证期间不因任何事由发生中断、中止、延长的法律后果。

第三十二条　保证合同约定的保证期间早于或者等于主债务履行期限的，视为没有约定，保证期间为主债务履行期届满之日起六个月。

保证合同约定保证人承担保证责任直至主债务本息还清时为止等类似内容的，视为约定不明，保证期间为主债务履行期届满之日起二年。

第三十三条　主合同对主债务履行期限没有约定或者约定不明的，保证期间自债权人要求债务人履行义务的宽限期届满之日起计算。

续表

序号	条文主旨	《合同法》	《民法典》合同编	解读
		分则	第二分编　典型合同	
			起六个月。 债权人与债务人对主债务履行期限没有约定或者约定不明确的，保证期间自债权人请求债务人履行债务的宽限期届满之日起计算。	
15	保证责任免除		第六百九十三条　一般保证的债权人未在保证期间对债务人提起诉讼或者申请仲裁的，保证人不再承担保证责任。 连带责任保证的债权人未在保证期间请求保证人承担保证责任的，保证人不再承担保证责任。	吸收合并《担保法》第二十五条第二款、第二十六条第二款①相关规定。
16	保证债务诉讼时效		第六百九十四条　一般保证的债权人在保证期间届满前对债务人提起诉讼或者申请仲裁的，从保证人拒绝承担保证责任的	吸收《担保法司法解释》第三十四条②相关规定。

① 《担保法》第二十五条第二款　在合同约定的保证期间和前款规定的保证期间，债权人未对债务人提起诉讼或者申请仲裁的，保证人免除保证责任；债权人已提起诉讼或者申请仲裁的，保证期间适用诉讼时效中断的规定。

第二十六条第二款　在合同约定的保证期间和前款规定的保证期间，债权人未要求保证人承担保证责任的，保证人免除保证责任。

② 《担保法司法解释》（法释〔2000〕44号）第三十四条　一般保证的债权人在保证期间届满前对债务人提起诉讼或者申请仲裁的，从判决或者仲裁裁决生效之日起，开始计算保证合同的诉讼时效。

连带责任保证的债权人在保证期间届满前要求保证人承担保证责任的，从债权人要求保证人承担保证责任之日起，开始计算保证合同的诉讼时效。

续表

序号	条文主旨	《合同法》	《民法典》合同编	解读
		分则	第二分编　典型合同	
			权利消灭之日起，开始计算保证债务的诉讼时效。 **连带责任保证的债权人在保证期间届满前请求保证人承担保证责任的，从债权人请求保证人承担保证责任之日起，开始计算保证债务的诉讼时效。**	
17	主合同变更对保证责任影响		**第六百九十五条　债权人和债务人未经保证人书面同意，协商变更主债权债务合同内容，减轻债务的，保证人仍对变更后的债务承担保证责任；加重债务的，保证人对加重的部分不承担保证责任。** **债权人和债务人变更主债权债务合同的履行期限，未经保证人书面同意的，保证期间不受影响。**	吸收《担保法司法解释》第三十条①相关规定。
18	债权转让对保证责任影响		**第六百九十六条　债权人转让全部或者部分债权，未通知保证人的，该转**	吸收《担保法司法解释》第二十八

① 《担保法司法解释》(法释〔2000〕44号)第三十条　保证期间，债权人与债务人对主合同数量、价款、币种、利率等内容作了变动，未经保证人同意的，如果减轻债务人的债务的，保证人仍应当对变更后的合同承担保证责任；如果加重债务人的债务的，保证人对加重的部分不承担保证责任。

债权人与债务人对主合同履行期限作了变动，未经保证人书面同意的，保证期间为原合同约定的或者法律规定的期间。

债权人与债务人协议变动主合同内容，但并未实际履行的，保证人仍应当承担保证责任。

续表

序号	条文主旨	《合同法》	《民法典》合同编	解读
		分则	第二分编　典型合同	
			让对保证人不发生效力。 **保证人与债权人约定禁止债权转让，债权人未经保证人书面同意转让债权的，保证人对受让人不再承担保证责任。**	条①相关规定。
19	债务承担对保证责任影响		**第六百九十七条　债权人未经保证人书面同意，允许债务人转移全部或者部分债务，保证人对未经其同意转移的债务不再承担保证责任，但是债权人和保证人另有约定的除外。** **第三人加入债务的，保证人的保证责任不受影响。**	吸收《担保法》第二十三条、《担保法司法解释》第二十九条②相关规定。
20	一般保证责任免除		**第六百九十八条　一般保证的保证人在主债务履行期限届满后，向债权人提供债务人可供执行财**	吸收《担保法司法解释》第二十四条③相关规定。

① 《担保法司法解释》(法释〔2000〕44 号)第二十八条　保证期间，债权人依法将主债权转让给第三人的，保证债权同时转让，保证人在原保证担保的范围内对受让人承担保证责任。但是保证人与债权人事先约定仅对特定的债权人承担保证责任或者禁止债权转让的，保证人不再承担保证责任。

② 《担保法司法解释》(法释〔2000〕44 号)第二十九条　保证期间，债权人许可债务人转让部分债务未经保证人书面同意的，保证人对未经其同意转让部分的债务，不再承担保证责任。但是，保证人仍应当对未转让部分的债务承担保证责任。

③ 《担保法司法解释》(法释〔2000〕44 号)第二十四条　一般保证的保证人在主债权履行期间届满后，向债权人提供了债务人可供执行财产的真实情况的，债权人放弃或者怠于行使权利致使该财产不能被执行，保证人可以请求人民法院在其提供可供执行财产的实际价值范围内免除保证责任。

续表

序号	条文主旨	《合同法》	《民法典》合同编	解读
		分则	第二分编　典型合同	
			产的真实情况，债权人放弃或者怠于行使权利致使该财产不能被执行的，保证人在其提供可供执行财产的价值范围内不再承担保证责任。	
21	共同保证		**第六百九十九条　同一债务有两个以上保证人的，保证人应当按照保证合同约定的保证份额，承担保证责任；没有约定保证份额的，债权人可以请求任何一个保证人在其保证范围内承担保证责任。**	吸收《担保法》第十二条①相关规定。
22	保证人追偿权		**第七百条　保证人承担保证责任后，除当事人另有约定外，有权在其承担保证责任的范围内向债务人追偿，享有债权人对债务人的权利，但是不得损害债权人的利益。**	吸收《担保法》第三十一条②相关规定。

---

① 《担保法》第十二条　同一债务有两个以上保证人的，保证人应当按照保证合同约定的保证份额，承担保证责任。没有约定保证份额的，保证人承担连带责任，债权人可以要求任何一个保证人承担全部保证责任，保证人都负有担保全部债权实现的义务。已经承担保证责任的保证人，有权向债务人追偿，或者要求承担连带责任的其他保证人清偿其应当承担的份额。

② 《担保法》第三十一条　保证人承担保证责任后，有权向债务人追偿。

续表

序号	条文主旨	《合同法》	《民法典》合同编	解读
		分则	第二分编　典型合同	
23	保证人抗辩权		**第七百零一条　保证人可以主张债务人对债权人的抗辩。债务人放弃抗辩的，保证人仍有权向债权人主张抗辩。**	吸收《担保法》第二十条①相关规定。
24	保证人拒绝履行权		**第七百零二条　债务人对债权人享有抵销权或者撤销权的，保证人可以在相应范围内拒绝承担保证责任。**	新增保证人拒绝履行权。

第十四章　租赁合同

关于租赁合同，《民法典》合同编在《合同法》的基础上，增加了"住房承租人优先承租权"制度，将司法解释中转租效力、次承租人代位清偿权等内容升格为法律等，此外，需额外注意《民法典》物权编增加居住权这一用益物权，其对住宅使用权能的限制将对租赁合同产生较为深远影响。具体详见下表：

序号	条文主旨	《合同法》	《民法典》合同编	解读
		分则	第二分编　典型合同	
		第十三章　租赁合同	第十四章　租赁合同	
1	租赁合同定义	第二百一十二条　租赁合同是出租人将租赁物交付承租人使用、收益，承租人支付租金的合同。	第七百零三条　租赁合同是出租人将租赁物交付承租人使用、收益，承租人支付租金的合同。	法条编号有所调整，内容不变。

① 《担保法》第二十条　一般保证和连带责任保证的保证人享有债务人的抗辩权。债务人放弃对债务的抗辩权的，保证人仍有权抗辩。

抗辩权是指债权人行使债权时，债务人根据法定事由，对抗债权人行使请求权的权利。

续表

序号	条文主旨	《合同法》	《民法典》合同编	解读
		分则	第二分编　典型合同	
2	租赁合同内容	第二百一十三条　租赁合同的内容包括租赁物的名称、数量、用途、租赁期限、租金及其支付期限和方式、租赁物维修等条款。	第七百零四条　租赁合同的内容**一般**包括租赁物的名称、数量、用途、租赁期限、租金及其支付期限和方式、租赁物维修等条款。	增加"一般",语义更确切。
3	租赁合同最长期限	第二百一十四条　租赁期限不得超过二十年。超过二十年的,超过部分无效。 租赁期间届满,当事人可以续订租赁合同,但约定的租赁期限自续订之日起不得超过二十年。	第七百零五条　租赁期限不得超过二十年。超过二十年的,超过部分无效。 租赁**期限**届满,当事人可以续订租赁合同;但**是**,约定的租赁期限自续订之日起不得超过二十年。	增加"是","期间"改为"期限",语义更确切。
4	租赁备案		**第七百零六条　当事人未依照法律、行政法规规定办理租赁合同登记备案手续的,不影响合同的效力。**	吸收《房屋租赁合同司法解释》第四条第一款①相关规定。
5	租赁合同形式	第二百一十五条　租赁期限六个月以上的,应当采用书面形式。当事人未采用书面形式的,视为不定期租赁。	第七百零七条　租赁期限六个月以上的,应当采用书面形式。当事人未采用书面形式,**无法确定租赁期限的**,视为不定期租赁。	强调不定期租赁推定的关键在于无法确定租赁期限,而非未采用书面形式。
6	出租人基本义务	第二百一十六条　出租人应当按照约定将租赁物交付承租人,并在租赁期间保持租赁物符合约定的用途。	第七百零八条　出租人应当按照约定将租赁物交付承租人,并在租赁**期限内**保持租赁物符合约定的用途。	法条编号有所调整,内容不变。

① 《房屋租赁合同司法解释》(法释〔2009〕11号)第四条第一款　当事人以房屋租赁合同未按照法律、行政法规规定办理登记备案手续为由,请求确认合同无效的,人民法院不予支持。

续表

序号	条文主旨	《合同法》	《民法典》合同编	解读
		分则	第二分编　典型合同	
7	承租人基本义务	第二百一十七条　承租人应当按照约定的方法使用租赁物。对租赁物的使用方法没有约定或者约定不明确，依照本法第六十一条的规定仍不能确定的，应当按照租赁物的性质使用。	第七百零九条　承租人应当按照约定的方法使用租赁物。对租赁物的使用方法没有约定或者约定不明确，依据本法**第五百一十条**的规定仍不能确定的，应当根据租赁物的性质使用。	法条编号有所调整，内容不变。
8	正当使用租赁物	第二百一十八条　承租人按照约定的方法或者租赁物的性质使用租赁物，致使租赁物受到损耗的，不承担损害赔偿责任。	第七百一十条　承租人按照约定的方法或者根据租赁物的性质使用租赁物，致使租赁物受到损耗的，不承担**赔偿责任**。	“损害赔偿责任”改为“赔偿责任”，表述更精准。
9		第二百一十九条　承租人未按照约定的方法或者租赁物的性质使用租赁物，致使租赁物受到损失的，出租人可以解除合同并要求赔偿损失。	第七百一十一条　承租人未按照约定的方法或者**未根据**租赁物的性质使用租赁物，致使租赁物受到损失的，出租人可以解除合同并**请求**赔偿损失。	增加“未根据”、“要求”改为“请求”，表述更精准确切，内容不变。
10	租赁物维修	第二百二十条　出租人应当履行租赁物的维修义务，但当事人另有约定的除外。	第七百一十二条　出租人应当履行租赁物的维修义务，但**是**当事人另有约定的除外。	增加“是”，语义更确切。
11	维修义务履行	第二百二十一条　承租人在租赁物需要维修时可以要求出租人在合理期限内维修。出租人未履行维修义务的，承租人可以自行维修，维修费用由出	第七百一十三条　承租人在租赁物需要维修时可以**请求**出租人在合理期限内维修。出租人未履行维修义务的，承租人可以自行维修，维修费用由出	“要求”改为“请求”，表述更精准。 新增第二款出租人维修义务的除外情

续表

序号	条文主旨	《合同法》	《民法典》合同编	解读
		分则	第二分编　典型合同	
		租人负担。因维修租赁物影响承租人使用的，应当相应减少租金或者延长租期。	租人负担。因维修租赁物影响承租人使用的，应当相应减少租金或者延长租期。 **因承租人的过错致使租赁物需要维修的，出租人不承担前款规定的维修义务。**	形。出租人维修义务建立在租赁物正常使用耗损基础上，若承租人过错所致或构成违约或侵权。
12	租赁物妥善保管	第二百二十二条　承租人应当妥善保管租赁物，因保管不善造成租赁物毁损、灭失的，应当承担损害赔偿责任。	第七百一十四条　承租人应当妥善保管租赁物，因保管不善造成租赁物毁损、灭失的，应当承担赔偿责任。	"损害赔偿责任"改为"赔偿责任"，表述更精准。
13	租赁物的改善或增设	第二百二十三条　承租人经出租人同意，可以对租赁物进行改善或者增设他物。 承租人未经出租人同意，对租赁物进行改善或者增设他物的，出租人可以要求承租人恢复原状或者赔偿损失。	第七百一十五条　承租人经出租人同意，可以对租赁物进行改善或者增设他物。 承租人未经出租人同意，对租赁物进行改善或者增设他物的，出租人可以**请求**承租人恢复原状或者赔偿损失。	"要求"改为"请求"，表述更精准。
14	转租	第二百二十四条　承租人经出租人同意，可以将租赁物转租给第三人。承租人转租的，承租人与出租人之间的租赁合同继续有效，第三人对租赁物造成损失的，承租人应当赔偿损失。	第七百一十六条　承租人经出租人同意，可以将租赁物转租给第三人。承租人转租的，承租人与出租人之间的租赁合同继续有效；第三人造成租赁物损失的，承租人应当赔偿损失。	法条编号有所调整，内容不变。

续表

序号	条文主旨	《合同法》	《民法典》合同编	解读
		分则	第二分编　典型合同	
		承租人未经出租人同意转租的，出租人可以解除合同。	承租人未经出租人同意转租的，出租人可以解除合同。	
15	超期转租效力		**第七百一十七条　承租人经出租人同意将租赁物转租给第三人，转租期限超过承租人剩余租赁期限的，超过部分的约定对出租人不具有法律约束力，但是出租人与承租人另有约定的除外。**	新增超期转租效力条款，吸收《房屋租赁合同司法解释》第十五条①相关规定。并在此基础上，根据合同相对性原则，明确超期合同对出租人无效，但对转租合同当事人仍有效。
16	同意转租推定		**第七百一十八条　出租人知道或者应当知道承租人转租，但是在六个月内未提出异议的，视为出租人同意转租。**	吸收《房屋租赁合同司法解释》第十六条第一款②相关规定。

① 《房屋租赁合同司法解释》(法释〔2009〕11 号)第十五条　承租人经出租人同意将租赁房屋转租给第三人时，转租期限超过承租人剩余租赁期限的，人民法院应当认定超过部分的约定无效。但出租人与承租人另有约定的除外。

② 《房屋租赁合同司法解释》(法释〔2009〕11 号)第十六条第一款　出租人知道或者应当知道承租人转租，但在六个月内未提出异议，其以承租人未经同意为由请求解除合同或者认定转租合同无效的，人民法院不予支持。

续表

序号	条文主旨	《合同法》	《民法典》合同编	解读
		分则	第二分编　典型合同	
17	次承租人代为清偿权及效力		**第七百一十九条　承租人拖欠租金的，次承租人可以代承租人支付其欠付的租金和违约金，但是转租合同对出租人不具有法律约束力的除外。** **次承租人代为支付的租金和违约金，可以充抵次承租人应当向承租人支付的租金；超出其应付的租金数额的，可以向承租人追偿。**	吸收《房屋租赁合同司法解释》第十七条①相关规定。
18	租赁物的收益归属	第二百二十五条　在租赁期间因占有、使用租赁物获得的收益，归承租人所有，但当事人另有约定的除外。	第七百二十条　在租赁**期限内**因占有、使用租赁物获得的收益，归承租人所有，**但是**当事人另有约定的除外。	"期间"改为"期限"，前后统一；增加"是"，语义确切。
19	租金支付期限	第二百二十六条　承租人应当按照约定的期限支付租金。对支付期限没有约定或者约定不明确，依照本法第六十一条的规定仍不能确定，租赁期间不满一年的，应当在租赁期间届满时支付；租赁期间一年以上的，应当在每	第七百二十一条　承租人应当按照约定的期限支付租金。对支付租金的期限没有约定或者约定不明确，**依据本法第五百一十条**的规定仍不能确定，租赁**期限**不满一年的，应当在租赁**期限**届满时支付；租赁**期限**一年以上的，	"期间"改为"期限"，"依照"改为"依据"，语义确切。

① 《房屋租赁合同司法解释》（法释〔2009〕11号）第十七条　因承租人拖欠租金，出租人请求解除合同时，次承租人请求代承租人支付欠付的租金和违约金以抗辩出租人合同解除权的，人民法院应予支持。但转租合同无效的除外。

次承租人代为支付的租金和违约金超出其应付的租金数额，可以折抵租金或者向承租人追偿。

续表

序号	条文主旨	《合同法》	《民法典》合同编	解读
		分则	第二分编　典型合同	
		届满一年时支付，剩余期间不满一年的，应当在租赁期间届满时支付。	应当在每届满一年时支付，剩余**期限**不满一年的，应当在租赁**期限**届满时支付。	
20	租金支付逾期违约责任	第二百二十七条　承租人无正当理由未支付或者迟延支付租金的，出租人可以要求承租人在合理期限内支付。承租人逾期不支付的，出租人可以解除合同。	第七百二十二条　承租人无正当理由未支付或者迟延支付租金的，出租人可以**请求**承租人在合理期限内支付；承租人逾期不支付的，出租人可以解除合同。	"要求"改为"请求"，更为精准。
21	租赁物瑕疵担保责任	第二百二十八条　因第三人主张权利，致使承租人不能对租赁物使用、收益的，承租人可以要求减少租金或者不支付租金。 第三人主张权利的，承租人应当及时通知出租人。	第七百二十三条　因第三人主张权利，致使承租人不能对租赁物使用、收益的，承租人可以**请求**减少租金或者不支付租金。 第三人主张权利的，承租人应当及时通知出租人。	"要求"改为"请求"，更为精准。
22	承租人租赁合同解除		**第七百二十四条　有下列情形之一，非因承租人原因致使租赁物无法使用的，承租人可以解除合同：** **（一）租赁物被司法机关或者行政机关依法查**	新增承租人法定解除合同情形，吸收《房屋租赁合同司法解释》第八条①相关规定。

① 《房屋租赁合同司法解释》（法释〔2009〕11号）第八条　因下列情形之一，导致租赁房屋无法使用，承租人请求解除合同的，人民法院应予支持：

（一）租赁房屋被司法机关或者行政机关依法查封的；

（二）租赁房屋权属有争议的；

（三）租赁房屋具有违反法律、行政法规关于房屋使用条件强制性规定情况的。

续表

序号	条文主旨	《合同法》	《民法典》合同编	解读
		分则	第二分编　典型合同	
			封、扣押； **（二）租赁物权属有争议；** **（三）租赁物具有违反法律、行政法规关于使用条件的强制性规定情形。**	
23	买卖不破租赁	第二百二十九条　租赁物在**租赁期间**发生所有权变动的，不影响租赁合同的效力。	第七百二十五条　租赁物在**承租人按照租赁合同占有期限内**发生所有权变动的，不影响租赁合同的效力。	“租赁期间”改为“承租人按照租赁合同占有期限内”，强调该买卖不破租赁规则适用的前提条件之一系承租人取得对租赁物的占有。
24	房屋承租人优先购买权	第二百三十条　出租人出卖租赁房屋的，应当在出卖之前的合理期限内通知承租人，承租人享有以同等条件优先购买的权利。	第七百二十六条　出租人出卖租赁房屋的，应当在出卖之前的合理期限内通知承租人，承租人享有以同等条件优先购买的权利**；但是，房屋按份共有人行使优先购买权或者出**	新增承租人优先购买权的限制，吸收《房屋租赁合同司法解释》第二十四条①相关规定。

① 《房屋租赁合同司法解释》（法释〔2009〕11 号）第二十四条　具有下列情形之一，承租人主张优先购买房屋的，人民法院不予支持：

（一）房屋共有人行使优先购买权的；

（二）出租人将房屋出卖给近亲属，包括配偶、父母、子女、兄弟姐妹、祖父母、外祖父母、孙子女、外孙子女的；

（三）出租人履行通知义务后，承租人在十五日内未明确表示购买的；

（四）第三人善意购买租赁房屋并已经办理登记手续的。

续表

序号	条文主旨	《合同法》	《民法典》合同编	解读
		分则	第二分编　典型合同	
			租人将房屋出卖给近亲属的除外。 **出租人履行通知义务后，承租人在十五日内未明确表示购买的，视为承租人放弃优先购买权。**	
25	拍卖中优先购买权		**第七百二十七条　出租人委托拍卖人拍卖租赁房屋的，应当在拍卖五日前通知承租人。承租人未参加拍卖的，视为放弃优先购买权。**	吸收《房屋租赁合同司法解释》第二十三条①相关规定。
26	优先购买权被侵权的救济		**第七百二十八条　出租人未通知承租人或者有其他妨害承租人行使优先购买权情形的，承租人可以请求出租人承担赔偿责任。但是，出租人与第三人订立的房屋买卖合同的效力不受影响。**	吸收《房屋租赁合同司法解释》第二十一条②相关规定。

① 《房屋租赁合同司法解释》(法释〔2009〕11号)第二十三条　出租人委托拍卖人拍卖租赁房屋，应当在拍卖5日前通知承租人。承租人未参加拍卖的，人民法院应当认定承租人放弃优先购买权。

② 《房屋租赁合同司法解释》(法释〔2009〕11号)第二十一条　出租人出卖租赁房屋未在合理期限内通知承租人或者存在其他侵害承租人优先购买权情形，承租人请求出租人承担赔偿责任的，人民法院应予支持。但请求确认出租人与第三人签订的房屋买卖合同无效的，人民法院不予支持。

续表

序号	条文主旨	《合同法》	《民法典》合同编	解读
		分则	第二分编　典型合同	
27	租赁物毁损、灭失的法律后果	第二百三十一条　因不可归责于承租人的事由，致使租赁物部分或者全部毁损、灭失的，承租人可以要求减少租金或者不支付租金；因租赁物部分或者全部毁损、灭失，致使不能实现合同目的的，承租人可以解除合同。	第七百二十九条　因不可归责于承租人的事由，致使租赁物部分或者全部毁损、灭失的，承租人可以**请求**减少租金或者不支付租金；因租赁物部分或者全部毁损、灭失，致使不能实现合同目的的，承租人可以解除合同。	"要求"改为"请求"，表述更精准，内容不变。
28	租期不明的处理	第二百三十二条　当事人对租赁期限没有约定或者约定不明确，依照本法第六十一条的规定仍不能确定的，视为不定期租赁。当事人可以随时解除合同，但出租人解除合同应当在合理期限之前通知承租人。	第七百三十条　当事人对租赁期限没有约定或者约定不明确，**依据本法第五百一十条**的规定仍不能确定的，视为不定期租赁；当事人可以随时解除合同，**但是应当在合理期限之前通知对方**。	表述稍作调整，内容不变。
29	租赁物质量不合格的法律后果	第二百三十三条　租赁物危及承租人的安全或者健康的，即使承租人订立合同时明知该租赁物质量不合格，承租人仍然可以随时解除合同。	第七百三十一条　租赁物危及承租人的安全或者健康的，即使承租人订立合同时明知该租赁物质量不合格，承租人仍然可以随时解除合同。	法条编号有所调整，内容不变。
30	承租房屋共同使用人的承租权	第二百三十四条　承租人在房屋租赁期间死亡的，与其生前共同居住的人可以按照原租赁合同租赁该房屋。	第七百三十二条　承租人在房屋租赁期限内死亡的，与其生前共同居住的人**或者共同经营人**可以按照原租赁合同租赁该房屋。	新增共同经营人的租赁权承继，主要系房屋租赁用途除了居住还有经营用途。

续表

序号	条文主旨	《合同法》	《民法典》合同编	解读
		分则	第二分编　典型合同	
31	租赁物返还	第二百三十五条　租赁**期间**届满,承租人应当返还租赁物。返还的租赁物应当符合按照约定或者租赁物的性质使用后的状态。	第七百三十三条　租赁**期限**届满,承租人应当返还租赁物。返还的租赁物应当符合按照约定或者**根据**租赁物的性质使用后的状态。	个别表述更改,表述更确切。
32	优先承租权	第二百三十六条　租赁**期间**届满,承租人继续使用租赁物,出租人没有提出异议的,原租赁合同继续有效,但租赁期限为不定期。	第七百三十四条　租赁**期限**届满,承租人继续使用租赁物,出租人没有提出异议的,原租赁合同继续有效,但**是**租赁期限为不定期。 **租赁期限届满,房屋承租人享有以同等条件优先承租的权利。**	新增第二款,房屋承租人优先承租权,是落实党中央"租购同权"的要求,利于保护承租人利益。 在实务中,尤其是在商业租赁中,业主方或管理方应注意,应参照承租方优先购买权处理来同等处理承租方优先承租权。

第十五章　融资租赁合同

《民法典》合同编有关融资租赁合同相关内容,由《合同法》中的14条扩充至26条,主要系借鉴了司法解释诸多条款,对融资租赁合同权利义务作了进一步的规定。此外,合同编最大的亮点在于创设了租赁物登记制度。具体详见下表:

序号	条文主旨	《合同法》	《民法典》合同编	解读
		分则	第二分编　典型合同	
		第十四章　融资租赁合同	第十五章　融资租赁合同	
1	融资租赁合同定义	第二百三十七条　融资租赁合同是出租人根据承租人对出卖人、租赁物的选择，向出卖人购买租赁物，提供给承租人使用，承租人支付租金的合同。	第七百三十五条　融资租赁合同是出租人根据承租人对出卖人、租赁物的选择，向出卖人购买租赁物，提供给承租人使用，承租人支付租金的合同。	无变化。
2	融资租赁合同内容	第二百三十八条　融资租赁合同的内容包括租赁物名称、数量、规格、技术性能、检验方法、租赁期限、租金构成及其支付期限和方式、币种、租赁期间届满租赁物的归属等条款。 融资租赁合同应当采用书面形式。	第七百三十六条　融资租赁合同的内容一般包括租赁物的名称、数量、规格、技术性能、检验方法，租赁期限，租金构成及其支付期限和方式、币种，租赁期限届满租赁物的归属等条款。 融资租赁合同应当采用书面形式。	增加“一般”，语义更确切。
3	融资租赁合同无效		**第七百三十七条　当事人以虚构租赁物方式订立的融资租赁合同无效。**	明确虚构租赁物的融资合同无效。融资租赁交易具备融物、融资的双重属性，缺一不可。
4	租赁物经营许可对合同效力影响		**第七百三十八条　依照法律、行政法规的规定，对于租赁物的经营使用应当取得行政许可的，出租**	吸收《融资租赁合同司法解释》第三条①相关规定。

① 《融资租赁合同司法解释》（法释〔2014〕3号）第三条　根据法律、行政法规规定，承租人对于租赁物的经营使用应当取得行政许可的，人民法院不应仅以出租人未取得行政许可为由认定融资租赁合同无效。

续表

序号	条文主旨	《合同法》	《民法典》合同编	解读
		分则	第二分编　典型合同	
			人未取得行政许可不影响融资租赁合同的效力。	
5	融资租赁标的物支付	第二百三十九条　出租人根据承租人对出卖人、租赁物的选择订立的买卖合同，出卖人应当按照约定向承租人交付标的物，承租人享有与受领标的物有关的买受人的权利。	第七百三十九条　出租人根据承租人对出卖人、租赁物的选择订立的买卖合同，出卖人应当按照约定向承租人交付标的物，承租人享有与受领标的物有关的买受人的权利。	法条编号有所调整，内容不变。
6	承租人拒绝受领权		**第七百四十条　出卖人违反向承租人交付标的物的义务，有下列情形之一的，承租人可以拒绝受领出卖人向其交付的标的物：** **（一）标的物严重不符合约定；** **（二）未按照约定交付标的物，经承租人或者出租人催告后在合理期限内仍未交付。** **承租人拒绝受领标的物的，应当及时通知出租人。**	吸收《融资租赁合同司法解释》第五条①相关规定。

① 《融资租赁合同司法解释》（法释〔2014〕3号）第五条　出卖人违反合同约定的向承租人交付标的物的义务，承租人因下列情形之一拒绝受领租赁物的，人民法院应予支持：

（一）租赁物严重不符合约定的；

（二）出卖人未在约定的交付期间或者合理期间内交付租赁物，经承租人或者出租人催告，在催告期满后仍未交付的。

承租人拒绝受领租赁物，未及时通知出租人，或者无正当理由拒绝受领租赁物，造成出租人损失，出租人向承租人主张损害赔偿的，人民法院应予支持。

续表

序号	条文主旨	《合同法》	《民法典》合同编	解读
		分则	第二分编　典型合同	
7	承租人索赔权	第二百四十条　出租人、出卖人、承租人可以约定，出卖人不履行买卖合同义务的，由承租人行使索赔的权利。承租人行使索赔权利的，出租人应当协助。	第七百四十一条　出租人、出卖人、承租人可以约定，出卖人不履行买卖合同义务的，由承租人行使索赔的权利。承租人行使索赔权利的，出租人应当协助。	法条编号有所调整，内容不变。
8	索赔权行使不影响租金支付		**第七百四十二条　承租人对出卖人行使索赔权利，不影响其履行支付租金的义务。但是，承租人依赖出租人的技能确定租赁物或者出租人干预选择租赁物的，承租人可以请求减免相应租金。**	吸收《融资租赁合同司法解释》第六条①相关规定。
9	索赔失败的责任承担		**第七百四十三条　出租人有下列情形之一，致使承租人对出卖人行使索赔权利失败的，承租人有权请求出租人承担相应的责任：**	吸收《融资租赁合同司法解释》第十八条②相关规定。

① 《融资租赁合同司法解释》（法释〔2014〕3号）第六条　承租人对出卖人行使索赔权，不影响其履行融资租赁合同项下支付租金的义务，但承租人以依赖出租人的技能确定租赁物或者出租人干预选择租赁物为由，主张减轻或者免除相应租金支付义务的除外。

② 《融资租赁合同司法解释》（法释〔2014〕3号）第十八条　出租人有下列情形之一，导致承租人对出卖人索赔逾期或者索赔失败，承租人要求出租人承担相应责任的，人民法院应予支持：

（一）明知租赁物有质量瑕疵而不告知承租人的；

（二）承租人行使索赔权时，未及时提供必要协助的；

（三）怠于行使融资租赁合同中约定的只能由出租人行使对出卖人的索赔权的；

（四）怠于行使买卖合同中约定的只能由出租人行使对出卖人的索赔权的。

续表

序号	条文主旨	《合同法》	《民法典》合同编	解读
		分则	第二分编　典型合同	
			(一)明知租赁物有质量瑕疵而不告知承租人; **(二)承租人行使索赔权利时,未及时提供必要协助。** **出租人怠于行使只能由其对出卖人行使的索赔权利,造成承租人损失的,承租人有权请求出租人承担赔偿责任。**	
10	买卖合同不得擅自变更	第二百四十一条　出租人根据承租人对出卖人、租赁物的选择订立的买卖合同,未经承租人同意,出租人不得变更与承租人有关的合同内容。	第七百四十四条　出租人根据承租人对出卖人、租赁物的选择订立的买卖合同,未经承租人同意,出租人不得变更与承租人有关的合同内容。	法条编号有所调整,内容不变。
11	租赁物所有权	第二百四十二条　出租人享有租赁物的所有权。承租人破产的,租赁物不属于破产财产。	第七百四十五条　出租人对租赁物享有的所有权,**未经登记,不得对抗善意第三人。**	补充明确融资租赁物所有权登记的对抗效力。 根据《中华人民共和国企业破产法》第三十条①有关破产财产规定,在融资租赁出租人享有

① 《中华人民共和国企业破产法》第三十条　破产申请受理时属于债务人的全部财产,以及破产申请受理后至破产程序终结前债务人取得的财产,为债务人财产。

续表

序号	条文主旨	《合同法》	《民法典》合同编	解读
		分则	第二分编　典型合同	
				租赁物所有权情况下，租赁物当然不属于承租人破产财产，因此删除“承租人破产的，租赁物不属于破产财产”，系立法精简。
12	融资租赁租金标准	第二百四十三条　融资租赁合同的租金，除当事人另有约定的以外，应当根据购买租赁物的大部分或者全部成本以及出租人的合理利润确定。	第七百四十六条　融资租赁合同的租金，除当事人另有约定外，应当根据购买租赁物的大部分或者全部成本以及出租人的合理利润确定。	法条编号有所调整，内容不变。
13	租赁物瑕疵担保责任	第二百四十四条　租赁物不符合约定或者不符合使用目的的，出租人不承担责任，但承租人依赖出租人的技能确定租赁物或者出租人干预选择租赁物的除外。	第七百四十七条　租赁物不符合约定或者不符合使用目的的，出租人不承担责任。但**是**，承租人依赖出租人的技能确定租赁物或者出租人干预选择租赁物的除外。	增加“是”，语义更确切。
14	租赁物占有及使用	第二百四十五条　出租人应当保证承租人对租赁物的占有和使用。	第七百四十八条　出租人应当保证承租人对租赁物的占有和使用。 **出租人有下列情形之一的，承租人有权请求其赔偿损失：**	新增出租人影响承租人占有和使用时的违约责任，吸收《融资租赁合同司法解

续表

序号	条文主旨	《合同法》	《民法典》合同编	解读
		分则	第二分编　典型合同	
			(一)无正当理由收回租赁物; **(二)无正当理由妨碍、干扰承租人对租赁物的占有和使用;** **(三)因出租人的原因致使第三人对租赁物主张权利;** **(四)不当影响承租人对租赁物占有和使用的其他情形。**	释》第十七条①有关规定。
15	租赁物致人损害责任承担	第二百四十六条　承租人占有租赁物期间,租赁物造成第三人的人身伤害或者财产损害的,出租人不承担责任。	第七百四十九条　承租人占有租赁物期间,租赁物造成第三人人身损害或者财产损失的,出租人不承担责任。	表述有所调整,内容不变。
16	租赁物保管与维修	第二百四十七条　承租人应当妥善保管、使用租赁物。 承租人应当履行占有租赁物期间的维修义务。	第七百五十条　承租人应当妥善保管、使用租赁物。 承租人应当履行占有租赁物期间的维修义务。	法条编号有所调整,内容不变。
17	租金风险		**第七百五十一条　承租人占有租赁物期间,租赁物毁损、灭失的,出租人**	吸收《融资租赁合同司法解释》第七

① 《融资租赁合同司法解释》(法释〔2014〕3 号)第十七条　出租人有下列情形之一,影响承租人对租赁物的占有和使用,承租人依照合同法第二百四十五条的规定,要求出租人赔偿相应损失的,人民法院应予支持:

(一)无正当理由收回租赁物;

(二)无正当理由妨碍、干扰承租人对租赁物的占有和使用;

(三)因出租人的原因导致第三人对租赁物主张权利;

(四)不当影响承租人对租赁物占有、使用的其他情形。

续表

序号	条文主旨	《合同法》	《民法典》合同编	解读
		分则	第二分编　典型合同	
			有权请求承租人继续支付租金,但是法律另有规定或者当事人另有约定的除外。	条①相关规定。
18	承租人拒付租金法律后果	第二百四十八条　承租人应当按照约定支付租金。承租人经催告后在合理期限内仍不支付租金的,出租人可以**要求**支付全部租金;也可以解除合同,收回租赁物。	第七百五十二条　承租人应当按照约定支付租金。承租人经催告后在合理期限内仍不支付租金的,出租人可以**请求**支付全部租金;也可以解除合同,收回租赁物。	“要求”改为“请求”,更为精准,内容不变。
19	融资租赁合同解除		**第七百五十三条　承租人未经出租人同意,将租赁物转让、抵押、质押、投资入股或者以其他方式处分的,出租人可以解除融资租赁合同。**	吸收《融资租赁合同司法解释》第十一、十二条第一项、十五、十六条第一款②相关规定。

① 《融资租赁合同司法解释》(法释〔2014〕3号)第七条　承租人占有租赁物期间,租赁物毁损、灭失的风险由承租人承担,出租人要求承租人继续支付租金的,人民法院应予支持。但当事人另有约定或者法律另有规定的除外。

② 《融资租赁合同司法解释》(法释〔2014〕3号)第十一条　有下列情形之一,出租人或者承租人请求解除融资租赁合同的,人民法院应予支持:

(一)出租人与出卖人订立的买卖合同解除、被确认无效或者被撤销,且双方未能重新订立买卖合同的;

(二)租赁物因不可归责于双方的原因意外毁损、灭失,且不能修复或者确定替代物的;

(三)因出卖人的原因致使融资租赁合同的目的不能实现的。

第十二条第一项　有下列情形之一,出租人请求解除融资租赁合同的,人民法院应予支持:

(一)承租人未经出租人同意,将租赁物转让、转租、抵押、质押、投资入股或者以其他方式处分租赁物的;

第十五条　融资租赁合同因租赁物交付承租人后意外毁损、灭失等不可归责于当事人的原因而解除,出租人要求承租人按照租赁物折旧情况给予补偿的,人民法院应予支持。

第十六条第一款　融资租赁合同因买卖合同被解除、被确认无效或者被撤销而解除,出租人根据融资租赁合同约定,或者以融资租赁合同虽未约定或约定不明,但出卖人及租赁物系由承租人选择为由,主张承租人赔偿相应损失的,人民法院应予支持。

续表

序号	条文主旨	《合同法》	《民法典》合同编	解读
		分则	第二分编　典型合同	
20			第七百五十四条　有下列情形之一的，出租人或者承租人可以解除融资租赁合同： （一）出租人与出卖人订立的买卖合同解除、被确认无效或者被撤销，且未能重新订立买卖合同； （二）租赁物因不可归责于当事人的原因毁损、灭失，且不能修复或者确定替代物； （三）因出卖人的原因致使融资租赁合同的目的不能实现。	
21			第七百五十五条　融资租赁合同因买卖合同解除、被确认无效或者被撤销而解除，出卖人以及租赁物系由承租人选择的，出租人有权请求承租人赔偿相应损失；但是，因出租人原因致使买卖合同解除、被确认无效或者被撤销的除外。 出租人的损失已经在买卖合同解除、被确认无效或者被撤销时获得赔偿的，承租人不再承担相应的赔偿责任。	

续表

序号	条文主旨	《合同法》	《民法典》合同编	解读
		分则	第二分编　典型合同	
22			**第七百五十六条　融资租赁合同因租赁物交付承租人后意外毁损、灭失等不可归责于当事人的原因解除的，出租人可以请求承租人按照租赁物折旧情况给予补偿。**	
23	租赁物价值部分返还	第二百四十九条　当事人约定租赁期间届满租赁物归承租人所有，承租人已经支付大部分租金，但无力支付剩余租金，出租人因此解除合同收回租赁物的，收回的租赁物的价值超过承租人欠付的租金以及其他费用的，承租人可以要求部分返还。	第七百五十八条　当事人约定租赁**期限**届满租赁物归承租人所有，承租人已经支付大部分租金，但是无力支付剩余租金，出租人因此解除合同收回租赁物，收回的租赁物的价值超过承租人欠付的租金以及其他费用的，承租人可以**请求相应**返还。 **当事人约定租赁期限届满租赁物归出租人所有，因租赁物毁损、灭失或者附合、混合于他物致使承租人不能返还的，出租人有权请求承租人给予合理补偿。**	"要求"改为"请求"、"期间"改为"期限"，表述精准。 第二款新增内容吸收《融资租赁合同司法解释》第十条[①]相关规定。

① 《融资租赁合同司法解释》（法释〔2014〕3号）第十条　当事人约定租赁期间届满后租赁物归出租人的，因租赁物毁损、灭失或者附合、混同于他物导致承租人不能返还，出租人要求其给予合理补偿的，人民法院应予支持。

续表

序号	条文主旨	《合同法》	《民法典》合同编	解读
		分则	第二分编　典型合同	
24	租赁期满租赁物归属	第二百五十条　出租人和承租人可以约定租赁期间届满租赁物的归属。对租赁物的归属没有约定或者约定不明确，依照本法第六十一条的规定仍不能确定的，租赁物的所有权归出租人。	第七百五十七条　出租人和承租人可以约定租赁**期限**届满租赁物的归属；对租赁物的归属没有约定或者约定不明确，依据本法**第五百一十条**的规定仍不能确定的，租赁物的所有权归出租人。	法条编号有所调整，内容不变。
25			**第七百五十九条　当事人约定租赁期限届满，承租人仅需向出租人支付象征性价款的，视为约定的租金义务履行完毕后租赁物的所有权归承租人。**	新增租赁期满租赁物归属的推定规则。
26	融资租赁合同无效的租赁物归属		**第七百六十条　融资租赁合同无效，当事人就该情形下租赁物的归属有约定的，按照其约定；没有约定或者约定不明确的，租赁物应当返还出租人。但是，因承租人原因致使合同无效，出租人不请求返还或者返还后会显著降低租赁物效用的，租赁物的所有权归承租人，由承租人给予出租人合理补偿。**	吸收《融资租赁合同司法解释》第四条①相关规定。

① 《融资租赁合同司法解释》(法释〔2014〕3 号)第四条　融资租赁合同被认定无效，当事人就合同无效情形下租赁物归属有约定的，从其约定；未约定或者约定不明，且当事人协商不成的，租赁物应当返还出租人。但因承租人原因导致合同无效，出租人不要求返还租赁物，或者租赁物正在使用，返还出租人后会显著降低租赁物价值和效用的，人民法院可以判决租赁物所有权归承租人，并根据合同履行情况和租金支付情况，由承租人就租赁物进行折价补偿。

第十六章　保理合同

保理合同为《民法典》合同编新增的四类典型合同之一。近年来保理业务量逐渐增多，银行保理和商业保理均发展较快，由此产生的保理合同纠纷也逐渐增多。《民法典》将这一类合同列入合同编，也是顺应了市场经济发展和司法审判实践的需求。

《民法典》合同编保理合同部分内容不多，共9个条款，对保理合同的定义、合同内容、虚构债权的保理合同、保理人表明身份、基础交易合同变更影响、有追索权的保理合同及无追索权的保理合同等作出了基础性的规定。

序号	条文主旨	《合同法》	《民法典》合同编	解读
		分则	第二分编　典型合同	
			第十六章　保理合同	
1	保理合同定义		**第七百六十一条　保理合同是应收账款债权人将现有的或者将有的应收账款转让给保理人，保理人提供资金融通、应收账款管理或者催收、应收账款债务人付款担保等服务的合同。**	吸收《商业银行保理业务管理暂行办法》第六条①相关规定。 此条明确了提供其中一项也是保理业务。
2	保理合同内容及形式		**第七百六十二条　保理合同的内容一般包括业务类型、服务范围、服务期限、基础交易合同情况、应收账款信息、保理融资款或者服务报酬及其支付方式等条款。** **保理合同应当采用书面形式。**	保理合同内容列举系指导性规范。此外，由于保理合同金额一般较大，采用书面形式明确相关内容，以免后期产生争议。

① 《商业银行保理业务管理暂行办法》（中国银行业监督管理委员会令2014年第5号）第六条　本办法所称保理业务是以债权人转让其应收账款为前提，集应收账款催收、管理、坏账担保及融资于一体的综合性金融服务。

续表

序号	条文主旨	《合同法》	《民法典》合同编	解读
		分则	第二分编　典型合同	
3	虚构应收账款		**第七百六十三条　应收账款债权人与债务人虚构应收账款作为转让标的，与保理人订立保理合同的，应收账款债务人不得以应收账款不存在为由对抗保理人，但是保理人明知虚构的除外。**	明确规定债务人作为欺诈方不具有主张应收账款实际不存在的抗辩权，这是《民法典》禁止反言原则的体现。
4	通知及表明身份		**第七百六十四条　保理人向应收账款债务人发出应收账款转让通知的，应当表明保理人身份并附有必要凭证。**	明确保理人通知债务人是有效的，但需要证明保理人身份。需注意的是保理通知同时适用有关债权转让通知要求，即债权人亦可通知。
5	基础交易合同变更对保理效力		**第七百六十五条　应收账款债务人接到应收账款转让通知后，应收账款债权人与债务人无正当理由协商变更或者终止基础交易合同，对保理人产生不利影响的，对保理人不发生效力。**	限制基础交易合同变更、终止，保护保理人利益。 关于何为正当理由以及举证责任归属问题，存在不确定性。例如市场价格大幅度变动是否属于正当理由？届

续表

序号	条文主旨	《合同法》	《民法典》合同编	解读
		分则	第二分编　典型合同	
				时或需债务人承担举证,此与债权转让不加重债务人履约负担的原则或相违背。
6	有追索权保理		**第七百六十六条　当事人约定有追索权保理的,保理人可以向应收账款债权人主张返还保理融资款本息或者回购应收账款债权,也可以向应收账款债务人主张应收账款债权。保理人向应收账款债务人主张应收账款债权,在扣除保理融资款本息和相关费用后有剩余的,剩余部分应当返还给应收账款债权人。**	新增有追索权保理的操作方法。 保理公司是否只能选择其中一项权利进行主张?待后续司法实践予以明确。
7	无追索权保理		**第七百六十七条　当事人约定无追索权保理的,保理人应当向应收账款债务人主张应收账款债权,保理人取得超过保理融资款本息和相关费用的部分,无需向应收账款债权人返还。**	新增无追索权保理的操作方法,本质上是保理人对债权的买断。

续表

序号	条文主旨	《合同法》	《民法典》合同编	解读
		分则	第二分编　典型合同	
8	多重保理清偿顺序		**第七百六十八条　应收账款债权人就同一应收账款订立多个保理合同，致使多个保理人主张权利的，已经登记的先于未登记的取得应收账款；均已经登记的，按照登记时间的先后顺序取得应收账款；均未登记的，由最先到达应收账款债务人的转让通知中载明的保理人取得应收账款；既未登记也未通知的，按照保理融资款或者服务报酬的比例取得应收账款。**	保理业务融资业务采取登记优先原则。 最后一款关于未通知也未登记的，以比例清偿或与前面《民法典》第五百四十六条“债权人转让债权，未通知债务人的，该转让对债务人不发生效力”或存一定冲突，有待司法实践予以明确。
9	法律适用		**第七百六十九条　本章没有规定的，适用本编第六章债权转让的有关规定。**	保理合同的基础法律关系是债权转让，因此无其他情况下应适用债权转让规定。

第十七章　承揽合同

有关承揽合同内容，《民法典》合同编基本保留了其在《合同法》中的原貌，仅对其中两个问题进行了修改，一是定作人任意解除权，增设行使时间限制；二是赋予了定作人享有选择留置权或拒绝交付的权利。具体详见下表：

序号	条文主旨	《合同法》	《民法典》合同编	解读
		分则	第二分编　典型合同	
		第十五章　承揽合同	第十七章 承揽合同	
1	承揽合同定义	第二百五十一条　承揽合同是承揽人按照定作人的要求完成工作，交付工作成果，定作人给付报酬的合同。 承揽包括加工、定作、修理、复制、测试、检验等工作。	第七百七十条　承揽合同是承揽人按照定作人的要求完成工作，交付工作成果，定作人**支付**报酬的合同。 承揽包括加工、定作、修理、复制、测试、检验等工作。	"给付"改为"支付"，语义更确切。
2	承揽合同内容	第二百五十二条　承揽合同的内容包括承揽的标的、数量、质量、报酬、承揽方式、材料的提供、履行期限、验收标准和方法等条款。	第七百七十一条　承揽合同的内容**一般**包括承揽的标的、数量、质量、报酬，承揽方式，材料的提供，履行期限，验收标准和方法等条款。	增加"一般"，语义更确切。
3	承揽工作主要完成人	第二百五十三条　承揽人应当以自己的设备、技术和劳力，完成主要工作，但当事人另有约定的除外。 承揽人将其承揽的主要工作交由第三人完成的，应当就该第三人完成的工作成果向定作人负责；未经定作人同意的，定作人也可以解除合同。	第七百七十二条　承揽人应当以自己的设备、技术和劳力，完成主要工作，但**是**当事人另有约定的除外。 承揽人将其承揽的主要工作交由第三人完成的，应当就该第三人完成的工作成果向定作人负责；未经定作人同意的，定作人也可以解除合同。	增加"是"，语义更确切。
4	辅助工作分包	第二百五十四条　承揽人可以将其承揽的辅助工作交由第三人完成。承揽人将其承揽的辅助工作交由第三人完成的，应当就该第三人完成的工作成果向定作人负责。	第七百七十三条　承揽人可以将其承揽的辅助工作交由第三人完成。承揽人将其承揽的辅助工作交由第三人完成的，应当就该第三人完成的工作成果向定作人负责。	法条编号有所调整，内容不变。

续表

序号	条文主旨	《合同法》	《民法典》合同编	解读
		分则	第二分编　典型合同	
5	材料供应及检验	第二百五十五条　承揽人提供材料的，承揽人应当按照约定选用材料，并接受定作人检验。	第七百七十四条　承揽人提供材料的，应当按照约定选用材料，并接受定作人检验。	法条编号有所调整，内容不变。
6		第二百五十六条　定作人提供材料的，定作人应当按照约定提供材料。承揽人对定作人提供的材料，应当及时检验，发现不符合约定时，应当及时通知定作人更换、补齐或者采取其他补救措施。 承揽人不得擅自更换定作人提供的材料，不得更换不需要修理的零部件。	第七百七十五条　定作人提供材料的，应当按照约定提供材料。承揽人对定作人提供的材料，应当及时检验，发现不符合约定时，应当及时通知定作人更换、补齐或者采取其他补救措施。 承揽人不得擅自更换定作人提供的材料，不得更换不需要修理的零部件。	法条编号有所调整，内容不变。
7	承揽通知义务	第二百五十七条　承揽人发现定作人提供的图纸或者技术要求不合理的，应当及时通知定作人。因定作人怠于答复等原因造成承揽人损失的，应当赔偿损失。	第七百七十六条　承揽人发现定作人提供的图纸或者技术要求不合理的，应当及时通知定作人。因定作人怠于答复等原因造成承揽人损失的，应当赔偿损失。	法条编号有所调整，内容不变。
8	工作要求变更	第二百五十八条　定作人中途变更承揽工作的要求，造成承揽人损失的，应当赔偿损失。	第七百七十七条　定作人中途变更承揽工作的要求，造成承揽人损失的，应当赔偿损失。	法条编号有所调整，内容不变。

续表

序号	条文主旨	《合同法》	《民法典》合同编	解读
		分则	第二分编　典型合同	
9	定作人协助义务	第二百五十九条　承揽工作需要定作人协助的，定作人有协助的义务。 定作人不履行协助义务致使承揽工作不能完成的，承揽人可以催告定作人在合理期限内履行义务，并可以顺延履行期限；定作人逾期不履行的，承揽人可以解除合同。	第七百七十八条　承揽工作需要定作人协助的，定作人有协助的义务。定作人不履行协助义务致使承揽工作不能完成的，承揽人可以催告定作人在合理期限内履行义务，并可以顺延履行期限；定作人逾期不履行的，承揽人可以解除合同。	法条编号有所调整，内容不变。
10	定作人监督检验	第二百六十条　承揽人在工作期间，应当接受定作人必要的监督检验。定作人不得因监督检验妨碍承揽人的正常工作。	第七百七十九条　承揽人在工作期间，应当接受定作人必要的监督检验。定作人不得因监督检验妨碍承揽人的正常工作。	法条编号有所调整，内容不变。
11	工作成果验收	第二百六十一条　承揽人完成工作的，应当向定作人交付工作成果，并提交必要的技术资料和有关质量证明。定作人应当验收该工作成果。	第七百八十条　承揽人完成工作的，应当向定作人交付工作成果，并提交必要的技术资料和有关质量证明。定作人应当验收该工作成果。	法条编号有所调整，内容不变。
12	质量不合约定的责任	第二百六十二条　承揽人交付的工作成果不符合质量要求的，定作人可以要求承揽人承担修理、重作、减少报酬、赔偿损失等违约责任。	第七百八十一条　承揽人交付的工作成果不符合质量要求的，定作人可以**合理选择请求**承揽人承担修理、重作、减少报酬、赔偿损失等违约责任。	"要求"改为"合理选择请求"，语义更确切。

续表

序号	条文主旨	《合同法》	《民法典》合同编	解读
		分则	第二分编　典型合同	
13	报酬支付期限	第二百六十三条　定作人应当按照约定的期限支付报酬。对支付报酬的期限没有约定或者约定不明确,依照本法第六十一条的规定仍不能确定的,定作人应当在承揽人交付工作成果时支付;工作成果部分交付的,定作人应当相应支付。	第七百八十二条　定作人应当按照约定的期限支付报酬。对支付报酬的期限没有约定或者约定不明确,**依据本法第五百一十条**的规定仍不能确定的,定作人应当在承揽人交付工作成果时支付;工作成果部分交付的,定作人应当相应支付。	法条编号有所调整,内容不变。
14	承揽人留置权	第二百六十四条　定作人未向承揽人支付报酬或者材料费等价款的,承揽人对完成的工作成果享有留置权,但当事人另有约定的除外。	第七百八十三条　定作人未向承揽人支付报酬或者材料费等价款的,承揽人对完成的工作成果享有留置权**或者有权拒绝交付**,但**是**当事人另有约定的除外。	增加"承揽人有权拒付"的权利。
15	承揽人保管义务	第二百六十五条　承揽人应当妥善保管定作人提供的材料以及完成的工作成果,因保管不善造成毁损、灭失的,应当承担损害赔偿责任。	第七百八十四条　承揽人应当妥善保管定作人提供的材料以及完成的工作成果,因保管不善造成毁损、灭失的,应当承担赔偿责任。	"损害赔偿责任"表述调整为"赔偿责任",表述更精准。
16	承揽人保密义务	第二百六十六条　承揽人应当按照定作人的要求保守秘密,未经定作人许可,不得留存复制品或者技术资料。	第七百八十五条　承揽人应当按照定作人的要求保守秘密,未经定作人许可,不得留存复制品或者技术资料。	法条编号有所调整,内容不变。

续表

序号	条文主旨	《合同法》	《民法典》合同编	解读
		分则	第二分编　典型合同	
17	共同承揽	第二百六十七条　共同承揽人对定作人承担连带责任，但当事人另有约定的除外。	第七百八十六条　共同承揽人对定作人承担连带责任，但**是**当事人另有约定的除外。	增加“是”，语义更确切。
18	定作人解除权	第二百六十八条　定作人可以随时解除承揽合同，造成承揽人损失的，应当赔偿损失。	第七百八十七条　定作人**在承揽人完成工作前**可以随时解除合同，造成承揽人损失的，应当赔偿损失。	将定作人的任意解除权增加了一个限制条件：在承揽工作完成前。

第十八章　建设工程合同

有关建设工程合同，《民法典》合同编在《合同法》基础上，主要系吸收了部分司法解释有关规定，新增两条：一是合同无效工程价款结算规定；二是新增合同解除法定情形。具体详见下表：

序号	条文主旨	《合同法》	《民法典》合同编	解读
		分则	第二分编　典型合同	
		第十六章　建设工程合同	第十八章　建设工程合同	
1	建设工程合同定义	第二百六十九条　建设工程合同是承包人进行工程建设，发包人支付价款的合同。 建设工程合同包括工程勘察、设计、施工合同。	第七百八十八条　建设工程合同是承包人进行工程建设，发包人支付价款的合同。 建设工程合同包括工程勘察、设计、施工合同。	法条编号有所调整，内容不变。
2	合同形式	第二百七十条　建设工程合同应当采用书面形式。	第七百八十九条　建设工程合同应当采用书面形式。	法条编号有所调整，内容不变。

续表

序号	条文主旨	《合同法》	《民法典》合同编	解读
		分则	第二分编　典型合同	
3	建设工程招投标原则	第二百七十一条　建设工程的招标投标活动，应当依照有关法律的规定公开、公平、公正进行。	第七百九十条　建设工程的招标投标活动，应当依照有关法律的规定公开、公平、公正进行。	法条编号有所调整，内容不变。
4	建设工程发包、承包与分包	第二百七十二条　发包人可以与总承包人订立建设工程合同，也可以分别与勘察人、设计人、施工人订立勘察、设计、施工承包合同。发包人不得将应当由一个承包人完成的建设工程肢解成若干部分发包给几个承包人。 总承包人或者勘察、设计、施工承包人经发包人同意，可以将自己承包的部分工作交由第三人完成。第三人就其完成的工作成果与总承包人或者勘察、设计、施工承包人向发包人承担连带责任。承包人不得将其承包的全部建设工程转包给第三人或者将其承包的全部建设工程肢解以后以分包的名义分别转包给第三人。 禁止承包人将工程分包给不具备相应资质条件的单位。禁止分包单位将其承包的工程再分包。建设工程主体结构的施工必须由承包人自行完成。	第七百九十一条　发包人可以与总承包人订立建设工程合同，也可以分别与勘察人、设计人、施工人订立勘察、设计、施工承包合同。发包人不得将应当由一个承包人完成的建设工程**支解**成若干部分发包给数个承包人。 总承包人或者勘察、设计、施工承包人经发包人同意，可以将自己承包的部分工作交由第三人完成。第三人就其完成的工作成果与总承包人或者勘察、设计、施工承包人向发包人承担连带责任。承包人不得将其承包的全部建设工程转包给第三人或者将其承包的全部建设工程**支解**以后以分包的名义分别转包给第三人。 禁止承包人将工程分包给不具备相应资质条件的单位。禁止分包单位将其承包的工程再分包。建设工程主体结构的施工必须由承包人自行完成。	“肢解”改为“支解”，语义更贴切。

续表

序号	条文主旨	《合同法》	《民法典》合同编	解读
		分则	第二分编　典型合同	
5	国家重大建设工程合同的订立	第二百七十三条　国家重大建设工程合同，应当按照国家规定的程序和国家批准的投资计划、可行性研究报告等文件订立。	第七百九十二条　国家重大建设工程合同，应当按照国家规定的程序和国家批准的投资计划、可行性研究报告等文件订立。	法条编号有所调整，内容不变。
6	建设工程合同无效、验收不合格的处理		**第七百九十三条　建设工程施工合同无效，但是建设工程经验收合格的，可以参照合同关于工程价款的约定折价补偿承包人。** **建设工程施工合同无效，且建设工程经验收不合格的，按照以下情形处理：** **（一）修复后的建设工程经验收合格的，发包人可以请求承包人承担修复费用；** **（二）修复后的建设工程经验收不合格的，承包人无权请求参照合同关于工程价款的约定折价补偿。** **发包人对因建设工程不合格造成的损失有过错的，应当承担相应的责任。**	新增条款吸收《建设工程施工合同司法解释》第二、三条①相关规定。

① 《建设工程施工合同司法解释》（法释〔2004〕14 号）第二条　建设工程施工合同无效，但建设工程经竣工验收合格，承包人请求参照合同约定支付工程价款的，应予支持。

第三条　建设工程施工合同无效，且建设工程经竣工验收不合格的，按照以下情形分别处理：

（一）修复后的建设工程经竣工验收合格，发包人请求承包人承担修复费用的，应予支持；

（二）修复后的建设工程经竣工验收不合格，承包人请求支付工程价款的，不予支持。

因建设工程不合格造成的损失，发包人有过错的，也应承担相应的民事责任。

续表

序号	条文主旨	《合同法》	《民法典》合同编	解读
		分则	第二分编　典型合同	
7	勘察设计合同内容	第二百七十四条　勘察、设计合同的内容包括提交有关基础资料和文件（包括概预算）的期限、质量要求、费用以及其他协作条件等条款。	第七百九十四条　勘察、设计合同的内容**一般**包括提交有关基础资料和**概预算等文件**的期限、质量要求、费用以及其他协作条件等条款。	增加“一般”和“等文件”，语义更确切。
8	施工合同内容	第二百七十五条　施工合同的内容包括工程范围、建设工期、中间交工工程的开工和竣工时间、工程质量、工程造价、技术资料交付时间、材料和设备供应责任、拨款和结算、竣工验收、质量保修范围和质量保证期、双方相互协作等条款。	第七百九十五条　施工合同的内容**一般**包括工程范围、建设工期、中间交工工程的开工和竣工时间、工程质量、工程造价、技术资料交付时间、材料和设备供应责任、拨款和结算、竣工验收、质量保修范围和质量保证期、相互协作等条款。	增加“一般”，语义更确切。
9	建设工程监理	第二百七十六条　建设工程实行监理的，发包人应当与监理人采用书面形式订立委托监理合同。发包人与监理人的权利和义务以及法律责任，应当依照本法委托合同以及其他有关法律、行政法规的规定。	第七百九十六条　建设工程实行监理的，发包人应当与监理人采用书面形式订立委托监理合同。发包人与监理人的权利和义务以及法律责任，应当依照**本编**委托合同以及其他有关法律、行政法规的规定。	法条编号有所调整，内容不变。
10	发包人检查权	第二百七十七条　发包人在不妨碍承包人正常作业的情况下，可以随时对作业进度、质量进行检查。	第七百九十七条　发包人在不妨碍承包人正常作业的情况下，可以随时对作业进度、质量进行检查。	法条编号有所调整，内容不变。

续表

序号	条文主旨	《合同法》	《民法典》合同编	解读
		分则	第二分编　典型合同	
11	隐蔽工程检查	第二百七十八条　隐蔽工程在隐蔽以前，承包人应当通知发包人检查。发包人没有及时检查的，承包人可以顺延工程日期，并有权要求赔偿停工、窝工等损失。	第七百九十八条　隐蔽工程在隐蔽以前，承包人应当通知发包人检查。发包人没有及时检查的，承包人可以顺延工程日期，并有权**请求**赔偿停工、窝工等损失。	“要求”改为“请求”，语义更确切。
12	建设工程竣工验收	第二百七十九条　建设工程竣工后，发包人应当根据施工图纸及说明书、国家颁发的施工验收规范和质量检验标准及时进行验收。验收合格的，发包人应当按照约定支付价款，并接收该建设工程。 建设工程竣工经验收合格后，方可交付使用；未经验收或者验收不合格的，不得交付使用。	第七百九十九条　建设工程竣工后，发包人应当根据施工图纸以及说明书、国家颁发的施工验收规范和质量检验标准及时进行验收。验收合格的，发包人应当按照约定支付价款，并接收该建设工程。 建设工程竣工经验收合格后，方可交付使用；未经验收或者验收不合格的，不得交付使用。	法条编号有所调整，内容不变。
13	勘察、设计人质量责任	第二百八十条　勘察、设计的质量不符合要求或者未按照期限提交勘察、设计文件拖延工期，造成发包人损失的，勘察人、设计人应当继续完善勘察、设计，减收或者免收勘察、设计费并赔偿损失。	第八百条　勘察、设计的质量不符合要求或者未按照期限提交勘察、设计文件拖延工期，造成发包人损失的，勘察人、设计人应当继续完善勘察、设计，减收或者免收勘察、设计费并赔偿损失。	法条编号有所调整，内容不变。

续表

序号	条文主旨	《合同法》	《民法典》合同编	解读
		分则	第二分编　典型合同	
14	施工方质量责任	第二百八十一条　因施工人的原因致使建设工程质量不符合约定的，发包人有权要求施工人在合理期限内无偿修理或者返工、改建。经过修理或者返工、改建后，造成逾期交付的，施工人应当承担违约责任。	第八百零一条　因施工人的原因致使建设工程质量不符合约定的，发包人有权**请求**施工人在合理期限内无偿修理或者返工、改建。经过修理或者返工、改建后，造成逾期交付的，施工人应当承担违约责任。	“要求”改为“请求”，语义更确切。
15	质量保证责任	第二百八十二条　因承包人的原因致使建设工程在合理使用期限内造成人身和财产损害的，承包人应当承担损害赔偿责任。	第八百零二条　因承包人的原因致使建设工程在合理使用期限内造成**人身损害和财产损失**的，承包人应当承担赔偿责任。	1. 区分“损害”和“损失”，语义更确切。 2. “损害赔偿责任”表述调整为“赔偿责任”，表述更精准。
16	发包人违约责任	第二百八十三条　发包人未按照约定的时间和要求提供原材料、设备、场地、资金、技术资料的，承包人可以顺延工程日期，并有权要求赔偿停工、窝工等损失。	第八百零三条　发包人未按照约定的时间和要求提供原材料、设备、场地、资金、技术资料的，承包人可以顺延工程日期，并有权**请求**赔偿停工、窝工等损失。	“要求”改为“请求”，语义更确切。

续表

序号	条文主旨	《合同法》	《民法典》合同编	解读
		分则	第二分编　典型合同	
17	发包人原因致工程停建缓建责任	第二百八十四条　因发包人的原因致使工程中途停建、缓建的，发包人应当采取措施弥补或者减少损失，赔偿承包人因此造成的停工、窝工、倒运、机械设备调迁、材料和构件积压等损失和实际费用。	第八百零四条　因发包人的原因致使工程中途停建、缓建的，发包人应当采取措施弥补或者减少损失，赔偿承包人因此造成的停工、窝工、倒运、机械设备调迁、材料和构件积压等损失和实际费用。	法条编号有所调整，内容不变。
18	发包人原因致勘察设计返工停工或修改设计的责任	第二百八十五条　因发包人变更计划，提供的资料不准确，或者未按照期限提供必需的勘察、设计工作条件而造成勘察、设计的返工、停工或者修改设计，发包人应当按照勘察人、设计人实际消耗的工作量增付费用。	第八百零五条　因发包人变更计划，提供的资料不准确，或者未按照期限提供必需的勘察、设计工作条件而造成勘察、设计的返工、停工或者修改设计，发包人应当按照勘察人、设计人实际消耗的工作量增付费用。	法条编号有所调整，内容不变。
19	合同解除及后果		**第八百零六条　承包人将建设工程转包、违法分包的，发包人可以解除合同。** **发包人提供的主要建筑材料、建筑构配件和设备不符合强制性标准或者**	吸收《建设工程合同司法解释》第八条第四项，第九条第二、三项①相关规定。

① 《建设工程施工合同司法解释》(法释〔2004〕14号)第八条第四项　承包人具有下列情形之一，发包人请求解除建设工程施工合同的，应予支持：

(四)将承包的建设工程非法转包、违法分包的。

第九条第二、三项　发包人具有下列情形之一，致使承包人无法施工，且在催告的合理期限内仍未履行相应义务，承包人请求解除建设工程施工合同的，应予支持：

(二)提供的主要建筑材料、建筑构配件和设备不符合强制性标准的；

(三)不履行合同约定的协助义务的。

续表

序号	条文主旨	《合同法》	《民法典》合同编	解读
		分则	第二分编　典型合同	
			不履行协助义务，致使承包人无法施工，经催告后在合理期限内仍未履行相应义务的，承包人可以解除合同。 **合同解除后，已经完成的建设工程质量合格的，发包人应当按照约定支付相应的工程价款；已经完成的建设工程质量不合格的，参照本法第七百九十三条的规定处理。**	
20	工程价款支付	第二百八十六条　发包人未按照约定支付价款的，承包人可以催告发包人在合理期限内支付价款。发包人逾期不支付的，除按照建设工程的性质不宜折价、拍卖的以外，承包人可以与发包人协议将该工程折价，也可以申请人民法院将该工程依法拍卖。建设工程的价款就该工程折价或者拍卖的价款优先受偿。	第八百零七条　发包人未按照约定支付价款的，承包人可以催告发包人在合理期限内支付价款。发包人逾期不支付的，除根据建设工程的性质不宜折价、拍卖外，承包人可以与发包人协议将该工程折价，也可以**请求**人民法院将该工程依法拍卖。建设工程的价款就该工程折价或者拍卖的价款优先受偿。	“申请”改为“请求”，表述更确切，内容不变。
21	法律适用	第二百八十七条　本章没有规定的，适用承揽合同的有关规定。	第八百零八条　本章没有规定的，适用承揽合同的有关规定。	法条编号有所调整，内容不变。

第十九章　运 输 合 同

有关运输合同,《民法典》合同编变化不大,在保留《合同法》内容的基础上,为进一步保护旅客在运输过程中的人身、财产安全,在客运合同内容中对旅客、承运人在有关安全运输领域的责任义务予以明确。具体详见下表:

序号	条文主旨	《合同法》	《民法典》合同编	解读
		分则	第二分编　典型合同	
		第十七章　运输合同	第十九章　运输合同	
		第一节　一般规定	第一节　一般规定	
1	运输合同定义	第二百八十八条　运输合同是承运人将旅客或者货物从起运地点运输到约定地点,旅客、托运人或者收货人支付票款或者运输费用的合同。	第八百零九条　运输合同是承运人将旅客或者货物从起运地点运输到约定地点,旅客、托运人或者收货人支付票款或者运输费用的合同。	法条编号有所调整,内容不变。
2	公共运输强制缔约	第二百八十九条　从事公共运输的承运人不得拒绝旅客、托运人通常、合理的运输要求。	第八百一十条　从事公共运输的承运人不得拒绝旅客、托运人通常、合理的运输要求。	法条编号有所调整,内容不变。
3	承运人安全运输义务	第二百九十条　承运人应当在约定期间或者合理期间内将旅客、货物安全运输到约定地点。	第八百一十一条　承运人应当在约定**期限**或者合理**期限**内将旅客、货物安全运输到约定地点。	“期间”改为“期限”,表述更精准。
4	承运人合理运输义务	第二百九十一条　承运人应当按照约定的或者通常的运输路线将旅客、货物运输到约定地点。	第八百一十二条　承运人应当按照约定的或者通常的运输路线将旅客、货物运输到约定地点。	法条编号有所调整,内容不变。

续表

序号	条文主旨	《合同法》	《民法典》合同编	解读
		分则	第二分编　典型合同	
5	票款或运输费用	第二百九十二条　旅客、托运人或者收货人应当支付票款或者运输费用。承运人未按照约定路线或者通常路线运输增加票款或者运输费用的，旅客、托运人或者收货人可以拒绝支付增加部分的票款或者运输费用。	第八百一十三条　旅客、托运人或者收货人应当支付票款或者运输费用。承运人未按照约定路线或者通常路线运输增加票款或者运输费用的，旅客、托运人或者收货人可以拒绝支付增加部分的票款或者运输费用。	法条编号有所调整，内容不变。
		第二节　客运合同	第二节　客运合同	
6	客运合同成立	第二百九十三条　客运合同自承运人向旅客交付客票时成立，但当事人另有约定或者另有交易习惯的除外。	第八百一十四条　客运合同自承运人向旅客出具客票时成立，但**是**当事人另有约定或者另有交易习惯的除外。	增加“是”，语义更确切。
7	旅客一般承运义务	第二百九十四条　旅客应当持有效客票乘运。旅客无票乘运、超程乘运、越级乘运或者持失效客票乘运的，应当补交票款，承运人可以按照规定加收票款。旅客不交付票款的，承运人可以拒绝运输。	第八百一十五条　旅客应当按照有效客票**记载的时间、班次和座位号**乘坐。旅客无票乘坐、超程乘坐、越级乘坐或者持**不符合减价条件的优惠**客票乘坐的，应当补交票款，承运人可以按照规定加收票款；旅客不支付票款的，承运人可以拒绝运输。 **实名制客运合同的旅客丢失客票的，可以请求承运人挂失补办，承运人不得再次收取票款和其他不合理费用。**	1. 表述补充完善。 2. 针对我国目前普遍存在的实名制乘车规定，及时增加实名制挂失补办规定，保护社会大众合法权益。

续表

序号	条文主旨	《合同法》	《民法典》合同编	解读
		分则	第二分编　典型合同	
8	旅客退票与变更	第二百九十五条　旅客因自己的原因不能按照客票记载的时间乘坐的，应当在约定的时间内办理退票或者变更手续。逾期办理的，承运人可以不退票款，并不再承担运输义务。	第八百一十六条　旅客因自己的原因不能按照客票记载的时间乘坐的，应当在约定的**期限**内办理退票或者变更手续；逾期办理的，承运人可以不退票款，并不再承担运输义务。	“时间”改为“期限”，表述更精确。
9	行李限量携带	第二百九十六条　旅客在运输中应当按照约定的限量携带行李。超过限量携带行李的，应当办理托运手续。	第八百一十七条　旅客**随身**携带行李应当符合约定的限量和**品类要求**；超过限量或者**违反品类要求**携带行李的，应当办理托运手续。	增加携带行李品类要求。
10	禁品或危险物品的携带禁止	第二百九十七条　旅客不得随身携带或者在行李中夹带易燃、易爆、有毒、有腐蚀性、有放射性以及有可能危及运输工具上人身和财产安全的危险物品或者其他违禁物品。 旅客违反前款规定的，承运人可以将违禁物品卸下、销毁或者送交有关部门。旅客坚持携带或者夹带违禁物品的，承运人应当拒绝运输。	第八百一十八条　旅客不得随身携带或者在行李中夹带易燃、易爆、有毒、有腐蚀性、有放射性以及可能危及运输工具上人身和财产安全的危险物品或者违禁物品。 旅客违反前款规定的，承运人可以将**危险物品或者**违禁物品卸下、销毁或者送交有关部门。旅客坚持携带或者夹带**危险物品或者**违禁物品的，承运人应当拒绝运输。	增加禁止携带范围——危险物品。

续表

序号	条文主旨	《合同法》	《民法典》合同编	解读
		分则	第二分编　典型合同	
11	承运人告知义务和旅客协助义务	第二百九十八条　承运人应当向旅客及时告知有关不能正常运输的重要事由和安全运输应当注意的事项。	第八百一十九条　承运人应当严格履行安全运输义务，及时告知旅客安全运输应当注意的事项。**旅客对承运人为安全运输所作的合理安排应当积极协助和配合。**	新增承运人安全运输义务和旅客协助配合义务。
12	承运人按约定运输义务	第二百九十九条　承运人应当按照客票载明的时间和班次运输旅客。承运人迟延运输的，应当根据旅客的要求安排改乘其他班次或者退票。	第八百二十条　承运人应当按照有效客票记载的时间、班次和**座位号**运输旅客。承运人迟延运输**或者有其他不能正常运输情形**的，**应当及时告知和提醒旅客，采取必要的安置措施，**并根据旅客的要求安排改乘其他班次或者退票；**由此造成旅客损失的，承运人应当承担赔偿责任，但是不可归责于承运人的除外。**	新增承运人迟延运输时的告知、提醒义务，以及损失赔偿责任。
13	服务标准变更	第三百条　承运人擅自变更运输工具而降低服务标准的，应当根据旅客的要求退票或者减收票款；提高服务标准的，不应当加收票款。	第八百二十一条　承运人擅自降低服务标准的，应当根据旅客的请求退票或者减收票款；提高服务标准的，**不得**加收票款。	删除“变更运输工具而”，扩大降低服务标准范围，不再局限于变更运输工具，利于乘客权益保护。

续表

序号	条文主旨	《合同法》	《民法典》合同编	解读
		分则	第二分编　典型合同	
14	承运人救助义务	第三百零一条　承运人在运输过程中，应当尽力救助患有急病、分娩、遇险的旅客。	第八百二十二条　承运人在运输过程中，应当尽力救助患有急病、分娩、遇险的旅客。	法条编号有所调整，内容不变。
15	旅客伤亡责任	第三百零二条　承运人应当对运输过程中旅客的伤亡承担损害赔偿责任，但伤亡是旅客自身健康原因造成的或者承运人证明伤亡是旅客故意、重大过失造成的除外。 前款规定适用于按照规定免票、持优待票或者经承运人许可搭乘的无票旅客。	第八百二十三条　承运人应当对运输过程中旅客的伤亡承担赔偿责任；但是，伤亡是旅客自身健康原因造成的或者承运人证明伤亡是旅客故意、重大过失造成的除外。 前款规定适用于按照规定免票、持优待票或者经承运人许可搭乘的无票旅客。	“损害赔偿责任”改为“赔偿责任”，表述更精准。
16	物品毁损、灭失赔偿责任	第三百零三条　在运输过程中旅客自带物品毁损、灭失，承运人有过错的，应当承担损害赔偿责任。 旅客托运的行李毁损、灭失的，适用货物运输的有关规定。	第八百二十四条　在运输过程中旅客随身携带物品毁损、灭失，承运人有过错的，应当承担赔偿责任。 旅客托运的行李毁损、灭失的，适用货物运输的有关规定。	“损害赔偿责任”改为“赔偿责任”，表述更精准。
		第三节　货运合同	第三节　货运合同	
17	托运人申报义务	第三百零四条　托运人办理货物运输，应当向承运人准确表明收货人的名称或者姓名或者凭指示的收货人，货物的名称、性质、重量、数量，收货地点等有关货物运输的必要情况。	第八百二十五条　托运人办理货物运输，应当向承运人准确表明收货人的姓名、名称或者凭指示的收货人，货物的名称、性质、重量、数量，收货地点等有关货物运输的必要情况。	“损害赔偿责任”改为“赔偿责任”，内容不变。

续表

序号	条文主旨	《合同法》	《民法典》合同编	解读
		分则	第二分编　典型合同	
		因托运人申报不实或者遗漏重要情况，造成承运人损失的，托运人应当承担损害赔偿责任。	因托运人申报不实或者遗漏重要情况，造成承运人损失的，托运人应当承担**赔偿责任**。	
18	托运人提交有关文件义务	第三百零五条　货物运输需要办理审批、检验等手续的，托运人应当将办理完有关手续的文件提交承运人。	第八百二十六条　货物运输需要办理审批、检验等手续的，托运人应当将办理完有关手续的文件提交承运人。	法条编号有所调整，内容不变。
19	托运人包装义务	第三百零六条　托运人应当按照约定的方式包装货物。对包装方式没有约定或者约定不明确的，适用本法第一百五十六条的规定。 托运人违反前款规定的，承运人可以拒绝运输。	第八百二十七条　托运人应当按照约定的方式包装货物。对包装方式没有约定或者约定不明确的，适用**本法第六百一十九条**的规定。 托运人违反前款规定的，承运人可以拒绝运输。	法条编号有所调整，内容不变。
20	托运人托运危险物义务	第三百零七条　托运人托运易燃、易爆、有毒、有腐蚀性、有放射性等危险物品的，应当按照国家有关危险物品运输的规定对危险物品妥善包装，作出危险物标志和标签，并将有关危险物品的名称、性质和防范措施的书面材料提交承运人。 托运人违反前款规定的，承运人可以拒绝运输，也可以采取相应措施以避	第八百二十八条　托运人托运易燃、易爆、有毒、有腐蚀性、有放射性等危险物品的，应当按照国家有关危险物品运输的规定对危险物品妥善包装，做出危险物**品**标志和标签，并将有关危险物品的名称、性质和防范措施的书面材料提交承运人。 托运人违反前款规定的，承运人可以拒绝运输，也可以采取相应措施以避	法条编号有所调整，内容不变。

续表

序号	条文主旨	《合同法》	《民法典》合同编	解读
		分则	第二分编　典型合同	
		免损失的发生，因此产生的费用由托运人承担。	免损失的发生，因此产生的费用由托运人负担。	
21	托运变更	第三百零八条　在承运人将货物交付收货人之前，托运人可以要求承运人中止运输、返还货物、变更到达地或者将货物交给其他收货人，但应当赔偿承运人因此受到的损失。	第八百二十九条　在承运人将货物交付收货人之前，托运人可以要求承运人中止运输、返还货物、变更到达地或者将货物交给其他收货人，但**是**应当赔偿承运人因此受到的损失。	增加“是”，语义更确切。
22	收货人提货义务	第三百零九条　货物运输到达后，承运人知道收货人的，应当及时通知收货人，收货人应当及时提货。收货人逾期提货的，应当向承运人支付保管费等费用。	第八百三十条　货物运输到达后，承运人知道收货人的，应当及时通知收货人，收货人应当及时提货。收货人逾期提货的，应当向承运人支付保管费等费用。	法条编号有所调整，内容不变。
23	收款人检验	第三百一十条　收货人提货时应当按照约定的期限检验货物。对检验货物的期限没有约定或者约定不明确，依照本法第六十一条的规定仍不能确定的，应当在合理期限内检验货物。收货人在约定的期限或者合理期限内对货物的数量、毁损等未提出异议的，视为承运人已经按照运输单证的记载交付的初步证据。	第八百三十一条　收货人提货时应当按照约定的期限检验货物。对检验货物的期限没有约定或者约定不明确，依据本法**第五百一十条**的规定仍不能确定的，应当在合理期限内检验货物。收货人在约定的期限或者合理期限内对货物的数量、毁损等未提出异议的，视为承运人已经按照运输单证的记载交付的初步证据。	法条编号有所调整，内容不变。

续表

序号	条文主旨	《合同法》	《民法典》合同编	解读
		分则	第二分编　典型合同	
24	运输过程货物毁损、灭失责任	第三百一十一条　承运人对运输过程中货物的毁损、灭失承担损害赔偿责任，但承运人证明货物的毁损、灭失是因不可抗力、货物本身的自然性质或者合理损耗以及托运人、收货人的过错造成的，不承担损害赔偿责任。	第八百三十二条　承运人对运输过程中货物的毁损、灭失承担赔偿责任。但是，承运人证明货物的毁损、灭失是因不可抗力、货物本身的自然性质或者合理损耗以及托运人、收货人的过错造成的，不承担**赔偿责任**。	"损害赔偿责任"改为"赔偿责任"，更精准，内容不变。
25	货损计算	第三百一十二条　货物的毁损、灭失的赔偿额，当事人有约定的，按照其约定；没有约定或者约定不明确，依照本法第六十一条的规定仍不能确定的，按照交付或者应当交付时货物到达地的市场价格计算。法律、行政法规对赔偿额的计算方法和赔偿限额另有规定的，依照其规定。	第八百三十三条　货物的毁损、灭失的赔偿额，当事人有约定的，按照其约定；没有约定或者约定不明确，依据本法**第五百一十条**的规定仍不能确定的，按照交付或者应当交付时货物到达地的市场价格计算。法律、行政法规对赔偿额的计算方法和赔偿限额另有规定的，依照其规定。	法条编号有所调整，内容不变。
26	相继运输	第三百一十三条　两个以上承运人以同一运输方式联运的，与托运人订立合同的承运人应当对全程运输承担责任。损失发生在某一运输区段的，与托运人订立合同的承运人和该区段的承运人承担连带责任。	第八百三十四条　两个以上承运人以同一运输方式联运的，与托运人订立合同的承运人应当对全程运输承担责任；损失发生在某一运输区段的，与托运人订立合同的承运人和该区段的承运人承担连带责任。	法条编号有所调整，内容不变。

续表

序号	条文主旨	《合同法》	《民法典》合同编	解读
		分则	第二分编　典型合同	
27	货物的灭失与运费的处理	第三百一十四条　货物在运输过程中因不可抗力灭失，未收取运费的，承运人不得要求支付运费；已收取运费的，托运人可以要求返还。	第八百三十五条　货物在运输过程中因不可抗力灭失，未收取运费的，承运人不得**请求**支付运费；已**经**收取运费的，托运人可以**请求**返还。**法律另有规定的，依照其规定。**	"要求"改为"请求"，语义更确切。
28	运送物的留置	第三百一十五条　托运人或者收货人不支付运费、保管费以及其他运输费用的，承运人对相应的运输货物享有留置权，但当事人另有约定的除外。	第八百三十六条　托运人或者收货人不支付运费、保管费**或者**其他费用的，承运人对相应的运输货物享有留置权，但**是**当事人另有约定的除外。	增加"是"，语义更确切。
29	货物提存	第三百一十六条　收货人不明或者收货人无正当理由拒绝受领货物的，依照本法第一百零一条的规定，承运人可以提存货物。	第八百三十七条　收货人不明或者收货人无正当理由拒绝受领货物的，承运人**依法**可以提存货物。	表述精简，内容不变。
		第四节　多式联运合同	第四节　多式联运合同	
30	经营人权利义务	第三百一十七条　多式联运经营人负责履行或者组织履行多式联运合同，对全程运输享有承运人的权利，承担承运人的义务。	第八百三十八条　多式联运经营人负责履行或者组织履行多式联运合同，对全程运输享有承运人的权利，承担承运人的义务。	法条编号有所调整，内容不变。
31	多式联运的责任	第三百一十八条　多式联运经营人可以与参加多式联运的各区段承运人就多式联运合同的各区段运输约定相互之间的责任，但该约定不影响多式	第八百三十九条　多式联运经营人可以与参加多式联运的各区段承运人就多式联运合同的各区段运输约定相互之间的责任；但是，该约定不影响多	法条编号有所调整，内容不变。

续表

序号	条文主旨	《合同法》	《民法典》合同编	解读
		分则	第二分编　典型合同	
		联运经营人对全程运输承担的义务。	式联运经营人对全程运输承担的义务。	
32	多式联运单据	第三百一十九条　多式联运经营人收到托运人交付的货物时，应当签发多式联运单据。按照托运人的要求，多式联运单据可以是可转让单据，也可以是不可转让单据。	第八百四十条　多式联运经营人收到托运人交付的货物时，应当签发多式联运单据。按照托运人的要求，多式联运单据可以是可转让单据，也可以是不可转让单据。	法条编号有所调整，内容不变。
33	托运人赔偿责任	第三百二十条　因托运人托运货物时的过错造成多式联运经营人损失的，即使托运人已经转让多式联运单据，托运人仍然应当承担损害赔偿责任。	第八百四十一条　因托运人托运货物时的过错造成多式联运经营人损失的，即使托运人已经转让多式联运单据，托运人仍然应当承担**赔偿责任**。	"损害赔偿责任"改为"赔偿责任"，内容不变。
34	赔偿责任法律适用	第三百二十一条　货物的毁损、灭失发生于多式联运的某一运输区段的，多式联运经营人的赔偿责任和责任限额，适用调整该区段运输方式的有关法律规定。货物毁损、灭失发生的运输区段不能确定的，依照本章规定承担损害赔偿责任。	第八百四十二条　货物的毁损、灭失发生于多式联运的某一运输区段的，多式联运经营人的赔偿责任和责任限额，适用调整该区段运输方式的有关法律规定；货物毁损、灭失发生的运输区段不能确定的，依照本章规定承担**赔偿责任**。	"损害赔偿责任"改为"赔偿责任"，内容不变。

第二十章　技术合同

有关技术合同问题，《民法典》合同编在保留《合同法》规定的基础上，作了一定变化，主要表现在：一是强调了有利于知识产权保护原则；二是区分了技术转让合同和技术许可合同及有关规定。具体详见下表：

序号	条文主旨	《合同法》	《民法典》合同编	解读
		分则	第二分编　典型合同	
		第十八章　技术合同	第二十章　技术合同	
		第一节　一般规定	第一节　一般规定	
1	技术合同定义	第三百二十二条　技术合同是当事人就技术开发、转让、咨询或者服务订立的确立相互之间权利和义务的合同。	第八百四十三条　技术合同是当事人就技术开发、转让、许可、咨询或者服务订立的确立相互之间权利和义务的合同。	法条编号有所调整，内容不变。
2	技术合同原则	第三百二十三条　订立技术合同，应当有利于科学技术的进步，加速科学技术成果的转化、应用和推广。	第八百四十四条　订立技术合同，应当有利于**知识产权的保护**和科学技术的进步，**促进**科学技术成果的**研发、**转化、应用和推广。	新增知识产权保护原则，强化知识产权保护。此外，表述稍作调整。
3	技术合同内容	第三百二十四条　技术合同的内容由当事人约定，一般包括以下条款： （一）项目名称； （二）标的的内容、范围和要求； （三）履行的计划、进度、期限、地点、地域和方式； （四）技术情报和资料的保密； （五）风险责任的承担； （六）技术成果的归属和收益的分成办法； （七）验收标准和方法；	第八百四十五条　技术合同的内容一般包括项目的名称，**标的的**内容、范围和要求，履行的计划、地点和方式，技术**信息**和资料的保密，技术成果的归属和收益的分配办法，验收标准和方法，名词和术语的解释**等**条款。 与履行合同有关的技术背景资料、可行性论证和技术评价报告、项目任务书和计划书、技术标准、技术规范、原始设计和工艺文件，以及其他技术文档，按照当事人的约定可以作为合同的组成部分。	减少列举项，增加"等"作兜底。

续表

序号	条文主旨	《合同法》	《民法典》合同编	解读
		分则	第二分编　典型合同	
		（八）价款、报酬或者使用费及其支付方式； （九）违约金或者损失赔偿的计算方法； （十）解决争议的方法； （十一）名词和术语的解释。 与履行合同有关的技术背景资料、可行性论证和技术评价报告、项目任务书和计划书、技术标准、技术规范、原始设计和工艺文件，以及其他技术文档，按照当事人的约定可以作为合同的组成部分。 技术合同涉及专利的，应当注明发明创造的名称、专利申请人和专利权人、申请日期、申请号、专利号以及专利权的有效期限。	技术合同涉及专利的，应当注明发明创造的名称、专利申请人和专利权人、申请日期、申请号、专利号以及专利权的有效期限。	
4	及时合同价款、报酬及使用费	第三百二十五条　技术合同价款、报酬或者使用费的支付方式由当事人约定，可以采取一次总算、一次总付或者一次总算、分期支付，也可以采取提成支付或者提成支付附加预付入门费的方式。 约定提成支付的，可	第八百四十六条　技术合同价款、报酬或者使用费的支付方式由当事人约定，可以采取一次总算、一次总付或者一次总算、分期支付，也可以采取提成支付或者提成支付附加预付入门费的方式。 约定提成支付的，可	“应当”改为“可以”，减少对合同效力的干预。

续表

序号	条文主旨	《合同法》	《民法典》合同编	解读
		分则	第二分编　典型合同	
		以按照产品价格、实施专利和使用技术秘密后新增的产值、利润或者产品销售额的一定比例提成,也可以按照约定的其他方式计算。提成支付的比例可以采取固定比例、逐年递增比例或者逐年递减比例。 约定提成支付的,当事人应当在合同中约定查阅有关会计帐目的办法。	以按照产品价格、实施专利和使用技术秘密后新增的产值、利润或者产品销售额的一定比例提成,也可以按照约定的其他方式计算。提成支付的比例可以采取固定比例、逐年递增比例或者逐年递减比例。 约定提成支付的,当事人**可以**约定查阅有关会计**账目**的办法。	
5	职务技术成果的财产权权属	第三百二十六条　职务技术成果的使用权、转让权属于法人或者其他组织的,法人或者其他组织可以就该项职务技术成果订立技术合同。**法人或者其他组织应当从使用和转让该项职务技术成果所取得的收益中提取一定比例,对完成该项职务技术成果的个人给予奖励或者报酬**。法人或者其他组织订立技术合同转让职务技术成果时,职务技术成果的完成人享有以同等条件优先受让的权利。 职务技术成果是执行法人或者其他组织的工作任务,或者主要是利用法人或者其他组织的物质技术条件所完成的技术成果。	第八百四十七条　职务技术成果的使用权、转让权属于法人或者**非法人组织**的,法人或者**非法人组织**可以就该项职务技术成果订立技术合同。法人或者非法人组织订立技术合同转让职务技术成果时,职务技术成果的完成人享有以同等条件优先受让的权利。 职务技术成果是执行法人或者**非法人组织**的工作任务,或者主要是利用法人或者**非法人组织**的物质技术条件所完成的技术成果。	1."其他组织"改为"非法人组织",遵从《民法典》总则关于民事主体的统一表述。 2.删除部分内容,盖因《中华人民共和国促进科技成果转化法》对有关职务成果奖励有特别规定,所以删除应按照特殊优于一般的法律适用规则。

续表

序号	条文主旨	《合同法》	《民法典》合同编	解读
		分则	第二分编　典型合同	
6	非职务技术成果经济权属	第三百二十七条　非职务技术成果的使用权、转让权属于完成技术成果的个人,完成技术成果的个人可以就该项非职务技术成果订立技术合同。	第八百四十八条　非职务技术成果的使用权、转让权属于完成技术成果的个人,完成技术成果的个人可以就该项非职务技术成果订立技术合同。	法条编号有所调整,内容不变。
7	技术成果人身权属	第三百二十八条　完成技术成果的个人有在有关技术成果文件上写明自己是技术成果完成者的权利和取得荣誉证书、奖励的权利。	第八百四十九条　完成技术成果的个人**享**有在有关技术成果文件上写明自己是技术成果完成者的权利和取得荣誉证书、奖励的权利。	法条编号有所调整,内容不变。
8	技术合同无效	第三百二十九条　非法垄断技术、妨碍技术进步或者侵害他人技术成果的技术合同无效。	第八百五十条　非法垄断技术或者侵害他人技术成果的技术合同无效。	妨碍技术进步不属于合同无效情形。
		第二节　技术开发合同	第二节　技术开发合同	
9	技术开发合同定义及形式	第三百三十条　技术开发合同是指当事人之间就新技术、新产品、新工艺或者新材料及其系统的研究开发所订立的合同。 技术开发合同包括委托开发合同和合作开发合同。 技术开发合同应当采用书面形式。 当事人之间就具有产业应用价值的科技成果实施转化订立的合同,参照技术开发合同的规定。	第八百五十一条　技术开发合同是当事人之间就新技术、新产品、新工艺、**新品种**或者新材料及其系统的研究开发所订立的合同。 技术开发合同包括委托开发合同和合作开发合同。 技术开发合同应当采用书面形式。 当事人之间就具有**实用**价值的科技成果实施转化订立的合同,参照适用技术开发合同的有关规定。	1. 增加列举技术开发合同标的类型——"新品种",外延更周密。 2."应用"改为"实用",语义更确切。

续表

序号	条文主旨	《合同法》	《民法典》合同编	解读
		分则	第二分编　典型合同	
10	委托人义务	第三百三十一条　委托开发合同的委托人应当按照约定支付研究开发经费和报酬;提供技术资料、原始数据;完成协作事项;接受研究开发成果。	第八百五十二条　委托开发合同的委托人应当按照约定支付研究开发经费和报酬,提供技术资料,**提出研究开发要求,**完成协作事项,接受研究开发成果。	增加委托人提出研发开发要求义务,更符合委托开发合同的本质。
11	开发人义务	第三百三十二条　委托开发合同的研究开发人应当按照约定制定和实施研究开发计划;合理使用研究开发经费;按期完成研究开发工作,交付研究开发成果,提供有关的技术资料和必要的技术指导,帮助委托人掌握研究开发成果。	第八百五十三条　委托开发合同的研究开发人应当按照约定制定和实施研究开发计划,合理使用研究开发经费,按期完成研究开发工作,交付研究开发成果,提供有关的技术资料和必要的技术指导,帮助委托人掌握研究开发成果。	法条编号有所调整,内容不变。
12	委托开发合同违约责任	第三百三十三条　委托人违反约定造成研究开发工作停滞、延误或者失败的,应当承担违约责任。	**第八百五十四条　委托开发合同的当事人违反约定造成研究开发工作停滞、延误或者失败的,应当承担违约责任。**	《合同法》第三百三十三、三百三十四条合并成一条,立法精简。
13		第三百三十四条　研究开发人违反约定造成研究开发工作停滞、延误或者失败的,应当承担违约责任。		
14	合作开发合同当事人主要义务	第三百三十五条　合作开发合同的当事人应当按照约定进行投资,包括以技术进行投资;分工参与研究开发工作;协作配合研究开发工作。	第八百五十五条　合作开发合同的当事人应当按照约定进行投资,包括以技术进行投资,分工参与研究开发工作,协作配合研究开发工作。	法条编号有所调整,内容不变。

续表

序号	条文主旨	《合同法》	《民法典》合同编	解读
		分则	第二分编　典型合同	
15	合作开发合同违约责任	第三百三十六条　合作开发合同的当事人违反约定造成研究开发工作停滞、延误或者失败的，应当承担违约责任。	第八百五十六条　合作开发合同的当事人违反约定造成研究开发工作停滞、延误或者失败的，应当承担违约责任。	法条编号有所调整，内容不变。
16	技术开发合同解除	第三百三十七条　因作为技术开发合同标的的技术已经由他人公开，致使技术开发合同的履行没有意义的，当事人可以解除合同。	第八百五十七条　作为技术开发合同标的的技术已经由他人公开，致使技术开发合同的履行没有意义的，当事人可以解除合同。	法条编号有所调整，内容不变。
17	技术开发合同风险负担	第三百三十八条　在技术开发合同履行过程中，因出现无法克服的技术困难，致使研究开发失败或者部分失败的，该风险责任由当事人约定。没有约定或者约定不明确，依照本法第六十一条的规定仍不能确定的，风险责任由当事人合理分担。 当事人一方发现前款规定的可能致使研究开发失败或者部分失败的情形时，应当及时通知另一方并采取适当措施减少损失。没有及时通知并采取适当措施，致使损失扩大的，应当就扩大的损失承担责任。	第八百五十八条　技术开发合同履行过程中，因出现无法克服的技术困难，致使研究开发失败或者部分失败的，该风险由当事人约定；没有约定或者约定不明确，**依据本法第五百一十条**的规定仍不能确定的，风险由当事人合理分担。 当事人一方发现前款规定的可能致使研究开发失败或者部分失败的情形时，应当及时通知另一方并采取适当措施减少损失；没有及时通知并采取适当措施，致使损失扩大的，应当就扩大的损失承担责任。	法条编号有所调整，内容不变。

续表

序号	条文主旨	《合同法》	《民法典》合同编	解读
		分则	第二分编　典型合同	
18	委托开发合同技术成果归属	第三百三十九条　委托开发完成的发明创造，除当事人另有约定的以外，申请专利的权利属于研究开发人。研究开发人取得专利权的，委托人可以免费实施该专利。 研究开发人转让专利申请权的，委托人享有以同等条件优先受让的权利。	第八百五十九条　委托开发完成的发明创造，除**法律另有规定**或者当事人另有约定外，申请专利的权利属于研究开发人。研究开发人取得专利权的，委托人可以**依法**实施该专利。 研究开发人转让专利申请权的，委托人享有以同等条件优先受让的权利。	增加权属的例外情形"法律另有规定"、"免费"改为"依法"，外延更周密。
19	合作开发技术成果归属	第三百四十条　合作开发完成的发明创造，除当事人另有约定的以外，申请专利的权利属于合作开发的当事人共有。当事人一方转让其共有的专利申请权的，其他各方享有以同等条件优先受让的权利。 合作开发的当事人一方声明放弃其共有的专利申请权的，可以由另一方单独申请或者由其他各方共同申请。申请人取得专利权的，放弃专利申请权的一方可以免费实施该专利。 合作开发的当事人一方不同意申请专利的，另一方或者其他各方不得申请专利。	第八百六十条　合作开发完成的发明创造，申请专利的权利属于合作开发的当事人共有；当事人一方转让其共有的专利申请权的，其他各方享有以同等条件优先受让的权利。**但是，当事人另有约定的除外。** 合作开发的当事人一方声明放弃其共有的专利申请权的，**除当事人另有约定外，**可以由另一方单独申请或者由其他各方共同申请。申请人取得专利权的，放弃专利申请权的一方可以免费实施该专利。 合作开发的当事人一方不同意申请专利的，另一方或者其他各方不得申请专利。	法条编号有所调整，内容不变。

续表

序号	条文主旨	《合同法》	《民法典》合同编	解读
		分则	第二分编　典型合同	
20	技术秘密成果归属与分享	第三百四十一条　委托开发或者合作开发完成的技术秘密成果的使用权、转让权以及利益的分配办法，由当事人约定。没有约定或者约定不明确，依照本法第六十一条的规定仍不能确定的，当事人均有使用和转让的权利，但委托开发的研究开发人不得在向委托人交付研究开发成果之前，将研究开发成果转让给第三人。	第八百六十一条　委托开发或者合作开发完成的技术秘密成果的使用权、转让权以及**收益**的分配办法，由当事人约定；没有约定或者约定不明确，**依据本法第五百一十条**的规定仍不能确定的，**在没有相同技术方案被授予专利权前**，当事人均有使用和转让的权利。但**是**，委托开发的研究开发人不得在向委托人交付研究开发成果之前，将研究开发成果转让给第三人。	新增秘密成果归属与分享约定不明时，推定当事人均有使用和转让的权利的适用前提条件：在没有相同技术方案被授予专利前。
		第三节　技术转让合同	第三节　技术转让合同**和技术许可合同**	
21	技术转让合同与技术许可合同定义		**第八百六十二条　技术转让合同是合法拥有技术的权利人，将现有特定的专利、专利申请、技术秘密的相关权利让与他人所订立的合同。** **技术许可合同是合法拥有技术的权利人，将现有特定的专利、技术秘密的相关权利许可他人实施、使用所订立的合同。** **技术转让合同和技术许可合同中关于提供实施技术的专用设备、原材料**	新增技术转让合同、技术许可合同的定义，法律规定更严密。

续表

序号	条文主旨	《合同法》	《民法典》合同编	解读
		分则	第二分编　典型合同	
22			**或者提供有关的技术咨询、技术服务的约定，属于合同的组成部分**。	
22	技术转让和许可合同类型及形式	第三百四十二条　技术转让合同包括专利权转让、专利申请权转让、技术秘密转让、专利实施许可合同。 技术转让合同应当采用书面形式。	第八百六十三条　技术转让合同包括专利权转让、专利申请权转让、技术秘密转让等合同。 **技术许可合同包括专利实施许可、技术秘密使用许可等合同**。 技术转让合同**和技术许可合同**应当采用书面形式。	新增的技术许可合同规定是从技术转让合同中分拆而来，明确技术许可合同类型。
23	技术转让和许可限制	第三百四十三条　技术转让合同可以约定让与人和受让人实施专利或者使用技术秘密的范围，但不得限制技术竞争和技术发展。	第八百六十四条　技术转让合同和技术许可合同可以约定实施专利或者使用技术秘密的范围，但**是**不得限制技术竞争和技术发展。	法条编号有所调整，内容不变。
24	专利实施许可合同限制	第三百四十四条　专利实施许可合同只在该专利权的存续期间内有效。专利权有效期限届满或者专利权被宣布无效的，专利权人不得就该专利与他人订立专利实施许可合同。	第八百六十五条　专利实施许可合同**仅在**该专利权的存续期限内有效。专利权有效期限届满或者专利权被宣告无效的，专利权人不得就该专利与他人订立专利实施许可合同。	“只”改为“仅”，内容不变。

续表

序号	条文主旨	《合同法》	《民法典》合同编	解读
		分则	第二分编　典型合同	
25	许可人主要义务	第三百四十五条　专利实施许可合同的让与人应当按照约定许可受让人实施专利，交付实施专利有关的技术资料，提供必要的技术指导。	第八百六十六条　专利实施许可合同的**许可人**应当按照约定许可**被许可人**实施专利，交付实施专利有关的技术资料，提供必要的技术指导。	“让与人”改为“许可人”；“受让人”改为“被许可人”，前后表述统一。
26	被许可人主要义务	第三百四十六条　专利实施许可合同的受让人应当按照约定实施专利，不得许可约定以外的第三人实施该专利；并按照约定支付使用费。	第八百六十七条　专利实施许可合同的**被许可人**应当按照约定实施专利，不得许可约定以外的第三人实施该专利，并按照约定支付使用费。	“受让人”改为“被许可人”，语义更确切。
27	保密义务	第三百四十七条　技术秘密转让合同的让与人应当按照约定提供技术资料，进行技术指导，保证技术的实用性、可靠性，承担保密义务。	第八百六十八条　技术秘密转让合同的让与人**和技术秘密使用许可合同的许可人**应当按照约定提供技术资料，进行技术指导，保证技术的实用性、可靠性，承担保密义务。 **前款规定的保密义务，不限制许可人申请专利，但是当事人另有约定的除外。**	新增技术秘密转让合同的主要义务，以及保密义务的除外情况，包括不限制申请专利和当事人另有约定除外。
28	保密义务	第三百四十八条　技术秘密转让合同的受让人应当按照约定使用技术，支付使用费，承担保密义务。	第八百六十九条　技术秘密转让合同的受让人**和技术秘密使用许可合同的被许可人**应当按照约定使用技术，支付**转让费、**使用费，承担保密义务。	新增技术秘密使用许可合同的被许可人主要义务。

续表

序号	条文主旨	《合同法》	《民法典》合同编	解读
		分则	第二分编　典型合同	
29	技术转让合同让与人义务	第三百四十九条　技术转让合同的让与人应当保证自己是所提供的技术的合法拥有者，并保证所提供的技术完整、无误、有效，能够达到约定的目标。	第八百七十条　技术转让合同的让与人**和技术许可合同的许可人**应当保证自己是所提供的技术的合法拥有者，并保证所提供的技术完整、无误、有效，能够达到约定的目标。	新增加技术许可合同许可人义务。
30	技术转让合同受让人保密义务	第三百五十条　技术转让合同的受让人应当按照约定的范围和期限，对让与人提供的技术中尚未公开的秘密部分，承担保密义务。	第八百七十一条　技术转让合同的受让人**和技术许可合同的许可人**应当按照约定的范围和期限，对让与人、**许可人**提供的技术中尚未公开的秘密部分，承担保密义务。	新增加技术许可合同许可人义务。
31	让与人违约责任	第三百五十一条　让与人未按照约定转让技术的，应当返还部分或者全部使用费，并应当承担违约责任；实施专利或者使用技术秘密超越约定的范围的，违反约定擅自许可第三人实施该项专利或者使用该项技术秘密的，应当停止违约行为，承担违约责任；违反约定的保密义务的，应当承担违约责任。	第八百七十二条　**许可人**未按照约定**许可**技术的，应当返还部分或者全部使用费，并应当承担违约责任；实施专利或者使用技术秘密超越约定的范围的，违反约定擅自许可第三人实施该项专利或者使用该项技术秘密的，应当停止违约行为，承担违约责任；违反约定的保密义务的，应当承担违约责任。 **让与人承担违约责任，参照适用前款规定。**	新增许可人的违约责任规定。

续表

序号	条文主旨	《合同法》	《民法典》合同编	解读
		分则	第二分编　典型合同	
32	被许可人和受让人违约责任	第三百五十二条　受让人未按照约定支付使用费的,应当补交使用费并按照约定支付违约金;不补交使用费或者支付违约金的,应当停止实施专利或者使用技术秘密,交还技术资料,承担违约责任;实施专利或者使用技术秘密超越约定的范围的,未经让与人同意擅自许可第三人实施该专利或者使用该技术秘密的,应当停止违约行为,承担违约责任;违反约定的保密义务的,应当承担违约责任。	第八百七十三条　**被许可人**未按照约定支付使用费的,应当补交使用费并按照约定支付违约金;不补交使用费或者支付违约金的,应当停止实施专利或者使用技术秘密,交还技术资料,承担违约责任;实施专利或者使用技术秘密超越约定的范围的,未经**许可人**同意擅自许可第三人实施该专利或者使用该技术秘密的,应当停止违约行为,承担违约责任;违反约定的保密义务的,应当承担违约责任。 **受让人承担违约责任,参照适用前款规定。**	新增技术秘密使用许可合同的被许可人违约责任。
33	受让与人和被许可人侵权责任	第三百五十三条　受让人按照约定实施专利、使用技术秘密侵害他人合法权益的,由让与人承担责任,但当事人另有约定的除外。	第八百七十四条　受让人**或者被许可人**按照约定实施专利、使用技术秘密侵害他人合法权益的,由让与人或者**许可人**承担责任,但**是**当事人另有约定的除外。	新增许可人侵权责任。

续表

序号	条文主旨	《合同法》	《民法典》合同编	解读
		分则	第二分编　典型合同	
34	后续技术成果归属与分享	第三百五十四条　当事人可以按照互利的原则，在技术转让合同中约定实施专利、使用技术秘密后续改进的技术成果的分享办法。没有约定或者约定不明确，依照本法第六十一条的规定仍不能确定的，一方后续改进的技术成果，其他各方无权分享。	第八百七十五条　当事人可以按照互利的原则，在合同中约定实施专利、使用技术秘密后续改进的技术成果的分享办法；没有约定或者约定不明确，**依据本法第五百一十条**的规定仍不能确定的，一方后续改进的技术成果，其他各方无权分享。	扩大本条款适用范围，不局限于技术转让合同。
35	其他知识产权转让或许可准用		**第八百七十六条　集成电路布图设计专有权、植物新品种权、计算机软件著作权等其他知识产权的转让和许可，参照适用本节的有关规定。**	新增明确除专利技术秘密外的其他相关知识产权转让和许可的法律规则。
36	技术进出口合同法律适用	第三百五十五条　法律、行政法规对技术进出口合同或者专利、专利申请合同另有规定的，依照其规定。	第八百七十七条　法律、行政法规对技术进出口合同或者专利、专利申请合同另有规定的，依照其规定。	法条编号有所调整，内容不变。
		第四节　技术咨询合同和技术服务合同	第四节　技术咨询合同和技术服务合同	
37	技术咨询、技术服务合同定义	第三百五十六条　技术咨询合同包括就特定技术项目提供可行性论证、技术预测、专题技术调查、分析评价报告等合同。 技术服务合同是指当事人一方以技术知识为另	第八百七十八条　技术咨询合同是当事人一方以技术知识为对方就特定技术项目提供可行性论证、技术预测、专题技术调查、分析评价报告等所订立的合同。	文字个别字词顺序有所调整，内容不变。

续表

序号	条文主旨	《合同法》	《民法典》合同编	解读
		分则	第二分编　典型合同	
		一方解决特定技术问题所订立的合同,不包括建设工程合同和承揽合同。	技术服务合同是当事人一方以技术知识为对方解决特定技术问题所订立的合同,不包括**承揽合同和建设工程合同**。	
38	技术咨询合同委托人义务	第三百五十七条　技术咨询合同的委托人应当按照约定阐明咨询的问题,提供技术背景材料及有关技术资料、数据;接受受托人的工作成果,支付报酬。	第八百七十九条　技术咨询合同的委托人应当按照约定阐明咨询的问题,提供技术背景材料及有关技术资料,接受受托人的工作成果,支付报酬。	删除"数据",因技术资料外延已包含数据,精准表述。
38	技术咨询合同受托人主要义务	第三百五十八条　技术咨询合同的受托人应当按照约定的期限完成咨询报告或者解答问题;提出的咨询报告应当达到约定的要求。	第八百八十条　技术咨询合同的受托人应当按照约定的期限完成咨询报告或者解答问题;提出的咨询报告应当达到约定的要求。	法条编号有所调整,内容不变。
40	技术咨询合同违约责任	第三百五十九条　技术咨询合同的委托人未按照约定提供必要的资料和数据,影响工作进度和质量,不接受或者逾期接受工作成果的,支付的报酬不得追回,未支付的报酬应当支付。 技术咨询合同的受托人未按期提出咨询报告或者提出的咨询报告不符合约定的,应当承担减收或	第八百八十一条　技术咨询合同的委托人未按照约定提供必要的资料,影响工作进度和质量,不接受或者逾期接受工作成果的,支付的报酬不得追回,未支付的报酬应当支付。 技术咨询合同的受托人未按期提出咨询报告或者提出的咨询报告不符合约定的,应当承担减收或	因技术资料外延已包含数据,故删除"数据"。增加"是",语义更确切。

续表

序号	条文主旨	《合同法》	《民法典》合同编	解读
		分则	第二分编　典型合同	
		者免收报酬等违约责任。 技术咨询合同的委托人按照受托人符合约定要求的咨询报告和意见作出决策所造成的损失，由委托人承担，但当事人另有约定的除外。	者免收报酬等违约责任。 技术咨询合同的委托人按照受托人符合约定要求的咨询报告和意见作出决策所造成的损失，由委托人承担，但**是**当事人另有约定的除外。	
41	技术服务合同委托人义务	第三百六十条　技术服务合同的委托人应当按照约定提供工作条件，完成配合事项；接受工作成果并支付报酬。	第八百八十二条　技术服务合同的委托人应当按照约定提供工作条件，完成配合事项，接受工作成果并支付报酬。	法条编号有所调整，内容不变。
42	技术服务合同受托人义务	第三百六十一条　技术服务合同的受托人应当按照约定完成服务项目，解决技术问题，保证工作质量，并传授解决技术问题的知识。	第八百八十三条　技术服务合同的受托人应当按照约定完成服务项目，解决技术问题，保证工作质量，并传授解决技术问题的知识。	法条编号有所调整，内容不变。
43	技术服务合同违约责任	第三百六十二条　技术服务合同的委托人不履行合同义务或者履行合同义务不符合约定，影响工作进度和质量，不接受或者逾期接受工作成果的，支付的报酬不得追回，未支付的报酬应当支付。 技术服务合同的受托人未按照合同约定完成服务工作的，应当承担免收报酬等违约责任。	第八百八十四条　技术服务合同的委托人不履行合同义务或者履行合同义务不符合约定，影响工作进度和质量，不接受或者逾期接受工作成果的，支付的报酬不得追回，未支付的报酬应当支付。 技术服务合同的受托人未按照约定完成服务工作的，应当承担免收报酬等违约责任。	法条编号有所调整，内容不变。

续表

序号	条文主旨	《合同法》	《民法典》合同编	解读
		分则	第二分编　典型合同	
44	新创技术成果归属	第三百六十三条　在技术咨询合同、技术服务合同履行过程中，受托人利用委托人提供的技术资料和工作条件完成的新的技术成果，属于受托人。委托人利用受托人的工作成果完成的新的技术成果，属于委托人。当事人另有约定的，按照其约定。	第八百八十五条　技术咨询合同、技术服务合同履行过程中，受托人利用委托人提供的技术资料和工作条件完成的新的技术成果，属于受托人。委托人利用受托人的工作成果完成的新的技术成果，属于委托人。当事人另有约定的，按照其约定。	法条编号有所调整，内容不变。
45	工作费用负担		**第八百八十六条　技术咨询合同和技术服务合同对受托人正常开展工作所需费用的负担没有约定或者约定不明确的，由受托人负担。**	新增工作费用分担原则。
46	法律适用	第三百六十四条　法律、行政法规对技术中介合同、技术培训合同另有规定的，依照其规定。	第八百八十七条　法律、行政法规对技术中介合同、技术培训合同另有规定的，依照其规定。	法条编号有所调整，内容不变。

第二十一章　保管合同

相较于《合同法》，《民法典》合同编关于保管合同变化甚小，主要系细化了保管范围的列举，其他为立法表述的调整。具体详见下表：

序号	条文主旨	《合同法》	《民法典》合同编	解读
		分则	第二分编　典型合同	
		第十九章　保管合同	第二十一章　保管合同	
1	保管定义	第三百六十五条　保管合同是保管人保管寄存人交付的保管物，并返还该物的合同。	第八百八十八条　保管合同是保管人保管寄存人交付的保管物，并返还该物的合同。 **寄存人到保管人处从事购物、就餐、住宿等活动，将物品存放在指定场所的，视为保管，但是当事人另有约定或者另有交易习惯的除外。**	新增第二款，增加保管合同推定。
2	保管费	第三百六十六条　寄存人应当按照约定向保管人支付保管费。 当事人对保管费没有约定或者约定不明确，依照本法第六十一条的规定仍不能确定的，保管是无偿的。	第八百八十九条　寄存人应当按照约定向保管人支付保管费。 当事人对保管费没有约定或者约定不明确，依据本法**第五百一十条**的规定仍不能确定的，**视为无偿保管**。	表述稍作调整，内容不变。
3	保管合同成立	第三百六十七条　保管合同自保管物交付时成立，但当事人另有约定的除外。	第八百九十条　保管合同自保管物交付时成立，但**是**当事人另有约定的除外。	增加“是”，语义更确切。
4	保管凭证	第三百六十八条　寄存人向保管人交付保管物的，保管人应当给付保管凭证，但另有交易习惯的除外。	第八百九十一条　寄存人向保管人交付保管物的，保管人应当**出具**保管凭证，但**是**另有交易习惯的除外。	增加“是”、“给付”改为“出具”，语义更确切。

续表

序号	条文主旨	《合同法》	《民法典》合同编	解读
		分则	第二分编　典型合同	
5	保管人妥善保管义务	第三百六十九条　保管人应当妥善保管保管物。 当事人可以约定保管场所或者方法。除紧急情况或者为了维护寄存人利益的以外,不得擅自改变保管场所或者方法。	第八百九十二条　保管人应当妥善保管保管物。 当事人可以约定保管场所或者方法。除紧急情况或者**为维护寄存人利益外**,不得擅自改变保管场所或者方法。	表述精简,内容不变。
6	寄存人的告知义务	第三百七十条　寄存人交付的保管物有瑕疵或者按照保管物的性质需要采取特殊保管措施的,寄存人应当将有关情况告知保管人。寄存人未告知,致使保管物受损失的,保管人不承担损害赔偿责任;保管人因此受损失的,除保管人知道或者应当知道并且未采取补救措施的以外,寄存人应当承担损害赔偿责任。	第八百九十三条　寄存人交付的保管物有瑕疵或者根据保管物的性质需要采取特殊保管措施的,寄存人应当将有关情况告知保管人。寄存人未告知,致使保管物受损失的,保管人不承担赔偿责任;保管人因此受损失的,除保管人知道或者应当知道且未采取补救措施外,寄存人应当承担赔偿责任。	法律术语前后统一,内容不变。
7	亲自保管	第三百七十一条　保管人不得将保管物转交第三人保管,但当事人另有约定的除外。 保管人违反前款规定,将保管物转交第三人保管,对保管物造成损失的,应当承担损害赔偿责任。	第八百九十四条　保管人不得将保管物转交第三人保管,但**是**当事人另有约定的除外。 保管人违反前款规定,将保管物转交第三人保管,造成保管物损失的,应当承担赔偿责任。	法律术语前后统一,内容不变。

续表

序号	条文主旨	《合同法》	《民法典》合同编	解读
		分则	第二分编　典型合同	
8	保管人禁止使用	第三百七十二条　保管人不得使用或者许可第三人使用保管物，但当事人另有约定的除外。	第八百九十五条　保管人不得使用或者许可第三人使用保管物，但**是**当事人另有约定的除外。	增加“是”，语义更确切。
9	保管物返还	第三百七十三条　第三人对保管物主张权利的，除依法对保管物采取保全或者执行的以外，保管人应当履行向寄存人返还保管物的义务。 第三人对保管人提起诉讼或者对保管物申请扣押的，保管人应当及时通知寄存人。	第八百九十六条　第三人对保管物主张权利的，除依法对保管物采取保全或者执行措施外，保管人应当履行向寄存人返还保管物的义务。 第三人对保管人提起诉讼或者对保管物申请扣押的，保管人应当及时通知寄存人。	法条编号有所调整，内容不变。
10	保管人赔偿责任	第三百七十四条　保管期间，因保管人保管不善造成保管物毁损、灭失的，保管人应当承担损害赔偿责任，但保管是无偿的，保管人证明自己没有重大过失的，不承担损害赔偿责任。	第八百九十七条　保管**期内**，因保管人保管不善造成保管物毁损、灭失的，保管人应当承担赔偿责任。但**是，**无偿保管人证明自己没有**故意或者**重大过失的，不承担赔偿责任。	表述稍作调整，内容不变。
11	寄存人的声明义务	第三百七十五条　寄存人寄存货币、有价证券或者其他贵重物品的，应当向保管人声明，由保管人验收或者封存。寄存人未声明的，该物品毁损、灭失后，保管人可以按照一般物品予以赔偿。	第八百九十八条　寄存人寄存货币、有价证券或者其他贵重物品的，应当向保管人声明，由保管人验收或者封存；寄存人未声明的，该物品毁损、灭失后，保管人可以按照一般物品予以赔偿。	法条编号有所调整，内容不变。

续表

序号	条文主旨	《合同法》	《民法典》合同编	解读
		分则	第二分编　典型合同	
12	保管物领取	第三百七十六条　寄存人可以随时领取保管物。 当事人对保管期间没有约定或者约定不明确的，保管人可以随时要求寄存人领取保管物；约定保管期间的，保管人无特别事由，不得要求寄存人提前领取保管物。	第八百九十九条　寄存人可以随时领取保管物。 当事人对保管**期限**没有约定或者约定不明确的，保管人可以随时请求寄存人领取保管物；约定保管**期限**的，保管人无特别事由，不得请求寄存人提前领取保管物。	表述稍作调整，更确切。
13	保管物的返还	第三百七十七条　保管期间届满或者寄存人提前领取保管物的，保管人应当将原物及其孳息归还寄存人。	第九百条　保管**期限**届满或者寄存人提前领取保管物的，保管人应当将原物及其孳息归还寄存人。	表述稍作调整，更确切。
14	种类物保管	第三百七十八条　保管人保管货币的，可以返还相同种类、数量的货币。保管其他可替代物的，可以按照约定返还相同种类、品质、数量的物品。	第九百零一条　保管人保管货币的，可以返还相同种类、数量的货币；保管其他可替代物的，可以按照约定返还相同种类、品质、数量的物品。	法条编号有所调整，内容不变。
15	保管费支付期限	第三百七十九条　有偿的保管合同，寄存人应当按照约定的期限向保管人支付保管费。 当事人对支付期限没有约定或者约定不明确，依照本法第六十一条的规定仍不能确定的，应当在领取保管物的同时支付。	第九百零二条　有偿的保管合同，寄存人应当按照约定的期限向保管人支付保管费。 当事人对支付期限没有约定或者约定不明确，**依据本法第五百一十条**的规定仍不能确定的，应当在领取保管物的同时支付。	法条编号有所调整，内容不变。

续表

序号	条文主旨	《合同法》	《民法典》合同编	解读
		分则	第二分编　典型合同	
16	保管人留置权	第三百八十条　寄存人未按照约定支付保管费以及其他费用的，保管人对保管物享有留置权，但当事人另有约定的除外。	第九百零三条　寄存人未按照约定支付保管费或者其他费用的，保管人对保管物享有留置权，但是当事人另有约定的除外。	“以及”变为“或者”，更符合本条本意；增加“是”，语义更确切。

第二十二章　仓储合同

关于仓储合同，《民法典》合同编变化不大，主要系增加了仓储合同的成立规定。具体详见下表：

序号	条文主旨	《合同法》	《民法典》合同编	解读
		分则	第二分编　典型合同	
		第二十章　仓储合同	第二十二章　仓储合同	
1	仓储合同定义	第三百八十一条　仓储合同是保管人储存存货人交付的仓储物，存货人支付仓储费的合同。	第九百零四条　仓储合同是保管人储存存货人交付的仓储物，存货人支付仓储费的合同。	法条编号有所调整，内容不变。
2	合同成立		**第九百零五条　仓储合同自保管人和存货人意思表示一致时成立。**	增加仓储合同的成立时间，强调仓储合同为诺成性合同，与上面保管合同的实践性相区别。
3		第三百八十二条　仓储合同自成立时生效。		《合同法》第三百八十二条内容合并至《民法典》第五百零二条。

续表

序号	条文主旨	《合同法》	《民法典》合同编	解读
		分则	第二分编　典型合同	
4	危险物品的储存	第三百八十三条　储存易燃、易爆、有毒、有腐蚀性、有放射性等危险物品或者易变质物品，存货人应当说明该物品的性质，提供有关资料。 存货人违反前款规定的，保管人可以拒收仓储物，也可以采取相应措施以避免损失的发生，因此产生的费用由存货人承担。 保管人储存易燃、易爆、有毒、有腐蚀性、有放射性等危险物品的，应当具备相应的保管条件。	第九百零六条　储存易燃、易爆、有毒、有腐蚀性、有放射性等危险物品或者易变质物品的，存货人应当说明该物品的性质，提供有关资料。 存货人违反前款规定的，保管人可以拒收仓储物，也可以采取相应措施以避免损失的发生，因此产生的费用由存货人负担。 保管人储存易燃、易爆、有毒、有腐蚀性、有放射性等危险物品的，应当具备相应的保管条件。	法条编号有所调整，内容不变。
5	保管人验收以及赔偿	第三百八十四条　保管人应当按照约定对入库仓储物进行验收。保管人验收时发现入库仓储物与约定不符合的，应当及时通知存货人。保管人验收后，发生仓储物的品种、数量、质量不符合约定的，保管人应当承担损害赔偿责任。	第九百零七条　保管人应当按照约定对入库仓储物进行验收。保管人验收时发现入库仓储物与约定不符合的，应当及时通知存货人。保管人验收后，发生仓储物的品种、数量、质量不符合约定的，保管人应当承担**赔偿责任**。	“损害赔偿责任”改为“赔偿责任”，内容不变。
6	入库凭证	第三百八十五条　存货人交付仓储物的，保管人应当给付仓单。	第九百零八条　存货人交付仓储物的，保管人应当**出具**仓单**、入库单等凭证**。	新增入库单列举，并作兜底表述，外延更周密。“给付”改为“出具”，更确切。

续表

序号	条文主旨	《合同法》	《民法典》合同编	解读
		分则	第二分编　典型合同	
7	仓单	第三百八十六条　保管人应当在仓单上签字或者盖章。仓单包括下列事项： （一）存货人的名称或者姓名和住所； （二）仓储物的品种、数量、质量、包装、件数和标记； （三）仓储物的损耗标准； （四）储存场所； （五）储存期间； （六）仓储费； （七）仓储物已经办理保险的，其保险金额、期间以及保险人的名称； （八）填发人、填发地和填发日期。	第九百零九条　保管人应当在仓单上**签名**或者盖章。仓单包括下列事项： （一）存货人的姓名或者名称和住所； （二）仓储物的品种、数量、质量、包装及其件数和标记； （三）仓储物的损耗标准； （四）储存场所； （五）储存**期限**； （六）仓储费； （七）仓储物已经办理保险的，其保险金额、期间以及保险人的名称； （八）填发人、填发地和填发日期。	表述稍作调整，更确切。
8	仓单性质和转让	第三百八十七条　仓单是提取仓储物的凭证。存货人或者仓单持有人在仓单上背书并经保管人签字或者盖章的，可以转让提取仓储物的权利。	第九百一十条　仓单是提取仓储物的凭证。存货人或者仓单持有人在仓单上背书并经保管人**签名**或者盖章的，可以转让提取仓储物的权利。	表述稍作调整，内容不变。
9	检查权	第三百八十八条　保管人根据存货人或者仓单持有人的要求，应当同意其检查仓储物或者提取样品。	第九百一十一条　保管人根据存货人或者仓单持有人的要求，应当同意其检查仓储物或者提取样品。	法条编号有所调整，内容不变。

续表

序号	条文主旨	《合同法》	《民法典》合同编	解读
		分则	第二分编　典型合同	
10	保管人危险通知义务	第三百八十九条　保管人对入库仓储物发现有变质或者其他损坏的，应当及时通知存货人或者仓单持有人。	第九百一十二条　保管人发现入库仓储物有变质或者其他损坏的，应当及时通知存货人或者仓单持有人。	法条编号有所调整，内容不变。
11	保管人危险催告义务和紧急处置权	第三百九十条　保管人对入库仓储物发现有变质或者其他损坏，危及其他仓储物的安全和正常保管的，应当催告存货人或者仓单持有人作出必要的处置。因情况紧急，保管人可以作出必要的处置，但事后应当将该情况及时通知存货人或者仓单持有人。	第九百一十三条　保管人发现入库仓储物有变质或者其他损坏，危及其他仓储物的安全和正常保管的，应当催告存货人或者仓单持有人作出必要的处置。因情况紧急，保管人可以作出必要的处置；但**是，**事后应当将该情况及时通知存货人或者仓单持有人。	法条编号有所调整，内容不变。
12	仓储物提取	第三百九十一条　当事人对储存期间没有约定或者约定不明确的，存货人或者仓单持有人可以随时提取仓储物，保管人也可以随时要求存货人或者仓单持有人提取仓储物，但应当给予必要的准备时间。	第九百一十四条　当事人对储存**期限**没有约定或者约定不明确的，存货人或者仓单持有人可以随时提取仓储物，保管人也可以随时请求存货人或者仓单持有人提取仓储物，但**是**应当给予必要的准备时间。	“期间”改为“期限”、增加“是”，语义更确切。

续表

序号	条文主旨	《合同法》	《民法典》合同编	解读
		分则	第二分编　典型合同	
13	期限届满仓储物提取	第三百九十二条　储存期间届满，存货人或者仓单持有人应当凭仓单提取仓储物。存货人或者仓单持有人逾期提取的，应当加收仓储费；提前提取的，不减收仓储费。	第九百一十五条　储存**期限**届满，存货人或者仓单持有人应当凭仓单、**入库单等**提取仓储物。存货人或者仓单持有人逾期提取的，应当加收仓储费；提前提取的，不减收仓储费。	与《民法典》第九百零八条相对应，增加入库单列举，并作兜底表述。
14	逾期提取仓储物的提存	第三百九十三条　储存期间届满，存货人或者仓单持有人不提取仓储物的，保管人可以催告其在合理期限内提取，逾期不提取的，保管人可以提存仓储物。	第九百一十六条　储存**期限**届满，存货人或者仓单持有人不提取仓储物的，保管人可以催告其在合理期限内提取；逾期不提取的，保管人可以提存仓储物。	表述稍作调整，更精准。
15	保管人赔偿责任	第三百九十四条　储存期间，因保管人保管不善造成仓储物毁损、灭失的，保管人应当承担损害赔偿责任。 因仓储物的性质、包装不符合约定或者超过有效储存期造成仓储物变质、损坏的，保管人不承担损害赔偿责任。	第九百一十七条　储存**期内**，因保管不善造成仓储物毁损、灭失的，保管人应当承担赔偿责任。因仓储物**本身**的**自然**性质、包装不符合约定或者超过有效储存期造成仓储物变质、损坏的，保管人不承担赔偿责任。	表述稍作调整，更精准。
16	法律适用	第三百九十五条　本章没有规定的，适用保管合同的有关规定。	第九百一十八条　本章没有规定的，适用保管合同的有关规定。	法条编号有所调整，内容不变。

第二十三章 委托合同

《民法典》合同编关于委托合同的变化相对不大，主要变化在于首次明确规定了委托人解除合同造成对方当事人损失时的赔偿范围，且根据委托合同的类型进行了区分。具体详见下表：

序号	条文主旨	《合同法》	《民法典》合同编	解读
		分则	第二分编 典型合同	
		第二十一章 委托合同	第二十三章 委托合同	
1	委托合同定义	第三百九十六条 委托合同是委托人和受托人约定，由受托人处理委托人事务的合同。	第九百一十九条 委托合同是委托人和受托人约定，由受托人处理委托人事务的合同。	法条编号有所调整，内容不变。
2	委托权限	第三百九十七条 委托人可以特别委托受托人处理一项或者数项事务，也可以概括委托受托人处理一切事务。	第九百二十条 委托人可以特别委托受托人处理一项或者数项事务，也可以概括委托受托人处理一切事务。	法条编号有所调整，内容不变。
3	委托费用	第三百九十八条 委托人应当预付处理委托事务的费用。受托人为处理委托事务垫付的必要费用，委托人应当偿还该费用及其利息。	第九百二十一条 委托人应当预付处理委托事务的费用。受托人为处理委托事务垫付的必要费用，委托人应当偿还该费用**并支付**利息。	表述有所调整，内容不变。
4	受托人按指示处理事务	第三百九十九条 受托人应当按照委托人的指示处理委托事务。需要变更委托人指示的，应当经委托人同意；因情况紧急，难以和委托人取得联系的，受托人应当妥善处理委托事务，但事后应当将该情况及时报告委托人。	第九百二十二条 受托人应当按照委托人的指示处理委托事务。需要变更委托人指示的，应当经委托人同意；因情况紧急，难以和委托人取得联系的，受托人应当妥善处理委托事务，但**是**事后应当将该情况及时报告委托人。	增加"是"，语义更确切。

续表

序号	条文主旨	《合同法》	《民法典》合同编	解读
		分则	第二分编　典型合同	
5	亲自处理委托事务	第四百条　受托人应当亲自处理委托事务。经委托人同意，受托人可以转委托。转委托经同意的，委托人可以就委托事务直接指示转委托的第三人，受托人仅就第三人的选任及其对第三人的指示承担责任。转委托未经同意的，受托人应当对转委托的第三人的行为承担责任，但在紧急情况下受托人为维护委托人的利益需要转委托的除外。	第九百二十三条　受托人应当亲自处理委托事务。经委托人同意，受托人可以转委托。转委托经同意**或者追认**的，委托人可以就委托事务直接指示转委托的第三人，受托人仅就第三人的选任及其对第三人的指示承担责任。转委托未经同意**或者追认的**，受托人应当对转委托的第三人的行为承担责任；但**是，**在紧急情况下受托人为**了**维护委托人的利益需要转委托**第三人**的除外。	增加转委托可以追认的规定。
6	受托人的报告义务	第四百零一条　受托人应当按照委托人的要求，报告委托事务的处理情况。委托合同终止时，受托人应当报告委托事务的结果。	第九百二十四条　受托人应当按照委托人的要求，报告委托事务的处理情况。委托合同终止时，受托人应当报告委托事务的结果。	法条编号有所调整，内容不变。
7	委托人介入权	第四百零二条　受托人以自己的名义，在委托人的授权范围内与第三人订立的合同，第三人在订立合同时知道受托人与委托人之间的代理关系的，该合同直接约束委托人和第三人，但有确切证据证明该合同只约束受托人和第三人的除外。	第九百二十五条　受托人以自己的名义，在委托人的授权范围内与第三人订立的合同，第三人在订立合同时知道受托人与委托人之间的代理关系的，该合同直接约束委托人和第三人；但是，有确切证据证明该合同只约束受托人和第三人的除外。	表述稍作调整，内容不变。

续表

序号	条文主旨	《合同法》	《民法典》合同编	解读
		分则	第二分编　典型合同	
8	委托人对第三人的权利及第三人选择相对人的权利	第四百零三条　受托人以自己的名义与第三人订立合同时,第三人不知道受托人与委托人之间的代理关系的,受托人因第三人的原因对委托人不履行义务,受托人应当向委托人披露第三人,委托人因此可以行使受托人对第三人的权利,但第三人与受托人订立合同时如果知道该委托人就不会订立合同的除外。 受托人因委托人的原因对第三人不履行义务,受托人应当向第三人披露委托人,第三人因此可以选择受托人或者委托人作为相对人主张其权利,但第三人不得变更选定的相对人。 委托人行使受托人对第三人的权利的,第三人可以向委托人主张其对受托人的抗辩。第三人选定委托人作为其相对人的,委托人可以向第三人主张其对受托人的抗辩以及受托人对第三人的抗辩。	第九百二十六条　受托人以自己的名义与第三人订立合同时,第三人不知道受托人与委托人之间的代理关系的,受托人因第三人的原因对委托人不履行义务,受托人应当向委托人披露第三人,委托人因此可以行使受托人对第三人的权利。但**是,**第三人与受托人订立合同时如果知道该委托人就不会订立合同的除外。 受托人因委托人的原因对第三人不履行义务,受托人应当向第三人披露委托人,第三人因此可以选择受托人或者委托人作为相对人主张其权利,但**是**第三人不得变更选定的相对人。 委托人行使受托人对第三人的权利的,第三人可以向委托人主张其对受托人的抗辩。第三人选定委托人作为其相对人的,委托人可以向第三人主张其对受托人的抗辩以及受托人对第三人的抗辩。	增加“是”,语义更确切。

续表

序号	条文主旨	《合同法》	《民法典》合同编	解读
		分则	第二分编　典型合同	
9	受托人转移利益	第四百零四条　受托人处理委托事务取得的财产，应当转交给委托人。	第九百二十七条　受托人处理委托事务取得的财产，应当转交给委托人。	法条编号有所调整，内容不变。
10	委托报酬支付	第四百零五条　受托人完成委托事务的，委托人应当向其支付报酬。 因不可归责于受托人的事由，委托合同解除或者委托事务不能完成的，委托人应当向受托人支付相应的报酬。当事人另有约定的，按照其约定。	第九百二十八条　受托人完成委托事务的，委托人应当按照约定向其支付报酬。 因不可归责于受托人的事由，委托合同解除或者委托事务不能完成的，委托人应当向受托人支付相应的报酬。当事人另有约定的，按照其约定。	法条编号有所调整，内容不变。
11	受托人的赔偿责任	第四百零六条　有偿的委托合同，因受托人的过错给委托人造成损失的，委托人可以要求赔偿损失。无偿的委托合同，因受托人的故意或者重大过失给委托人造成损失的，委托人可以要求赔偿损失。 受托人超越权限给委托人造成损失的，应当赔偿损失。	第九百二十九条　有偿的委托合同，因受托人的过错**造成委托人损失的**，委托人可以**请求**赔偿损失。无偿的委托合同，因受托人的故意或者重大过失**造成委托人损失的**，委托人可以**请求**赔偿损失。 受托人超越权限**造成委托人损失的**，应当赔偿损失。	表述稍作调整，内容不变。
12	委托人的赔偿责任	第四百零七条　受托人处理委托事务时，因不可归责于自己的事由受到损失的，可以向委托人要求赔偿损失。	第九百三十条　受托人处理委托事务时，因不可归责于自己的事由受到损失的，可以向委托人**请求**赔偿损失。	“要求”改为“请求”，更精准，内容不变。

续表

序号	条文主旨	《合同法》	《民法典》合同编	解读
		分则	第二分编　典型合同	
13	另行委托	第四百零八条　委托人经受托人同意，可以在受托人之外委托第三人处理委托事务。因此给受托人造成损失的，受托人可以向委托人要求赔偿损失。	第九百三十一条　委托人经受托人同意，可以在受托人之外委托第三人处理委托事务。因此**造成受托人损失**的，受托人可以向委托人请求赔偿损失。	表述精简，内容不变。
14	共同委托	第四百零九条　两个以上的受托人共同处理委托事务的，对委托人承担连带责任。	第九百三十二条　两个以上的受托人共同处理委托事务的，对委托人承担连带责任。	法条编号有所调整，内容不变。
15	任意解除权	第四百一十条　委托人或者受托人可以随时解除委托合同。因解除合同给对方造成损失的，除不可归责于该当事人的事由以外，应当赔偿损失。	第九百三十三条　委托人或者受托人可以随时解除委托合同。因解除合同**造成对方损失的**，除不可归责于该当事人的事由外，**无偿委托合同的解除方应当赔偿因解除时间不当造成的直接损失，有偿委托合同的解除方应当赔偿对方的直接损失和合同履行后可以获得的利益**。	新增行使任意解除权的损失赔偿范围，依据有偿和无偿委托而不同。
16	委托合同终止	第四百一十一条　委托人或者受托人死亡、丧失民事行为能力或者破产的，委托合同终止，但当事人另有约定或者根据委托事务的性质不宜终止的除外。	第九百三十四条　委托人死亡、终止或者受托人死亡、丧失民事行为能力、**终止**的，委托合同终止；但**是**，当事人另有约定或者根据委托事务的性质不宜终止的除外。	表述稍作调整，内容不变。

续表

序号	条文主旨	《合同法》	《民法典》合同编	解读
		分则	第二分编　典型合同	
17	委托人的后合同义务	第四百一十二条　因委托人死亡、丧失民事行为能力或者破产，致使委托合同终止将损害委托人利益的，在委托人的继承人、法定代理人或者清算组织承受委托事务之前，受托人应当继续处理委托事务。	第九百三十五条　因委托人死亡或者**被宣告破产、解散**，致使委托合同终止将损害委托人利益的，在委托人的继承人、**遗产管理人**或者清算人承受委托事务之前，受托人应当继续处理委托事务。	增加作为非自然人的委托人主体资格/行为能力丧失情形，以及遗产管理人表述更周延。
18	受托人死亡后其继承人等的义务	第四百一十三条　因受托人死亡、丧失民事行为能力或者破产，致使委托合同终止的，受托人的继承人、法定代理人或者清算组织应当及时通知委托人。因委托合同终止将损害委托人利益的，在委托人作出善后处理之前，受托人的继承人、法定代理人或者清算组织应当采取必要措施。	第九百三十六条　因受托人死亡、丧失民事行为能力或者**被宣告破产、解散**，致使委托合同终止的，受托人的继承人、**遗产管理人**、法定代理人或者清算人应当及时通知委托人。因委托合同终止将损害委托人利益的，在委托人作出善后处理之前，受托人的继承人、**遗产管理人**、法定代理人或者清算人应当采取必要措施。	增加遗产管理人。

第二十四章　物业服务合同

物业服务合同是现实生活中普遍存在的一类合同，因此《民法典》合同编新增“物业服务合同”章并将其作为典型合同加以规制。《民法典》合同编物业服务合同共14个条款，其中，部分内容是吸收了《物业管理条例》《物业服务纠纷司法解释》的规定。此外，为了更好保护业主的知情权，便于业主对物业服务事项予以监督，明确规定物业服务人应当定期公布服务信息等。具体详见下表：

序号	条文主旨	《合同法》	《民法典》合同编	解读
		分则	第二分编　典型合同	
			第二十四章　物业服务合同	
1	物业服务合同定义		**第九百三十七条　物业服务合同是物业服务人在物业服务区域内，为业主提供建筑物及其附属设施的维修养护、环境卫生和相关秩序的管理维护等物业服务，业主支付物业费的合同。** **物业服务人包括物业服务企业和其他管理人。**	增加定义。
2	物业服务合同内容与形式		**第九百三十八条　物业服务合同的内容一般包括服务事项、服务质量、服务费用的标准和收取办法、维修资金的使用、服务用房的管理和使用、服务期限、服务交接等条款。** **物业服务人公开作出的有利于业主的服务承诺，为物业服务合同的组成部分。** **物业服务合同应当采用书面形式。**	吸收《物业管理条例》第三十四条第二款、《物业服务纠纷司法解释》第三条第二款①相关规定。

① 《物业管理条例》第三十四条第二款　物业服务合同应当对物业管理事项、服务质量、服务费用、双方的权利义务、专项维修资金的管理与使用、物业管理用房、合同期限、违约责任等内容进行约定。

《物业服务纠纷司法解释》（法释〔2009〕8 号）第三条第二款　物业服务企业公开作出的服务承诺及制定的服务细则，应当认定为物业服务合同的组成部分。

续表

序号	条文主旨	《合同法》	《民法典》合同编	解读
		分则	第二分编　典型合同	
3	物业服务合同效力		**第九百三十九条　建设单位依法与物业服务人订立的前期物业服务合同，以及业主委员会与业主大会依法选聘的物业服务人订立的物业服务合同，对业主具有法律约束力。**	吸收《物业服务纠纷司法解释》第一条①相关规定。
4	前期物业服务合同终止		**第九百四十条　建设单位依法与物业服务人订立的前期物业服务合同约定的服务期限届满前，业主委员会或者业主与新物业服务人订立的物业服务合同生效的，前期物业服务合同终止。**	吸收《物业管理条例》二十六条②相关规定。
5	服务转委托与禁止		**第九百四十一条　物业服务人将物业服务区域内的部分专项服务事项委托给专业性服务组织或者其他第三人的，应当就该部分专项服务事项向业主负责。**	吸收《物业管理条例》第三十九条③相关规定。

① 《物业服务纠纷司法解释》（法释〔2009〕8号）第一条　建设单位依法与物业服务企业签订的前期物业服务合同，以及业主委员会与业主大会依法选聘的物业服务企业签订的物业服务合同，对业主具有约束力。业主以其并非合同当事人为由提出抗辩的，人民法院不予支持。

② 《物业管理条例》第二十六条　前期物业服务合同可以约定期限；但是，期限未满、业主委员会与物业服务企业签订的物业服务合同生效的，前期物业服务合同终止。

③ 《物业管理条例》第三十九条　物业服务企业可以将物业管理区域内的专项服务业务委托给专业性服务企业，但不得将该区域内的全部物业管理一并委托给他人。

续表

序号	条文主旨	《合同法》	《民法典》合同编	解读
		分则	第二分编　典型合同	
			物业服务人不得将其应当提供的全部物业服务转委托给第三人，或者将全部物业服务支解后分别转委托给第三人。	
6	物业服务人的义务		**第九百四十二条　物业服务人应当按照约定和物业的使用性质，妥善维修、养护、清洁、绿化和经营管理物业服务区域内的业主共有部分，维护物业服务区域内的基本秩序，采取合理措施保护业主的人身、财产安全。** **对物业服务区域内违反有关治安、环保、消防等法律法规的行为，物业服务人应当及时采取合理措施制止、向有关行政主管部门报告并协助处理。**	吸收《物业服务纠纷司法解释》第三条第一款①相关规定。

① 《物业服务纠纷司法解释》（法释〔2009〕8 号）第三条第一款　物业服务企业不履行或者不完全履行物业服务合同约定的或者法律、法规规定以及相关行业规范确定的维修、养护、管理和维护义务，业主请求物业服务企业承担继续履行、采取补救措施或者赔偿损失等违约责任的，人民法院应予支持。

续表

序号	条文主旨	《合同法》	《民法典》合同编	解读
		分则	第二分编　典型合同	
7	物业服务人信息公开义务		**第九百四十三条　物业服务人应当定期将服务的事项、负责人员、质量要求、收费项目、收费标准、履行情况,以及维修资金使用情况、业主共有部分的经营与收益情况等以合理方式向业主公开并向业主大会、业主委员会报告。**	明确规定物业服务人的及时报告义务,有利于对物业服务人的监督,也有利于业主在了解物业情况后及时召开业主大会或业主委员会会议对重大事项决策。
8	业主物业费支付义务		**第九百四十四条　业主应当按照约定向物业服务人支付物业费。物业服务人已经按照约定和有关规定提供服务的,业主不得以未接受或者无需接受相关物业服务为由拒绝支付物业费。** **业主违反约定逾期不支付物业费的,物业服务人可以催告其在合理期限内支付;合理期限届满仍不支付的,物业服务人可以提起诉讼或者申请仲裁。**	吸收《物业服务纠纷司法解释》第六条①相关规定。 第三款形成了提升物业服务的倒逼机制,从法律层面保障了民生的首要权益。

① 《物业服务纠纷司法解释》(法释〔2009〕8 号)第六条　经书面催交,业主无正当理由拒绝交纳或者在催告的合理期限内仍未交纳物业费,物业服务企业请求业主支付物业费的,人民法院应予支持。物业服务企业已经按照合同约定以及相关规定提供服务,业主仅以未享受或者无需接受相关物业服务为抗辩理由的,人民法院不予支持。

续表

序号	条文主旨	《合同法》	《民法典》合同编	解读
		分则	第二分编　典型合同	
			物业服务人不得采取停止供电、供水、供热、供燃气等方式催交物业费。	
9	业主告知、协助义务		**第九百四十五条　业主装饰装修房屋的，应当事先告知物业服务人，遵守物业服务人提示的合理注意事项，并配合其进行必要的现场检查。** **业主转让、出租物业专有部分、设立居住权或者依法改变共有部分用途的，应当及时将相关情况告知物业服务人。**	吸收《物业管理条例》五十二条①相关规定。
10	业主合同的任意解除权		**第九百四十六条　业主依照法定程序共同决定解聘物业服务人的，可以解除物业服务合同。决定解聘的，应当提前六十日书面通知物业服务人，但是合同对通知期限另有约定的除外。** **依据前款规定解除合同造成物业服务人损失的，除不可归责于业主的事由外，业主应当赔偿损失。**	本条规定了服务合同的任意解除权。基于服务合同以信任为基础，因此赋予业主解除权。

① 《物业管理条例》第五十二条　业主需要装饰装修房屋的，应当事先告知物业服务企业。物业服务企业应当将房屋装饰装修中的禁止行为和注意事项告知业主。

续表

序号	条文主旨	《合同法》	《民法典》合同编	解读
		分则	第二分编　典型合同	
11	物业服务合同续订		**第九百四十七条　物业服务期限届满前，业主依法共同决定续聘的，应当与原物业服务人在合同期限届满前续订物业服务合同。** **物业服务期限届满前，物业服务人不同意续聘的，应当在合同期限届满前九十日书面通知业主或者业主委员会，但是合同对通知期限另有约定的除外。**	业主续聘的，应在期满前续订，此系一般倡导性规范，并非效力性强制性规范。 此外，对于物业服务人而言，如不续聘，其应提前通知，以便业主另行选择合适物业人替代，利益衡平上稍偏向业主权益。
12	不定期物业服务合同		**第九百四十八条　物业服务期限届满后，业主没有依法作出续聘或者另聘物业服务人的决定，物业服务人继续提供物业服务的，原物业服务合同继续有效，但是服务期限为不定期。** **当事人可以随时解除不定期物业服务合同，但是应当提前六十日书面通知对方。**	不定期物业服务合同规定，类似于不定期租赁合同规则。

续表

序号	条文主旨	《合同法》	《民法典》合同编	解读
		分则	第二分编　典型合同	
13	物业服务人合同终止后移交义务		**第九百四十九条　物业服务合同终止的，原物业服务人应当在约定期限或者合理期限内退出物业服务区域，将物业服务用房、相关设施、物业服务所必需的相关资料等交还给业主委员会、决定自行管理的业主或者其指定的人，配合新物业服务人做好交接工作，并如实告知物业的使用和管理状况。** **原物业服务人违反前款规定的，不得请求业主支付物业服务合同终止后的物业费；造成业主损失的，应当赔偿损失。**	明确规定物业服务人的合同终止后的移交义务以及违反的法律后果，吸收《物业服务纠纷司法解释》第十条①相关规定。
14	物业服务人后合同义务		**第九百五十条　物业服务合同终止后，在业主或者业主大会选聘的新物业服务人或者决定自行管理的业主接管之前，原物业服务人应当继续处理物业服务事项，并可以请求业主支付该期间的物业费。**	基于诚信原则，法律明确增加物业服务人的交接期间的强制服务义务。

① 《物业服务纠纷司法解释》（法释〔2009〕8号）第十条　物业服务合同的权利义务终止后，业主委员会请求物业服务企业退出物业服务区域、移交物业服务用房和相关设施，以及物业服务所必需的相关资料和由其代管的专项维修资金的，人民法院应予支持。

物业服务企业拒绝退出、移交，并以存在事实上的物业服务关系为由，请求业主支付物业服务合同权利义务终止后的物业费的，人民法院不予支持。

第二十五章 行纪合同

《民法典》合同编关于行纪合同，除部分条款作表述调整外，无其他实质变化。具体详见下表：

序号	条文主旨	《合同法》	《民法典》合同编	解读
		分则	第二分编 典型合同	
		第二十二章 行纪合同	第二十五章 行纪合同	
1	行纪合同定义	第四百一十四条 行纪合同是行纪人以自己的名义为委托人从事贸易活动，委托人支付报酬的合同。	第九百五十一条 行纪合同是行纪人以自己的名义为委托人从事贸易活动，委托人支付报酬的合同。	法条编号有所调整，内容不变。
2	行纪费用负担	第四百一十五条 行纪人处理委托事务支出的费用，由行纪人负担，但当事人另有约定的除外。	第九百五十二条 行纪人处理委托事务支出的费用，由行纪人负担，但**是**当事人另有约定的除外。	增加“是”，语义更确切。
3	行纪人保管义务	第四百一十六条 行纪人占有委托物的，应当妥善保管委托物。	第九百五十三条 行纪人占有委托物的，应当妥善保管委托物。	法条编号有所调整，内容不变。
4	委托物的处理	第四百一十七条 委托物交付给行纪人时有瑕疵或者容易腐烂、变质的，经委托人同意，行纪人可以处分该物；和委托人不能及时取得联系的，行纪人可以合理处分。	第九百五十四条 委托物交付给行纪人时有瑕疵或者容易腐烂、变质的，经委托人同意，行纪人可以处分该物；**不能与**委托人及时取得联系的，行纪人可以合理处分。	表述有所调整，内容不变。
5	行纪人按、委托人指定价格买卖的义务	第四百一十八条 行纪人低于委托人指定的价格卖出或者高于委托人指定的价格买入的，应当经委托人同意。未经委托人同意，行纪人补偿其差额的，该买卖对委托人发生效力。	第九百五十五条 行纪人低于委托人指定的价格卖出或者高于委托人指定的价格买入的，应当经委托人同意；未经委托人同意，行纪人补偿其差额的，该买卖对委托人发生效力。	法条编号有所调整，内容不变。

续表

序号	条文主旨	《合同法》	《民法典》合同编	解读
		分则	第二分编　典型合同	
		行纪人高于委托人指定的价格卖出或者低于委托人指定的价格买入的，可以按照约定增加报酬。没有约定或者约定不明确，依照本法第六十一条的规定仍不能确定的，该利益属于委托人。 委托人对价格有特别指示的，行纪人不得违背该指示卖出或者买入。	行纪人高于委托人指定的价格卖出或者低于委托人指定的价格买入的，可以按照约定增加报酬；没有约定或者约定不明确，**依据本法第五百一十条**的规定仍不能确定的，该利益属于委托人。 委托人对价格有特别指示的，行纪人不得违背该指示卖出或者买入。	
6	行纪人的介入权	第四百一十九条　行纪人卖出或者买入具有市场定价的商品，除委托人有相反的意思表示的以外，行纪人自己可以作为买受人或者出卖人。 行纪人有前款规定情形的，仍然可以要求委托人支付报酬。	第九百五十六条　行纪人卖出或者买入具有市场定价的商品，除委托人有相反的意思表示外，行纪人自己可以作为买受人或者出卖人。 行纪人有前款规定情形的，仍然可以**请求**委托人支付报酬。	"要求"改为"请求"，表述更精准，内容不变。
7	委托物处置	第四百二十条　行纪人按照约定买入委托物，委托人应当及时受领。经行纪人催告，委托人无正当理由拒绝受领的，行纪人依照本法第一百零一条的规定可以提存委托物。 委托物不能卖出或者委托人撤回出卖，经行纪人催告，委托人不取回或者不处分该物的，行纪人依照本法第一百零一条的规定可以提存委托物。	第九百五十七条　行纪人按照约定买入委托物，委托人应当及时受领。经行纪人催告，委托人无正当理由拒绝受领的，行纪人**依法**可以提存委托物。 委托物不能卖出或者委托人撤回出卖，经行纪人催告，委托人不取回或者不处分该物的，行纪人**依法**可以提存委托物。	立法表述精简。

续表

序号	条文主旨	《合同法》	《民法典》合同编	解读
		分则	第二分编　典型合同	
8	行纪人直接履行义务	第四百二十一条　行纪人与第三人订立合同的,行纪人对该合同直接享有权利、承担义务。 第三人不履行义务致使委托人受到损害的,行纪人应当承担损害赔偿责任,但行纪人与委托人另有约定的除外。	第九百五十八条　行纪人与第三人订立合同的,行纪人对该合同直接享有权利、承担义务。 第三人不履行义务致使委托人受到损害的,行纪人应当承担赔偿责任,但是行纪人与委托人另有约定的除外。	"损害赔偿责任"改为"赔偿责任",内容不变。
9	行纪人的报酬请求权及留置权	第四百二十二条　行纪人完成或者部分完成委托事务的,委托人应当向其支付相应的报酬。委托人逾期不支付报酬的,行纪人对委托物享有留置权,但当事人另有约定的除外。	第九百五十九条　行纪人完成或者部分完成委托事务的,委托人应当向其支付相应的报酬。委托人逾期不支付报酬的,行纪人对委托物享有留置权,但是当事人另有约定的除外。	增加"是",语义更确切。
10	法律适用	第四百二十三条　本章没有规定的,适用委托合同的有关规定。	第九百六十条　本章没有规定的,参照适用委托合同的有关规定。	表述稍作调整,内容不变。

第二十六章　中介合同

《民法典》将《合同法》规定的居间合同统一改为中介合同。此外,关于中介合同部分,最大的亮点变化是首次增加了"禁止跳单"规定。具体详见下表:

序号	条文主旨	《合同法》	《民法典》合同编	解读
		分则	第二分编　典型合同	
		第二十三章　居间合同	第二十六章　中介合同	
1	中介合同定义	第四百二十四条　居间合同是居间人向委托人报告订立合同的机会或者提供订立合同的媒介服务，委托人支付报酬的合同。	第九百六十一条　中介合同是中介人向委托人报告订立合同的机会或者提供订立合同的媒介服务，委托人支付报酬的合同。	相关表述调整，内容不变。
2	中介人报告义务	第四百二十五条　居间人应当就有关订立合同的事项向委托人如实报告。 居间人故意隐瞒与订立合同有关的重要事实或者提供虚假情况，损害委托人利益的，不得要求支付报酬并应当承担损害赔偿责任。	第九百六十二条　中介人应当就有关订立合同的事项向委托人如实报告。 中介人故意隐瞒与订立合同有关的重要事实或者提供虚假情况，损害委托人利益的，不得请求支付报酬并应当承担赔偿责任。	“居间人”改为“中介人”；“要求”改为“请求”；“损害赔偿责任”改为“赔偿责任”。
3	中介报酬请求权	第四百二十六条　居间人促成合同成立后，委托人应当按照约定支付报酬。对居间人的报酬没有约定或者约定不明确，依照本法第六十一条的规定仍不能确定的，根据居间人的劳务合理确定。因居间人提供订立合同的媒介服务而促成合同成立的，由该合同的当事人平均负担居间人的报酬。 居间人促成合同成立的，居间活动的费用，由居间人负担。	第九百六十三条　中介人促成合同成立的，委托人应当按照约定支付报酬。对中介人的报酬没有约定或者约定不明确，依据本法第五百一十条的规定仍不能确定的，根据中介人的劳务合理确定。因中介人提供订立合同的媒介服务而促成合同成立的，由该合同的当事人平均负担中介人的报酬。 中介人促成合同成立的，中介活动的费用，由中介人负担。	“居间人”改为“中介人”，内容不变。

续表

序号	条文主旨	《合同法》	《民法典》合同编	解读
		分则	第二分编　典型合同	
4	中介人必要费用	第四百二十七条　居间人未促成合同成立的，不得要求支付报酬，但可以要求委托人支付从事居间活动支出的必要费用。	第九百六十四条　中介人未促成合同成立的，不得**请求**支付报酬；但**是**，可以按照约定**请求**委托人支付从事**中介**活动支出的必要费用。	相关表述调整，内容不变。
5	禁止跳单		**第九百六十五条　委托人在接受中介人的服务后，利用中介人提供的交易机会或者媒介服务，绕开中介人直接订立合同的，应当向中介人支付报酬。**	此前无相关规定，新增禁止跳单条款，或利于中介人利益。
6	委托合同适用		**第九百六十六条　本章没有规定的，参照适用委托合同的有关规定。**	中介合同与委托合同均是提供服务的合同，可以说中介合同系委托合同的一种特殊类型，因此无特别规定情况下，应参照适用委托合同规定。

第二十七章　合伙合同

合伙合同为《民法典》合同编新增的四类典型合同之一。《民法典》合同编关于合伙合同的内容，主要规范的是民事合伙合同，确立了民事合伙的基本规则，是对《民法通则》关于个人合伙规定的补充完善，具体详见下表：

序号	条文主旨	《合同法》	《民法典》合同编	解读
		分则	第二分编　典型合同	
			第二十七章　合伙合同	
1	合伙合同定义		**第九百六十七条**　合伙合同是两个以上合伙人为了共同的事业目的，订立的共享利益、共担风险的协议。	定义强调了合伙合同的目的系共同经营事业，区别于一般的双务合同。
2	合伙人出资义务		**第九百六十八条**　合伙人应当按照约定的出资方式、数额和缴付期限，履行出资义务。	合伙人的出资系合伙经营的基础，因此各合伙人应当按约定履行出资义务，吸收《合伙企业法》第十七条第一款①相关规定。
3	合伙财产		**第九百六十九条**　合伙人的出资、因合伙事务依法取得的收益和其他财产，属于合伙财产。 合伙合同终止前，合伙人不得请求分割合伙财产。	明确规定合伙财产范围及性质：合伙财产属于共同财产，相较合伙人个人财产具有一定独立性，此系合伙经营的必然要求。

① 《合伙企业法》第十七条第一款　合伙人应当按照合伙协议约定的出资方式、数额和缴付期限，履行出资义务。

续表

序号	条文主旨	《合同法》	《民法典》合同编	解读
		分则	第二分编　典型合同	
4	合伙事务执行		**第九百七十条　合伙人就合伙事务作出决定的,除合伙合同另有约定外,应当经全体合伙人一致同意。** **合伙事务由全体合伙人共同执行。按照合伙合同的约定或者全体合伙人的决定,可以委托一个或者数个合伙人执行合伙事务;其他合伙人不再执行合伙事务,但是有权监督执行情况。** **合伙人分别执行合伙事务的,执行事务合伙人可以对其他合伙人执行的事务提出异议;提出异议后,其他合伙人应当暂停该项事务的执行。**	系吸收《民法通则》第三十四条①相关规定,《合伙企业法》第二十六、二十七、二十九条②相关规定。

① 《民法通则》第三十四条　个人合伙的经营活动,由合伙人共同决定,合伙人有执行和监督的权利。

合伙人可以推举负责人。合伙负责人和其他人员的经营活动,由全体合伙人承担民事责任。

② 《合伙企业法》第二十六条　合伙人对执行合伙事务享有同等的权利。

按照合伙协议的约定或者经全体合伙人决定,可以委托一个或者数个合伙人对外代表合伙企业,执行合伙事务。

作为合伙人的法人、其他组织执行合伙事务的,由其委派的代表执行。

第二十七条　依照本法第二十六条第二款规定委托一个或者数个合伙人执行合伙事务的,其他合伙人不再执行合伙事务。

不执行合伙事务的合伙人有权监督执行事务合伙人执行合伙事务的情况。

第二十九条　合伙人分别执行合伙事务的,执行事务合伙人可以对其他合伙人执行的事务提出异议。提出异议时,应当暂停该项事务的执行。如果发生争议,依照本法第三十条规定作出决定。

受委托执行合伙事务的合伙人不按照合伙协议或者全体合伙人的决定执行事务的,其他合伙人可以决定撤销该委托。

续表

序号	条文主旨	《合同法》	《民法典》合同编	解读
		分则	第二分编　典型合同	
5	执行事务报酬		**第九百七十一条　合伙人不得因执行合伙事务而请求支付报酬，但是合伙合同另有约定的除外。**	明确无约定情况下，执行事务合伙人无报酬请求权。
6	合伙利润分配与亏损分担		**第九百七十二条　合伙的利润分配和亏损分担，按照合伙合同的约定办理；合伙合同没有约定或者约定不明确的，由合伙人协商决定；协商不成的，由合伙人按照实缴出资比例分配、分担；无法确定出资比例的，由合伙人平均分配、分担。**	吸收《合伙企业法》第三十三条第一款①相关规定。
7	合伙人的连带责任及追偿		**第九百七十三条　合伙人对合伙债务承担连带责任。清偿合伙债务超过自己应当承担份额的合伙人，有权向其他合伙人追偿。**	明确合伙人对外承担无限连带责任，系吸收《民法通则》第三十五条②相关规定。

① 《合伙企业法》第三十三条第一款　合伙企业的利润分配、亏损分担，按照合伙协议的约定办理；合伙协议未约定或者约定不明确的，由合伙人协商决定；协商不成的，由合伙人按照实缴出资比例分配、分担；无法确定出资比例的，由合伙人平均分配、分担。

② 《民法通则》第三十五条　合伙的债务，由合伙人按照出资比例或者协议的约定，以各自的财产承担清偿责任。

合伙人对合伙的债务承担连带责任，法律另有规定的除外。偿还合伙债务超过自己应当承担数额的合伙人，有权向其他合伙人追偿。

续表

序号	条文主旨	《合同法》	《民法典》合同编	解读
		分则	第二分编　典型合同	
8	合伙份额转让		**第九百七十四条**　除合伙合同另有约定外，合伙人向合伙人以外的人转让其全部或者部分财产份额的，须经其他合伙人一致同意。	合伙具有人合性质，基于合伙人之间信任关系而设立，因此转让份额时应经其他合伙人一致同意，系吸收《合伙企业法》第二十二条①相关规定。
9	合伙人债权代位权禁止		**第九百七十五条**　合伙人的债权人不得代位行使合伙人依照本章规定和合伙合同享有的权利，但是合伙人享有的利益分配请求权除外。	吸收《合伙企业法》第四十一条②相关规定。
10	合伙期限		**第九百七十六条**　合伙人对合伙期限没有约定或者约定不明确，依据本法第五百一十条的规定仍不能确定的，视为不定期合伙。 合伙期限届满，合伙人继续执行合伙事务，其他合伙人没有提出异议	明确规定合伙期限不明的处理规则，即推定为不定期合伙。

① 《合伙企业法》第二十二条　除合伙协议另有约定外，合伙人向合伙人以外的人转让其在合伙企业中的全部或者部分财产份额时，须经其他合伙人一致同意。

② 《合伙企业法》第四十一条　合伙人发生与合伙企业无关的债务，相关债权人不得以其债权抵销其对合伙企业的债务；也不得代位行使合伙人在合伙企业中的权利。

续表

序号	条文主旨	《合同法》	《民法典》合同编	解读
		分则	第二分编　典型合同	
			的,原合伙合同继续有效,但是合伙期限为不定期。 **合伙人可以随时解除不定期合伙合同,但是应当在合理期限之前通知其他合伙人。**	
11	合伙合同终止		**第九百七十七条　合伙人死亡、丧失民事行为能力或者终止的,合伙合同终止;但是,合伙合同另有约定或者根据合伙事务的性质不宜终止的除外。**	明确规定合伙合同终止情形。
12	剩余财产分配		**第九百七十八条　合伙合同终止后,合伙财产在支付因终止而产生的费用以及清偿合伙债务后有剩余的,依据本法第九百七十二条的规定进行分配。**	剩余财产分配属于损益分配范畴,因此按《民法典》第九百七十二条分配规则处理。

第三分编　准　合　同

第二十八章　无 因 管 理

《民法典》合同编实际上兼具债法总则的功能,设了准合同编,其中《民法典》合同编关于无因管理共6个条款。总体而言,《民法典》合同编的内容较之于《民法总则》的原有规定有了进一步的补充和完善。

序号	条文主旨	《合同法》	《民法典》合同编	解读
			第三分编　准合同	
			第二十八章　无因管理	
1	无因管理定义		**第九百七十九条　管理人没有法定的或者约定的义务，为避免他人利益受损失而管理他人事务，可以请求受益人偿还因管理事务而支出的必要费用；管理人因管理事务受到损失的，可以请求受益人给予适当补偿。** **管理事务不符合受益人真实意思的，管理人不享有前款规定的权利；但是，受益人的真实意思违反法律或者违背公序良俗的除外。**	进一步明确无因管理构成要件：(1)管理人无法定/约定义务；(2)管理他人事务；(3)管理事务利于他人；(4)符合他人真实意思(出于维护公序良俗，即便违背他人真实意思，仍可构成无因管理)。
2	受益人适当补偿		**第九百八十条　管理人管理事务不属于前条规定的情形，但是受益人享有管理利益的，受益人应当在其获得的利益范围内向管理人承担前条第一款规定的义务。**	本条与《民法典》第一百八十三条见义勇为适当补偿责任相呼应。
3	管理人适当管理义务		**第九百八十一条　管理人管理他人事务，应当采取有利于受益人的方法。中断管理对受益人不利的，无正当理由不得中断。**	无因管理的功能之一是鼓励帮助他人，因此管理人应采取有利于受益人的方法，在继续管理更有利情况下，选择继续管理。

续表

序号	条文主旨	《合同法》	《民法典》合同编	解读
			第三分编　准合同	
4	管理人通知义务		**第九百八十二条　管理人管理他人事务，能够通知受益人的，应当及时通知受益人。管理的事务不需要紧急处理的，应当等待受益人的指示。**	受益人通常不知道管理人的管理行为，因此管理活动开始后，应及时通知受益人，以免不必要的争议。
5	管理人报告交付义务		**第九百八十三条　管理结束后，管理人应当向受益人报告管理事务的情况。管理人管理事务取得的财产，应当及时转交给受益人。**	无因管理系为他人管理事务，管理收益归属受益人，为此管理人应及时转交收益。
6	受益人追认的法律效果		**第九百八十四条　管理人管理事务经受益人事后追认的，从管理事务开始时起，适用委托合同的有关规定，但是管理人另有意思表示的除外。**	在无因管理情况下，管理人需履行通知义务，若受益人进行追认的，则构成了委托，应适用委托合同规则。

第二十九章　不当得利

《民法典》合同编在《民法总则》规定的基础上进行了进一步的补充，分别从不当得利人返还义务及除外情形、不当得利返还范围、第三人返还方面进行了规定。具体详见下表：

序号	条文主旨	《合同法》	《民法典》合同编	解读
			第三分编　准合同	
			第二十九章　不当得利	
1	不当得利定义		**第九百八十五条　得利人没有法律根据取得不当利益的,受损失的人可以请求得利人返还取得的利益,但是有下列情形之一的除外:** **(一)为履行道德义务进行的给付;** **(二)债务到期之前的清偿;** **(三)明知无给付义务而进行的债务清偿。**	相较于《民法总则》第一百二十二条,《民法典》明确三种不构成不当得利情形:(1)道德义务也属于法律上的原因,因此不构成不当得利。(2)提前清偿债务,可认为清偿人放弃期限利益,债务并非不存在,故不构成不当得利。(3)明知无给付义务清偿,基于私法自治以及诚信原则,不构成不当得利。

续表

<table>
<tr><th>序号</th><th>条文主旨</th><th>《合同法》</th><th>《民法典》合同编</th><th>解读</th></tr>
<tr><td></td><td></td><td></td><td>第三分编　准合同</td><td></td></tr>
<tr><td>2</td><td>善意得利人返还义务免除</td><td></td><td>第九百八十六条　得利人不知道且不应当知道取得的利益没有法律根据，取得的利益已经不存在的，不承担返还该利益的义务。</td><td rowspan="2">不当得利返还范围因受益人主观状态而异：(1)善意的，返还范围以所得利益为限；若得利不存在，则无须返还。(2)恶意的，返还范围为得利以及损失。(3)若系恶意的，得利人或可能构成侵权，存在不当得利与侵权损害赔偿的竞合。</td></tr>
<tr><td>3</td><td>恶意得利人返还义务</td><td></td><td>第九百八十七条　得利人知道或者应当知道取得的利益没有法律根据的，受损失的人可以请求得利人返还其取得的利益并依法赔偿损失。</td></tr>
<tr><td>4</td><td>第三人返还</td><td></td><td>第九百八十八条　得利人已经将取得的利益无偿转让给第三人的，受损失的人可以请求第三人在相应范围内承担返还义务。</td><td>第三人无偿受让利益情况下，第三人获得利益，并致受损人损害，因此在第三人与受损人间构成不当得利。此情况下，第三人的返还义务，应以其无偿取得利益为限。</td></tr>
</table>

二、《九民纪要》"关于合同纠纷案件的审理"与《民法典》对比精读

序号	条文主旨	《九民纪要》	《民法典》	解读
1	强制性规定的识别	30. 合同法施行后，针对一些人民法院动辄以违反法律、行政法规的强制性规定为由认定合同无效，不当扩大无效合同范围的情形，合同法司法解释（二）第 14 条将《合同法》第 52 条第 5 项规定的"强制性规定"明确限于"效力性强制性规定"。此后，《最高人民法院关于当前形势下审理民商事合同纠纷案件若干问题的指导意见》进一步提出了"管理性强制性规定"的概念，指出违反管理性强制性规定的，人民法院应当根据具体情形认定合同效力。随着这一概念的提出，审判实践中又出现了另一种倾向，有的人民法院认为凡是行政管理性质的强制性规定都属于"管理性强制性规定"，不影响合同效力。这种望文生义的认定方法，应予纠正。 人民法院在审理合同纠纷案件时，要依据《民法	第一百四十三条　具备下列条件的民事法律行为有效： （一）行为人具有相应的民事行为能力； （二）意思表示真实； （三）不违反法律、行政法规的强制性规定，不违背公序良俗。 第一百四十四条　无民事行为能力人实施的民事法律行为无效。 第一百四十六条　行为人与相对人以虚假的意思表示实施的民事法律行为无效。 以虚假的意思表示隐藏的民事法律行为的效力，依照有关法律规定处理。 第一百五十三条　违反法律、行政法规的强制性规定的民事法律行为无效。但是，该强制性规定不导致该民事法律行为无效的除外。 违背公序良俗的民事法律行为无效。	《民法典》就违反强制性规定的民事法律行为无效的规定方面并无新变化。并于强制性规范的识别，仍可结合《九民纪要》的规定来理解。如果强制性规范规制的是合同行为本身，即只要该合同行为发生即绝对地损害国家利益或者社会公共利益的，人民法院应当认定合同无效。如果强制性规定规制的是当事人的"市场准入"资格而非某种类型的合同行为，或者规制的是某种合同

续表

序号	条文主旨	《九民纪要》	《民法典》	解读
		总则》第153条第1款和合同法司法解释(二)第14条的规定慎重判断"强制性规定"的性质,特别是要在考量强制性规定所保护的法益类型、违法行为的法律后果以及交易安全保护等因素的基础上认定其性质,并在裁判文书中充分说明理由。下列强制性规定,应当认定为"效力性强制性规定":强制性规定涉及金融安全、市场秩序、国家宏观政策等公序良俗的;交易标的禁止买卖的,如禁止人体器官、毒品、枪支等买卖;违反特许经营规定的,如场外配资合同;交易方式严重违法的,如违反招投标等竞争性缔约方式订立的合同;交易场所违法的,如在批准的交易场所之外进行期货交易。关于经营范围、交易时间、交易数量等行政管理性质的强制性规定,一般应当认定为"管理性强制性规定"。	第一百五十四条　行为人与相对人恶意串通,损害他人合法权益的民事法律行为无效。 第四百九十七条　有下列情形之一的,该格式条款无效: (一)具有本法第一编第六章第三节和本法第五百零六条规定的无效情形; (二)提供格式条款一方不合理地免除或者减轻其责任、加重对方责任、限制对方主要权利; (三)提供格式条款一方排除对方主要权利。 第五百零六条　合同中的下列免责条款无效: (一)造成对方人身损害的; (二)因故意或者重大过失造成对方财产损失的。 第五百零八条　本编对合同的效力没有规定的,适用本法第一编第六章的有关规定。	的履行行为而非某类合同行为,人民法院对于此类合同效力的认定,应当慎重把握而不能扩大合同无效范围。

续表

序号	条文主旨	《九民纪要》	《民法典》	解读
2	违反规章的合同效力	31. 违反规章一般情况下不影响合同效力,但该规章的内容涉及金融安全、市场秩序、国家宏观政策等公序良俗的,应当认定合同无效。人民法院在认定规章是否涉及公序良俗时,要在考察规范对象基础上,兼顾监管强度、交易安全保护以及社会影响等方面进行慎重考量,并在裁判文书中进行充分说理。	第一百四十三条　具备下列条件的民事法律行为有效: (一)行为人具有相应的民事行为能力; (二)意思表示真实; (三)不违反法律、行政法规的强制性规定,不违背公序良俗。 第一百五十三条　违反法律、行政法规的强制性规定的民事法律行为无效。但是,该强制性规定不导致该民事法律行为无效的除外。 违背公序良俗的民事法律行为无效。	违背公序良俗原则的合同无效是《民法典》确定的几类合同无效情形之一。违反规章是否导致合同无效,取决于违反该规章强制性规定内容是否即违背了公序良俗。
3	合同不成立、无效或者被撤销的法律后果	32.《合同法》第58条就合同无效或者被撤销时的财产返还责任和损害赔偿责任作了规定,但未规定合同不成立的法律后果。考虑到合同不成立时也可能发生财产返还和损害赔偿责任问题,故应当参照适用该条的规定。 在确定合同不成立、无效或者被撤销后财产返还或者折价补偿范围时,要根据诚实信用原则的要求,在当事人之间合理分配,不能使不诚信的当事	第一百三十七条　以对话方式作出的意思表示,相对人知道其内容时生效。 以非对话方式作出的意思表示,到达相对人时生效。以非对话方式作出的采用数据电文形式的意思表示,相对人指定特定系统接收数据电文的,该数据电文进入该特定系统时生效;未指定特定系统的,相对人知道或者应当知道该数据电文进入其系统时生效。当事人对采用	《民法典》理顺了承诺生效时间与合同成立时间的关系,并对合同成立的形式、时间等作了进一步的规定。 《民法典》新规定了合同不生效的法律后果。关于合同不成立的法律后果,仍可适用《九民纪

续表

序号	条文主旨	《九民纪要》	《民法典》	解读
		人因合同不成立、无效或者被撤销而获益。合同不成立、无效或者被撤销情况下,当事人所承担的缔约过失责任不应超过合同履行利益。比如,依据《最高人民法院关于审理建设工程施工合同纠纷案件适用法律问题的解释》第2条规定,建设工程施工合同无效,在建设工程经竣工验收合格情况下,可以参照合同约定支付工程款,但除非增加了合同约定之外新的工程项目,一般不应超出合同约定支付工程款。	数据电文形式的意思表示的生效时间另有约定的,按照其约定。 第一百五十七条　民事法律行为无效、被撤销或者确定不发生效力后,行为人因该行为取得的财产,应当予以返还;不能返还或者没有必要返还的,应当折价补偿。有过错的一方应当赔偿对方由此所受到的损失;各方都有过错的,应当各自承担相应的责任。法律另有规定的,依照其规定。	要》的规定,应参照合同不生效的法律后果。
4	财产返还与折价补偿	33.合同不成立、无效或者被撤销后,在确定财产返还时,要充分考虑财产增值或者贬值的因素。双务合同不成立、无效或者被撤销后,双方因该合同取得财产的,应当相互返还。应予返还的股权、房屋等财产相对于合同约定价款出现增值或者贬值的,人民法院要综合考虑市场因素、受让人的经营或者添附等行为与财产增值或者贬值之间的关联性,在当事人之间合理分	第一百五十七条　民事法律行为无效、被撤销或者确定不发生效力后,行为人因该行为取得的财产,应当予以返还;不能返还或者没有必要返还的,应当折价补偿。有过错的一方应当赔偿对方由此所受到的损失;各方都有过错的,应当各自承担相应的责任。法律另有规定的,依照其规定。 第六百八十二条　保证合同是主债权债务合同的从合同。主债权债务合	《民法典》在《合同法》关于合同无效或被撤销的法律后果基础上,增加了合同不生效这一情形。对于合同成立但未生效的,与合同无效或被撤销的法律后果相同。 此外,在《民法典》合同

续表

序号	条文主旨	《九民纪要》	《民法典》	解读
		配或者分担，避免一方因合同不成立、无效或者被撤销而获益。在标的物已经灭失、转售他人或者其他无法返还的情况下，当事人主张返还原物的，人民法院不予支持，但其主张折价补偿的，人民法院依法予以支持。折价时，应当以当事人交易时约定的价款为基础，同时考虑当事人在标的物灭失或者转售时的获益情况综合确定补偿标准。标的物灭失时当事人获得的保险金或者其他赔偿金，转售时取得的对价，均属于当事人因标的物而获得的利益。对获益高于或者低于价款的部分，也应当在当事人之间合理分配或者分担。	同无效的，保证合同无效，但是法律另有规定的除外。 保证合同被确认无效后，债务人、保证人、债权人有过错的，应当根据其过错各自承担相应的民事责任。 第七百三十七条　当事人以虚构租赁物等方式订立融资租赁合同无效。 第七百五十五条　融资租赁合同因买卖合同解除、被确认无效或者被撤销而解除，出卖人、租赁物系由承租人选择的，出租人有权请求承租人赔偿相应损失；但是，因出租人原因致使买卖合同解除、被确认无效或者被撤销的除外。 出租人的损失已经在买卖合同解除、被确认无效或者被撤销时获得赔偿的，承租人不再承担相应的赔偿责任。 第七百六十条　融资租赁合同无效，当事人就该情形下租赁物的归属有约定的，按照其约定；没有约定或者约定不明确的，租赁物应当返还出租人。	编部分，在部分典型合同类型中，也详细规定了认定合同无效后的处理方式。
5	价款返还	34. 双务合同不成立、无效或者被撤销时，标的物返还与价款返还互为对待给付，双方应当同时返还。关于应否支付利息问题，只要一方对标的物有使用情形的，一般应当支付使用费，该费用可与占有价款一方应当支付的资金占用费相互抵销，故在一方返还原物前，另一方		

续表

序号	条文主旨	《九民纪要》	《民法典》	解读
		仅须支付本金,而无须支付利息。	但是,因承租人原因致使合同无效,出租人不请求返还或者返还后会显著降低租赁物效用的,租赁物的所有权归承租人,由承租人给予出租人合理补偿。 第七百九十三条　建设工程施工合同无效,但是建设工程经验收合格的,可以参照合同关于工程价款的约定折价补偿承包人。 建设工程施工合同无效,且建设工程经验收不合格的,按照以下情形处理: (一)修复后的建设工程经验收合格的,发包人可以请求承包人承担修复费用; (二)修复后的建设工程经验收不合格的,承包人无权请求参照合同关于工程价款的约定折价补偿。 发包人对因建设工程不合格造成的损失有过错的,应当承担相应的责任。 第八百五十条　非法垄断技术或者侵害他人技术成果的技术合同无效。	
6	损害赔偿	35. 合同不成立、无效或者被撤销时,仅返还财产或者折价补偿不足以弥补损失,一方还可以向有过错的另一方请求损害赔偿。在确定损害赔偿范围时,既要根据当事人的过错程度合理确定责任,又要考虑在确定财产返还范围时已经考虑过的财产增值或者贬值因素,避免双重获利或者双重受损的现象发生。		

续表

序号	条文主旨	《九民纪要》	《民法典》	解读
7	合同无效时的释明问题	36. 在双务合同中,原告起诉请求确认合同有效并请求继续履行合同,被告主张合同无效的,或者原告起诉请求确认合同无效并返还财产,而被告主张合同有效的,都要防止机械适用“不告不理”原则,仅就当事人的诉讼请求进行审理,而应向原告释明变更或者增加诉讼请求,或者向被告释明提出同时履行抗辩,尽可能一次性解决纠纷。例如,基于合同有给付行为的原告请求确认合同无效,但并未提出返还原物或者折价补偿、赔偿损失等请求的,人民法院应当向其释明,告知其一并提出相应诉讼请求;原告请求确认合同无效并要求被告返还原物或者赔偿损失,被告基于合同也有给付行为的,人民法院同样应当向被告释明,告知其也可以提出返还请求;人民法院经审理认定合同无效的,除了要在判决书“本院认为”部分对同时返还作出认定外,还应当在判项中作出明确表述,避免因判令单方返	无针对性规定	

续表

序号	条文主旨	《九民纪要》	《民法典》	解读
		还而出现不公平的结果。 第一审人民法院未予释明，第二审人民法院认为应当对合同不成立、无效或者被撤销的法律后果作出判决的，可以直接释明并改判。当然，如果返还财产或者赔偿损失的范围确实难以确定或者双方争议较大的，也可以告知当事人通过另行起诉等方式解决，并在裁判文书中予以明确。 当事人按照释明变更诉讼请求或者提出抗辩的，人民法院应当将其归纳为案件争议焦点，组织当事人充分举证、质证、辩论。		
8	未经批准合同的效力	37. 法律、行政法规规定某类合同应当办理批准手续生效的，如商业银行法、证券法、保险法等法律规定购买商业银行、证券公司、保险公司5%以上股权须经相关主管部门批准，依据《合同法》第44条第2款的规定，批准是合同的法定生效条件，未经批准的合同因欠缺法律规定的特别生效条件而未生效。实践中的一个突出问	第五百零二条　依法成立的合同，自成立时生效，但是法律另有规定或者当事人另有约定的除外。 依照法律、行政法规的规定，合同应当办理批准等手续生效的，依照其规定。未办理批准等手续影响合同生效的，不影响合同中履行报批等义务条款以及相关条款的效力。应当办理申请批准等手续	本条规定与《九民纪要》的相关规定基本一致。经批准才生效的合同，一方因各种原因不履行报批义务，由于合同未生效，合同相对人的利益和救济途径缺乏保证。本条规定

续表

序号	条文主旨	《九民纪要》	《民法典》	解读
		题是,把未生效合同认定为无效合同,或者虽认定为未生效,却按无效合同处理。无效合同从本质上来说是欠缺合同的有效要件,或者具有合同无效的法定事由,自始不发生法律效力。而未生效合同已具备合同的有效要件,对双方具有一定的拘束力,任何一方不得擅自撤回、解除、变更,但因欠缺法律、行政法规规定或当事人约定的特别生效条件,在该生效条件成就前,不能产生请求对方履行合同主要权利义务的法律效力。	的当事人未履行义务的,对方可以请求其承担违反该义务的责任。 依照法律、行政法规的规定,合同的变更、转让、解除等情形应当办理批准等手续的,适用前款规定。	吸取了《合同法司法解释二》第8条以及《最高人民法院关于审理外商投资企业纠纷案件若干问题的规定(一)》第1条的规定精神,再次明确了经批准才生效的合同中关于履行报批义务条款及因该报批义务而设定的相关条款的效力,区分报批义务条款及相关条款与其他合同条款的效力状态;将违反报批义务的法律救济明确为违约责任,而非缔约过失责任。
9	报批义务及相关违约条款独立生效	38. 须经行政机关批准生效的合同,对报批义务及未履行报批义务的违约责任等相关内容作出专门约定的,该约定独立生效。一方因另一方不履行报批义务,请求解除合同并请求其承担合同约定的相应违约责任的,人民法院依法予以支持。		
10	报批义务的释明	39. 须经行政机关批准生效的合同,一方请求另一方履行合同主要权利义务的,人民法院应当向其		

续表

序号	条文主旨	《九民纪要》	《民法典》	解读
		释明,将诉讼请求变更为请求履行报批义务。一方变更诉讼请求的,人民法院依法予以支持;经释明后当事人拒绝变更的,应当驳回其诉讼请求,但不影响其另行提起诉讼。		
11	判决履行报批义务后的处理	40. 人民法院判决一方履行报批义务后,该当事人拒绝履行,经人民法院强制执行仍未履行,对方请求其承担合同违约责任的,人民法院依法予以支持。一方依据判决履行报批义务,行政机关予以批准,合同发生完全的法律效力,其请求对方履行合同的,人民法院依法予以支持;行政机关没有批准,合同不具有法律上的可履行性,一方请求解除合同的,人民法院依法予以支持。		
12	盖章行为的法律效力	41. 司法实践中,有些公司有意刻制两套甚至多套公章,有的法定代表人或者代理人甚至私刻公章,订立合同时恶意加盖非备案的公章或者假公章,发生纠纷后法人以加盖的是假公章为由否定合同效力的情形并不鲜见。	第五百零四条　法人的法定代表人或者非法人组织的负责人超越权限订立的合同,除相对人知道或者应当知道其超越权限外,该代表行为有效,订立的合同对法人或者非法人组织发生效力。	《民法典》关于法定代表人越权订立合同的效力问题,与《合同法》的规定基本一致,区分了法人的法定代表人和非法

续表

序号	条文主旨	《九民纪要》	《民法典》	解读
		人民法院在审理案件时,应当主要审查签约人于盖章之时有无代表权或者代理权,从而根据代表或者代理的相关规则来确定合同的效力。 法定代表人或者其授权之人在合同上加盖法人公章的行为,表明其是以法人名义签订合同,除《公司法》第16条等法律对其职权有特别规定的情形外,应当由法人承担相应的法律后果。法人以法定代表人事后已无代表权、加盖的是假章、所盖之章与备案公章不一致等为由否定合同效力的,人民法院不予支持。 代理人以被代理人名义签订合同,要取得合法授权。代理人取得合法授权后,以被代理人名义签订的合同,应当由被代理人承担责任。被代理人以代理人事后已无代理权、加盖的是假章、所盖之章与备案公章不一致等为由否定合同效力的,人民法院不予支持。		人组织的负责人越权订立合同的效力,表述更严谨。关于盖章行为的效力,仍应适用《九民纪要》的规定,采取"看人不看章"的思路,即侧重于审查行为人是否取得合法授权,而非章的真假。

续表

序号	条文主旨	《九民纪要》	《民法典》	解读
13	撤销权的行使	42. 撤销权应当由当事人行使。当事人未请求撤销的,人民法院不应当依职权撤销合同。一方请求另一方履行合同,另一方以合同具有可撤销事由提出抗辩的,人民法院应当在审查合同是否具有可撤销事由以及是否超过法定期间等事实的基础上,对合同是否可撤销作出判断,不能仅以当事人未提起诉讼或者反诉为由不予审查或者不予支持。一方主张合同无效,依据的却是可撤销事由,此时人民法院应当全面审查合同是否具有无效事由以及当事人主张的可撤销事由。当事人关于合同无效的事由成立的,人民法院应当认定合同无效。当事人主张合同无效的理由不成立,而可撤销的事由成立的,因合同无效和可撤销的后果相同,人民法院也可以结合当事人的诉讼请求,直接判决撤销合同。	第一百四十七条 基于重大误解实施的民事法律行为,行为人有权请求人民法院或者仲裁机构予以撤销。 第一百四十八条 一方以欺诈手段,使对方在违背真实意思的情况下实施的民事法律行为,受欺诈方有权请求人民法院或者仲裁机构予以撤销。 第一百四十九条 第三人实施欺诈行为,使一方在违背真实意思的情况下实施的民事法律行为,对方知道或者应当知道该欺诈行为的,受欺诈方有权请求人民法院或者仲裁机构予以撤销。 第一百五十条 一方或者第三人以胁迫手段,使对方在违背真实意思的情况下实施的民事法律行为,受胁迫方有权请求人民法院或者仲裁机构予以撤销。 第一百五十一条 一方利用对方处于危困状态、缺乏判断能力等情形,致使民事法律行为成立时显失公平的,受损害方有权请求人民法院或者仲裁	《民法典》保留了可撤销合同,但没有再单独规定可变更合同,而在第五百三十三条关于情势变更的规定中仍体现了可变更合同情形。需注意的是,《民法典》将第三方实施欺诈、胁迫行为的也列入可撤销情形。关于撤销权行使期限也针对不同情形规定了不同的期间,但撤销权存续的最长期间为5年。对于行使撤销权的方式未作具体要求,仍可适用《九民纪要》的规定,即采取抗辩或反诉的方式均可。

续表

序号	条文主旨	《九民纪要》	《民法典》	解读
			机构予以撤销。 第一百五十二条　有下列情形之一的，撤销权消灭： （一）当事人自知道或者应当知道撤销事由之日起一年内、重大误解的当事人自知道或者应当知道撤销事由之日起九十日内没有行使撤销权； （二）当事人受胁迫，自胁迫行为终止之日起一年内没有行使撤销权； （三）当事人知道撤销事由后明确表示或者以自己的行为表明放弃撤销权。 当事人自民事法律行为发生之日起五年内没有行使撤销权的，撤销权消灭。	
14	抵销	43. 抵销权既可以通知的方式行使，也可以提出抗辩或者提起反诉的方式行使。抵销的意思表示自到达对方时生效，抵销一经生效，其效力溯及自抵销条件成就之时，双方互负的债务在同等数额内消灭。双方互负的债务数额，是截至抵销条件成就之时各自负有的包括主债务、利息、违约金、赔偿金	第五百六十八条　当事人互负债务，该债务的标的物种类、品质相同的，任何一方可以将自己的债务与对方的到期债务抵销；但是，根据债务性质、按照当事人约定或者依照法律规定不得抵销的除外。 当事人主张抵销的，应当通知对方。通知自到达对方时生效。抵销不得	《民法典》关于抵销权的规定也在《合同法》基础上作了进一步的完善，赋予了当事人自由约定的权利，即当事人可采取事先约定的方式排除抵销权的适用。关于

续表

序号	条文主旨	《九民纪要》	《民法典》	解读
		等在内的全部债务数额。行使抵销权一方享有的债权不足以抵销全部债务数额,当事人对抵销顺序又没有特别约定的,应当根据实现债权的费用、利息、主债务的顺序进行抵销。	附条件或者附期限。 第五百六十九条　当事人互负债务,标的物种类、品质不相同的,经协商一致,也可以抵销。	抵销权的行使方式、溯及力、范围及顺序问题,《九民纪要》与《民法典》规定无冲突,仍可适用。
15	履行期届满后达成的以物抵债协议	44. 当事人在债务履行期限届满后达成以物抵债协议,抵债物尚未交付债权人,债权人请求债务人交付的,人民法院要着重审查以物抵债协议是否存在恶意损害第三人合法权益等情形,避免虚假诉讼的发生。经审查,不存在以上情况,且无其他无效事由的,人民法院依法予以支持。 当事人在一审程序中因达成以物抵债协议申请撤回起诉的,人民法院可予准许。当事人在二审程序中申请撤回上诉的,人民法院应当告知其申请撤回起诉。当事人申请撤回起诉,经审查不损害国家利益、社会公共利益、他人合法权益的,人民法院可予准许。当事人不申请撤回起诉,请求人民法院出具调解书对以物抵债协议	第四百零一条　抵押权人在债务履行期限届满前,与抵押人约定债务人不履行到期债务时抵押财产归债权人所有的,只能依法就抵押财产优先受偿。 第四百二十八条　质权人在债务履行期限届满前,与出质人约定债务人不履行到期债务时质押财产归债权人所有的,只能依法就质押财产优先受偿。	尽管《民法典》没有再保留《物权法》关于禁止流押(质)的规定,但并非肯定该等条款的效力,也非认可债权人取得抵(质)押财产的所有权,而是延续了《九民纪要》的精神要求,认可以物抵债作为履行原债权债务关系的担保方式,即债权人可享有优先受偿的权利,且不再要求抵(质)押财产已交付债权人。

续表

序号	条文主旨	《九民纪要》	《民法典》	解读
16		予以确认的，因债务人完全可以立即履行该协议，没有必要由人民法院出具调解书，故人民法院不应准许，同时应当继续对原债权债务关系进行审理。		
16	履行期届满前达成的以物抵债协议	45. 当事人在债务履行期届满前达成以物抵债协议，抵债物尚未交付债权人，债权人请求债务人交付的，因此种情况不同于本纪要第71条规定的让与担保，人民法院应当向其释明，其应当根据原债权债务关系提起诉讼。经释明后当事人仍拒绝变更诉讼请求的，应当驳回其诉讼请求，但不影响其根据原债权债务关系另行提起诉讼。		
17	通知解除的条件	46. 审判实践中，部分人民法院对合同法司法解释（二）第24条的理解存在偏差，认为不论发出解除通知的一方有无解除权，只要另一方未在异议期限内以起诉方式提出异议，就判令解除合同，这不符合合同法关于合同解除权行使的有关规定。对该条的准确理解是，只有享有法定或者约定解除权的	第五百六十三条　有下列情形之一的，当事人可以解除合同： （一）因不可抗力致使不能实现合同目的； （二）在履行期限届满前，当事人一方明确表示或者以自己的行为表明不履行主要债务； （三）当事人一方迟延履行主要债务，经催告后在合理期限内仍未履行；	关于享有以通知方式解除合同的当事人，《民法典》的规定亦延续了《九民纪要》的精神，且相比合同法的用词表述更简练，第五百六十五条中所指的“依法主张”，

续表

序号	条文主旨	《九民纪要》	《民法典》	解读
		当事人才能以通知方式解除合同。不享有解除权的一方向另一方发出解除通知,另一方即便未在异议期限内提起诉讼,也不发生合同解除的效果。人民法院在审理案件时,应当审查发出解除通知的一方是否享有约定或者法定的解除权来决定合同应否解除,不能仅以受通知一方在约定或者法定的异议期限届满内未起诉这一事实就认定合同已经解除。	(四)当事人一方迟延履行债务或者有其他违约行为致使不能实现合同目的; (五)法律规定的其他情形。 以持续履行的债务为内容的不定期合同,当事人可以随时解除合同,但是应当在合理期限之前通知对方。 第五百六十四条　法律规定或者当事人约定解除权行使期限,期限届满当事人不行使的,该权利消灭。 法律没有规定或者当事人没有约定解除权行使期限,自解除权人知道或者应当知道解除事由之日起一年内不行使,或者经对方催告后在合理期限内不行使的,该权利消灭。 第五百六十五条　当事人一方依法主张解除合同的,应当通知对方。合同自通知到达对方时解除;通知载明债务人在一定期限内不履行债务则合同自动解除,债务人在该期限内未履行债务的,合同自通知载明的期限届满	应当是符合约定解除或法定解除条件的情况下。此外,《民法典》增加了解除权行使期限的规定,但对于何为合理期限,仍未明确。

续表

序号	条文主旨	《九民纪要》	《民法典》	解读
			时解除。对方对解除合同有异议的,任何一方当事人均可以请求人民法院或者仲裁机构确认解除行为的效力。 当事人一方未通知对方直接以提起诉讼或者申请仲裁的方式依法主张解除合同,人民法院或者仲裁机构确认该主张的,合同自起诉状副本或者仲裁申请书副本送达对方时解除。	
18	约定解除条件	47. 合同约定的解除条件成就时,守约方以此为由请求解除合同的,人民法院应当审查违约方的违约程度是否显著轻微,是否影响守约方合同目的实现,根据诚实信用原则,确定合同应否解除。违约方的违约程度显著轻微,不影响守约方合同目的的实现,守约方请求解除合同的,人民法院不予支持;反之,则依法予以支持。	第五百六十二条　当事人协商一致,可以解除合同。 当事人可以约定一方解除合同的事由。解除合同的事由发生时,解除权人可以解除合同。	《民法典》关于约定解除的规定主要是表述上的调整,即将"条件"改为"事由"。但由于本条规定较为原则化,不能机械适用,仍应参照《九民纪要》的要求,对于发生事由是否即可解除合同,应结合具体情况具体分析,应基于诚实信用原则、解除事由对合同目的的影响等因素考量认定。

续表

序号	条文主旨	《九民纪要》	《民法典》	解读
19	违约方起诉解除	48.违约方不享有单方解除合同的权利。但是，在一些长期性合同如房屋租赁合同履行过程中，双方形成合同僵局，一概不允许违约方通过起诉的方式解除合同，有时对双方都不利。在此前提下，符合下列条件，违约方起诉请求解除合同的，人民法院依法予以支持： (1)违约方不存在恶意违约的情形； (2)违约方继续履行合同，对其显失公平； (3)守约方拒绝解除合同，违反诚实信用原则。 人民法院判决解除合同的，违约方本应当承担的违约责任不能因解除合同而减少或者免除。	第五百八十条　当事人一方不履行非金钱债务或者履行非金钱债务不符合约定的，对方可以请求履行，但是有下列情形之一的除外： （一）法律上或者事实上不能履行； （二）债务的标的不适于强制履行或者履行费用过高； （三）债权人在合理期限内未请求履行。 有前款规定的除外情形之一，致使不能实现合同目的的，人民法院或者仲裁机构可以根据当事人的请求终止合同权利义务关系，但是不影响违约责任的承担。	《九民纪要》规定了违约方在一定条件下可通过起诉请求解除合同，《民法典》延续了这一精神，且关于解除条件的表述更为严谨，为合同僵局的处理提供了明确的法律依据，肯定了违约方在特定条件下享有合同解除权，且违约方主张的方式不局限于提起诉讼，也包括申请仲裁形式。
20	合同解除的法律后果	49.合同解除时，一方依据合同中有关违约金、约定损害赔偿的计算方法、定金责任等违约责任条款的约定，请求另一方承担违约责任的，人民法院依法予以支持。 双务合同解除时人民法院的释明问题，参照本纪要第36条的相关规定处理。	第五百六十六条　合同解除后，尚未履行的，终止履行；已经履行的，根据履行情况和合同性质，当事人可以请求恢复原状或者采取其他补救措施，并有权请求赔偿损失。 合同因违约解除的，解除权人可以请求违约方承担违约责任，但是当事人另有约定的除外。	关于合同解除后能否依据合同主张违约责任的问题，此前在实践中有一定的争议，本次《民法典》给予了明确答案，且给予了当事人约定排除适用

续表

序号	条文主旨	《九民纪要》	《民法典》	解读
			主合同解除后，担保人对债务人应当承担的民事责任仍应当承担担保责任，但是担保合同另有约定的除外。	的空间，对于起草、审查合同的指导意义非常大。
21	违约金过高标准及举证责任	50.认定约定违约金是否过高，一般应当以《合同法》第113条规定的损失为基础进行判断，这里的损失包括合同履行后可以获得的利益。除借款合同外的双务合同，作为对价的价款或者报酬给付之债，并非借款合同项下的还款义务，不能以受法律保护的民间借贷利率上限作为判断违约金是否过高的标准，而应当兼顾合同履行情况、当事人过错程度以及预期利益等因素综合确定。主张违约金过高的违约方应当对违约金是否过高承担举证责任。	第五百八十四条　当事人一方不履行合同义务或者履行合同义务不符合约定，造成对方损失的，损失赔偿额应当相当于因违约所造成的损失，包括合同履行后可以获得的利益；但是，不得超过违约一方订立合同时预见到或者应当预见到的因违约可能造成的损失。 第五百八十五条　当事人可以约定一方违约时应当根据违约情况向对方支付一定数额的违约金，也可以约定因违约产生的损失赔偿额的计算方法。 约定的违约金低于造成的损失的，人民法院或者仲裁机构可以根据当事人的请求予以增加；约定的违约金过分高于造成的损失的，人民法院或者仲裁机构可以根据当事人的请求予以适当减少。 当事人就迟延履行约定违约金的，违约方支付违约金后，还应当履行债务。	本条规定基本上与《合同法》的规定一致。关于违约金是否过高的认定问题，仍可按《九民纪要》的规定精神处理。

续表

序号	条文主旨	《九民纪要》	《民法典》	解读
22	变相利息的认定	51. 金融借款合同纠纷中,借款人认为金融机构以服务费、咨询费、顾问费、管理费等为名变相收取利息,金融机构或者由其指定的人收取的相关费用不合理的,人民法院可以根据提供服务的实际情况确定借款人应否支付或者酌减相关费用。	无针对性规定	
23	高利转贷	52. 民间借贷中,出借人的资金必须是自有资金。出借人套取金融机构信贷资金又高利转贷给借款人的民间借贷行为,既增加了融资成本,又扰乱了信贷秩序,根据民间借贷司法解释第14条第1项的规定,应当认定此类民间借贷行为无效。人民法院在适用该条规定时,应当注意把握以下几点:一是要审查出借人的资金来源。借款人能够举证证明在签订借款合同时出借人尚欠银行贷款未还的,一般可以推定为出借人套取信贷资金,但出借人能够举反证予以推翻的除外;二是从宽认定"高利"转贷行为的标准,只要出借人通过转贷行为牟利的,就	无针对性规定	

续表

序号	条文主旨	《九民纪要》	《民法典》	解读
		可以认定为是"高利"转贷行为；三是对该条规定的"借款人事先知道或者应当知道的"要件，不宜把握过苛。实践中，只要出借人在签订借款合同时存在尚欠银行贷款未还事实的，一般可以认为满足了该条规定的"借款人事先知道或者应当知道"这一要件。		
24	职业放贷人	53. 未依法取得放贷资格的以民间借贷为业的法人，以及以民间借贷为业的非法人组织或者自然人从事的民间借贷行为，应当依法认定无效。同一出借人在一定期间内多次反复从事有偿民间借贷行为的，一般可以认定为是职业放贷人。民间借贷比较活跃的地方的高级人民法院或者经其授权的中级人民法院，可以根据本地区的实际情况制定具体的认定标准。	无针对性规定	

作者简介

倪志刚 曾于广东省属某大型国企担任企业法务，2014年加入高云法律团队，主要从事金融不良资产、股权并购、民商事诉讼纠纷、企业法律顾问等领域的法律业务，实务经验丰富。

江　彬 自2009年从事法律职业，历任华帝股份、威创集团等上市企业集团法务，擅长处理企业投融资、商务谈判、招投标、合同管理、知识产权合规、应收账款法律管理、诉讼纠纷处置等法律实务。

黄晓丹 专注于泛娱乐法、互联网企业法律事务与争议解决，擅长为互联网企业提供合规、融资、诉讼、顶层架构等全方位法律服务的专业律师，微信公众号“八爪娱law”的主笔人，潜藏在娱乐圈的法律专业服务者，专注于与KOL共同成长。懂法，懂娱，更懂你。

林晓纯 广东高睿律师事务所律师助理。主要负责跟进企业法律顾问、金融不良资产处置、民商事争议解决及其他专项法律服务的专业法律人，微信公众号“高云企管智库”的主理人。

第 三 编

合同应用总结

301—548

PART III

一、合同总论

【预约合同】

预约合同主要内容和风控要点*

预约合同，是指当事人约定将来订立一定合同的合同，基于该预约而订立的合同称为本约。因而，预约合同是一种债权合同，以订立本约为其债务内容①。

经济交往之所以需要预约合同制度，是因为在很多交易当中，由于某些正式签约条件不具备或时机不成熟，例如：投资项目决策需要一定的时间完成前期的市场评估、尽职调查；或因交易条件较为复杂，完全谈妥尚需一段时日；或因双方需要先期各自办理相关审批手续；或因抢占市场先机，快速锁定交易等，但双方又确有签约诚意，因此采用预约合同制度能够更好地促进经济交易。

立法上最早确立预约合同制度的，始于1804年的《拿破仑民法典》，它确立了买卖预约制度。此后，《德国民法典》承认了消费借贷预约制度。而另外一些国家和地区例如《俄罗斯联邦民法典》、《葡萄牙民法典》、《秘鲁民法典》、《墨西哥民法典》以及《瑞士债务法》、中国澳门特别行政区《民法典》等，均在债法总则或通则当中对预约合同作出了一般性规定，认同所有契约均可订立预约合同。

《民法典》吸取了上述世界各国和相关地区的立法成果，在中国立法史上

---

* 作者：陈玉梅。

① 韩世远：《合同法总论》（第4版），法律出版社2018年版，第92页。

首次确立预约合同制度。

(一)制度由来

1999年颁布的《合同法》并未规定预约合同,但随着中国经济的迅猛发展,在房地产销售和租赁等领域,与预约合同类似性质的经济纠纷逐渐增加。

为了促进交易和尊重当事人的意思自治,最高院针对此类纠纷逐步颁布了相关的司法解释。2003年,最高院在《商品房买卖合同司法解释》第5条规定:

> 商品房的认购、订购、预订等协议具备《商品房销售管理办法》第十六条规定的商品房买卖合同的主要内容,并且出卖人已经按照约定收受购房款的,该协议应当认定为商品房买卖合同。

上述规定对与正式合同效力有差异的意向性文件,赋予了相同的法律效力,预约合同制度从此呼之欲出。

2012年,最高院采用司法解释形式赋予了预约合同在中国法律上的名分。《买卖合同司法解释》第2条规定:

> 当事人签订认购书、订购书、预订书、意向书、备忘录等预约合同,约定在将来一定期限内订立买卖合同,一方不履行订立买卖合同的义务,对方请求其承担预约合同违约责任或者要求解除预约合同并主张损害赔偿的,人民法院应予支持。

《民法典》吸收了上述司法解释,在第495条明确规定:

> 当事人约定在将来一定期限内订立合同的认购书、订购书、预订书等,构成预约合同。
>
> 当事人一方不履行预约合同约定的订立合同义务的,对方可以请求其承担预约合同的违约责任。

从此,预约合同制度正式成为中国合同制度当中的有机组成部分,拥有独立的预约合同成立、效力、履行、权利义务终止及违约责任等内容,为解决各类合同纠纷提供了更完善的法律制度。

(二)主要内容

根据《民法典》第 495 条的规定,预约合同的构成要件分为形式要件和实质要件两种。

1. 形式要件

《民法典》第 495 条采用列举的方式,列出了预约合同的三种常用名称:认购书、订购书、预订书等,这是成立预约合同形式要件。

——《认购书》、《订购书》或《预订书》

此类文件广泛见于各类交易当中,由于交易项目全部条件尚未完全确定,而双方又有积极促成交易的意向,一方担心对方反悔,于是双方往往就倾向于先签一份《认购书》、《订购书》或《预订书》,将已经达成一致的条件内容先行固定下来,作为上一段谈判成果的总结,为下一步成功签约奠定基础。

例如在房屋买卖交易当中,买卖双方先签订一个《认购书》、《订购书》或《预订书》,买方据此交纳定金,然后双方在约定时间去房管局办理网签合同和过户手续。

此外,合同实务当中预约合同还有如下常见的名称:

——《意向书》《备忘录》

《意向书》《备忘录》的性质与《认购书》《订购书》《预订书》较为类似,在《买卖合同司法解释》中被明确列举作为预约合同的形式要件。

例如公司股权转让项目,因为类似交易比较复杂,谈判时间长,步骤多,为了总结双方阶段性成果,逐个阶段推进交易,因此交易双方会签订谈判成果的确认文件,如《意向书》《备忘录》等,其他的交易条款会在下一步谈判当中逐步固定下来。

——《会议纪要》

这类文件既可能属于预约合同,也可能属于本约合同或者本约合同的补充合同。

如果《会议纪要》在本约合同签订之前签订的就属于预约合同,如果在本约合同签订之后或履行过程当中,为了确认合同实际履行情况而签订的,就属于补充合同，例如建设工程项目当中的工程签证。

不过，也不能绝对认为，在合同履行过程当中签订的会议纪要，就是本约合同的补充合同。实际上，它既可能是前一份本约合同的补充合同，又可能是双方签订一份新的预约合同。例如在建设工程项目当中，双方发现有新的附属工程需要建设，因此签订一份《会议纪要》，明确该新工程的具体内容，这就是双方签订了一份新的预约合同。

——《框架协议》

还有一种经常在预约合同和本约合同性质之间灵活转换的合同形式，常见于集团采购、股权转让、企业并购重组等比较复杂的商业交易当中，称为《框架协议》。

以集团采购为例，目前通行的做法是：母公司与供应商签订一个意向性的、框架式的《框架协议》或《总合同》，双方在《框架协议》当中约定一定期限（如年度）、一定地域（例如大中华地区）、一定采购总量（如年度采购总量在多少吨到多少吨之间）和一定的价格范围（如基准价上下浮动不超过百分多少）。《框架协议》当中通常约定，母公司的下属子、孙公司有权以向供应商发送《合同加入通知》或者订单的方式，声明加入上述合同关系，并且明确某批货物的采购时间、金额、数量和送货地点等。

此时，《框架协议》对声明加入的母公司子、孙公司而言为预约合同，《合同加入通知》或订单则为本约合同。

但是，如果《框架协议》当中并无上述主体声明加入合同的通知设计，只是将子、孙公司视为指定合同一方向第三方履行的关系，则《框架协议》为本约合同，《合同加入通知》或订单为本约合同的补充合同。

那么，究竟如何判断一份文件属于预约合同抑或本约合同呢？司法实践的共识是，当合同标题与合同内容不一致的，以内容为准。

例如，最高院对江苏省高级人民法院作出的法复〔1996〕16 号复函当中就规定：

当事人签订的经济合同虽具有明确、规范的名称，但合同约定的权利义务内容与名称不一致的，应当以该合同约定的权利义务内容确定合同的性质，从而确定合同的履行地和法院管辖权。

2. 实质要件

预约合同与本约合同在内容上的显著差别就是预约合同当中应当具备同意签订本约的明确意向，这是预约合同的实质要件，典型写法如下：

双方同意在×××××××条件具备时签订正式合同。
本合同对甲乙双方均有法律约束力。

对于不具备签订本约明确意向的文件，合同实务当中称为安慰性文件，或磋商性、谈判型文件。

这类文件形式与合同类似，多数冠以《备忘录》、《会议纪要》、《意向书》甚至《框架协议》，形式上也是由单方签署或双方签订，但重要的区别是，该文件仅为记录双方各自的单方意见和意图，但对双方不构成任何要约或承诺，也不构成具有法律约束力的文件。

例如在企业并购等类似的复杂交易当中，交易双方既希望总结阶段性谈判成果，但又不希望现在就立刻决定在将来某一时刻签订本约合同，因为交易条件尚未完全达成一致，交易还有可能被取消。

在这种情况下，预约合同并非理想选择，选择签订没有法律约束力的安慰性文件才是正确的选择。

以下就是摘自"高云合同六法"对于安慰性文件的示范写法：

本文件仅用于记录交易双方各自单方表述意见和内容，便于交易双方记录各自工作进度和备忘之用，不代表任何一方的要约或承诺，本文件对交易双方均不具备法律约束力。

如果文件当中写入了上述类似表述，则该文件不属于预约或本约合同，仅为安慰性文件，违约一方无须承担任何责任。

例如，在最高院颁布的"洋浦经济开发区管理委员会与澳华资产管理有限公司其他房地产开发经营合同纠纷申请再审案"[案号：(2014)民申字第263号]当中，关于《投资意向书》的性质及效力，最高院认为：

一般而言，从一方发出愿意签订合同的意思表示(要约或要约邀请)到合同的正式成立，期间会经历一个协商过程，并对合同的主要内容达成初步合意，最终以口头或书面方式成立合同。《最高人民法院关于适用〈中华人民共和国合同法〉若干问题的解释（二）》第一条规定："人民法院能够认定当事人名称或者姓名、标的和数量的，一般应当认定合同成立。"本案《投资意向书》并不具备合同的基本要素。从标题看，该文件明确为"意向书"，并非常用的"合同"、"协议"等名称；从内容看，该文件对于双方的权利义务以及法律责任约定并不明确，只是表明为了澳华公司能够在相应的地块进行商业投资开发，洋浦管委会有为其协调置换土地的意愿，但并未约定置换土地的具体位置和面积及履行期限等；从具体措辞看，双方明确约定洋浦管委会"协调置换土地"，表明从"协调"到真正"置换"还是需要经过再协商、再约定。因此，本院生效判决认定《投资意向书》的性质为磋商性、谈判性文件，符合法律规定和当事人真实意思表示。

（三）风控要点

合同实务当中，对于预约合同的风控要点主要是防止与本约合同相混淆，具体注意如下两个问题：

1. 防止预约合同被认定为本约合同

司法实践中，如果合同双方已经实际履行了预约合同当中约定属于本约合同的内容，预约合同将会被直接认定为本约合同。

例如，在"万家共赢资产管理有限公司与王太敬等申请执行人执行异议之与二审民事判决书"［案号：（2019）京民终 1582 号、（2019）京民终 1557 号］等系列案件中，北京市高级人民法院二审判决如下：

本案买受人与德宝公司之间虽未最终签订《商品房买卖合同》，但双方签订的《商品房认购书》具备了双方当事人的基本情况、房屋位置、面积、房屋价款及付款方式等《商品房销售管理办法》第十六条规定的商品房买卖合同的主要内容，且买受人提交了德宝公司出具的收款收据，证明了其已经全额支付了案涉房屋的购房款，德宝公司对该事实亦予以认可，故本院可以认定案涉《商品房认购书》的性质为《商品房买卖合同》。

对于上述情况，最高院在《商品房买卖合同司法解释》第5条规定：

商品房的认购、订购、预订等协议具备《商品房销售管理办法》第十六条规定的商品房买卖合同的主要内容，并且出卖人已经按照约定收受购房款的，该协议应当认定为商品房买卖合同。

因此，在合同履行过程当中要小心核对履行内容是否吻合或超过预约合同约定的内容。

2. 约定预约合同的违约责任

根据《民法典》第495条的规定，预约合同违约方承担的是局限于预约合同的违约责任。

(1)要求签订本约合同。

守约方有权要求违约方履行签订本约合同的责任，而并非承担本约合同约定的违约责任。

例如，在"兰州居然建材市场有限公司与苏军强、孙花花返还原物纠纷再审案"[案号：(2019)甘民再86号]中，甘肃省高级人民法院认为：

该认购协议作为预约，是当事人之间约定将来订立本约的合同，其法律约束力主要体现在双方当事人应当基于诚实信用原则协商订立本约，即在该协议履行完毕后签订正式房屋销售合同、由政府相关部门核定房屋面积并办理产权证书等。

在合同实务当中，如何确定本约合同的具体版本呢？最好的方式当然是将本约合同版本直接列为预约合同的附件，如果不行，也可以约定以现场公布或网站公示的合同版本作为本约合同版本。

在写作预约合同时，如何有效控制对于本约合同约定不清，从而给强势方甲方可能造成的法律风险呢？可以在"签约期限"上做文章，写明：

甲乙双方同意在(将来时机成熟时；或甲方自行决定时；或甲乙双方达成一致意见时)再行签订正式合同。

上述写法可以证明，甲乙双方就签约期限并未达成一致意见，甲方据此可以避免限期承担签订本约合同的风险。

还有，也可以在“订立合同义务”这点上作更为明确的约定，写明：

甲乙双方同意就合同具体内容（或内容细节、履行流程、履行方式等）继续进行磋商，具体内容以双方达成一致并最终签订的合同版本为准。

上述写法可以说明，双方对于将来订立的合同版本尚未达成统一意见，可以据此避免承担预约合同的违约责任。

（2）要求承担违约赔偿损失。

实务当中如何判断违约方因为不签订本约合同所导致的守约方损失呢？司法实践当中，这往往需要根据预约合同中的具体条款约定，还有考察双方履约行为及遭受损失一方的具体损失等具体因素综合判定。

换言之，这中间有非常大的想象和操作空间，在很大程度上就依赖于律师和法务的智慧发挥了。

例如，在“恒大地产集团上海盛建置业有限公司、湖州诺德置业有限公司股权转让纠纷二审案”［案号：(2018)最高法民终813号］中，最高院关于预约合同的损失是这样论述的：

案涉《股权转让合同》系预约合同，因恒大公司除了订立预约合同所支付的费用外，并未向诺德公司支付任何款项，亦未就案涉项目进行任何投入或其他付出，且在本案中不能提供任何证据证明其已经为项目收购进行了资金、人力等准备活动。

故本院根据双方均有过错的事实，酌定诺德公司应当向恒大公司支付违约金3000万元。恒大公司未能完成案涉项目的收购，其自身有违诚信的行为系重要原因，故对恒大公司关于诺德公司应继续履行HD49－2地块上成立的项目公司的股权转让义务、赔偿HD49－1地块实际交易价格与约定价格之差24,186万元，融创鑫恒公司承担连带责任的诉讼请求，因无相应的事实和法律依据，本院不予支持。

原审判决关于诺德公司应当在违约金之外另行赔偿恒大公司1亿元的认定，并不符合本案的实际情况，亦无相应的法律依据，本院予以纠正。

根据上述案例,关于预约合同损失的司法裁判思路主要是基于守约方的实际损失而定,这就提醒我们对于实际损失应当做好充分的取证和存证工作。

关于实际损失要留意的一点,就是它还包括了受损害一方的可得经济利益损失。例如,在“十五局集团第二工程有限公司、罗世良合同纠纷再审审查与审判监督民事裁定书”[案号:(2018)最高法民申 469 号]中,最高院维持了四川省高级人民法院关于罗世良可得经济利益损失的赔偿判决:

> 涉案《协议书》具有预约合同的性质,约定罗世良开采的砂石必须首先满足案涉工程使用。
>
> 在罗世良开采砂石后,中铁十五局二公司未按约定与其签订买卖合同,致罗世良开采的砂石大部分无法对外出售,构成违约,应承担相应的损失赔偿责任。
>
> 二审按存量砂石市场最低价确定罗世良的可得利益损失,并以罗世良有使损失扩大的情形为由,酌情判令由中铁十五局二公司承担 70% 的赔偿责任是正确的。

合同实务当中,对于上述损失的赔偿责任,可以通过合同约定予以排除,“高云合同六法”建议写法如下:

> 甲乙双方一致同意,如果甲乙双方就合同内容最终无法达成一致而没有订立正式合同的,不视为一方违约,甲乙双方无须为此承担任何责任,一方放弃对另一方追究任何义务和责任的权利。

采用上述写法,可以有效避免被追究“订立合同义务”的风险。

总体而言,此次《民法典》正式确立了预约合同制度,使预约合同在成立、效力、履行、权利义务终止及违约责任等各方面都有了明确法律依据,但实务当中,对于预约合同、安慰性文件、本约合同互相之间的法律性质转换、损失如何确定以及风险如何控制等问题,均为合同实务当中的难点。

作者简介

陈玉梅 2008年参加工作，在食品行业、日用品行业从事法务工作。

案例下载

希望下载文中的案例全文？扫码关注“高云合同”公众号，发送关键词“**预约合同**”，自动获取。

【合同条款】
定金条款的新变化和操作要点*

定金是我国法律规定的一种担保合同债权的法定形式，在繁荣发展的民商事交易活动中，定金作为促进交易和保证信用的重要手段之一，逐步被广泛运用。

然而，合同实务当中，大量存在当事人不喜欢使用定金称谓，而喜欢自行取名订金、诚意金、押金、保证金、违约金、赔偿金等情况，而且在用途上，定金与违约金、赔偿金等往往混为一谈。

（一）新法变化

《民法典》中关于定金部分的规定，大部分与《合同法》、最高院《担保法司法解释》等现行法律法规和司法解释内容没有出入，另外新增了三条新规定，澄清了以往司法实践当中的争议，但还有一个问题存疑，具体如下：

第一，解决了定金超过20%的，效力如何认定的争议。

《民法典》第586条第2款中规定：

> 定金的数额由当事人约定；但是，不得超过主合同标的额的百分之二十，超过部分不产生定金的效力。

以往实务当中，对于定金超过20%的情况，究竟是全部无效，抑或超过部分无效，还是尊重双方约定，容易发生争议。虽然司法判例中通常会将超过部分视为预付款处理，但一直缺乏明确立法。

此次立法吸收了司法实践成果，明确了超过部分不违法，仅仅是“不产生定金效力”而已，再结合相应司法判例，就是视为预付款处理，体现了对于经济活动当中交易习惯的承认和尊重，是立法意识的进步。

---

* 作者：林佳妙。

第二，定金实际交付调整为定金合同成立要件。

合同成立是指双方要约承诺达成一致，但合同还可能尚未生效，而在定金合同中，交付定金属于一方以实际行为证明，双方要约承诺已达成一致。最高院《担保法司法解释》第116条规定：

当事人约定以交付定金作为主合同成立或者生效要件的，给付定金的一方未支付定金，但主合同已经履行或者已经履行主要部分的，不影响主合同的成立或者生效。

但是，《民法典》修改了上述司法解释，在第586条第1款明确规定：

当事人可以约定一方向对方给付定金作为债权的担保。定金合同自实际交付定金时成立。

笔者理解，上述规定主要是为了强调定金合同不是诺成性合同，而是实践性合同，支付定金至少代表了交易双方的要约承诺达成一致，但定金合同是否同时生效呢？《民法典》的态度是留给交易双方自行约定。

不过根据合同实务情况来看，如果交易双方不是已就商业交易所有条件达成一致，通常是不会交付定金的。交付定金行为本身，多数意味着交易双方所有条件已经达成一致甚至开始履行，因此定金合同成立和定金合同生效两个时点，通常是重合的。

在这个角度上看，《民法典》将交付定金的法律效果从原来送审稿的“生效”改为“成立”，实际意义不大，而且更加容易引起误读。

第三，解决了实际交付的定金数额与约定不符时，效力如何认定的争议。

以往司法实践实务当中，对于实际交付定金和约定不符的情形，到底视为合同变更还是违约，容易产生争议。

为此，最高院在《担保法司法解释》第119条规定：

实际交付的定金数额多于或者少于约定数额，视为变更定金合同。

但是，《民法典》修改了上述司法解释，在第586条第2款中明确规定：

实际交付的定金数额多于或者少于约定数额的，视为变更约定的定金数额。

前后两个规定虽然都不会给合同双方造成风险，但就立法技术而言，后者更加突出保护合同效力，更好地稳定交易秩序，是立法技术进步的表现。

以实际交付的定金数额为准，也与上述定金合同的实践性特征保持一致，即合意双方认可已交付部分的定金产生效力，守约方可要求违约方双倍返还该部分定金，而对于未交付部分则无权主张。因此笔者建议在实务中，如实际交付数额与合同约定不一致，最好在交付定金时保留下相应书面证据，以便就交际交付金额主张定金罚则时有凭有据。

第四，在合同履行过程当中，如果遭遇意外事件是否适用定金罚则目前存疑。

法律上所称的意外事件与不可抗力不同，它是指某件在客观上造成损害后果的客观事实，但行为人在主观上既没有故意也没有过失，而是由于不可抗拒或者不能预见的原因造成的。

最高院在《担保法司法解释》第122条中规定：

因不可抗力、意外事件致使主合同不能履行的，不适用定金罚则。

对于上述规定，《民法典》在第590条规定了不可抗力情形，但对于意外事件是否也同样不适用定金罚则未提及。鉴于《民法典》生效后，《担保法司法解释》将自动废止，将来在司法实践当中遇到上述问题应当如何处理，就有待将来的司法解释进一步明确了。

（二）操作要点

1. 定金与订金

网上有不少“普法文章”说，现实当中太多人不懂法律，把法律规定的“定金”错写成“订金”，甚至有标题党取名，把这个观点叫作：“定金”与“订金”，一字之差，价值千金！

真的都是这样吗？

现实商业活动中，确实有大量的使用有别于“定金”名称、但用途类似的款项担保交易活动的情形存在：

例如，商品房买卖，买家当场选好房屋后，房地产商多数会要求买家签订

《认购书》和《订购书》，同时交纳一笔“订金”或“诚意金”，然后才安排打印和制作正式合同版本，双方择日正式签约。根据上述预约合同，如果买家交款后反悔不买房屋，房地产商就会不客气地没收上述款项。但是，如果房地产商因为各种原因最终决定不出售房屋给买家，他的责任仅限于无息退还所收“订金”或“诚意金”。

又如，房屋租赁，业主多数会要求租户交纳“订金”或“押金”，如果租户反悔不租或者提前退租，业主就会很自然地没收押金。但是，如果业主反悔收回租赁房屋，业主的责任仅限于无息退还所收“押金”。

再如，消费者拍婚纱照，一些影楼会要求消费者当场交纳一笔“订金”或“预留费”，作为消费者订购拍摄产品的担保。如果消费者反悔不拍了，影楼就会立刻没收“预留费”。但是，如果影楼无法安排摄影师提供摄影服务，影楼的责任仅限于无息退还所收“预留费”。

总之，上述情形中各种名称的订金、保证金、押金、预留费、承诺金，它们的用途却是出奇地一致，即：如果交纳款项的一方违约，款项就会被没收；如果收取款项的一方违约，款项最多原银奉还，再没有其他赔偿。

这是一个很奇怪的现象，为什么大家都选择不写“定金”，而写成其他名称呢？是法盲太多，还是法律人思维太僵化呢？

《民法典》第587条规定：

给付定金的一方不履行债务或者履行债务不符合约定，致使不能实现合同目的的，无权请求返还定金；收受定金的一方不履行债务 或者履行债务不符合约定，致使不能实现合同目的的，应当双倍返还定金。

也就是说，收取定金的一方，在对方违约时固然有权没收定金；但如果收款方自己违约，就必须双倍返还定金。换言之，定金罚则是一把“双刃剑”，在约束对方的同时也绑住了自己。

但是，如果我们将款项改名为“留置金、担保金、保证金、订约金、押金、订金、承诺金、预留费”等其他名称，甚至任性地取名为“欢喜金”，又当如何呢？

最高院在《担保法司法解释》第118条明确规定：

当事人交付留置金、担保金、保证金、订约金、押金或者订金等，但没有约定定金性质的，当事人主张定金权利的，人民法院不予支持。

也就是说，当事人约定收取什么名称的款项都是可以的，不违法。只不过，如果收取的是“定金”，就必须按照定金的法律规定处理。但是，如果收取的是其他名义的款项，就按双方约定来处理。

试想一下，如果你是强势方，有权收取对方一定款项作为合同的担保，站在强势方的立场考虑，能够实现的最好效果，是否应该是：对方违约时你有权没收对方款项，你方违约时你最多原款奉还？因此，有经验的法律人，不会盲目相信那些普法文章，一味见到“订金”就修订为“定金”，而是应该将注意力集中在“订金”的设计用途上，考虑如何站在当事人立场为其争取利益最大化。

2. 定金与押金

押金是民间交易过程中习惯上采用的一种担保方式，我国法律既未明确承认也不禁止，押金用途主要依赖于合同双方约定。但如果没有明确约定押金用途，则不能直接将其等同于定金。

例如，在“中山市利和物业管理有限公司古镇利和商业中心分公司、中山广联餐饮管理经营部物业服务合同纠纷二审案”[案号：(2018)粤20民终8272号]中写明，一审法院将双方约定的实为“押金”的“保证金”直接定性为“定金”，二审法院对此予以纠正。因为中山市中级人民法院认为：

本案中，利和公司古镇分公司与广联经营部签订的《物业管理服务协议》第二十一条约定，如广联经营部违反相关规定且令《租赁合同》及本协议终止，利和公司古镇分公司将没收广联经营部交纳的物业管理费保证金，并追讨所欠的费用。由此可见，双方约定的广联经营部向利和公司古镇分公司交纳的相关费用名为“保证金”，并非“定金”。从双方上述约定的实质内容来看，广联经营部违约导致合同解除的，利和公司古镇分公司将没收该“保证金”，但双方并未约定利和公司古镇分公司违约导致合同解除时，利和公司古镇分公司应向广联经营部双倍返还上述“保证金”。由此可见，双方约定的上述“保证金”应为押金。

定金与押金在一般情况下均属于金钱担保的范畴，都是一方当事人按照约定给付对方的金钱，在合同履行后，都发生返还的法律后果。但二者的法律效力并不相同。定金的法律效力主要表现在其具有违约金的属性，即当事人可以约定一方向对方给付定金作为债务的担保，债务人履行债务后，定金应当抵作价款或者收回，给付定金的一方不履行约定的债务的，无权要求返还定金；收受定金的一方不履行约定的债务的，应当双倍返还定金。而作为押金虽具有担保功能，但对违约方的制裁与定金是截然不同的，给付押金的人不履行合同义务的，无权收回押金，但收受押金的人不履行合同义务的，仅是返还押金，不存在双倍返还押金问题。所以，利和公司古镇分公司与广联经营部在涉案的《物业管理服务协议》约定的保证金既无定金之名，亦无定金之实，根据《最高人民法院关于适用〈中华人民共和国担保法〉若干问题的解释》第118条的规定，不能认定广联经营部已向利和公司古镇分公司支付的物业管理费保证金系定金。一审法院对此认定不当，本院予以纠正。

3. 定金与保证金

保证金是现实当中的一种约定俗成的名称，在中国法律上对保证金并无特别规定，用途主要依赖于合同双方约定。如果明确约定了用途，可以视为定金。例如，"湖北汇通工贸集团有限公司与长江润发集团有限公司、无锡汇通钢铁工贸有限公司买卖合同纠纷再审案"［案号：(2013)民提字第133号］"中，最高院认为：

汇通公司认为该保证金的性质为定金，润发公司则认为其属于预付款。本院认为，双方当事人在《年度钢材购销合同》中约定，润发公司向汇通公司支付对应月份合同货款总值20%的现金，作为该合同的月度履约保证金，该保证金可用于该月份合同最后一笔货款结算时冲抵润发公司的应付货款。

从双方当事人实际履行合同及货款结算过程看，在正常履行合同的情况下，本案的月度履约保证金具有预付款的性质。同时，依照《年度钢材购销合同》第11条第(3)项、第(4)项的约定，月度履约保证金还具有担保合同履行的违约金性质，如合同中任何一方违反供货或提货、付款义务时，均应以双方确定的月度履约保证金的标准向对方承担违约责任。虽然双方当事人在合同中未将"月度履约保证金"表述为"定金"，但在出现相关违约情形时其所体现的惩罚性和损失补偿性与定金规则相类似。由于该约定系双方真实意思的体现，亦不违反法律、行政法规的禁止性规定，且其数额设定得当，故本院对其法律效力予以确认。

而在"新疆北新路桥集团股份有限公司与中国新型房屋集团有限公司定金合同纠纷案"[案号:(2016)京民初96号]中，法院对2亿元资金性质的认定正是基于当事人诉前最终达成的共同意思表示。北京市高级人民法院认为:

根据北新路桥公司、新型房屋公司及巴万高速公司签署的《会议纪要》，2亿元应认定为合作定金。虽然在前期的协议及往来函件中，各方对于2亿元的性质表述并不一致，但最后的《会议纪要》将2亿元定性为定金，并同时解除了前期签订的一系列合同。定金作为一种特殊的担保方式具有明确的法律概念和意义，各方当事人均应是明知的。新型房屋公司作为《会议纪要》中负责清偿的主体，应对双倍返还定金承担主要的返还责任。

其后，巴万高速公司与北新路桥公司签订的《总承包协议》仅是在履行《合作协议》的相关条款，对于2亿元的性质并未重新进行明确约定，故不应产生影响2亿元定金性质的后果。新型房屋公司及巴万高速公司认为2亿元为履约保证金的抗辩理由不成立，本院不予支持。

同时，新型房屋公司及巴万高速公司还认为，新型房屋公司在往来函件中认定2亿元为定金，未经中新房公司及巴万高速公司确认，故不能改变2亿元为履约保证金的抗辩理由，因新型房屋公司是实际的履约主体且巴万高速公司作为《会议纪要》的签订方，均曾明确认可2亿元为定金，故这一抗辩理由亦不成立，本院亦不予支持。

由此可见，只有书面明确约定为定金或者虽然仅约定为保证金、押金等，但同时约定适用定金罚则两种情况，才具备定金性质，才能要求适用定金罚则。毕竟并不是所有披着"定金"外衣的"订金""保证金""诚意金"都能被定义为"定金"。

4. 定金与违约金

定金与违约金都是合法的合同担保方式，但两者只能二选一，不能同时适用。《民法典》第588条第1款规定：

当事人既约定违约金，又约定定金的，一方违约时，对方可以选择适用违约金或者定金条款。

合同实务中，一些强势业主在拟订商铺租赁合同时，为了防止租户违约，喜欢在合同当中将定金、违约金、赔偿金、双倍租金等所有惩罚措施一股脑地都写上，但其实无论是立法还是司法实践，都不支持同时追索上述各种罚则的写法，写了也是白写。

例如，在"惠阳惠兴实业有限公司、润杨集团（深圳）有限公司与润杨集团（深圳）有限公司、惠阳松涛实业有限公司股权转让纠纷申请再审案"［案号：（2015）民提字第209号］当中，最高院认为：

润杨公司（甲方）与惠阳惠兴实业公司（乙方）签订的《合同书》第3条约定："乙方应按本合同第（二）条规定的时间付款，除不可抗力外，逾期付款应向甲方支付滞纳金，每逾期一天支付总价款的万分之一。逾期一个月，视为乙方违约，甲方有权终止合同，除定金归甲方所有外，乙方还应向甲方支付总价款百分之十的赔偿金。"

但是，根据合同法第114条第1款"当事人可以约定一方违约时应当根据违约情况向对方支付一定数额的违约金，也可以约定因违约产生的损失赔偿额的计算方法"之规定，此处10%的赔偿金并非守约方因违约方的违约行为产生的实际损失，而是事先约定的一种损失赔偿额的计算方式，因此，名为"赔偿金"，实为"违约金"。

而根据合同法第116条"当事人既约定违约金，又约定定金的，一方违约时，对方可以选择适用违约金或定金条款"的规定，定金与违约金不能同时适用，只能选择其一。本案中，润杨公司可以选择没收定金或者要求惠兴公司支付10%的赔偿金，二者只能选其一，二审法院将惠兴公司的违约责任认定为"定金加10%赔偿金"，属于适用法律错误，本院依法予以更正，仅支持润杨公司没收定金1500万元。

从上述案例可见，由于定金存在不得超过合同总额20%的限制，选择定金作为合同的担保措施，一旦对方违约后果严重，就无法完全涵盖我方全部损失。因此，真正懂法的强势方，往往在合同写作当中弃用定金，转而选择更为灵活的违约金，在合同当中约定违约金金额或者计算方法等。由于违约金没有规定上限，因此能够更周全地保护守约方利益。

当然，当违约方主张违约金过高时，法院也有权兼顾合同履行情况、当事人过错程度以及预期利益等因素综合进行调整，但即便如此，也比定金存在法定的20%上限从而限制了我方可能无法追索更高赔偿额要好。

5. 定金与赔偿金

定金是法定的合同担保方式，而赔偿金则是以补偿性为原则的违约责任，两者都是为交易保驾护航的法律手段，虽相互独立却也可以并用。

《民法典》第588条第2款规定：

> 定金不足以弥补一方违约造成的损失的，对方可以请求赔偿超过定金数额的损失。

因此，如果你在没收对方定金后，还要主张对方额外支付赔偿金，你就必须举证存在超过定金金额之外的实际损失。

在司法实践当中，守约方要举证证明这一点，往往不容易。关于实际损失如何举证的问题，在本书第三部分应用总结的多篇文章当中，关于损失如何确定意见有专门论述，本文不再赘述。

综上所述，定金条款虽小，却是合同当中最常见和重要的担保手段和条款之一，实务当中存在与订金、押金、保证金、违约金和赔偿金各种性质的款项混用和冲突等法律难题，本文将上述问题作出了梳理和总结，供各位读者在实务当中参考使用。

作者简介

林佳妙 广东某企业法务，专注于合同法、劳动法、公司法等业务领域，以专业、职业、商业的态度，为企业经营与发展创造独特的价值。

案例下载

希望下载文中的案例全文？扫码关注“高云合同”公众号，发送关键词“**定金条款**”，自动获取。

【合同条款】

新法对保证条款的影响和写作要点*

保证是担保的形式之一，它可以降低偿债风险、增加主体信用，有效提高债务履行的安全性和可行性，在现代经济发展中不可或缺。《民法典》将物的担保置于物权编，保证作为新增合同类型列入合同编。结合《九民纪要》等规定，新法在保证的范围、保证方式等方面都发生了新变化。

(一)新法影响

新法(《九民纪要》《民法典》)对旧法(《担保法》《担保法司法解释》《物权法》)中有关保证的规定主要是统一整合，并有所创新。为方便理解，笔者将新旧法关于担保规定的重大变化归纳如表1所述：

表1 新旧法关于担保的规定

重大变化之处	旧法	新法	
	《担保法》及相关司法解释	《九民纪要》	《民法典》
担保范围	有约定从约定；未约定或约定不明，保证人对全部债务承担责任。(《担保法》第21条)	约定的担保范围不得超过主债务范围，超过部分无效。(《九民纪要》第55条)	有约定从约定。(《民法典》第691条，但对于未约定或约定不明的情形，没有细化规定，可以视为同意《九民纪要》的精神)
保证方式	有约定从约定；未约定或约定不明，视为连带责任保证。(《担保法》第17、18、19条)	无	有约定从约定；未约定或约定不明，视为一般保证。(《民法典》第686～688条，上述规定对于旧法是颠覆性的变化)

* 作者：杨吴德。

续表

重大变化之处	旧法	新法	
	《担保法》及相关司法解释	《九民纪要》	《民法典》
共同保证	连带共同保证中保证人可向其他保证人追偿,有约定份额的按照约定,未约定的平均分担。(《担保法司法解释》第20条)	无	保证人有权向债务人追偿,当事人另有约定的除外。(《民法典》第700条,该条款修订了旧法规定,并赋予了当事人自由约定的权利)
混合担保中担保人向其他担保人追偿	保证人可向其他担保人追偿相应份额,也可向债务人追偿。(《担保法司法解释》第38条) 保证人可向债务人追偿。(《物权法》第176条)	保证人不得向其他担保人追偿,但担保人约定可相互追偿的除外。(《九民纪要》第56条)	保证人可向债务人追偿。(《民法典》第392条,关于保证人能否向其他担保人追偿,《民法典》没有提及) 但从体系解释角度,连带担保中的担保人就超出自己责任的部分有权向其他担保人在其未履行范围内追偿。(《民法典》第519条)
保证期间	未约定的,保证期间为主债务履行期届满之日起六个月;约定不明的,保证期间为主债务履行期届满之日起二年。(《担保法司法解释》第32条)	无	未约定或约定不明的,保证期间为主债务履行期限届满之日起六个月。(《民法典》第692条)

总结上文,足见新法对保证条款的变化,本文仅就其中两点新变化予以分述:

第一,担保范围尊重双方约定,最高不超过主债务范围。

《九民纪要》第55条规定:

【担保责任的范围】担保人承担的担保责任范围不应当大于主债务,是担保从属性的必然要求。当事人约定的担保责任的范围大于主债务的，如针对担保责任约定专门的违约责任、担保责任的数额高于主债务、担保责任约定的利息高于主债务利息、担保责任的履行期先于主债务履行期届满，等等，均应当认定大于主债务部分的约定无效，从而使担保责任缩减至主债务的范围。

《民法典》第 691 条完全承继《担保法》原有规定不变，但对于担保范围没有约定或约定不明未予置喙，可视为全部接受《九民纪要》精神。

根据上述规定，主债务及利息、违约金、损害赔偿金和实现债权的费用为主债务范围，保证人对主债务承担保证责任的范围为担保范围，具体由双方当事人自由约定，但不得超过主债务范围。

合同实务当中，约定的担保范围超过主债务范围的情形，多见于如何判断“实现债权的必需费用”？如债权人为实现债权所支付的评估费、诉讼费、仲裁费、差旅费、通信费及律师费等是否必需，尤其是律师费。

新法对于上述费用是否应当包括在担保范围当中并无明确规定，在司法实践当中裁判机构通常会尊重双方当事人的约定。若无明确约定时，各地法院和仲裁机构多以运用自由裁量权作出裁判，存在全部支持或不支持的、限额支持的情形，裁判尺度不一，较为混乱。

合同实务当中，担保范围还存在一个问题，即合同约定的担保范围和登记的担保范围不一致时，应当如何认定。

《九民纪要》第 58 条对此作出了明确规定，即要求法院先行审查该地区登记系统设置和登记规则是否规范。如不规范则以合同所约定为准，如规范则以登记为准，灵活处理。具体规定如下：

【担保债权的范围】以登记作为公示方式的不动产担保物权的担保范围，一般应当以登记的范围为准。但是，我国目前不动产担保物权登记，不同地区的系统设置及登记规则并不一致，人民法院在审理案件时应当充分注意制度设计上的差别，作出符合实际的判断：一是多数省区市的登记系统未设置“担保范围”栏目，仅有“被担保主债权数额（最高债权数额）”的表述，且只能填写固定数字。而当事人在合同中又往往约定担保物权的担保范围包括主债权及其利息、违约金等附属债权，致使合同约定的担保范围与登记不一致。显然，这种不一致是由于该地区登记系统设置及登记规则造成的该地区的普遍现象。人民法院以合同约定认定担保物权的担保范围，是符合实际的妥当选择。二是一些省区市不动产登记系统设置与登记规则比较规范，担保物权登记范围与合同约定一致在该地区是常态或者普遍现象，人民法院在审理案件时，应当以登记的担保范围为准。

第二，保证方式约定不明时推定结果的颠覆性改变。

《民法典》第686条第2款规定：

当事人在保证合同中对保证方式没有约定或者约定不明确的，按照一般保证承担保证责任。

这一规定与《担保法》原有规定约定不明时按照连带责任方式处理的规定完全相反，是对旧法的颠覆性改变。

在过去，基于《担保法》制定时社会制度、环境因素的考量，保证责任约定不明的一律推定按照连带责任方式处理，体现了对债权人的强保护。这些年来，相关的法律规定很好地防范了多年以来广大中小金融机构普遍存在的金融业务不规范所导致的潜在风险。

然则时代在发展，法律规范也应适时作出改变。中国法律不可能如此长期迁就漠视保护自身权利的债权人，也即法律不能一直保护“躺在权利上睡觉的债权人”，因此，新法作出了上述颠覆性改变。此举既是对目前国家优化营商环境需要的回应，也是对债权人、保证债务人利益在法技术层面的平衡。

可以预见的是，在新法颁布后，全国大量的金融机构、资产管理公司等高频使用保证合同尤其是需要苛以连带责任保证的当事人，都需要全面审核修订相应的保证合同版本，确保保证责任形式表述明确且无歧义。此等新变化对于促进金融机构进一步增强风险意识，规范经营，有着积极意义。

（二）写作要点

基于上述分析，结合“高云合同六法”的观点，一则完整的保证条款，其内容至少包括以下方面：

● 保证人身份；

● 保证人章程关于保证的规定；

● 保证人股东会、董事会决议批准情况；

● 保证对应的主债权情况，包括主债务合同编号、主债务种类、金额、债务人履行债务期限等；

● 保证人承担保证的债权范围；

● 保证人承担责任的形式；

● 保证期间和保证诉讼时效；

● 双方认为需要约定的其他事项。

担保范围的示范条款写法如下：

丙方提供保证担保的担保范围为本合同中约定的主债权及利息、违约金以及为实现主债权所实际或约定支出的各种费用，包括但不限于评估费、审计费、保管费、保全费、诉讼费、仲裁费、差旅费、交通费和律师费等。

保证方式的示范条款写法如下：

5.1　丙方自愿为本合同所述乙方债务提供连带保证担保，本保证担保为不可撤销之连带责任保证担保。并且自愿放弃《民法典》第687条权利（若有）。

5.2　即使发生下列一种或数种情况时，无论是否事先通知或征得丙方同意，丙方均承诺继续无条件承担连带保证责任：

5.2.1　甲方与乙方或其他任何单位签署任何合同、协议或类似文件。

5.2.2　乙方或丙方变更各自的名称、地址、法定代表人、经营范围、企业性质和破产、合并、分立、停业、撤销、解散、丧失企业法人资格、更改组织章程、产权变更等各种变化。

5.2.3　甲方与乙方协商后，对本合同作出任何修改和补充，包括但不限于减免本金或利息，缩短或延长贷款期限，变更贷款用途和条件，追加任何担保，增加或免除其他第三方保证，增加或减少抵押物或质押物等。

综上所述，新法关于保证条款的变化不多，但非常重要，应当在合同写作和审查时予以高度重视。

作者简介

杨吴德　上海段和段（厦门）律师事务所律师，毕业于西南政法大学，曾在某国企担任法务，现执业于民商事领域，尤其擅长提供合同、公司、保险、用工等领域的争议处理及非诉专项法律服务。

案例下载

希望下载文中的案例全文？扫码关注“高云合同”公众号，发送关键词“**保证条款**”，自动获取。

【合同条款】
新法对违约金条款的影响和写作要点*

违约金作为法律规定的履约担保、违约救济重要手段，在合同实务中占据了 相当重要的位置。在合同实务当中，违约金条款经常发生约定不明、缺失或不合理等情况，加之法律规定违约标准及举证责任分配较为原则，导致司法实践中发生很多争议。本文综合新法规定，系统总结违约金条款存在的常见问题并提出相关操作建议。

（一）如何写作违约金条款

1. 违约金包括什么

违约金条款本身写作方法不复杂，通常就是在合同当中写明，一方违约的，应当向另一方支付一定金额或总额一定比例的违约金。

根据"高云合同六法"的规范，违约金写法如下：

乙方存在违约行为的，应当向甲方支付违约金，违约金自乙方违约之日起，按照合同总金额乘以万分之五每日累计为准。

因乙方违约行为导致甲方受到的直接损失和间接损失的，包括但不限于甲方为履行合同所实际支出的各种费用，甲方为证明乙方违约以及维权所支出的各种调查、审计、评估、诉讼和律师费用，如果本合同能够顺利履行甲方预期可以获得的全部经济利益，甲方因本合同无法履行导致被第三人索赔或起诉侵权所支出的所有费用以及依据合同目的甲方所预期获得收益或应当支付费用等，均为乙方赔付范围。

就上述赔付范围内已经或即将发生的一切费用，如果乙方支付的违约金尚未足以赔付的，乙方应当向甲方另行支付差额部分的款项作为对甲方的赔

---

* 作者：彭鹏。

偿金。无论乙方是否支付赔偿金或违约金，均不因此导致乙方有权中止或解除本合同，甲方仍然有权继续要求乙方全面、按期履行合同义务。

乙方知悉和理解本合同签订的背景和目的，本合同作为某项目的核心环节，对甲方后续合同签订和商业合作具有重要影响和商业价值，同意在合同价款和违约金条款中予以充分考量，并且同意在发生争议时放弃向人民法院或仲裁机构请求调整违约金高低的权利。

但是，与违约金关联的内容并非只有孤立一个条款，除了涉及救济模式的大部分内容外，还包括了履行选择权条款、履行抗辩权条款、不可抗力条款、情势变更条款、责任排除条款、违约认定条款、损失计算条款、防止损失扩大条款、追究责任条款、违约金和赔偿金条款等 10 多个条款，并且同时与关系模块的合同目的条款、法律关系条款、期限条款，与流程模块的交付条款、验收条款、结算条款、质保义务条款，还有与保障模块的声明和承诺条款、产品安全条款、软件安全条款、服务安全条款、通知和送达条款、尊重中国主权独立条款相关联。

此外，还要注意将违约金条款与赔偿金条款合并来写，例如：

一方支付的违约金不足以补偿守约方损失的，违约方还应当另行向守约方支付赔偿款。

2. 违约金如何约定才算合理

《民法典》第 585 条第 2 款规定：

约定的违约金低于造成的损失的，人民法院或者仲裁机构可以根据当事人的请求予以增加；约定的违约金过分高于造成的损失的，人民法院或者仲裁机构可以根据当事人的请求予以适当减少。

因此，约定违约金应当以损失为合理的依据。合同强势方的通常做法就是在写作合同时，尽量扩大损失的定义范围，将直接损失和间接损失统统包括进来。

直接损失是指守约方因为违约方的违约行为所受到的实际损失和因此支付的必要费用，以实际发生的金额为准。间接损失主要包括预期利益，又称可得利益损失，例如将对方迟延供货将导致的生产损失、经营损失或转售损失或者不能向下家履约所导致的违约赔偿均可以列入间接损失当中。

例如，最高院在“(2016)最高法民申3394号”民事判决书中认为：

本案钢材买卖合同约定“甲方违反本条约定，由甲方向乙方支付违约金，违约金以未履行部分钢筋总价款的10%赔偿对方”。双方约定把未履行部分作为计算违约金的依据，即是关于预期利益损失的约定，系双方签订合同之时对未来合同正常履行带给赵生才收益的合理预期。

根据“高云合同六法”的主张，损失范围通常在合同目的条款、定义条款还有违约责任条款当中予以具体写明。

3. 放弃申请调整违约金条款是否有效

合同实务当中有一个常见问题，就是合同双方是否可以在合同当中约定“放弃向人民法院或仲裁机构请求调整违约金的权利”。笔者经检索后发现，有法院认为该等权利属于当事人有权自行处分的权利。例如，成都市中级人民法院在“(2012)成民终字第5999号”民事判决书当中认为：

合同双方当事人排除适用《合同法》第114条第2款关于违约金调整条款的约定，系当事人处分其民事权利的结果，该处分行为应为有效。

但是，最高院对此有不同意见，最高院在“(2016)最高法民申1780号”民事判决书当中认为：

合同约定不得调整违约金，人民法院基于公平原则亦可对违约金予以调整。

笔者认为，对于“放弃申请调整违约金”的类似约定，尽管有最高院案例在前，但总体来看，法院的基本态度是会倾向于尊重双方约定，不轻易加以干涉，尤其是在商事合同当中更是如此。因此，在合同中加入对方自动放弃申请调整违约金的约定，总体而言利大于弊。

4. 违约金约定缺失时如何处理

在司法实践中，对于合同没有约定或者实际损失无法证明的，应当如何恰当地确定违约金的标准呢？目前总共有如下三种判断规则：

第一，普通买卖合同、商品房买卖合同违约金参照LPR利率计算。

《买卖合同司法解释》第24条第4款规定：

买卖合同没有约定逾期付款违约金或者该违约金的计算方法，出卖人以买受人违约为由主张赔偿逾期付款损失的，人民法院可以中国人民银行同期同类人民币贷款基准利率为基础，参照逾期罚息利率标准计算。

《商品房买卖合同司法解释》第17、18条规定：

第十七条　……违约金数额或者损失赔偿额可以参照以下标准确定：逾期付款的，按照未付购房款总额，参照中国人民银行规定的金融机构计收逾期贷款利息的标准计算。逾期交付使用房屋的，按照逾期交付使用房屋期间……同地段同类房屋租金标准确定。

第十八条　……买受人在下列期限届满未能取得房屋权属证书的……合同没有约定违约金或者损失数额难以确定的，可以按照已付购房款总额，参照中国人民银行规定的金融机构计收逾期贷款利息的标准计算。

需要留意的是，上述关于"同期同类人民币贷款基准利率"的提法已经被"LPR利率"所取代。因为从2019年8月20日开始，中国人民银行已经授权全国银行间同业拆借中心于每月20日（遇节假日顺延）9时30分公布贷款市场报价利率（LPR），人民银行不再公布同期人民币贷款基准利率。

第二，普通房屋买卖合同、借贷合同违约金按照年利率6%计算。

对于房屋买卖合同，《第八次全国法院民事商事审判工作会议（民事部分）纪要》规定：

18.……合同没有约定违约责任或者损失数额难以确定的，可参照《最高人民法院关于审理民间借贷案件适用法律若干问题的规定》第二十九条第二款规定处理。

对于借贷合同，《民间借贷适用若干规定》第29条规定：

借贷双方对逾期利率有约定的，从其约定……未约定逾期利率或者约定不明的，人民法院可以区分不同情况处理：（一）既未约定借期内的利率，也未约定逾期利率，出借人主张借款人自逾期还款之日起按照年利率6%支付资金占用期间利息的，人民法院应予支持……

第三，其他合同纠纷参考适用LPR利率并可以适当上浮。

例如，最高院在“（2017）最高法民终258号”民事判决书当中提出：

一审判决认定实际履行……《建设工程施工合同》的前提下，根据《合同法》及参照《买卖合同解释》第二十四条第四款、《中国人民银行关于人民币贷款利率有关问题的通知》的相关规定，以海宏公司欠付工程款为基数，按中国人民银行同期同类人民币贷款逾期罚息利率上浮30%计算该部分违约金……一审判决上述计算违约金的方式均无不当。

此外，江苏省高级人民法院在《关于适用〈中华人民共和国合同法〉若干问题的讨论纪要》（苏高发审委〔2005〕16号）第33条第2款中规定：

当事人在合同中既没有约定逾期付款违约金计算标准，又未约定应承担逾期付款损失的，应当按照中国人民银行规定的银行同期贷款利率计算损失。

（二）如何诉请调整违约金

1. 如何诉请调低违约金

在合同实务中，合同双方基于自身的优势地位或保障履约考量，往往给相对方设定高额的违约金或给己方设定极低的违约金数额。新法如何认定该等约定效力呢？

《民法典》第585条第2款规定：

约定的违约金低于造成的损失的，人民法院或者仲裁机构可以根据当事人的请求予以增加；约定的违约金过分高于造成的损失的，人民法院或者仲裁机构可以根据当事人的请求予以适当减少。

根据此条规定，人民法院或仲裁机构有权根据实际情况对违约金予以调整，判断依据是违约造成的损失。

在新法之前，如果当事人主张违约过高要求调低的，司法实践当中通常掌握的标准是以违约造成的损失为准，通常不超过违约造成损失的30%，或者不超过应付款项的年利率24%。

具体依据有如下三条：

《合同法司法解释二》第29条规定：

人民法院应当以实际损失为基础，兼顾合同的履行情况、当事人的过错程度以及预期利益等综合因素，根据公平原则和诚实信用原则予以衡量，并作出裁决。当事人约定的违约金超过造成损失的百分之三十的，一般可以认定为合同法第一百一十四第二款规定的“过分高于造成的损失”。

《民间借贷适用若干规定》第26条第1款规定：

借贷双方约定的利率未超过年利率24%，出借人请求借款人按照约定的利率支付利息的，人民法院应予支持。

《金融审判若干意见》第2条规定：

金融借款合同的借款人以贷款人同时主张的利息、复利、罚息、违约金和其他费用过高，显著背离实际损失为由，请求对总计超过年利率24%的部分予以调减的，应予支持。

即金融借款或民间借贷合同中可主张违约金金额上限为年利率24%。

但是，《九民纪要》对上述规则进行了修订，第50条明确指出：

【违约金过高标准及举证责任】认定约定违约金是否过高，一般应当以《合同法》第113条规定的损失为基础进行判断，这里的损失包括合同履行后可以获得的利益。除借款合同外的双务合同，作为对价的价款或者报酬给付之债，并非借款合同项下的还款义务，不能以受法律保护的民间借贷利率上限作为判断违约金是否过高的标准，而应当兼顾合同履行情况、当事人过错程度以及预期利益等因素综合确定。主张违约金过高的违约方应当对违约金是否过高承担举证责任。

2. 如何诉请调高违约金

在司法实践当中，只要守约方能够证明实际损失高于约定的违约金，就可以向法院申请调增，具体规定如下：

《合同法司法解释二》第 28 条规定:

当事人依照合同法第一百一十四条第二款的规定,请求人民法院增加违约金的,增加后的违约金数额以不超过实际损失额为限。增加违约金以后,当事人又请求对方赔偿损失的,人民法院不予支持。

《商品房买卖合同司法解释》第 16 条规定:

当事人以约定的违约金低于造成的损失为由请求增加的,应当以违约造成的损失确定违约金数额。

《民法典》吸收合并了上述司法解释,第 583 条、第 585 条第 2 款规定:

第五百八十三条　当事人一方不履行合同义务或者履行合同义务不符合约定的,在履行义务或者采取补救措施后,对方还有其他损失的,应当赔偿损失。

第五百八十五条　约定的违约金低于造成的损失的,人民法院或者仲裁机构可以根据当事人的请求予以增加;约定的违约金过分高于造成的损失的,人民法院或者仲裁机构可以根据当事人的请求予以适当减少。

在司法实践当中,针对某些特定类型的案件,如新房买卖合同纠纷,法院会以对等原则来考虑违约金是否过低,并以银行同期贷款利率作为实际损失的计算标准。

3. 如何分配举证责任

判断违约金过高过低的依据是判断其是否与“实际损失”相当。那么,关于“实际损失”的举证责任,在合同双方之间如何分配呢?

如果是主张违约金过低应当调高,实际损失应由守约方举证这一点没有疑义。但是,如果是主张违约金过高应当调低,相关法律规定虽然规定了双方都需要承担一定的举证责任,但没有规定举证责任的先后,也没有细化证明程度。

例如,《民诉法司法解释》第 90 条规定:

当事人对自己提出的诉讼请求所依据的事实或者反驳对方诉讼请求所依

据的事实，应当提供证据加以证明，但法律另有规定的除外。在作出判决前，当事人未能提供证据或者证据不足以证明其事实主张的，由负有举证证明责任的当事人承担不利后果。

《民商事纠纷审判指导意见》第8条规定：

人民法院要正确确定举证责任，违约方对于违约金约定过高的主张承担举证责任，非违约方主张违约金约定合理的，亦应提供相应的证据。

《九民纪要》出台后，明确了主张违约金过高的举证责任归于违约方，第50条规定：

【违约金过高标准及举证责任】主张违约金过高的违约方应当对违约金是否过高承担举证责任。

（三）诉请违约金与继续履行合同之间的关系

在合同实务当中，当事人通常认为，支付了违约金就无须继续履行合同，这是错误的。《民法典》第577条规定：

当事人一方不履行合同义务或者履行合同义务不符合约定的，应当承担继续履行、采取补救措施或者赔偿损失等违约责任。

可见，《民法典》对违约责任确立的是无过错责任原则，只要当事人一方存在违约行为，是否支付违约金，均不影响守约方要求违约方承担继续履行、补救或者赔偿损失等违约责任。

在司法实践当中，类似的案例有不少，例如四川高院在“（2019）川民再382号”民事判决书当中认为：

《存量房买卖合同》是双方当事人的真实意思表示，内容不违反法律、行政法规的强制性规定，具有法律效力，陈某应按合同履行义务。陈某单方要求加价，并拒绝办理房屋过户手续，违反了合同约定，应当承担违约责任。沈某某要求陈某继续履行，协助办理房屋过户手续，并按照合同约定支付违约金的请求成立，本院予以支持。

最高院在"(2013)民一终字第181号"民事判决书当中认为:

(三)关于华锐公司未接收的9套塔筒应否继续履行的问题

二审法院认为……其在依约投入巨资生产出的塔筒若不能出售,将会蒙受巨大经济损失。华锐公司行使合同终止权的条件未成就,擅自终止合同不发生终止的效力。华锐公司的行为违反了契约严守和契约公正的原则,其关于尚未交付的9套塔筒不应再交付的主张,依据不足,二审法院不予支持……

(四)关于凯明公司主张的逾期付款损失是否成立的问题

二审法院认为……华锐公司长期拖欠凯明公司巨额货款,构成违约……不能免除其支付货款利息的责任……

(四)诉请违约金与惩罚性赔偿之间的关系

近年以来,司法实践当中对于合同违约应当实施惩罚性赔偿的呼声逐渐增多。对某些地位不平等、信息不对称的特定交易,采取惩罚性赔偿的经济手段,有助于强化诚信、维护交易秩序,保护诚实信用和公平原则。

目前,我国已经逐步在某些领域逐步推广该制度。例如,在开发商作为卖方的商品房买卖领域,在特定的五种情形下,房屋买受人可以要求出卖人承担不超过已付购房款1倍的赔偿责任。具体规定如下:

《商品房买卖合同司法解释》第8、9条规定:

第八条　具有下列情形之一,导致商品房买卖合同目的不能实现的,无法取得房屋的买受人可以请求解除合同、返还已付购房款及利息、赔偿损失,并可以请求出卖人承担不超过已付购房款一倍的赔偿责任:

(一)商品房买卖合同订立后,出卖人未告知买受人又将该房屋抵押给第三人;

(二)商品房买卖合同订立后,出卖人又将该房屋出卖给第三人。

第九条　……

(一)故意隐瞒没有取得商品房预售许可证明的事实或者提供虚假商品房预售许可证明;

(二)故意隐瞒所售房屋已经抵押的事实;

（三）故意隐瞒所售房屋已经出卖给第三人或者为拆迁补偿安置房屋的事实。

此外，在消费者权益保护领域，《消费者权益保护法》《食品安全法》也建立了 10 倍赔偿、欺诈 3 倍赔偿、人身伤害 2 倍以下赔偿的惩罚性赔偿制度。

但是，在其他领域当中，惩罚性赔偿暂时没有全面铺开，司法实践当中法院通常也不支持合同双方约定的惩罚性赔偿。例如，在常见的商铺租赁合同纠纷当中，如果业主在合同当中约定了同时收取定金、押金和违约金，并且约定承租人违约的，应当赔偿双倍租金的，法院通常仅支持没收定金一项。

总之，违约金条款作为合同履行的重要保障，与合同全文各个部分牵连甚广，可谓“牵一发动全身”。根据“高云合同新三观”的思路，要写好违约金条款，不仅要围绕合同双方的利益核心展开构思，还要安排好违约与合同中止、抗辩、解除、履行和争议解决的系统关系，还要按照合同各个场景进行流程化设计，这属于合同当中非常关键和重要的内容，值得我们深入和系统研究。

作者简介

彭　鹏　毕业于大连海事大学。曾长期就职于江苏某国企，负责船舶建造、融资、航运管理等方面的风控、合规工作，现为国浩律师（南京）事务所律师。

案例下载

希望下载文中的案例全文？扫码关注“高云合同”公众号，发送关键词“**违约金条款**”，自动获取。

【合同谈判】

新法的合同谈判利器*

笔者参加各种合同谈判时,无意中发现一个规律:当双方僵持不下时,如果一方能援引法律规定或者司法裁判案例作为己方主张的支撑,原本看来难以被说服的对方,态度会忽然发生松动甚至主动做出让步,并通常会有这样的回应:哦,既然有法律依据,那按法律规定办好了。

于是,一些看上去分歧较大的难题,就这样顺畅解决了。

这令笔者意识到:其实大部分人在判断事物时,会不自觉地受制于对方运用的谈判方法和技巧,还有自己的潜意识。

本文结合新法和“高云合同六法”的谈判方法,系统总结合同在订立、内容、解除和履行等阶段的谈判技巧,供读者在合同实务当中参考使用。

(一)谈判合同形式和生效条件

1. 预约合同法

笔者近期参与过这样一个项目:笔者所在公司急需在某地承租仓库,经过多方比较,初步认定某仓库各方面条件都比较理想,但经过尽职调查之后发现,当中存在两个法律障碍:一是该仓库建成不久,房产证等相关证照估计还需要4个月才能办下来,也就是目前缺乏合法证照;二是我方对于该仓库的存储环境有特殊需求,对方仓库目前不符合要求,需要升级改造。对方虽然同意改造,但要求我方先支付部分费用。

由于第一个障碍的限制,我方风控部门无法通过与其先行签订租赁合同的申请。而由于双方不能建立租赁关系,没有对外付款的合法依据,我方就不能先行支付部分改造费用给对方,导致第二个障碍也无法解决。

---

* 作者:冯丽芸、严小茹。

怎么办呢？翻开《民法典》，从《民法典》新确立的预约合同制度当中获得了相应的解决思路。关于预约合同的相关内容在本书当中已有文章专门论述，这里不赘述，只是就谈判内容和操作步骤建议如下：

第一，提议签订预约合同，预约合同当中主要约定清楚仓库的产权、四至、现状和改造后标准，还有租金、期限、违约条件等内容，并确认同意将上述内容作为将来本约合同的内容。

第二，在预约合同生效后，由于我方已经获得了对外付款的合法依据，因此我方同意以签订本约合同保证金的名义，先行支付部分款项给对方，对方即可利用该笔保证金开展仓库改造工作，而无须对方垫资。同时，预约合同当中明确，在双方签订本约合同后，该笔履约保证金自动转为押金；如果将来因为我方过错导致双方无法签订本约合同的，对方有权没收该笔保证金；但如果因为对方过错而导致双方无法签订本约合同的，则对方应当及时返还该笔保证金并支付相应的违约金。

第三，预约合同当中最重要的条款，是对方同意负责在一定时间内办妥仓库产权证照并且按我方要求完成仓库改造，这是我方签订本约合同的前提条件，否则我方有权不签订正式合同并要求对方承担违约责任。

关于设置违约条款，如果对方不同意接受，可以考虑在谈判现场采用以下话术：

- 预约合同订立后，我方将要投入大量的资金及资源，如果不设置违约条款，集团无法通过。
- 设置违约条款是法务要求的，我们都想促成这笔交易才签订的这份预约合同，几乎不可能违约。既然如此，设置一个违约条款又有什么关系？只要不违约，就不会有损失。
- 设置违约条款是对双方共同的保障，不单单是保障我方，也是保障你方的权益。

2. 打补丁法

在股权收购项目中，有时会遇到这种情况：双方已就交易合同条款和文件达成一致，马上就要举行签约仪式了。就在这节骨眼上，买方突然非常坚决提出必须补充签署一个保证合同，要求卖方的实际控制人对交易中卖方义务承担连带保证责任。卖方表示，其实际控制人内部关系复杂，并且双方要再谈判商定保证合同条款，又得来回拉锯若干天，然后还要走内部合同审批流程，这些都将极大地拖慢交易进度，所以不太愿意配合。

《民法典》第685条规定：

保证合同可以是单独订立的书面合同，也可以是主债权债务合同中的保证条款。

第三人单方以书面形式向债权人作出保证，债权人接收且未提出异议的，保证合同成立。

也就是说，保证合同形式不拘一格，既可以是双方签名盖章的保证合同，也可以是在主合同当中的保证条款，更可以是只有单方签名盖章的书面文件等多种形式。这就意味着，谈判双方可以有更多灵活选择。

根据“高云合同六法”的“打补丁法”，笔者提出，不用另外签订单独形式的保证合同，可以在现有主合同当中打一个“补丁”，即直接增加一条保证条款，保证人作为第三方加入主合同。因为主合同全部内容已经谈妥，现在只需增加一个保证条款。谈判双方代表都认为这个方法比单独的保证合同形式更简单和低调，容易说服卖方的实际控制人。

如果，此时卖方的实际控制人回复，不愿意让第三人知道他对交易合同提供保证。

可以参照《民法典》第685条，让以方另外单独出具承诺书，这样问题就迎刃而解了。

3. 附条件法

笔者最近经手这样一个项目：我方作为买方拟收购某项目，因市场上类似的项目很受追捧，很多投资方都在抢，我方和对方的合同内容都谈妥了，但对方还缺一个核心的手续文件尚未完成，如果这个手续最终批不下来，会影响对我方对项目的实质性判断。

但是，合作方信誓旦旦说，这个函再过1个月就能下来了。合同签还是不签，我方面临两难局面：如果先签，而最终手续文件批不下来，我方就被套牢了；如果不签，导致项目被其他投资方乘虚而入抢走，我方的损失也很大。

《民法典》第502条规定：

依法成立的合同，自成立时生效，但是法律另有规定或当事人另有约定的除外。

该条款是关于合同生效时间的规定，表面上没有什么改变，不过是后面增加了一个"但是法律另有规定或当事人另有约定的除外"的尾巴。虽然《合同法》第45条也规定附生效条件的合同自条件成就时生效，但《民法典》更直截了当地表述为"当事人另有约定的除外"，给市场主体传递出更直接明确的有力信号：在合同生效问题上，鼓励契约自由和促成交易。

因此，合同当事人完全可以根据交易的具体情况，量身定做并创设有利的生效条款，保护己方利益。这个项目可以采用附条件生效的合同条款来解决，参考条款如下：

本协议自双方法定代表人签名并加盖公章之日起成立，本协议在同时满足以下条件时生效：

(1)甲方完成对乙方的尽职调查且未发现存在对本次交易有实质性影响的重大事实(或发现该等重大事实但经双方友好协商得以解决)；

(2)乙方取得××核心手续文件。

当然，在设置了附条件的生效条款后，我们并非就此作罢。考虑到万一对方找到出价更高的第三方，很有可能恶意不促成条件成就，意图将我方踢出局，于是还可以在合同中额外增加了一个条款，对恶意不促成条件情形进行单独约定。

《民法典》的"另有约定"条款就像一把锋利的"宝剑"，当你是强势方时助你用尽强势方优势地位，当你是弱势方时它们是你自我保护的有力武器。总之，它能帮助你充分发挥创造力和想象力，量身制定个性化条款，为促进交易扫清障碍。

(二)谈判合同内容

1.“拆桌脚”法

以建筑工程合同为例,它有两个比较典型的风险点:

一是不确定因素多。工程周期长,其间经常发生因法规政策发生变化,上游原材料价格较大变动,人工成本显著增加,地质条件比预见的恶劣和复杂等原因导致施工费用增加和工期延长等问题。

二是签约前后当事方强弱地位发生微妙变化。签约前发包方是典型的强势方,多把全部风险打包转嫁给承包方,承包方为揽下工程,不得不忍气吞声全盘接受。双方因此埋下了很多风险隐患。

承包方可否就风险分担事宜,与发包方进行一场合法合理的谈判呢?

答案当然是肯定的,因为法律赋予了承包方相应的谈判利器。

如果你有随时关注法律变化,就会注意到住房和城乡建设部、国家发展改革委联合印发并于2020年3月1日正式实施的《房屋建筑和市政基础设施项目工程总承包管理办法》,该办法第15条规定:

建设单位和工程总承包单位应当加强风险管理,合理分担风险。

建设单位承担的风险主要包括:

(一)主要工程材料、设备、人工价格与招标时基期价相比,波动幅度超过合同约定幅度的部分;

(二)因国家法律法规政策变化引起的合同价格的变化;

(三)不可预见的地质条件造成的工程费用和工期的变化;

(四)因建设单位原因产生的工程费用和工期的变化;

(五)不可抗力造成的工程费用和工期的变化。

具体风险分担内容由双方在合同中约定。

鼓励建设单位和工程总承包单位运用保险手段增强防范风险能力。

所以,作为承包方,以后开展建设工程谈判时,面对发包方强势要求,不用着急说不,也无须强调己方诉求,只需从容淡定地援引上述新法规定,提出对方的主张违反了现行的法律新规。只要你态度坚定,引用清晰,对方多数就会自动退却了。

上述的这种谈判技巧就是“高云合同六法”谈法篇中的“拆桌脚”法，意思是大部分人的内心信念和观点就像桌子，只要你随便抽掉了其中一条桌脚，整个桌面就会轰然倒塌。也就是说，当对方提出某些新观点时，你不用直接反驳他的结论，你只需证明他的结论所依据的某个证据或者推理过程，有哪一点不符合法律规定，或者显失公平，或者逻辑不成立，对方的整个观念体系就会不攻自破了。

2. 模糊焦点法

根据笔者以往办理过的股权收购项目经验，买方往往要求卖方的实际控制人对标的企业的或有负债承担保证责任，这是常规操作。但是，对保证合同当中如何精细约定保证责任形式，往往不太重视。

《担保法》第19条规定：

当事人对保证方式没有约定或者约定不明确的，按照连带责任保证承担保证责任。

也就是说，法律赋予了买方兜底保障，即使保证合同当中对于卖方的保证责任约定不够明确，但法律将推定按照连带责任承担责任，偏向保护债权人的利益。

但新法出台后，这个定见发生了颠覆性改变。《民法典》第686条规定：

保证的方式包括一般保证和连带责任保证。当事人在保证合同中对保证方式没有约定或者约定不明确的，按照一般保证承担保证责任。

换言之，如果保证合同对于卖方的保证责任约定不明的，法律就推定按照一般保证承担责任即可，不再给买方兜底保障，而是偏向保护债务人的利益了。

针对上述立法态度的变化，谈判双方在谈判时就要注意了：如果是债权方，就应当仔细审核保证合同内容，确保“连带保证责任”几个字在合同当中反复出现，约定明确无误。但如果是保证方，就可以借口保证责任在法律当中已有明确规定，合同应该抓大放小，没有必要将法律条文再抄一次，注意在合同当中不要提及“连带”字眼或类似内容，据此依据新法，将自己的责任范围压缩到一般保证责任范围，更有利地控制己方风险。在“高云合同六法”当中，这叫“模糊焦点法”。

3. 直接抵扣法

在合同谈判时，买方有一个权利容易被忽视，那就是对于卖方未按约定履行义务应承担的违约金或第三方代为履行费用，买方应当如何行使权利的问题。很多人的第一反应是，那就在合同当中写明，对方应当限期支付，否则就要支付逾期利息。

这种约定当然是可以的，但其实有更好的做法，就是可以在合同当中约定，付款方有权在应付对方款项当中直接抵扣，无须征得对方确认或同意。如此约定的好处，一是变相减少了交易价款，降低了交易成本；二是钱在付款方手里，付款方掌握主动权，操作起来简单方便。

至于说服的话术，如果是第三方代为履行费用情形可以运用本文开头所述的引用法律规定的技巧，例如可以引用《民法典》第581条规定：

当事人一方不履行债务或者履行债务不符合约定，根据债务的性质不得强制履行的，对方可以请求其负担由第三人替代履行的费用。

类似这些条款，都是可以说服对方的好武器。

4. 两线三区法

在合同谈判当中，关于违约金或逾期付款利率的谈判是一大重点，笔者通常采取的是“两线三区法”。《民法典》第680条规定：

禁止高利放贷，借款的利率不得违反国家有关规定。

借款合同对支付利息没有约定的，视为没有利息。

借款合同对支付利息约定不明确，当事人不能达成补充协议的，按照当地或者当事人的交易方式、交易习惯、市场利率等因素确定利息；自然人之间借款的，视为没有利息。

2015年最高院颁布的《民间借贷适用若干规定》第26条规定：

借贷双方约定的利率未超过年利率24%,出借人请求借款人按照约定的利率支付利息的,人民法院应予支持。

借贷双方约定的利率超过年利率36%,超过部分的利息约定无效。借款人请求出借人返还已支付的超过年利率36%部分的利息的,人民法院应予支持。

上述内容可以概括为"两线三区",第一条线是民事法律应予保护的固定利率为年利率的24%。第二条线是年利率的36%以上的利息约定为无效。两线正好划分了三个区域,具体如图1所示:

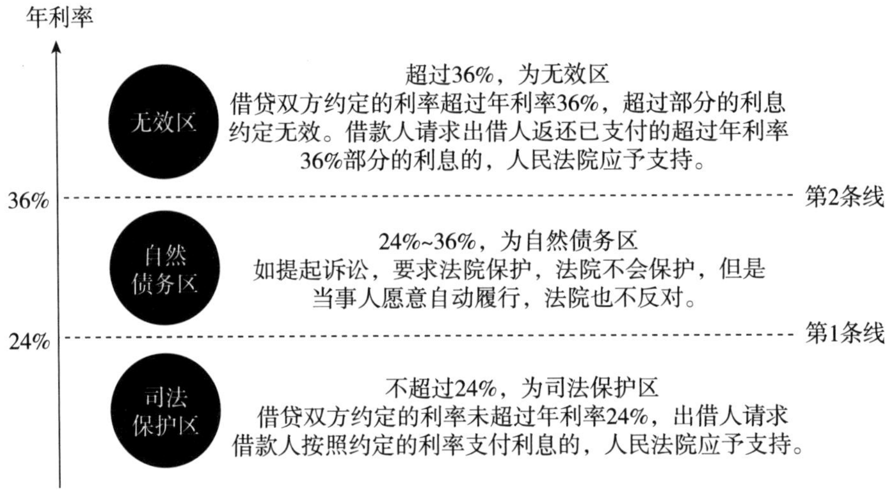

图1 最高院关于民间借贷年利率的"两线三区"

以违约逾期利息的谈判为例,如拟约定固定利率的,现在较普遍的区间是每日万分之三到千分之一,换算下来年利率为10% ~36%。当我方是优势方时,可以在这个范围内争取一个相对高的利率。

比如作为业主,要出租房屋,可以提出要求承租方按照每逾期一日承担应付未付租金金额千分之一的违约金。虽然超过了年息24%,但没有超过36%,只要当事人愿意自动履行的,法院也不会反对,当事人也无法主张返还。对于业主,这样的约定无疑能够更好保护其利益,万一有争议也能站在较为有利的位置。

为了合同工作方便，笔者梳理了关于利息的各种计算方法和依据，如表 1 所示：

表 1　利息计算方法和依据

序号	类型	计算方法	计算依据
1	国家机关、事业单位和大型企业迟延支付中小企业款项的	按照中国人民银行同期同类贷款基准利率的 1.5 倍支付利息。	《及时支付中小企业款项管理办法（征求意见稿）》（工业和信息化部 2019 年 9 月 4 日） 第 16 条【迟延支付责任】　国家机关、事业单位和大型企业迟延支付中小企业款项的，应当支付逾期利息。双方对逾期利息的利率有约定的，从其约定，但不得低于中国人民银行同期同类贷款基准利率；未作约定的，按照中国人民银行同期同类贷款基准利率的 1.5 倍支付利息。 　　迟延支付给中小企业造成的实际损失大于逾期利息的，中小企业有权要求国家机关、事业单位和大型企业赔偿实际损失。
2	卖方机构未尽适当性义务应如何计算实际损失	实际损失为损失的本金和利息，利息按照中国人民银行发布的同期同类存款基准利率计算。	《九民纪要》 第 77 条【损失赔偿数额】　卖方机构未尽适当性义务导致金融消费者损失的，应当赔偿金融消费者所受的实际损失。实际损失为损失的本金和利息，利息按照中国人民银行发布的同期同类存款基准利率计算。
3	民间借贷，未约定逾期支付利息的	按年利率 6% 计算逾期付款期间资金占用期间利息。	最高院《民间借贷适用若干规定》 第 29 条　……未约定逾期利率或者约定不明的，人民法院可以区分不同情况处理：（一）既未约定借期内的利率，也未约定逾期利率，出借人主张借款人自逾期还款之日起按照年利率 6% 支付资金占用期间利息的，人民法院应予支持……
4	工程施工合同，未约定逾期支付工程款利息的	按照中国人民银行发布的同期同类贷款利率计息。	最高院《建设工程施工合同司法解释》 第 17 条　当事人对欠付工程价款利息计付标准有约定的，按照约定处理；没有约定的，按照中国人民银行发布的同期同类贷款利率计息。

续表

序号	类型	计算方法	计算依据
5	买卖合同未约定逾期付款违约金的	可按同期全国银行间同业拆借中心公布的贷款市场报价利率30%～50%确定逾期付款损失的计算方式。	最高院《买卖合同司法解释》 第24条第4款　买卖合同没有约定逾期付款违约金或者该违约金的计算方法，出卖人以买受人违约为由主张赔偿逾期付款损失的，人民法院可以中国人民银行同期同类人民币贷款基准利率为基础，参照逾期罚息利率标准计算。 中国人民银行《关于人民币贷款利率有关问题的通知》 第3条第1款　关于罚息利率问题。逾期贷款（借款人未按合同约定日期还款的借款）罚息利率由现行按日万分之二点一计收利息，改为在借款合同载明的贷款利率水平上加收30%～50% ……

（三）谈判合同解除条件

合同解除权是合同谈判当中经常遇到，且是非常敏感的难题。以买卖合同谈判为例，假设对方为了防止我方逾期付款，因此要求获得合同解除权条款。我方应当如何应对？笔者总结了以下四个应对方法：

1. 内容精简法

在展开谈判之前，应当事先对拟定的合同内容做好法律检索工作。

对于法律规定与合同约定之间的关系，可按照如下方法处理：

如果法律规定与拟定合同内容一致，则无须在合同中重复约定；如果法律规定与合同约定不一致，就要考虑如何在合同当中增加相应的设计或安排，要么改变合同性质，要么改变交易模式甚至改变合同主体，确保合同合法有效；如果法律当中对于合同内容没有明确规定或者规定不够详细，则需要在合同当中重点明确。

对于强势方与弱势方之间的关系如何处理，可按照如下方法处理：

如果我方希望合同条款写得较为公平的话，就可以主张合同依法制定即可，双方应当抓大放小，尽快成交。因为法律已有明确规定合同解除权，因此内容无须啰唆，在合同当中写明“关于本合同解除的相关事宜，除本合同另有约定外，参照《民法典》的相关规定执行”即可。如此主张让对方感觉我方做事很守法，合同内容很简洁，也有比较容易让对方接受的理由。

其实，最重要的，如果你阅读过本书关于合同解除权的文章就会知道，由于《民法典》对于合同解除的规定比以前严格，所以，如此约定其实是对提出方的好处更大。

2. 利益引诱法

对于对方坚持一定要写上合同解除权条款的情况，你可以提出：

你看，这交易谈了这么长时间，约定解除多伤和气，领导肯定不会同意的。其实我理解你的目的是确保利益不受损失，我建议你可以约定逾期付款利息的方式来实现你心中的目标。

为了让对方将注意力从解除合同转移到逾期利息上面来，你甚至可以提出阶梯式利息法，比如逾期超过 2 个月，利息翻倍。

为了更有保障，你甚至可以同意将逾期利息定得高一些，可以说“我帮你去找老板争取争取”。

如此做法的好处，是将双方关注的是否有合同解除权的焦点，转移到对你的支付意愿和支付能力的判断上，对方如果接受了你的利益诱惑，就有可能放弃对合同解除权的追求。

3. 层层设防法

如果对方仍然不依不饶，非要坚持取得解除权，即使你不得不答应接受，但仍然可以在合同当中加入多层防线，防止对方滥用解除权，具体内容可以有很多。

应当确保支付或其他关键节点条件如何实现或是否实现，在一定程度上我方可以控制或施加影响力，不能完全掌控在对方或第三方手里。

比如，施工总承包合同中通常约定：施工方竣工后，经我方验收合格并签发验收合格通知书后 5 个工作日内支付工程款。我方通过签发验收合格通知书这个动作可以决定付款节奏的快慢。

又如，股权转让项目，股权出让方因为着急收款，往往将付款节点约定为双方向工商局递交股权转让变更登记材料之日，而作为受让方，秉承“不见兔子不撒鹰”的宗旨，一定要坚持在工商部门登记完毕，项目公司取得新营业执照之后才算付款节点达到。

还有，合同约定当中要对“违约行为”进行细化，写明一定是实质性违约，达到严重程度，而且影响合同目的实现，才能行使解除权。

如果对方不愿意这样写，你可以翻开《九民纪要》关于约定解除规定给他看看：

第47条【约定解除条件】 合同约定的解除条件成就时，守约方以此为由请求解除合同的，人民法院应当审查违约方的违约程度是否显著轻微，是否影响守约方合同目的实现，根据诚实信用原则，确定合同应否解除。违约方的违约程度显著轻微，不影响守约方合同目的的实现，守约方请求解除合同的，人民法院不支持；反之，则依法给予支持。

还有，从逾期时间、逾期支付金额、我方是否存在主观恶意，情节显著严重，以及解除需事先催告、及时履行通知义务、不可抗力等条款，多维度对对方的解除权予以限制。

4. 条件对等法

顾名思义，你要求在我方违约时拥有约定解除权，那我也要求拥有对等的合同权利。只要你坚持在合同条件上相互对等，对方考虑到己方也可能违约，合同如果写得过于苛刻，对己方也不利。到最后，他甚至有可能放弃要求解除权，即使保留，条款写法也会比较公平。

（四）谈判合同履行难题

很多人以为合同签订完毕后就万事大吉，殊不知经济形势、行业兴衰、地方政策等各种因素都有可能导致合同履行过程中出现五花八门的状况。

当合同履行出现问题时，我们怎样通过谈判尽量挽回损失，解决问题呢？

可以使用如下两个方法：

1. 高额补偿法

笔者所在公司就遇到这样一个案例：公司办公室刚刚花费几十万元装修完毕，入驻半年，业主就提出因为急需资金周转，不得已将该房屋卖给第三方，而第三方提出购买前提就是与我方解除租赁合同。经与业主和第三方多次协商，对方坚持上述要求，并且准备不惜打官司解决问题。

面对这个难题，我方应该怎么处理比较妥当呢？

《九民纪要》第48条规定：

【违约方起诉解除】违约方不享有单方解除合同的权利。但是，在一些长期性合同如房屋租赁合同履行过程中，双方形成合同僵局，一概不允许违约方通过起诉的方式解除合同，有时对双方都不利。在此前提下，符合下列条件，违约方起诉请求解除合同的，人民法院依法予以支持：

(1)违约方不存在恶意违约的情形；

(2)违约方继续履行合同，对其显失公平；

(3)守约方拒绝解除合同，违反诚实信用原则。

人民法院判决解除合同的，违约方本应当承担的违约责任不能因解除合同而减少或者免除。

结合本案具体情况，笔者得出如下判断：

首先，根据上述法律规定可以看出，中国司法裁判的基本倾向是尽量避免合同僵局。换言之，如果对方宁愿承担违约责任也要解约的话，我方是很难阻止的；

其次，经过对业主的了解，对方确实存在资金链断裂的风险，而该房屋是其名下唯一可以用于出售的固定资产，对方并非恶意违约而是出于无奈；

最后，对方公司的老板在业内享有较好的信誉，其曾经为我方引荐多名客户并顺利促成交易，如果我方退让一步，对方投桃报李，日后大家还有其他商业合作机会。

所以，假设我方坚持不搬，对双方都没什么好处。于是，我方调整谈判思路，转而要求对方给予我方超过实际损失的补偿，例如违约金、装修款、搬迁费等。对方对我方释放的友好态度表示非常感激，同意了我方所有条件，并且主动帮我方找到了新的办公场地并承担了所有费用，这个纠纷最终顺利解决。

后来，对方顺利渡过了经营难关，也因此与公司方也建立了较好的互信关系，原本可能两败俱伤的结局，思路一变，双输就变成了双赢。

2. 拆东补西法

笔者承办过这样一个案例：我方是一家布料销售公司，对方是我方合作多年的老客户，双方结算方式通常是对方先付50%货款，我方交货并给予对方一定账期，对方在账期届满后与我方结清全部货款。后来，对方因为决策失误，导致资金链断裂，债务爆仓，无力支付我方的到期货款。更不幸的是，我方交付的货品已被其债权人取走用于抵债。

对于这种因为经营亏损无法继续履行合同的情况，即使合同中有完美的违约金和损失赔偿条款，也别太指望能够派上用场，因为等你拿到胜诉判决，对方可能早已人去楼空，除了一纸终结本次执行的裁定，你可能什么也得不到。

《民法典》第536、537条规定：

第五百三十六条　债权人的债权到期前，债务人的债权或者与该债权有关的从权利存在诉讼时效期间即将届满或者未及时申报破产债权等情形，影响债权人的债权实现的，债权人可以代位向债务人的相对人请求其向债务人履行、向破产管理人申报或者作出其他必要的行为。

第五百三十七条　人民法院认定代位权成立的，由债务人的相对人向债权人履行义务，债权人接受履行后，债权人与债务人、债务人与相对人之间相应的权利义务终止。债务人对相对人的债权或者与该债权有关的从权利被采取保全、执行措施，或者债务人破产的，依照相关法律的规定处理。

如果不仅仅把注意力放在债权人身上，而是巧妙地应用代位请求权，往往会有意想不到的收获。

在这起真实案例中，我方依据现有法律的规定，毅然决定放弃与这个濒临破产的债务人打官司的幻想，与对方展开谈判，一方面动之以情，与对方回顾了双方以往愉快的合作经历；另一方面晓之以理，隐晦地暗示对方我方可以从别处找到线索行使代位请求权，而多一起诉讼，对方的商誉就会多一些负面影响。到时对方的损失更大。

经过多番耐心细致的思想工作，对方最终提供了丙公司仍拖欠其部分货款未偿还的财产线索，原来丙公司见到对方最近忙于应对危机焦头烂额，便心存侥幸地观望，以为可以赖账不还，而对方由于债务爆仓，焦头烂额，也无暇理会丙公司。

在对方引荐下，三方展开了谈判，碰巧我方是丙公司一直都想合作的对象之一，为了在我方面前展示良好的信用度，丙公司很快就付清了货款，我方的债权得以全部顺利回收。

总结本文，笔者运用“高云合同六法”对新法进行研究后的感悟是，如果我们能够时刻以实现利益最大化作为贯穿始终的谈判和解决问题的基准点，再结合各种法律规定和谈判技巧作为谈判利器，加上谈判之前多准备几套方案，提前储备好子弹，合同谈判将不再是难事，而是变化无穷的有趣游戏了。

作者简介

冯丽芸 资深公司法务，华东政法大学国际法法学硕士和华东师范大学金融学第二专业，目前在某管理基金规模50亿元以上的私募股权基金管理人从事基金的募集、投资、退出及投后管理相关法律工作。曾先后担任国浩律师事务所（上海）分所并购部律师、中国并购公会副会长助理。拥有多专业领域背景，擅长以法律为基础，为基金运用和企业发展提供系统化解决方案。

严小茹 资深公司法务，广东外语外贸大学国际经济法专业，中国人民大学民商法硕士（在读），曾供职于平安产险法律合规部，现任某知名物流企业高级法务经理。熟悉金融及物流行业的相关业务，擅长将法律合规的专业知识与业务知识有机结合，为公司提供高效的解决方案。

案例下载

希望下载文中的案例全文？
扫码关注“高云合同”公众号，发送关键词“**合同谈判**”，自动获取。

【合同签署】

合同签署风险要点和防控方案*

合同全过程都存在各种风险,但关注焦点大都集中合同形式和内容方面,却忽视了一个貌似简单,却很关键的环节——合同签署。

正所谓魔鬼存于细节处,笔者根据法律工作多年经验和查阅的大量纠纷案例所见,合同写得再漂亮,如果忽视了合同签署这一关键环节,往往会造成"一子错,满盘皆落输"的结局。

因此,笔者根据新法关于合同签署环节的相关法律规定,对于合同签署环节涉及的身份确认、印章真伪、授权效力、签署方式等法律风险问题进行系统性分析,并提出相应的解决方案和分类操作要点。

(一)三种风险

不要简单粗暴地以为,中国法律强调的是"认章不认人",只要章是真的,合同一方就必须承担责任。在司法实践当中,分析判断这个问题其实相当复杂,主要存在如下三种风险:

1. 假人假章

行为人冒用合同一方主体的名义,例如冒用他人身份证甚至伪造身份证,使用的印章也是伪造的,例如私刻的印章,这种情形主要涉及刑事犯罪,这里不展开论述。

例如,在"唐学文、长春建工集团有限公司烟台分公司建设工程分包合同纠纷案"[案号:(2017)鲁06民终1809号]中,烟台市中级人民法院认为:

本案中于加林认可涉案的建筑施工劳务分包合同系其用私刻的印章签

---

* 作者:张鸽。

订，现因于加林伪造长春建工集团有限公司烟台分公司印章一案已在公安部门立案侦查，上诉人与被上诉人之间的纠纷亦应于该经济犯罪案件中处理，一审对此认定正确。综上，唐学文的上诉请求不能成立，一审裁定认定事实清楚、适用法律正确，裁定如下：驳回上诉，维持原裁定。

2. 真人假章

行为人确为合同一方主体的法定代表人或员工，但使用了虚假的印章。

《九民纪要》第41条就提到了盖章乱象：

司法实践中，有些公司有意刻制两套甚至多套公章，有的法定代表人或者代理人甚至私刻公章，订立合同时恶意加盖非备案的公章或者假公章，发生纠纷后法人以加盖的是假公章为由否定合同效力的情形并不鲜见。

对行为人真实身份的判断，关键在于是否有授权以及是否构成表见代理两个问题，对于印章真实性的判断，关键在于如何申请鉴定。

3. 真人真章

不要以为行为人身份真实，已经获得合同一方的充分授权，一切都没有问题。其实，即使两者属实，法律上仍然存在合同一方未经办理审批手续或未经股东会决议而导致合同行为无效的风险。

《民法典》第502条第2款亦是如此规定的：

依照法律、行政法规的规定，合同应当办理批准等手续的，依照其规定。未办理批准等手续影响合同生效的，不影响合同中履行报批等义务条款以及相关条款的效力。应当办理申请批准等手续的当事人未履行义务的，对方可以请求其承担违反该义务的责任。

例如，在"陈发树与云南红塔集团有限公司一般股权转让侵权纠纷案"［案号：(2013)民二终字第42号］里，最高院认为：

本案所涉《股份转让协议》依法属于应当办理批准手续的合同，需经财政部批准才能生效，但因红塔有限公司上级主管部门中烟总公司不同意本次股权转让，报批程序已经结束，《股份转让协议》已确定无法得到有权机关批准，故应依法认定为不生效合同。

例如,在“通联资本管理有限公司、成都新方向科技发展有限公司与公司有关的纠纷再审案”[案号:(2017)最高法民再258号]里,最高院认为:

《公司法》第十六条第二款明确规定“公司为公司股东或者实际控制人提供担保的,必须经股东会或者股东大会决议”,该条规定的目的是防止公司股东或实际控制人利用控股地位,损害公司、其他股东或公司债权人的利益。对于合同相对人在接受公司为其股东或实际控制人提供担保时,是否对担保事宜经过公司股东会决议负有审查义务及未尽该审查义务是否影响担保合同效力,公司法及其司法解释未作明确规定。二审法院认为,虽然久远公司在《增资扩股协议》中承诺对新方向公司进行股权回购义务承担连带责任,但并未向通联公司提供相关的股东会决议,亦未得到股东会决议追认,而通联公司未能尽到基本的形式审查义务,从而认定久远公司法定代表人向生建代表公司在《增资扩股协议》上签字、盖章行为,对通联公司不发生法律效力,适用法律并无不当。

(二)解决方案

1. 身份和授权

(1)法定代表人

《民法典》第61条规定:

依照法律或者法人章程的规定,代表法人从事民事活动的负责人,为法人的法定代表人。

法定代表人以法人名义从事的民事活动,其法律后果由法人承受。法人章程或者法人权力机构对法定代表人代表权的限制,不得对抗善意相对人。

因此,法定代表人对外代表公司的权力来源并非公司授权,而是法律或章程规定。

也就是说,法定代表人以法人名义从事的民事活动行为,即使公司加盖的是假章,其法律后果一概由法人承受。当然,从稳妥的角度来看,对于法定代表人以法人名义从事的民事活动行为，尤其涉及《公司法》第16条等法律对其职权有特别规定的情形，即使章程并未明确规定上述事项，也应当由董事会或股东会出具同意担保或投资决议的相关文件更为稳妥。

在最高院公布的“刘华胜、刘风霞借款合同纠纷再审案”［案号：(2016)最高法民申3004号］中，最高院认为：

因刘华胜系华升公司法定代表人，即使该签章为假章，该行为亦足以使宋月波有理由相信华升公司自愿承担担保责任，刘华胜代表华升公司签章的行为对华升公司产生效力。

《九民纪要》当中也特地提到这一点，第41条第2款规定：

法定代表人或者其授权之人在合同上加盖法人公章的行为，表明其是以法人名义签订合同，除《公司法》第16条等法律对其职权有特别规定的情形外，应当由法人承担相应的法律后果。法人以法定代表人事后已无代表权、加盖的是假章、所盖之章与备案公章不一致等为由否定合同效力的，人民法院不予支持。

(2)委托代理人

与法定代表人的授权来自法定不同，代理人的授权来自法人的合法授权。《九民纪要》第41条第3款规定：

代理人以被代理人名义签订合同，要取得合法授权。代理人取得合法授权后，以被代理人名义签订的合同，应当由被代理人承担责任。被代理人以代理人事后已无代理权、加盖的是假章、所盖之章与备案公章不一致等为由否定合同效力的，人民法院不予支持。

在司法实践当中，对于代理人的授权问题，最容易出现的是无权代理和表见代理两个问题。

两者的共同点是行为人没有代理权、超越代理权或者代理权终止后，仍然实施代理行为。虽然行为人没有代理权、超越代理权或者代理权终止后，仍然实施代理行为，但相对人有理由相信行为人有代理权的，代理行为对被代理人有效。

关于避免无权代理的风险，综合新法规定，解决方案就是仔细审查授权委托书，主要是审查清楚授权委托书的内容。授权委托书应当载明代理人的姓名或者名称、代理事项、权限和期限，并由被代理人加盖公司印章，个人需要亲笔签名加按指印。为了确保签署真实，应当对签署过程全程拍照录像。

同时，一定要避免出具空白授权、空白合同（加盖公章但相关内容并未填写，由他人填写的授权书内容或合同部分条款）。在司法实践中，法院会将在空白授权或合同上加盖公章或合同章的行为视为赋予无限代理权。

例如，在“雷鸿鸣、梁建学保证合同纠纷再审案”［案号：(2018)最高法民申3112号］中，最高院认为：

雷鸿鸣将留有空白内容的合同交于合同相对方的，应视为对合同内容包括《保证合同》中保证事项的无限授权，合同相对方在空白部分可以填写相应内容。

在“河北省久泰实业有限公司、合慧伟业商贸（北京）有限公司股权转让纠纷再审案”［案号：(2017)最高法民申5146号］中，最高院认为：

即使按照久泰公司所称，《授权委托书》本是加盖久泰公司公章的空白文书，是由他人填写的授权书内容，而沈英民作为完全民事行为能力人，又是久泰公司的法定代表人，应该明知法定代表人的行为应视为法人的行为，亦应预测到自己签字的后果，如果其确实有在空白页签字的行为，也应对签字行为的后果负责。同样，对于久泰公司而言，其在空白的《授权委托书》上盖章，亦应承担相应的法律后果。

此外，无论是法定代表人或者委托代理人，都存在是否构成表见代理的风险。《民法典》第172条原样照搬了《合同法》第49条关于表见代理的规定：

行为人没有代理权、超越代理权或者代理权终止后，仍然实施代理行为，相对人有理由相信行为人有代理权的，代理行为有效。

在司法实践当中，如何判断是否构成“表见代理”呢？最高院颁布的《民商事纠纷指导意见》规定：

13. 合同法第四十九条规定的表见代理制度不仅要求代理人的无权代理

行为在客观上形成具有代理权的表象，而且要求相对人在主观上善意且无过失地相信行为人有代理权。合同相对人主张构成表见代理的，应当承担举证责任，不仅应当举证证明代理行为存在诸如合同书、公章、印鉴等有权代理的客观表象形式要素，而且应当证明其善意且无过失地相信行为人具有代理权。

14. 人民法院在判断合同相对人主观上是否属于善意且无过失时，应当结合合同缔结与履行过程中的各种因素综合判断合同相对人是否尽到合理注意义务，此外还要考虑合同的缔结时间、以谁的名义签字、是否盖有相关印章及印章真伪、标的物的交付方式与地点、购买的材料、租赁的器材、所借款项的用途、建筑单位是否知道项目经理的行为、是否参与合同履行等各种因素，作出综合分析判断。

据此，司法实践当中关于签约人资格的判断规则有二：

一是签约人应当具有代理权的客观表象（如是公司员工，有授权委托书、介绍信、合同书、公章、印鉴等客观表象形式要素）；二是相对人在主观上善意且无过失地相信行为人有代理权。所谓的"善意无过失相信"的合理注意义务，应当结合相对人在合同签订前后的一系列行为来证实，例如曾经去对方公司办公室，与对方公司法定代表人、负责人数次开会洽谈合同和签订合同等。

2. 印章

在合同实务当中，各种印章的种类不少，公安局规定在法人开业时必须刻制和备案的印章包括法人公章（圆章或椭圆章）、财务章（圆章和方章）、企业法定代表人个人名章（方章）。

法人根据自己的业务需要，可以申请刻制合同章、业务章或发票章等，一旦刻制也需要备案。其他的印章，例如部门章或者私人用的私章，不需要备案。

对于真假公章的认定，司法实践中多采用鉴定方式。而且对于真假公章的问题，司法实践普遍认为，公章备案仅是一种管理性法律规定，合同相对人无义务去审核公章是否备案，不能仅以公章未备案就认定为假章。

例如，在"江苏大都建设工程有限公司与中铁建设集团有限公司建设工程施工合同纠纷再审案"［案号：(2019) 最高法民申 1614 号］中，最高院认为：

现实中，一个企业可能存在多枚印章，在民事交易中要求合同当事人审查对方公章与备案公章的一致性，过于严苛。本案中，在代理人持有资质文件及授权文书等法人身份证明文件的情况下，要求中铁建集团承担公章审查不严的责任，有失公允。

3. 签署方式

《民法典》第490条中规定：

当事人采用合同书形式订立合同的，自当事人均签名、盖章或者按指印时合同成立。

因此，合同签署方式除了保留原有的签名、盖章两种传统签署方式外，还增加了一种新的签署方式——按指印。

其实，要求自然人在重要文书上签名并按指印，这已经是经济往来当中约定俗成的方式。《合同法司法解释二》第5条也规定：

当事人采用合同书形式订立合同的，应当签字或者盖章。当事人在合同书上摁手印的，人民法院应当认定其具有与签字或者盖章同等的法律效力。

此次《民法典》吸纳了上述司法解释，将“按指印”接纳为正式法律制度，是对交易习惯的尊重，属于立法进步的表现。

合同实务当中，要求自然人按指印需注意如下三点：

第一，交易习惯通常要求签署人采用右手大拇指或食指按指印。

第二，按指印时应当确认指印全面且清晰，避免出现半个手指印或模糊指印情形。实务中不乏自然人故意按半个指印或模糊指印的情形，若出现上述情形，应当要求其在旁边重新按，否则一旦产生争议，就可能出现指纹鉴定失败的情形。

第三，为防范签署人否认，应当对签署过程进行现场全程拍照并录像。

（三）写作要点

根据“高云合同六法”的总结，合同实务中关于签名盖章的条款表述方式有以下五种：

- 双方盖章后生效
- 双方签名、盖章后生效
- 双方签名盖章后生效
- 双方签名并盖章后生效
- 双方签名并盖章之时(之日)起生效

上述条款表述中,笔者推荐使用“双方签名并盖章之时(之日)起生效”作为标准表述方式。

在“签名”和“盖章”中间使用“并”字,明确了签名与盖章之间为并列关系,只有在签名与盖章均具备的条件下,该协议方可生效;使用“之时(之日)”为时间节点,能够有效避免歧义。

因此,在盖章这个环节上,我们要注意的要点如下:

第一,尽量要求法定代表人亲笔签名和加盖公章。亲笔签名往往可以起到鉴别真假的作用,比加盖法定代表人个人名章更为稳妥。

第二,如果加盖的是业务章、合同章或财务章,而且不是法定代表人亲笔签名,对于举证盖章行为的合法性、真实性存在举证不能的风险,应当婉拒。如果确实要盖,则应当注意审查法定代表人或代理人授权书,确认授权真实性,包括授权范围和授权权限。

第三,对于自然人,应当一律要求亲笔签名并加按指印,加盖个人名章容易引起争议,应当拒绝。

(四)操作要点

《民法典》第469条规定:

当事人订立合同,可以采用书面形式、口头形式或者其他形式。

书面形式是合同书、信件、电报、电传、传真等可以有形地表现所载内容的形式。

以电子数据交换、电子邮件等方式能够有形地表现所载内容,并可以随时调取查用的数据电文,视为书面形式。

根据上述规定,在合同实务当中,合同可以采取如下的签订方式:

1. 面对面签署

合同各方同时当场在合同上签名、盖章或按指印，这是一种较为常见的签署方式，也是最保险的方式。

这种签署方式的操作要点是现场检验其对方签约人代表的身份证和授权文件，确保签名人为法定代表人，或者带有授权书的授权代表，确保身份真实和有权签名。在签名过程当中，采取拍照或录像等方式真实记录签署全过程，妥善保管相关视频资料。

传统签署合同会有一些比较特别的情形。例如，有些大型企业盖章流程较为严格，盖章审批时间较长，可能存在一方先行盖章，另一方后盖章的情形。

又如在建设工程项目中，业主方有时会利用自己的强势地位，强迫承包方对施工合同单方先盖章，但要留空签署日期、签订日期或生效日期，这往往是计算承包方工期，确定其是否违约的重要证据。当业主方拿到承包方已经单方签署的施工合同后，故意拿在手上迟迟不盖章，同时却又反复催促承包方尽快进场施工，承包方由此背上较大的违约风险。

为避免此类风险，“高云合同六法”认为可以增加如下条款来控制风险。示范条款写法如下：

本合同由乙方先行盖章，乙方盖章当日将合同交甲方签名盖章，甲方自接收合同之日起__日内未能盖章，则本合同自动失效。

2. 公证签署

公证签署即在公证员的监督下，合同双方当场签名盖章，公证机关对签署合同的真实性和合法性进行审查，出具《公证书》。根据我国法律规定，公证是自愿的，并非强制。在合同实务中，赠与合同、房屋买卖合同、租赁合同、借款合同等约定公证签署较多。

合同实务当中遇到较多的争议，是各方在合同当中约定合同公证后生效，但后来实际上并未办理公证，双方就开始执行合同了。一旦发生纠纷，一方就会主张合同未公证因此未生效，甚至向法院请求确认合同无效。

司法实践中，法院多以合同履行行为默认了双方未按合同约定进行公证的事实，该事实应视为双方对“公证后生效”约定的变更。[①] 只要双方当事人在合同签订后均依据合同履行了各自的主要义务，双方的履约行为符合《合同法》合同生效条件的规定，合同已生效。[②]

其实，我们只要将公证条款写法稍微调整一下，即可避免产生上述不必要的争议，示范条款写法如下：

甲方有权要求乙方对本合同进行公证，乙方应当配合且公证费用由乙方承担。

3. 传真签署

传真签署方式是指通过传真机来回传输合同文本，双方在传真件上先后签名盖章的签署合同方式。这种操作方式的风险较大。

一是由于合同签署方都仅有传真件，无法提供双方签章、签名的原件，若一方否认签名或签章，实务中无法对传真前的底稿是不是原件进行鉴定（存在以复印件传真的情形），无法确定签章或签名的真伪，[③]亦无法证明传真的具体内容。[④] 若无其他证据佐证合同签署的真实性，则主张合同成立一方要承担举证不能的责任。二是传真技术和质量都不太稳定，传真过程中易出现各种故障，例如日期错误，签名、盖章以及文本不清晰等。

因此，从稳妥的角度，不建议使用传真签署合同。如确有需要，应当做到：

第一，事前有约定。在合同双方开始合作之初的书面文件，例如框架合同、总合同当中，明确双方认可在未来的交易当中，可以采用传真方式签署合同。

第二，过程有确认。在签订传真合同的前后，同时采用邮件确认合同文本

① 参见“依兰县江湾镇苏格村民委员会、张双土地承包经营权纠纷案”［案号：（2018）黑01民终6465号］。

② 参见“再审申请人四川省简阳市红塔建设集团有限公司因与被申请人樊增楷、一审被告四川省简阳市红塔房地产开发公司房屋拆迁安置补偿合同纠纷案”［案号：（2013）民申字第47号］。

③ 参见“东营齐发建材有限责任公司、山东莱钢永锋钢铁有限公司买卖合同纠纷再审案”［案号：（2016）最高法民申2742号］。

④ 参见“江苏大港能源物流有限责任公司、安徽淮化集团有限公司买卖合同纠纷再审案”［案号：（2019）最高法民申249号］。

（PDF 合同版本及加盖公章的合同扫描件），留存采购单、磋商函件、录音等相关材料，各种证据交叉印证。

第三，事后补书面。传真合同仅为紧急需要，在事后应当通过邮寄盖章合同、确认书的方式，保存相应的纸质合同文本。

4. 邮件签署

邮件签署合同，是指合同各方通过电子邮件的方式订立合同。相比于传真签署合同，邮件签署合同的风险稍低，但由于同样是没有双方签章的书面文本，仍有较大风险。若一定要采用这种形式，建议按照如下方式进行操作：

第一，在邮件中要求提供公司或个人的相关材料，例如营业执照、组织机构代码证、资质证书、身份证扫描件等；

第二，在邮件和合同中明确双方认可采用邮件签署合同的法律效力，且在合同中列明双方认可的电子邮箱（建议使用企业邮箱），通过该邮箱沟通协商合同事宜并传输合同文本；

第三，留存交易活动的其他票据，例如发票、函件、支付凭证等；

第四，发生争议后，应当及时办理证据公证，确保证据材料完整，不随意删除邮件。

5. IM 签署

IM 是即时通信软件的简称，主要包括了微信、QQ、钉钉、淘宝、微博、WHATSAPP、INSTERGRM、SNAPCHAT、TWITTER 等多种即时通信软件。

通过 IM 形式签署合同，双方通过 IM 用文字或语音来回交流，最终达成合意。有时候双方会有一份汇总合意内容的电子合同，双方在 IM 中互相确认内容后才开始履行。有时候没有汇总，双方就直接开始履行合同了。

对于此类方式，笔者的建议是在签署前需要确认对方主体的真实性，应当保留原始记录，及时下载保存 IM 聊天记录和文件，避免文件被清理、出现无法打开的情形，必要时可以采用公证方式固定证据，具体操作详见本书的电子合同部分的论述。

6. 在线签署

在线签署合同是指通过互联网等信息网络订立电子合同。

合同当事人达成订立合同的真实意思表示，并通过网络传输数据电文（包括合同文本和签章、签名）从而签订合同。

根据《电子签名法》和《民法典》，电子合同若能够有形地表现所载内容并可以随时调取查用的数据电文，视为书面形式，当事人可以采用此种方式订立合同。

签署电子合同，应当注意确定签署主体的身份，防止合同内容被篡改，并精确记录签约时间。

签署电子合同的关键是电子签名，根据《电子签名法》，电子签名是指数据电文中以电子形式所含、所附用于识别签名人身份并表明签名人认可其中内容的数据。只有可靠标准的电子签名才与手写签名或者盖章具有同等的法律效力。

可靠的电子签名应当同时符合以下条件：

- 电子签名制作数据用于电子签名时，属于电子签名人专有；
- 签署时电子签名制作数据仅由电子签名人控制；
- 签署后对电子签名的任何改动能够被发现；
- 签署后对数据电文内容和形式的任何改动能够被发现。①

根据"高云合同六法"的建议，强势方在起草与电子合同相关的示范条款时，具体写法如下：

甲方进行身份认证要素（包括但不限于账号、登录名、密码、数字证书、上传身份信息等）或其他交易安全措施在乙方电子渠道所完成的一切操作均视为甲方所为，上述操作所产生的业务指令均为甲方业务的合法有效凭证。甲方确认同意接受相关电子合同和电子信息，视为同意签署该电子合同，与在纸质合同上手写签名或盖章具有同等法律效力。甲乙双方无须另行签署纸质合同。

① 《电子签名法》第2、13、14条。

总结全文，我们可以看到，合同签署环节貌似简单，但牵涉的身份确认、授权效力、印章真伪、签署方式等方面的法律问题很多，风险其实很高，一旦把关不严，合同签署有误，则整个合同之前所有的努力心血，都将付诸东流，所以一定要小心谨慎处理。

作者简介

张　鸽　中国民航大学法学硕士，企业法律顾问服务领域资深法律人，潜心研究合同法、公司法等领域前沿理论，并为多家大型国有企业提供日常和专项法律顾问服务，致力于为包括国有企业在内的各类型企业提供全面、准确、及时的法律服务。

案例下载

希望下载文中的案例全文？扫码关注“高云合同”公众号，发送关键词“**合同签署**”，自动获取。

【合同形式】

电子合同和电子数据的新法规则和应对方案*

新《民事证据规则》及《民法典》当中有一个显著的新变化，就是出台了不少关于电子合同和电子数据的新规定。笔者在此结合经办过的一个真实案例为大家讲解新《民事证据规则》及《民法典》的相应规则和分类应对方案。

某天，笔者接到了卖家A的上门咨询。原来，A早前接到买家B的电话，提出需要长期购买各种健身器材，因此A通过电子邮件、微信等与B多次沟通，确定了健身器材的型号、数量、颜色、金额及送货时间、地点等。

A在收到B的微信通知后，就按照约定的送货时间将健身器材送至指定地点，但无人收货。随后，A电话联系B，B声称因交接人员不在岗，要求变更送货时间和送货地点。A按照B指示变更后的时间和地点再次送货，结果还是无人收货。A再次电话联系B，B再次要求变更送货时间和送货地点。

A愤而向法院提起诉讼，要求B继续履行合同、支付货款并赔偿损失。不料B收到起诉状后，向法院提起反诉，称A未按约定交付健身器材，故要求解除合同并赔偿损失。

对于此类案件，如果运用新《民事证据规则》及《民法典》关于电子合同和电子数据的新规定，律师应当如何取证、存证和举证呢？

（一）基本规则

包括电子合同在内的电子数据，相关法律规定是随着中国法律制度发展而逐渐完善起来的。

1. 电子合同和电子数据定义

电子合同在中国法律当中第一次出现，是在1999年10月1日生效的《合

---

* 作者：黄晓霞。

同法》，该法将数据电文（包括电报、电传、传真、电子数据交换和电子邮件）形式的合同归入书面合同形式当中。该法第11条规定：

书面形式是指合同书、信件和数据电文（包括电报、电传、传真、电子数据交换和电子邮件）等可以有形地表现所载内容的形式。

从此之后，电子合同获得了与其他书面合同同样的法律地位和待遇。其后，2005年4月1日生效的《电子签名法》，解决了电子合同签署效力如何认定这一操作上的难题。2020年颁布的《民法典》，还新增了对电子合同的合同成立地点及标的交付时间的新规定，该法第492条第2款规定：

采用数据电文形式订立合同的，收件人的主营业地为合同成立的地点；没有主营业地的，其住所地为合同成立的地点。当事人另有约定的，按照其约定。

第512条规定：

通过互联网等信息网络订立的电子合同的标的为交付商品并采用快递物流方式交付的，收货人的签收时间为交付时间。电子合同的标的为提供服务的，生成的电子凭证或者实物凭证中载明的时间为提供服务时间；前述凭证没有载明时间或者载明时间与实际提供服务时间不一致的，以实际提供服务的时间为准。

电子合同的标的物为采用在线传输方式交付的，合同标的物进入对方当事人指定的特定系统且能够检索识别的时间为交付时间。

电子合同当事人对交付商品或者提供服务的方式、时间另有约定的，按照其约定。

2004年5月1日生效的《道路交通安全法》，首次规定交通技术监控记录资料可以作为证据使用。该法第114条规定：

公安机关交通管理部门根据交通技术监控记录资料，可以对违法的机动车所有人或者管理人依法予以处罚。对能够确定驾驶人的，可以依照本法的规定依法予以处罚。

2013年1月1日生效的《民事诉讼法》和2015年2月4日生效的《民诉法司法解释》，进一步规范了电子数据的内涵和形式。《民事诉讼法》(2012年修正)第63条规定：

证据包括：

(一)当事人的陈述；

(二)书证；

(三)物证；

(四)视听资料；

(五)电子数据；

(六)证人证言；

(七)鉴定意见；

(八)勘验笔录。

证据必须查证属实，才能作为认定事实的根据。

《民诉法司法解释》第116条规定：

视听资料包括录音资料和影像资料。

电子数据是指通过电子邮件、电子数据交换、网上聊天记录、博客、微博客、手机短信、电子签名、域名等形成或者存储在电子介质中的信息。

存储在电子介质中的录音资料和影像资料，适用电子数据的规定。

2018年9月7日生效的最高院《关于互联网法院审理案件若干问题的规定》以及2020年5月1日生效的新《民事证据规则》，进一步细化了电子数据的内涵，第14条规定：

电子数据包括下列信息、电子文件：

(一)网页、博客、微博客等网络平台发布的信息；

(二)手机短信、电子邮件、即时通信、通讯群组等网络应用服务的通信信息；

(三)用户注册信息、身份认证信息、电子交易记录、通信记录、登录日志等信息；

（四）文档、图片、音频、视频、数字证书、计算机程序等电子文件；

（五）其他以数字化形式存储、处理、传输的能够证明案件事实的信息。

对于电子数据作为证据时举证规范和方法，新《民事证据规则》第15条第2款规定：

当事人以电子数据作为证据的，应当提供原件。电子数据的制作者制作的与原件一致的副本，或者直接来源于电子数据的打印件或其他可以显示、识别的输出介质，视为电子数据的原件。

第23条规定：

人民法院调查收集视听资料、电子数据，应当要求被调查人提供原始载体。

提供原始载体确有困难的，可以提供复制件。提供复制件的，人民法院应当在调查笔录中说明其来源和制作经过。

人民法院对视听资料、电子数据采取证据保全措施的，适用前款规定。

关于法院在审查电子数据时应当审查的主要内容，最高院《关于互联网法院审理案件若干问题的规定》第11条规定：

当事人对电子数据真实性提出异议的，互联网法院应当结合质证情况，审查判断电子数据生成、收集、存储、传输过程的真实性，并着重审查以下内容：

（一）电子数据生成、收集、存储、传输所依赖的计算机系统等硬件、软件环境是否安全、可靠；

（二）电子数据的生成主体和时间是否明确，表现内容是否清晰、客观、准确；

（三）电子数据的存储、保管介质是否明确，保管方式和手段是否妥当；

（四）电子数据提取和固定的主体、工具和方式是否可靠，提取过程是否可以重现；

（五）电子数据的内容是否存在增加、删除、修改及不完整等情形；

（六）电子数据是否可以通过特定形式得到验证。

当事人提交的电子数据，通过电子签名、可信时间戳、哈希值校验、区块链等证据收集、固定和防篡改的技术手段或者通过电子取证存证平台认证，能够证明其真实性的，互联网法院应当确认。

当事人可以申请具有专门知识的人就电子数据技术问题提出意见。互联网法院可以根据当事人申请或者依职权，委托鉴定电子数据的真实性或者调取其他相关证据进行核对。

新《民事证据规则》第93、94条规定：

第九十三条　人民法院对于电子数据的真实性，应当结合下列因素综合判断：

（一）电子数据的生成、存储、传输所依赖的计算机系统的硬件、软件环境是否完整、可靠；

（二）电子数据的生成、存储、传输所依赖的计算机系统的硬件、软件环境是否处于正常运行状态，或者不处于正常运行状态时对电子数据的生成、存储、传输是否有影响；

（三）电子数据的生成、存储、传输所依赖的计算机系统的硬件、软件环境是否具备有效的防止出错的监测、核查手段；

（四）电子数据是否被完整地保存、传输、提取，保存、传输、提取的方法是否可靠；

（五）电子数据是否在正常的往来活动中形成和存储；

（六）保存、传输、提取电子数据的主体是否适当；

（七）影响电子数据完整性和可靠性的其他因素。

人民法院认为有必要的，可以通过鉴定或者勘验等方法，审查判断电子数据的真实性。

第九十四条　电子数据存在下列情形的，人民法院可以确认其真实性，但有足以反驳的相反证据的除外：

（一）由当事人提交或者保管的于己不利的电子数据；

（二）由记录和保存电子数据的中立第三方平台提供或者确认的；

（三）在正常业务活动中形成的；

（四）以档案管理方式保管的；

（五）以当事人约定的方式保存、传输、提取的。

电子数据的内容经公证机关公证的，人民法院应当确认其真实性，但有相反证据足以推翻的除外。

目前，我国立法对包括电子合同在内的电子数据生成、收集、储存、传输、审查、认定法律规范已逐步完善。

2. 电子数据的存证方法

实务中，电子数据在生成、存储、传输和提取的全过程均存在被篡改的风险，而对于标的价值较低的诉讼案件，以往电子数据取证方式的成本亦存在较高的问题。所以近年来，随着科技的快速进步，市场上已出现了多个电子数据保全公司，为当事人提供高效、低成本和安全性强的电子数据取证与保全以及在线申请存证证明、公证书的服务。新《民事证据规则》第 14 条规定：

电子数据包括下列信息、电子文件：

（一）网页、博客、微博客等网络平台发布的信息；

（二）手机短信、电子邮件、即时通信、通讯群组等网络应用服务的通信信息；

（三）用户注册信息、身份认证信息、电子交易记录、通信记录、登录日志等信息；

（四）文档、图片、音频、视频、数字证书、计算机程序等电子文件；

（五）其他以数字化形式存储、处理、传输的能够证明案件事实的信息。

目前，市场上的多家电子数据保全公司应当可以对前述所有电子数据进行电子数据保全。

凡是能够注册并通过实名认证的用户均可使用电子数据保全公司办理电子数据保全。通过经互联网法院认可的电子数据保全公司进行电子数据保全，可以简化举证程序，降低诉讼成本，提高法院采信电子数据的程度，互联网法院均有公示同意接入的电子数据保全公司名单。

电子数据保全在操作步骤上已经做到简单易行，只要当事人懂得上网，打开电脑或手机登录电子数据保全公司的保全平台，按照指引操作即可。

保全动作完成后，当事人可根据自身需求申请存证证明或公证。两者区别在于，存证证明仅为电子数据保全公司开具的当事人曾于何时采取证据保全措施的证明，证明效力一般，如果希望在诉讼当中提高电子数据证明效力，应当申请公证。

《民事诉讼法》第69条规定：

经过法定程序公证证明的法律事实和文书，人民法院应当作为认定事实的根据，但有相反证据足以推翻公证证明的除外。

新《民事证据规则》第94条第2款规定：

电子数据的内容经公证机关公证的，人民法院应当确认其真实性，但有相反证据足以推翻的除外。

有了电子数据证据公证书，也不一定能够确保胜诉，因为电子数据公证仅为证明取证内容真实，但并不能证明所涉及主体的真实性和与案件的关联性。此外，当事人往往还要引用其他证据来与公证书进行相互印证，以形成完整的证据链，这样才能提高胜诉可能性。

例如，在"（2016）最高法民申1399号"民事裁定书当中，最高院认为：

首先，康夫特公司所提交的QQ聊天记录虽然在二审期间办理了公证，但是并不能证明相应QQ账号在涉案合同签订时归属相应当事人所有并使用，主体真实性并未得到有效证明……

其次，QQ聊天记录中并未明确显示货物提单编号等内容，相关单据也没有在聊天记录中显示内容，无法直接反映合同签订的过程，也无法确定其内容与本案的关联性；

第三，康夫特公司除提交QQ聊天记录等电子数据外，未提交其他有效证据予以印证，该电子数据无法单独作为定案依据。

因此，原审法院对康夫特公司提交的聊天记录等证据的证明效力不予采纳并无不当，康夫特公司向本院提交的证据材料不能推翻原审判决的认定。

目前，中国已有三家互联网法院，分别为杭州互联网法院、北京互联网法院、广州互联网法院，亦配套出台了相关的规定、须知等诉讼指引文件。在技术角度，市场上已有许多供应商提供电子数据的取证、存证的服务。

（二）应对方案

回到笔者一开始提出的案例，由于本案例的特殊性，所有证据均属于电子数据。

新《民事证据规则》第 90 条规定：

> 下列证据不能单独作为认定案件事实的根据：
>
> ……（四）存有疑点的视听资料、电子数据……

第 94 条第 2 款规定：

> 电子数据的内容经公证机关公证的，人民法院应当确认其真实性，但有相反证据足以推翻的除外。

因此，为提高本案例所有电子数据的采信度，均应当对其申请公证。

下面笔者将结合本案例和实务中遇到的问题，作为卖家的诉讼代理人，应当如何收集和整理证据？

1. 邮件

在“（2018）沪 01 民终 10818 号”民事判决书中，上海市第一中级人民法院认为：

> 原审中提供了（2016）沪徐证字第 7151 号公证书等，海越公司对相应公证书形式真实性无异议，但认为相应 outlook 邮件，存在可修改的可能性，故对内容真实性均不予认可。
>
> 邹鹏据此提出对前述 7151 号公证书内所含 7 封电子邮件的真实性进行鉴定。经上海东方计算机司法鉴定所鉴定，相应电子邮件没有被修改的痕迹。海越公司对鉴定结论存有异议，向原审法院申请鉴定人员出庭作证。
>
> 原审审理中，出具该份鉴定报告的鉴定小组成员均到庭作证，并接受双方当事人的质询……故原审法院采纳邹鹏主张，确认相应电子邮件的真实性并无不当。

上述案件当事人是申请对存放于电脑硬盘中的 outlook 邮件进行公证，outlook 邮件与在网页中的邮件相比，存在可修改的可能性，公证书只能证明某个时间段某台电脑的硬盘内存放有某些邮件，但并不能直接证明该邮件内容未被修改。

因此，即使有了公证书，也必须对邮件的真实性、完整性另行办理技术鉴定，由鉴定机构出具鉴定意见，明确该邮件没有被修改的痕迹。

通过上述案件可以看出，对电子邮件申请公证的正确方法，是通过网页登录电子邮箱来进行电子邮件的保全或公证，具体步骤如下：

第一步，对电子邮件申请公证，正确方式是通过网页登录电子邮箱，不能直接公证电脑当中的邮箱软件里面的电子邮件内容。

第二步，公证保全内容应当着重留意显示如下内容：

- 收件人、收件人的详细信息，例如邮箱地址，简写，全称等
- 邮件收、发时间
- 邮件主题
- 邮件正文
- 邮件签名

第三步，《民事证据规则》第 94 条第 1 款规定：

电子数据存在下列情形的，人民法院可以确认其真实性，但有足以反驳的相反证据的除外：……(五)以当事人约定的方式保存、传输、提取的。

因此，建议在其他书面文件当中约定双方的电子邮箱地址，或在事后要求对方对电子邮箱进行书面确认。以本文案例为例，对电子邮件进行公证的具体操作为：

- 申请人前往公证处申请办理公证，公证员做好现场记录，录音、录像或电脑录频等全部准备工作。
- 申请人在公证处现场，使用公证处自己的电脑上网，登陆打开申请人自己的电子邮箱页面。
- 逐一点击打开双方全部往来的电子邮件，注意重点显示电子邮箱地址、

电子邮件收发时间、邮件正文、电子邮件签名等内容。

- 公证员对前述过程进行全程录像，对重点内容进行拍照，并制作公证书和光盘，公证书会对公证过程（操作的时间、方式、具体步骤等）进行说明。
- 公证完成后，取得公证书和光盘，准备向法院举证。

此外，关于公证处选择的问题，建议选择被取证人住所地、经常居住地、行为地或者事实发生地的公证机构办理公证。因为根据《公证法》第 25 条规定：

> 自然人、法人或者其他组织申请办理公证，可以向住所地、经常居住地、行为地或者事实发生地的公证机构提出。申请办理涉及不动产的公证，应当向不动产所在地的公证机构提出；申请办理涉及不动产的委托、声明、赠与、遗嘱的公证，可以适用前款规定。

当然，异地公证的效力，在司法实践中，法院一般也是予以认可的。最高院在“（2017）最高法民申 3918 号”民事裁定书当中认为：

> 首先，关于异地公证问题，虽然有关公证的法律法规有关于公证执业地域的规定，但该规定属于管理性规定，违反该管理性规定并不当然影响该公证行为客观记载的相关事实的真实性。

因此，即使存在异地公证的情形，一般不会影响该公证行为客观记载的相关事实的真实性，该公证行为亦不会被法院以此认定为无效。

另外，若需对对方提供的电子邮件进行质证的，若对方提供的电子邮件未经公证或虽经公证，但公证书的内容无法证明邮件内容的真实性的，可要求法院根据新《民事证据规则》第 93 条第 2 款规定，可以通过鉴定或者勘验等方法，审查判断电子数据的真实性。

在收到鉴定人作出的鉴定书后，根据新《民事证据规则》第 37 条第 2 款规定，当事人对鉴定书的内容有异议的，应当在人民法院指定期间内以书面方式提出。

新《民事诉讼证据规定》第 38 条规定，当事人在收到鉴定人的书面答复后仍有异议的，人民法院应当根据《诉讼费用交纳办法》第 11 条的规定，通知有异议的当事人预交鉴定人出庭费用，并通知鉴定人出庭。有异议的当事人不预交鉴定人出庭费用的，视为放弃异议。

如果鉴定人拒不出庭作证的，根据新《民事证据规则》第 81 条第 1、3 款规定，鉴定意见不得作为认定案件事实的根据。当事人因鉴定人拒不出庭作证申请重新鉴定的，人民法院应当准许。

综上所述，在司法实践中，对于电子邮件的司法审查标准总结如下：

● 审查真实性和完整性，即从电子邮件的保存时间、介质和方法入手，审查电子邮件是否真实存在并且未被修改。

● 审查关联性，审查电子邮件的内容与其他证据是否能够相互印证，形成完整的证据链。

2. 微信

微信证据的保存方法如下：

第一步，截取能够证明我方主体真实身份的页面。

方法是使用手机登录我方微信主体界面进行截图，点击“我”，进入“个人信息”界面进行截图，同时应当配合我方个人手机号身份信息以及身份证明文件，即可说明该微信号属于我方本人所有。

以本文案例为例，由于卖家为公司，因为我方仍需提供卖家与前述微信相关联的证据，如前述微信持有者是卖家的员工，需提供授权委托书和劳动合同，如前述微信持有者是卖家的股东，需提供授权委托书和工商登记资料。

如果在其他证据，例如电子邮件、短信当中写明双方往来微信账号则效果更佳。

第二步，截取能够证明对方真实身份的页面。操作方法类似前述第一步。

目前，微信已经要求新注册微信号的用户必须实名制。因此，若需要明确对方真实身份，我方可向法院申请律师调查令或申请法院调查取证，向财付通支付科技有限公司调取对方微信注册信息。

若对方是在微信实行实名制前已注册的微信号，或当事人为节省诉讼成本而不前往财付通支付科技有限公司调取对方微信注册信息的，应当如何操作？在“（2017）粤 20 民终 5819 号”民事判决书中，中山市中级人民法院认为：

梁顺添提供微信记录应属电子数据,依法可作为证据使用。梁顺添已提供证明证实该微信号对应的电话号码就是汤伟雄使用的电话号码,汤伟雄微信的头像是否变更也不影响其身份的确定,而且该微信记录的内容也与梁顺添提供的证据相印证,以上事实均可以明确微信的对方是汤伟雄。汤伟雄否认梁顺添提交微信记录的真实性,但未提出司法鉴定,因其不提供本人微信记录相对照,也不参与微信语音核对,据此,一审判决认定涉案微信记录的真实性及其证明力正确,本院予以维持。

因此,我方可尝试在对方“个人信息”界面核实对方是否绑定手机号,如有即可通过搜索手机号的方式进行。此外,还可尝试通过查询该微信号绑定的银行卡账号来核实对方身份。

如果对方未绑定手机号,或者用来注册微信的手机号不是本人的,还可以通过“个人信息”界面的头像、朋友圈照片、评论、点赞等,综合说明该微信号实质由对方持有。

以本文案例为例,由于买家为公司,因此我方仍需提供买家与前述微信相关联的证据,我方可在起诉前通过微信与对方进行沟通,使其承认其是代表买家与我方履行合同。

如有可能,可要求对方出具买家的授权委托书以及其本人的劳动合同,另外可以查询对方的朋友圈,核实其有没有在朋友圈上发布与买家相关的信息、资料等。

第三步,截取双方完整聊天记录的内容页面。

如果聊天记录当中包含语音的,应当点击该语音,选择微信的“转文字”功能,将语音转化为文字,显示在微信的聊天界面上,再进行截图。

如果使用“转文字”功能后显示的文字内容与语音内容不一致的,应当补充提交相应的文字文本。聊天记录中有视频、图片的,亦应当将视频单独拷贝,将图片单独打印。

第四步,立即备份和保管原始储存设备。

原始载体包括储存有电子数据的手机、计算机或者其他电子设备等。新《民事证据规则》第15条规定:

当事人以视听资料作为证据的，应当提供存储该视听资料的原始载体。

当事人以电子数据作为证据的，应当提供原件。电子数据的制作者制作的与原件一致的副本，或者直接来源于电子数据的打印件或其他可以显示、识别的输出介质，视为电子数据的原件。

如果遇到微信定期清理，或者手机丢失或者损坏等情况，导致微信记录无法显示的，或者对方主张微信聊天记录虚假的，当事人可依据新《民事证据规则》，向法院申请“书证提出命令”。

主张前述书证处于对方的控制下，当事人提出申请的，法院有权要求掌握书证的一方交出书证，如果对方拒不交出的，法院可以直接认定当事人主张的书证内容真实。

新《民事证据规则》第 99 条第 2 款规定：

……关于书证的规定适用于视听资料、电子数据；存储在电子计算机等电子介质中的视听资料，适用电子数据的规定。

《民诉法司法解释》第 112 条规定：

书证在对方当事人控制之下的，承担举证证明责任的当事人可以在举证期限届满前书面申请人民法院责令对方当事人提交。

申请理由成立的，人民法院应当责令对方当事人提交，因提交书证所产生的费用，由申请人负担。对方当事人无正当理由拒不提交的，人民法院可以认定申请人所主张的书证内容为真实。

新《民事证据规则》第 45 条规定：

当事人根据《最高人民法院关于适用〈中华人民共和国民事诉讼法〉的解释》第一百一十二条的规定申请人民法院责令对方当事人提交书证的，申请书应当载明所申请提交的书证名称或者内容、需要以该书证证明的事实及事实的重要性、对方当事人控制该书证的根据以及应当提交该书证的理由。

对方当事人否认控制书证的，人民法院应当根据法律规定、习惯等因素，结合案件的事实、证据，对于书证是否在对方当事人控制之下的事实作出综合判断。

第47条规定：

下列情形，控制书证的当事人应当提交书证：

（一）控制书证的当事人在诉讼中曾经引用过的书证；

（二）为对方当事人的利益制作的书证；

（三）对方当事人依照法律规定有权查阅、获取的书证；

（四）账簿、记账原始凭证；

（五）人民法院认为应当提交书证的其他情形。

前款所列书证，涉及国家秘密、商业秘密、当事人或第三人的隐私，或者存在法律规定应当保密的情形的，提交后不得公开质证。

第48条规定：

控制书证的当事人无正当理由拒不提交书证的，人民法院可以认定对方当事人所主张的书证内容为真实。

控制书证的当事人存在《最高人民法院关于适用〈中华人民共和国民事诉讼法〉的解释》第一百一十三条规定情形的，人民法院可以认定对方当事人主张以该书证证明的事实为真实。

以本文案例为例，我方可委托公证处对微信聊天记录进行公证，具体操作为：

- 卖家通过自己的手机输入微信账号及密码进行登录。
- 点击买家个人信息界面。
- 点击买家朋友圈，对与案件相关事实进行展示。
- 点击双方聊天界面，展示双方的所有聊天记录。对于语音，应当使用“转文字”功能，将语音转化为文字，同时对语音进行播放。对于图片，应当点击大图。对于文件，应当点击文件，展示文件内容。
- 公证员对前述过程进行录像，对重点内容进行拍照，并制作公证书和光盘，公证书会对公证过程（操作的时间、方式、具体步骤等）进行说明。
- 公证完成后，取得公证书和光盘，准备向法院举证。

由于卖家是收到买家通过微信发出的信息后，根据聊天记录的内容进行送货。因此，在公证员进行录像及拍照时，应当告知公证员着重留意聊天记录中对健身器材的型号、数量、颜色、送货时间及地点有十分准确的记录。如存在约定不明的，应当在起诉前再次微信联系买家，向买家再次确认，然后再次进行取证。

综合笔者针对此类电子数据的办理经验，司法实践当中对于此类证据的审查标准如下：

• 审查真实性和完整性，即举证方是否能够提供聊天记录的原始载体；聊天记录双方的主体身份能否确认；是否与案件双方当事人吻合；聊天记录是否完整，有无被篡改。

• 审查关联性，作为证据使用的聊天记录的内容与待证事实是否具有实体意义上的联系和法律意义上的联系。聊天内容是否清晰、准确，双方就所谈论的问题及表态是否有明示。

3. 录音录像

录音证据起到的作用是非常关键的，在"(2016)辽01民终7141号"民事判决书中，沈阳市中级人民法院认为：

关于谢某某是否存在出轨行为一节，经查，为证明谢某某存在出轨行为，张某某在原审出具了谢某某与张某某母亲的电话录音，在2015年6月27日的录音中，谢某某承认其存在与其他女性一同回宾馆并"占便宜"的事实，谢某某虽提出该录音系"受到张某某母亲的胁迫才承认的"，但未提供相应证据，原审遂依据证据规则的相关规定，并结合张某某提供的其他相关证据，认定谢某某在婚姻关系存续期间存在婚外情(出轨)的行为并无不当，本院亦予认可。

关于录音录像的取证要点如下：

第一，提前准备通话或录像过程中提起的话题，提问问题和引导方法，记住不要带有一次性搞定所有问题的想法，应当多录几遍。

第二，正确选择录音录像的时间和地点。《民法典》第1033条规定：

除法律另有规定或者权利人明确同意外，任何组织或者个人不得实施下列行为：

（一）以电话、短信、即时通讯工具、电子邮件、传单等方式侵扰他人的私人生活安宁；

（二）进入、拍摄、窥视他人的住宅、宾馆房间等私密空间；

（三）拍摄、窥视、窃听、公开他人的私密活动；

（四）拍摄、窥视他人身体的私密部位；

（五）处理他人的私密信息；

（六）以其他方式侵害他人的隐私权。

因此，要注意录音录像的地点要选择办公室、会议室或其他公开场合，不能在卧室、对方住宅或其他私人空间，否则会被对方主张侵犯隐私权而导致取证无效。另外，应当在纠纷刚刚发生，对方的警惕性不高时尽快录音录像更有利。

第三，录音当中注意：拨打对方在电信、移动、联通等运营商登记的电话号码；在通话过程中明确显示双方身份、时间、地点和谈话主题。

例如在刚接通电话时，准确叫出对方全名，同时报上自己的全名，不能用张总、李总等简称代替；录音为全过程不间断，注意当中不要出现恐吓、误导等言语；要耐心引导对方说出相关事实，对于与案件有关的重要内容，尽可能让对方准确、重复多次表达。

如何判断录音当中内容为双方真实意思表示呢？在“（2017）鲁民终337号”民事判决书当中的陈述可供参考，山东省高级人民法院认为：

从录音对话内容上看，录音是在大为制焦分公司办公室或公开场所进行的，被录音者都是自愿参加谈话的录音，没有对被录音对象实施胁迫、引诱、误导等不当手段。双方在谈话中真实地表达了自己的想法……结合港信公司提交的其他证据，以上录音资料可以作为确定双方买卖合同成立及实际履行的有效证据。

第四，录音取得方式应当合法。《民诉法司法解释》第106条规定：

对以严重侵害他人合法权益、违反法律禁止性规定或者严重违背公序良俗的方法形成或者获取的证据，不得作为认定案件事实的根据。

第五,保留电话录音的原始载体,将电话录音的内容整理成书面的文字材料并将录音刻录入光盘。千万不要自行剪裁文件,否则将会导致录音证据污染而失效。

以本文案例为例,卖家两次把健身器材送到指定地点后均电话联系买家,但买家均要求变更送货时间和送货地点。因此,在起诉前,我方可协助卖家通过"无忧电话录音""移动公证""安存语录"等 App 进行取证、存证。具体操作如下:

- 卖家登录 App,在 App 上选择电话录音,然后拨打买家电话。
- App 将后台连接公证处电话,通过公证处的电话拨通买家电话。
- 买家接通电话后,卖家需提到此前已两次按照双方约定的时间送货到指定地点,同时卖家需再次核实送货时间、地点,并在通话过程中提到健身器材的型号、数量、金额等,以证明卖家提供的健身器材符合双方约定。
- 录制结束后,卖家通过 App 下载录音并申请存证证明或者公证书。
- 随后将存证证明或公证书连同录音光盘及书面的文字材料一并向法院提供。

录像时要特别注意:

第一,做好录像计划,例如记录日期、主题、内容,人物、物品或环境等。

第二,选择能够反映录像的日期、时间的录像器材。

第三,对需要记录对象全方位、多角度地详细录制,例如核实人员身份时,应当让该人员手持身份证拍摄;核实地点时,应当拍摄现场的路牌、门牌、附近有明显特征的高楼大厦;核实时间时,应当手持显示当天日期的报纸,拍摄现场带有当天日期的电视新闻画面等。

第四,保留录像的原始载体,将对话内容整理成书面的文字材料并将录像刻录入光盘。千万不要自行剪裁文件,否则将会导致录像证据污染而失效。

结合本文案例为例,卖家通过登录"公证云""存证云"等 App 进行取证、存证。具体操作为:

- 卖家登录 App,App 上选择手机录像,开始录像;
- 录像时应当着重拍摄健身器材的型号、数量、颜色等,同时着重拍摄指定地点的有标志性的建筑；

- 录制结束后，卖家通过 App 下载录像并申请公证书；
- 随后将公证书连同录像光盘一并向法院提供。

综合笔者针对此类电子数据的办理经验，司法实践当中对于此类证据的审查标准如下：

- 审查真实性和完整性，即举证方是否能够提供录音录像的原始载体；录音录像的对象是否为案件当事人；录音录像内容是否真实完整、是否反映被录音录像人真实意思表示；录音录像取得的方式是否合法。
- 审查关联性，作为证据使用的录音录像的内容与待证事实是否具有实体意义上的联系和法律意义上的联系。

综合全文，由于新《民事证据规则》及《民法典》对于电子合同和电子数据赋予了前所未有的重要地位，可以预见的是，在未来诉讼当中，将大量涌现电子合同和电子数据等形式。我们应当未雨绸缪，做好思想和行动上的准备，主动拥抱变革，才能为社会提供更优质的法律服务。

作者简介

黄晓霞　熊猫法律星球知识产权高级讲师，《电子数据取证和举证攻略》《企业图片侵权纠纷应诉指南》等网课主讲嘉宾，专注从事知识产权、房地产建筑和金融资产等领域的法律服务。

案例下载

希望下载文中的案例全文？扫码关注“高云合同”公众号，发送关键词“**合同形式**”，自动获取。

【合同管理】

合同管理软件系统建设的实践与思考*

随着现代社会商业交往的频密和加速,各种法律法规、监管政策的出台也日趋频繁。就合同管理来说,传统的以线下管理为主的工作方式已无法满足企业的高效运转和风险管控的需要。在信息化、智能化、大数据的时代背景下,将信息技术与企业合同管理经验深度融合,打造现代企业的合同管理软件系统(以下简称合同软件),借力信息技术,提升企业合同管理信息化的水平,已成为大势所趋。

(一)合同管理信息化的问题和障碍

近年来,随着科学技术的进步,合同文本传递和合同信息的查询统计变得越来越便捷,不少企业的合同管理信息化工作,正经历着从传统到现代、从书面到电子的转变。

不少科技公司纷纷研发出各种合同软件,有些是独立的第三方软件,有些是企业办公管理软件中附带的合同管理功能模块,有些是外挂的合同管理小程序、合同管理工具等。合同管理工作逐渐走向信息化,例如合同评审从转签纸质评审单到使用办公自动化系统流转待审合同文本,再到合同在线起草、在线审批、人工智能辅助评审;合同统计从填写 EXCEL 表格到由 OA 系统记录电子台账再到实现系统对合同数据的自动统计分析、指标展示、风险预警等。

但是,由于合同管理工作缺乏统一规划、流程设计和数据集成,知识标准化、操作流程化、数据集成化和功能信息化水平还不高。因此,各类合同软件在提高合同评审效率和合同风险防控水平等方面的实际效果离设想的还相去甚远。

---

* 作者:郁慧华。

1. 缺乏统一规划

思路决定成败，企业对合同管理信息化的战略定位和目标认识不足，缺乏统一规划，具体表现在：

第一，定位过低。很多企业的合同管理工作依附于其他系统，只是完成简单的文本在线传递、评审记录留痕和查询统计等工作，仅是为了解决眼前的具体事务而设，没有将合同管理工作提升到企业战略层面，缺乏对合同软件实行合同全生命周期管理的统一规划的长远眼光，缺乏用管理创造价值、助力业务发展的先进理念。

第二，功能断层。企业的很多管理软件中其实都有合同管理工作的身影，例如合同立项、资质审核、评审、付款、用印归档等，但这种“点式”和“区段式”管理的功能模块之间容易存在断层，对数据的采集缺乏统一和精细化管理，数据调用不能做到无缝衔接，无法消除合同流程中的风险敞口，容易出现合同各阶段文本和数据不一致的问题。

第三，不成体系。很多企业没有建立自己的合同管理知识体系，例如合同范本库、合同条款库、合同风险审查清单、审查操作指南等。由于缺乏有效的管理和更新手段，导致其中的内容存在不成体系、版本老旧、实用性不强等众多问题，反而造成隐患。不少企业合同评审还停留在一文一审、一事一审的阶段，高度依赖于法务人员的个人经验和判断，导致合同质量参差不齐。而且，法务人员的流动，也会使企业以往积累下来的合同经验随之流失，无法持续提升企业合同的评审效率和质量。

2. 缺乏科学流程

不少企业通过 ERP、OA 等管理软件，实现了对合同部分环节的电子化管理，但相对于企业合同管理的庞杂程度和合同全生命周期中的风险管控而言，更需要完整、统一和规范的流程，否则企业合同管理工作无法摆脱手工操作，合同风险就无法得到有效控制。例如：

在合同准备阶段，没有具体的合同发起标准，缺乏安全管控，就难以杜绝业务部门套用、滥用范本以逃避审批管理的风险。

在合同评审阶段，没有根据各类合同特点和企业管控要求设置的繁简分流的评审流程、可参照的统一的审批标准、未对合同数据做结构化处理，就容易出现审批流程灵活度和精细度不高、风险识别和评估的不充分、合同审核职责不清等问题。

在合同签署阶段，没有统一的流程指引，就难以避免合同文本内容与评审表单内容不一致、合同审核意见与合同文本脱节、合同盖章文本与送审文本不一致等情况出现，使合同审核流于形式。

在合同履行阶段，没有相应的履行流程指引，缺乏动态监控，法务、业务部门、决策领导与合同经办人之间容易出现信息不对称的问题。当合同履行出现异常时，相关监管部门也无法及时有效地获取信息，更多时候只能依赖业务部门主动告知，工作相当被动。

3. 缺乏数据集成

合同软件要发挥最大功效，必须依赖于合同数据的集成，而且应当按照合同洽商、签订、履行、归档、纠纷处理等关键阶段，逐段进行采集和分析，否则就无法对合同实现有效的检索、统计、分析、预警等全生命周期风险管理功能。

但就现状而言，一个企业的合同数据散落于企业的各个部门和已有的管理系统当中。由于各系统开发和上线时间不同，对于合同数据，各自有自己的填写、分类和查询规则，属性标签各不相同，还有大量其他数据混杂其中。因此，合同数据集成难是合同软件建设的一大障碍。

（二）合同软件建设的前提条件

笔者认为，企业要成功建设自己的合同软件，就必须实现合同知识标准化、操作流程化、数据集成化和功能信息化这个四个前提条件。

1. 知识标准化

(1)合同分类

第一步要从管理的角度做好合同文本的标准化分类，设置不同的管理属性标签。合同分类是合同风险管理的基础，只有在科学合理分类的基础上才能设置繁简不同的合同审批流程，对各类合同风险实施分级分类管控。

根据谈判地位的不同，各方主体对合同条款修改的接受度、条款风险的接受度也会不同。因此企业应当结合业务实际，首先将企业的范本合同识别、筛选出来，建立以统一的条款、模块为基础组成的合同范本库体系。然后，再将非范本合同进行分类，以范本库中标准化的知识作为评审的参照标准，按照风险管控要求的不同，设置繁简不同的评审流程。

对于范本合同，还可以按照起草方式的不同将其分成通用合同库（固定条款不允许更改，适用范围广）、专用合同库（固定条款不允许更改，适用于特定的业务或部门）、示范合同库（条款供起草时参照，允许更改）等子类。

对于非范本合同，可以按谈判地位和管控要求不同，分为报备合同库（如强势合同相对方提供的，重复使用率较高的，不允许更改的合同版本，此时法务部只提示风险，不做修改）、一事一审合同库、重大合同库（法务部门可协同外部律师共同修改并出具法律意见）等子类。

就一事一审合同来说，对于其中某些表述相对固定，重复使用率较高的合同文本和条款，可通过信息技术进行打标签的操作，定期汇总、分析和转化，逐步向范本合同和示范条款转化。

在明确上述各类合同文本的标准化分类思路后，企业就可以建立自己的合同管理体系图了。在该体系图中，可将企业合同库中的各类合同文本按照公司组织架构中的分子公司、事业群、部门等维度和业务类型、产品线、项目及风险控制级别等维度再次进行分类，并设置好管理属性标签，这样，在管理时就能做到精准定位、及时更新。这张合同管理体系图，将使得企业合同管理人员对企业整体合同的概况和管理思路有更加清晰的认识，提高工作效率，使合同的风险管控有“抓手”。

比如，贸易类企业以产品的采销为主，我们以某公司代理的A产品、国内贸易，负责的业务部门为B部门为例，说一下对合同如何分类。

首先以产品为核心，围绕产品的采销会产生一系列合同，如与上游签订的代理合同、采购合同等，与下游签订的经销协议、销售合同以及各种补充协议等。如果上游方强势，那以与上游签订的采购合同为例，它的分类标签是：B部门—国内采购—A产品—非范本合同—报备合同。

对于下游合同中的销售合同标签是:B 部门—国内销售—A 产品—通用或专用范本合同。对于补充协议的标签为:B 部门—国内销售—补充协议—A 产品——事一审合同。这样企业的每一份合同都可以在合同管理体系图中快速精准地进行定位和管理。

(2)合同内容

合同范本库建立之后,我们还可以进一步将每份合同当中的内容进行标准化设置。

根据"高云合同六法"对合同的条款化、模块化和节点化的基本理念,我们可以将合同当中的内容划分为篇首模块、关系模块、流程模块、保障模块、救济模块和篇末模块。每个模块当中配备有相应的标准条款,当中的具体内容按照标准格式,将新法和企业实践结合起来,有针对性写作而成。

法务人员可以在此基础上结合行业和企业实际进行修改、补充和完善,最终形成自己企业的合同模块和条款库、风险库、评审意见库等知识库。

这样标准化的好处,一是保证合同结构统一,便于对合同文本进行统一的调整和更新;二是不会遗漏合同重要条款;三是为合同条款库和风险库的丰富、完善和精准匹配提供基础;四是为法务人员评审合同提供了参考依据。

通过合同条款的标准化,能将差异性不大的文本和条款进行统一和固化,最大限度地降低重复率。同时,通过信息化手段提供范本分类检索、合同在线起草,示范合同和非范本合同文本自动比对、风险提示等功能,能够减轻对重复文本审核的人工压力。

推行合同知识体系的标准化,将有利于法务部门和业务部门更顺畅地沟通,共同谋求提升合同评审效能的方法。还能将企业法务人员熟悉企业的交易与外部律师熟悉相关法律体系的优势结合起来,将法务人员合同管理的经验及时沉淀下来,将制度中对风险防控的要求在标准化管理流程中固化下来,规范合同文本的起草、评审,切实提升合同文本质量和合同管理水平,从而为软件系统的运行提供标准化的内容。

2. 操作流程化

企业应当针对合同的写作、审查和修改工作特点,建立覆盖全流程的合同工作指南，具体内容包括合同写作分类、写审改方法、操作要点和流程指引等。

例如，从写作角度对合同分类时，我们首先将合同按照标的、合同类型进行分类，对其法律性质作出准确定位。

以“高云合同六法”中的《合同性质定位表》为准，《保证合同》在这张表中的分类是：合同标的为债权、合同类型为担保。有了这个准确定位后，我们就可以对《保证合同》的法律法规的适用和更新作出精准的判断和适用，在新法对担保相关的规定有变化的情况下，也可以对该类合同进行集中的风险排查与条款更新。

3. 数据集成化

合同全生命周期风险的管理不仅需要对合同文本进行管理，更需要从每个阶段采集数据、对合同数据进行监控和分析，从而及时发现公司业务中存在的风险和问题。

要实现前述目标，数据的统一规范管理是关键。

因此，建议将合同数据、组织、项目分类、文档等都在主数据库当中集中管理，同时提供标准化的合同数据接口，实现合同软件与企业现有管理系统之间的数据跨系统的推送和抓取。

在开发合同软件时，要重视数据源头的管理：一是发现关键数据的空缺要及时从数据录入的源头进行填补，根据企业的实际需求，增加新的模块和采集字段；二是要设定关键数据的采集范围和填写标准，在实现对数据的自动统计分析、指标展示，风险预警等功能时，保证分析结果的准确性。

4. 功能信息化

首先，通过将合同内容结构化、设置属性标签等方式，将合同按照法务管理思路进行灵活分类，便于在新法出台或管理要求变化的情况下更便捷地对各类合同文本进行检索、统计、筛查、分析和批量更新，更好地预防和控制合同风险。

其次，通过将合同范本库中的范本与信息技术的结合，将书面写改变为在线写改，配合人工智能技术，实现系统对合同条款和风险的自动识别和比对，可以切实提高公司标准合同使用率和合同起草质量。

还有在合同软件当中配备相应的示范条款库、风险清单库等内容，实现合同条款的自由组合与更新、合同风险的批量筛查等，提升合同管理工作效率。

（三）合同软件建设的总体思路

1. 基本原则

合同软件建设是个复杂和长期过程，需要进行明确管理目标、需求分析、功能设计、代码开发、系统测试、上线试运行、正式上线、人员培训、系统完善、系统维护、系统升级等大量工作。

在调研阶段，企业应当为法务部门与业务部门、技术开发人员提供必要的沟通渠道和支持，确保他们之间顺畅沟通，使合同软件的开发目标更清晰和完善。

在设计阶段，必须放弃大一统的完美想法，采取小步快跑的战术，先将合同知识标准化，可以从范本合同库的分类、建立与使用范本合同的合同采用在线起草和管理方面入手，分步实施。

在建设和开发阶段，应当采用分阶段开发的做法，即在一个统一的设计框架内，对于合同管理的各个功能模块，成熟一个开发一个。对于数据集成，也是逐步推行，不能寄希望于一步到位。

2. 知识建设

没有一个标准化、统一的合同管理知识体系，建设合同软件就是空中楼阁，无法可持续优化和发展。所以，企业要组织专门人员团队，根据企业合同工作特点，建立并不断完善范本库、条款库、指南库、风险库、知识库、案例库和配套制度。这些制度包括了合同管理制度、授权管理制度、合同分类标准、合同编号规则、合同信息录入规范、合同审核的电子化流程、合同执行监控要求、合同统计分析模型等内容。

3. 人才培养

合同软件的实施是否通畅，不仅要求使用人熟悉相应的操作方法，还要求具备一定的合同知识。因此,应当重视提高一线员工的合同工作技能和信息化技术水平,组织相应的技能培训,鼓励他们为企业合同管理工作作出贡献。

同时,可以合同知识体系建设为切入点,对业务部门和法务人员定期进行系统的培训,培养高度的风险意识、统一的操作规范和不断优化创新的意识,提高合同软件建设的成功率。

总体而言,当下,我们已经迎来法务管理和风控模式的迭代,外部法律环境和信息技术的快速发展给企业合同管理信息化工作提出了更高的要求,让我们以《民法典》出台为契机,努力促进信息技术在企业合同管理方面的应用,使企业法务工作能创造更多价值。

作者简介

郁慧华 民商法学硕士，高级经济师，曾就职于某上市公司及国有企业，专注于企业合同管理、合规管理、知识产权管理和法务信息化管理等。

延伸阅读

以下问答题材取材于本书主编高云和全体作者团队共同参与的“高云合同实务交流群”微信社群（扫描书末二维码即可免费加入）：

【实务问题1】二手房买卖，卖方以买方变更贷款方式为由主张行使不安抗辩权，是否合法?

【实务问题2】双方没有书面合同，如何证明合同的实际履行情况?

【实务问题3】合同当中存在高额违约金条款，如何向老板解释这个条款的合法性和合理性?

【实务问题4】如果某个条款非常不公平，可以运用认定格式条款或者显失公平撤销这个条款吗?

【实务问题5】承租人觉得租金太高，经营长期亏损，所以希望找什么理由实现提前退租，如何应对?

【实务问题6】合同谈判当中，遇到法务针对某些具体问题发表意见时，如何与老板互相配合，取得更好的谈判效果?

【实务问题7】如何摸清合同谈判对方的内心真正意图和做好相应准备?

【实务问题8】建筑工程合同谈判，如何说服施工方退场和接受我方的合同条款?

【实务问题9】投资项目谈判，如何让对方快速接受我方提出的合同条件?

【实务问题10】合同管理当中只有合同经办人，合同负责人与合同经办人有什么区别? 有必要制定专门的制度吗?

【实务问题11】合同履行完毕后是否可以补签?

【实务问题12】合同实务当中的EDI电子合同管理系统，应当如何应对?

【实务问题13】小微企业如何根据自身实际情况开展合同管理? 应当如何切入?

【实务问题14】什么规模或类型的公司适合推行合同管理系统?

【实务问题15】如何设计公司合作协议，有效避免公司僵局?

【实务问题16】收到中标通知书可否视为成立预约合同的标志?

【实务问题17】法务间接了解对方意见，如何更好地发现合同风险点?

【实务问题18】合同节点巧妙约定，对于强弱双方实力是否会产生影响? 如何达到合同顺利履行的目的?

【实务问题19】如何找准合同性质，准确选择适用法律?

如果您希望获得包括前述问题在内的所有延伸阅读答案，扫描关注微信公众号“熊猫法律星球”，发送关键词“**合同总论**”，即可下载全文。

二、合 同 纠 纷

【合同解除】

合同解除实务操作要点和写作范例*

合同解除权,是指在合同约定或法律规定的解除权条件成就时,赋予合同一方当事人以单方的意思表示实现合同解除的权利。这种权利在性质上属于形成权的一种,即权利人仅依自己的单方意思表示就可以使民事法律关系发生、变更或消灭,而不必通过人民法院或仲裁机构的裁判或裁决来完成。

在以往的合同实务当中,合同解除权并没有受到足够的重视,不少合同写作指导书籍更是将合同解除和合同终止混为一谈,将其与不可抗力条款、违约认定条款、追究责任条款和中止履行条款、清理条款混合在一起写,司法实践当中,因为合同解除权所引起的纠纷屡见不鲜。

以笔者所在律所承办的惠州市某学校被诉土地房屋租赁纠纷一案为例:

被告通过司法拍卖竞得原告使用的房屋和土地后,成为新业主。该房地产的承租人(原告)原有的租赁合同约定"承租人逾期 30 日未支付租金,出租人即可解除合同"。

后来,原告逾期支付租金超过 3 个月,并且另外书面致函被告,以涉案房地产的执行裁定虽送达,但因提出执行异议未生效,涉案房地产不属于被告所有、为避免租金重复支付为由,未依约支付租金。其后,被告认为合同已经具备了约定解除的条件,于是向原告送达了解除租赁合同的通知书。

---

* 作者:范宇翔、苏英花。

如按照原有的合同解除权立法精神和规定，多数人会预判法院支持被告解除合同。但实际上，由于该案审理过程中《九民纪要》颁布，一审法院即以新颁布的《九民纪要》规定为思路，以被告“未告知原告租金支付方式”以及“未对原告到期未支付租金行为提出异议”两个理由，认定被告违反了诚实信用原则，判决被告解除合同的行为无效。被告以原告以自己的行为表明拒绝履行合同义务，且约定解除权已成就为由提起上诉。

为何法院会采取这样的裁判思路呢？因为《九民纪要》对于合同解除权的行使，增加了新的限制性规定。在《民法典》颁布之后，合同解除权更是进入了实质性审查阶段，合同解除权并非仅有书面约定即可，还需要约定清晰，同时还要参考合同目的、违约程度等其他条款，综合判定。

因此，合同解除制度的理解和条款写审改技巧等内容就显得尤为重要，本文对合同解除方面的法律实务作出专题总结，以供各位在实务当中予以参考。

（一）法定解除权

1. 非违约方解除权

《民法典》第563条吸纳了《合同法》原有的通用法定解除权条件，没作改变，但增加了“不定期合同的任意解除权”，具体规定如下：

有下列情形之一的，当事人可以解除合同：

（一）因不可抗力致使不能实现合同目的；

（二）在履行期限届满前，当事人一方明确表示或者以自己的行为表明不履行主要债务；

（三）当事人一方迟延履行主要债务，经催告后在合理期限内仍未履行；

（四）当事人一方迟延履行债务或者有其他违约行为致使不能实现合同目的；

（五）法律规定的其他情形。

以持续履行的债务为内容的不定期合同，当事人可以随时解除合同，但是应当在合理期限之前通知对方。

上述六种法定的非违约方解除合同权，在合同实务当中如何操作？

第一种,不可抗力。

这里需要留意的是"不可抗力"范围如何界定？在合同实务当中,通常是在合同当中明确约定不可抗力范围等条款来解决。

第二种,拒绝履行。

如果要运用《民法典》第 563 条第 1 款第 2 项的理由主张解除合同,往往需要与不安抗辩权联合使用。关于不安抗辩权,《民法典》第 527 条规定:

> 应当先履行债务的当事人,有确切证据证明对方有下列情形之一的,可以中止履行:
>
> (一)经营状况严重恶化;
>
> (二)转移财产、抽逃资金,以逃避债务;
>
> (三)丧失商业信誉;
>
> (四)有丧失或者可能丧失履行债务能力的其他情形。
>
> 当事人没有确切证据中止履行的,应当承担违约责任。

合同实务当中,"当事人一方明确表示或者以自己的行为表明"的最确切证据当然是对方自行提出的不再履行合同的书面证据,例如:

房屋租赁当中,在租期届满前,租户以各种理由提出不按时交租或者要求退租的通知、微信聊天记录等。另一种证据是对方以具体行动表明拒绝履行,例如租户在业主没有同意的前提下,交租时无正当理由擅自扣减部分应付租金。

这里需要留意的是这些证据必须要达到"确切"的程度,也就是不能依据违约方的某份单一证据或某个聊天记录来判断,应当形成一个完整的证据链,有直接的书面通知、聊天记录,也有双方往来文件如催促履行通知等,无论在证据质量和数量上都已经达到对方无可辩驳的程度才算达到"确切",否则宣布中止履行合同的当事人一方将需要承担违约责任。

守约方取得了符合前述第 527 条规定的四种情形的确切证据,即可依据第 528 条规定,在中止履行合同的同时要求对方提供担保或在合理期限内恢复履行。如果对方不能恢复履行能力,也未能提供担保的,同样视为"以自己行为表明不履行主要债务",中止履行合同一方有权宣布解除合同。

关于不安抗辩权如何过渡到行使合同解除权的问题,《民法典》第 528 条规定:

当事人依据前条规定中止履行的,应当及时通知对方。对方提供适当担保的,应当恢复履行。中止履行后,对方在合理期限内未恢复履行能力且未提供适当担保的,视为以自己的行为表明不履行主要债务,中止履行的一方可以解除合同并可以请求对方承担违约责任。

正如本书第一编所言,法律界对于《合同法》不安抗辩权制度当中关于“中止履行的一方可以解除合同”的规定一直存在争议。反对一方认为,不安抗辩权作为违约补救措施,仅能对抗对方请求权的迟延行使,不能直接行使合同解除权。因此《民法典》在第 528 条补充写明,中止履行后,对方在合理期限内未恢复履行能力并且未提供适当担保的,属于违约,通过建立该等预期违约制度,圆满解决了不安抗辩权过渡到行使合同解除权的问题。

第三种,迟延履行。

《民法典》563 条第 1 款第 3 项规定:

(三)当事人一方迟延履行主要债务,经催告后在合理期限内仍未履行;

上述规定主要有两个问题,一是何为“主要债务”?它与《民法典》第 490 条当中关于“当事人一方已经履行主要义务,对方接受时,该合同成立”又有什么区别呢?

笔者认为,第 490 条“主要义务”管的是合同成立,第 563 条的“主要债务”管的是合同解除,两者分头把关合同的一进一出,虽然用词有差别,但掌管的问题性质和重要性均相同,因此标准也应该相同,否则就容易引起争议。所以,上述用词差别应当属于立法疏漏所致。根据《民法典》将合同编升格为债法总则的立法宗旨来看,将第 490 条的“主要义务”一词转换或解释成“主要债务”更为贴切。

在合同实务中,强势方肯定希望对方的合同义务大部分均纳入“主要债务”范围,通过巩固强势方的合同解除权,更周全地保护强势方利益。

例如,普通货物买卖,按照常理,货物交付属于主要债务,而随同货物一起的发票、原产地证明、使用说明书交付等交付义务仅为附随义务，不是主要债务。但在国际货物买卖合同当中，前述单据必须随同货物出口并交付，这些原始单据是货物报关、检疫乃至转售的关键证明文件。如果没有这些文件，拿到货物也无法销售，因此前述普遍认知当中的“随附义务”应当升格为“主要义务”。

合同实务当中的具体方法，就是通过合同设计和写作解决问题，即在合同目的条款、合同定义条款当中明确约定，例如，鉴于我方需要将这些货物销售出口，因此依约交付发票、原产地证明、使用说明书也属于对方应当履行的“主要债务”。

第二个问题就是需要举证对方违反合同约定期限，逾期履行或拒不履行，我方向对方发出书面催告通知后，对方在合同期限内仍然没有纠正。

何为“合理期限”？据我们的研究，在《民法典》当中，关于“合理期限”的法条总共有 43 处之多，期限长短不一。司法实践当中的所谓的合理期限通常是指常人可以理解、接受或采取相应措施的时间期限，例如接到合同解除通知书一方，如果需要对合同解除提出异议的，最高院相关司法解释认为，这个合理期限通常为三个月（详见最高院《合同法司法解释二》第 24 条规定）。

关于催告通知的写法，并无统一格式，合同实务当中，可以在催告通知当中加入与合同解除有关的内容，让这个催告通知兼具合同解除通知的效力。

写法一：如果逾期不纠正的，我方有权根据《民法典》第 563 条行使合同解除权；

写法二：如果逾期不纠正，合同根据《民法典》第 563 条自动解除。

第四种，违约履行。

合同实务当中的处理方法可以综合运用前述第一、二、三种方法，要注意把握好符合“主要债务”特征、违约“致使不能实现合同目的”和已经多次发出催告通知等要点。

第五种，其他法定情形。

《民法典》第 563 条规定的其他情形，主要指的是《民法典》和其他相关法律对于法定解除权的特殊约定，主要有如下五条：

——涉及买卖合同的，例如《民法典》第634条规定：

分期付款的买受人未支付到期价款的数额达到全部价款的五分之一，经催告后在合理期限内仍未支付到期价款的，出卖人可以请求买受人支付全部价款或者解除合同。

出卖人解除合同的，可以向买受人请求支付该标的物的使用费。

——涉及建筑工程施工合同的，例如《民法典》第806条第1款规定：

承包人将建设工程转包、违法分包的，发包人可以解除合同。

——涉及租赁合同的，例如《民法典》第731条规定：

租赁物危及承租人的安全或者健康的，即使承租人订立合同时明知该租赁物质量不合格，承租人仍然可以随时解除合同。

——涉及定作承揽合同的，例如《民法典》第787条规定：

定作人在承揽人完成工作前可以随时解除合同，造成承揽人损失的，应当赔偿损失。

——涉及赠与合同的，例如《民法典》第658条规定：

赠与人在赠与财产的权利转移之前可以撤销赠与。

经过公证的赠与合同或者依法不得撤销的具有救灾、扶贫、助残等公益、道德义务性质的赠与合同，不适用前款规定。

第六种，不定期合同。

《民法典》第563条第2款规定：

以持续履行的债务为内容的不定期合同，当事人可以随时解除合同，但是应当在合理期限之前通知对方。

2. 违约方解除权

按照中国法律传统，为了保护诚信原则，只有守约方才能解除合同，但《九民纪要》《民法典》为了照顾司法实践当中的各种复杂情况，在坚持上述原则不变的前提下，打开了违约方解约权的口子。

《九民纪要》第48条规定：

【违约方起诉解除】违约方不享有单方解除合同的权利。但是，在一些长期性合同如房屋租赁合同履行过程中，双方形成合同僵局，一概不允许违约方通过起诉的方式解除合同，有时对双方都不利。在此前提下，符合下列条件，违约方起诉请求解除合同的，人民法院依法予以支持：

(1)违约方不存在恶意违约的情形；

(2)违约方继续履行合同，对其显失公平；

(3)守约方拒绝解除合同，违反诚实信用原则。

人民法院判决解除合同的，违约方本应当承担的违约责任不能因解除合同而减少或者免除。

《民法典》第580条规定：

当事人一方不履行非金钱债务或者履行非金钱债务不符合约定的，对方可以请求履行，但是有下列情形之一的除外：

(一)法律上或者事实上不能履行；

(二)债务的标的不适于强制履行或者履行费用过高；

(三)债权人在合理期限内未请求履行。

有前款规定的除外情形之一，致使不能实现合同目的的，人民法院或者仲裁机构可以根据当事人的请求终止合同权利义务关系，但是不影响违约责任的承担。

《民法典》第580条第2款写入《民法典》可谓"一波三折"。二审稿一度采纳了《九民纪要》的意见，即在第353条第3款中明确合同不能履行致使不能实现合同目的的，有解除权的当事人不行使解除权，构成权利滥用对对方显失公平的，对方可以向人民法院或仲裁机构申请解除合同，但后来在三审稿当中，可能考虑到一旦打开"违约方有权解除合同"这个"潘多拉盒子"，有可能对诚实信用原则造成破坏，因此又删掉了相关描述。

也许立法者是考虑到即使违约方有错，但完全封闭违约方解决"合同僵局”的机会，强制违约方待在“名存实亡”的合同关系中，既不利于交易目的和商业价值的实现，也不利于合同争议的解决及社会的稳定，几经考量，或许是为了在交易中贯彻公平原则，立法者最终同意保留并形成《民法典》第 580 条第 2 款。虽然《民法典》为了平衡合同双方利益，同意赋予违约方法定解除权，但在具体制定条文时，或许是考虑到解除权本身具有形成权的性质，可以依通知作出并产生法律效力，如按传统理论赋予违约方单方解除权，容易对公平、稳定的交易环境造成冲击。因此，为了防止违约方解除权的滥用，应明确违约方解除权需要经人民法院或仲裁机构的判决、裁决予以确认后，才能产生效力。最终，立法者将违约方的解除权进一步限定为“请求终止合同权利义务关系”。

违约方法定解除权制度的设置，究竟是否会造成违约方滥用权利，损害守约方的合法权益，进而对合同法基石原则——诚信原则造成直接冲击和破坏，还有待司法实践检验。

(1)三种理由

第一种理由：法律上或者事实上不能履行。

合同在法律上或者事实上不能履行，学理上又称为履行不能。其中事实上的履行不能主要是基于自然客观法则的不能，比如某外国公司拟将生产的光刻机出卖给中国公司，在中国公司支付巨额款项后，已准备好的光刻机因为不明原因火灾而被焚毁，此时外国公司有证据表明由于技术及材料的原因，在客观上已经无法重新生产预定的光刻机，则该外国公司构成违约且属于事实上履行不能，其可以依据《民法典》第 580 条规定请求解除合同并承担违约责任。

法律上的履行不能，则是指基于法律的规定而履行不能，比如禁止流通物的买卖。该合同不能履行的原因不是因为客观自然规则的履行不能，而是该买卖被法律禁止导致无法履行。一个最典型的例子就是 2020 年新冠疫情期间，国家在疫情稳定后为了加强口罩出口的管理，对口罩的出口设立了“白名单”制度，未在“白名单”内的企业将因为国家政策的变化而无法再继续履行合同约定的出口交货义务，此时该等企业即构成法律上不能，可以依据《民法典》

第580条规定请求解除合同并承担违约责任。当然,如果该等政策变化依据合同约定构成不可抗力的,可以减轻或免除违约责任的承担。

第二种理由:债务的标的不适于强制履行或者履行费用过高。

“债务的标的不适于强制履行”常见的是人身依附性较强的合同,比如某公司聘请某明星为该公司提供商业演出,但该明星因为档期无法在原本约定的时间内提供演出。由于提供商业演出属于行为,依法不适于强制履行,可以依据《民法典》第580条规定请求解除合同承担违约责任。

“履行费用过高”,一般可以根据履约所耗费的成本是否超过各方预期所能获得的利益来进行判断。当违约方继续履约所需的资金、成本等超过合同双方在合同履行后所能获得的利益时,一般可以认定“履行费用过高”,违约方可以依据《民法典》第580条规定请求解除合同,并以承担赔偿损失等违约责任来代替继续履行。

例如价值30万元的货物在运输途中因事故灭失,由于受到新冠疫情的影响,出卖人再次将货物运送至买受人处的线路发生了变化,成本增加到60万元,此时继续履行合同的成本就达到了货物成本的2倍,可认定“履行费用过高”。

但是,值得研究的是,中国合同法的基石是诚信原则,如果违约方仅以“履行费用过高”就可以依据《民法典》第580条规定请求解除合同,无须考虑因此对守约方造成的人身损害或财产损失可能更大,如此不讲诚信行为也能够获得法律支持的话,岂非对合同法的基石原则造成难以估量的冲击和毁损?

第三种理由:债权人在合理期限内未请求履行。

此处的规定主要是为了防止守约方滥用合同权利,恶意不行使法律赋予的解除权,导致违约方因合同履行的状态不确定而产生更大的损失。该规定符合民事法律的“禁止权利滥用原则”。

上述三种情形中,判断合同是否在法律上或事实上不能继续履行、债权人是否未在合理期限内请求履行债务,以及债务的标的是否适于强制履行,并没有明确和客观的评判标准,可以预见在将来的司法实践当中,法官在这方面的自由裁量权空间很大,且除“合理期限”外无法通过约定来明确,因此在实践中应当特别注意。而“债务的标的履行费用过高”的判定标准虽然很难统一、争议较大，但可以在合同中通过约定来予以明确，相对而言更容易明确，因此在合同中可以对“履行费用过高”的标准予以约定。

(2)核心要件

违约方解除权的行使，除了应当具备前述的三种理由外，还必须具备一个核心要件，即不能实现合同目的。立法者应该是考虑到违约方如果滥用解除权，将可能导致交易秩序的破坏，因而规定只有当违约方的行为导致合同目的无法实现时，违约方才可以请求人民法院或仲裁机构终止合同权利义务关系。

3. 情势变更解除权

《民法典》第533条规定的情势变更原则，也间接赋予了不履行义务的一方请求解除合同的另外一个弹性操作空间。《民法典》第533条规定：

合同成立后，合同的基础条件发生了当事人在订立合同时无法预见的、不属于商业风险的重大变化，继续履行合同对于当事人一方明显不公平的，受不利影响的当事人可以与对方重新协商；在合理期限内协商不成的，当事人可以请求人民法院或者仲裁机构变更或者解除合同。

人民法院或者仲裁机构应当结合案件的实际情况，根据公平原则变更或者解除合同。

不过，由于最高院颁布过司法文件，要求各地法院在适用情势变更原则判决案件时需要请示省高院甚至最高院。

《最高人民法院关于正确适用〈中华人民共和国合同法〉若干问题的解释(二)服务党和国家的工作大局的通知》规定：

为了适应经济形势的发展变化，使审判工作达到法律效果与社会效果的统一，根据民法通则、合同法规定的原则和精神，解释第二十六条规定：合同成立以后客观情况发生了当事人在订立合同时无法预见的、非不可抗力造成的不属于商业风险的重大变化，继续履行合同对于一方当事人明显不公平或者不能实现合同目的，当事人请求人民法院变更或者解除合同的，人民法院应当根据公平原则，并结合案件的实际情况确定是否变更或者解除。

对于上述解释条文，各级人民法院务必正确理解、慎重适用。如果根据案件的特殊情况，确需在个案中适用的，应当由高级人民法院审核。必要时应报请最高人民法院审核。

因此，情势变更原则在司法实践当中属于僵尸条款，很难执行。在《民法典》出台之后，该等情形有无发生新变化，尚待观察。

（二）约定解除权

《九民纪要》第47条规定：

【约定解除条件】合同约定的解除条件成就时，守约方以此为由请求解除合同的，人民法院应当审查违约方的违约程度是否显著轻微，是否影响守约方合同目的的实现，根据诚实信用原则，确定合同应否解除。违约方的违约程度显著轻微，不影响守约方合同目的的实现，守约方请求解除合同的，人民法院不予支持；反之，则依法予以支持。

也就是说，《九民纪要》对于约定解除权实行实质性审查制度，而非仅仅依据双方对于解除合同有无约定就机械裁判。

《民法典》虽然没有明确照抄《九民纪要》的上述规定，但从维护交易秩序，尽量促使合同有效的立法宗旨而言，《民法典》对于《九民纪要》的上述规定应该是持赞成态度的。

因此，《民法典》时代的合同写作技巧当中，合同解除权条款将注定是重点和难点之一。

（三）合同解除后果的重大改变

1. 违约方主张解除合同后的处理方式

根据《民法典》规定，违约方申请合同解除的主张得到人民法院或仲裁机构支持后，违约方的违约责任并非当然免除，仍然需要向守约方承担违约责任。

上述规定貌似给予了违约方相应合理的惩戒，但司法实践当中不能仅靠这样一条抽象原则就可解决问题。

我们都知道,司法审判往往以谦益为原则,法官在判断违约损失高低时,通常是就低不就高,如此判决的结果,往往是违约方付出的赔偿实际难以填平守约方所受到的损失,最终受益的多数是违约方。而且由于中间的自由裁量空间太大,法官的权力寻租空间必然增加,是否会导致更多的司法腐败,这些都只能留待将来司法实践的答案了。

不过,《九民纪要》对于上述问题显然也是有所警惕的,因此,《九民纪要》在第 48 条规定,违约方如要解除合同,还需符合三个具体条件:一是违约方不存在主观恶意违约;二是违约方的继续履行对其显失公平;三是守约方拒绝解除合同违反诚实信用原则。上述规定可以视为对防止违约方滥用解除权的纠正。

2. 合同解除后从权利效力的处理

合同一旦解除,必然影响到合同从权利的效力问题。一般认为,合同解除,合同主权利义务终止,依附于主权利的从权利也随之消灭。以抵押权为例,《担保法》第 52 条就明确规定抵押权与其担保的债权同时存在、消灭。按照《担保法》第 52 条规定,在借贷合同关系中,借款人逾期不能还本付息时,如贷款人宣布解除贷款合同,提前收回本息,将无法对抵押物主张优先受偿权,这对以借贷为主营业务的贷款银行产生了强大冲击力。最高院也许是注意到了这一规定引发的担保纠纷日益增多,并且给国家金融稳定带来不利的影响,最终在 2000 年针对担保纠纷案件出台了《担保法司法解释》,并在第 10 条明确规定:

主合同解除后,担保人对债务人应当承担的民事责任仍应承担担保责任。但是,担保合同另有约定的除外。

换而言之,主合同解除后,抵押权、质押权等担保性质的从权利依然继续有效。立法者可能是考虑到虽然抵押权、质押权等担保权利在经济活动中承担着不可或缺的作用,但除担保之外的其他从权利本质上依附于主权利,属于主权利衍生的权利,因此在继续保留《担保法司法解释》第 10 条内容的基础上，最终形成《民法典》第559条、第566条第3款的如下规定：

第五百五十九条　债权债务终止时，债权的从权利同时消灭，但是法律另有规定或者当事人另有约定的除外。

第五百六十六条第三款　主合同解除后，担保人对债务人应当承担的民事责任仍应当承担担保责任，但是担保合同另有约定的除外。

也就是说，除担保权之外的其他从权利，如果当事人没有另行约定，主债权合同的债权债务一旦因解除而终止，从权利也将同时消火，这一点在以后的合同实务中要特别注意，应通过合同约定来避免从权利因合同解除而消灭。

（四）解除合同操作要点

1. 发出合同解除通知

守约方无论行使法定解除权抑或约定解除权，最关键的都是如何正确地发出合同解除通知。《民法典》第565条规定：

当事人一方依法主张解除合同的，应当通知对方。合同自通知到达对方时解除；通知载明债务人在一定期限内不履行债务则合同自动解除，债务人在该期限内未履行债务的，合同自通知载明的期限届满时解除。对方对解除合同有异议的，任何一方当事人均可以请求人民法院或者仲裁机构确认解除行为的效力。当事人一方未通知对方，直接以提起诉讼或者申请仲裁的方式依法主张解除合同，人民法院或者仲裁机构确认该主张的，合同自起诉状副本或者仲裁申请书副本送达对方时解除。

根据上述规定，合同解除时间点按照通知方式不同，分成两种方式：

第一种，采用书面通知方式行使法定解除权的，合同自解除通知到达对方时解除。如果写明有宽限期的，自宽限期届满时自动解除。

第二种，采用起诉或仲裁方式行使解除权的，合同自起诉状或仲裁申请书副本送达对方时解除。

2. 回应合同解除异议

实践当中经常出现“合同僵局”的情况，就是一方发出解除合同通知后，另一方既不提出异议(或者虽然提出异议但不起诉),又不配合办理合同解除相关手续或善后事宜,也不履行合同,导致通知人不知如何继续行事。如何解决这个尴尬场面呢?

最高院在《合同法司法解释二》当中创设了"解除权异议期"规定,第24条规定:

当事人对合同法第九十六条、第九十九条规定的合同解除或者债务抵销虽有异议,但在约定的异议期限届满后才提出异议并向人民法院起诉的,人民法院不予支持;当事人没有约定异议期间,在解除合同或者债务抵销通知到达之日起三个月以后才向人民法院起诉的,人民法院不予支持。

此规定表面看平淡无奇,但实际上对于受通知方的风险很高。

有些当事人收到合同解除通知时都不太在意,将合同解除通知丢在一边不予理睬,直至约定异议期满或收到通知3个月后才想到要起诉,结果,当事人起诉要求确认解除合同无效,很可能会被法院依据上述司法解释驳回;起诉要求对方继续履行合同,因为合同已经被通知解除,也被驳回。

上述司法解释,给受通知方造成了很大的法律风险。但是,这个结果显然不是最高院希望看到的局面。为了纠正这一理解偏差,《九民纪要》在第46条作出了纠正:

【通知解除的条件】审判实践中,部分人民法院对合同法司法解释(二)第24条的理解存在偏差,认为不论发出解除通知的一方有无解除权,只要另一方未在异议期限内以起诉方式提出异议,就判令解除合同,这不符合合同法关于合同解除权行使的有关规定。对该条的准确理解是,只有享有法定或者约定解除权的当事人才能以通知方式解除合同。不享有解除权的一方向另一方发出解除通知,另一方即便未在异议期限内提起诉讼,也不发生合同解除的效果。人民法院在审理案件时,应当审查发出解除通知的一方是否享有约定或者法定的解除权来决定合同应否解除,不能仅以受通知一方在约定或者法定的异议期限届满内未起诉这一事实就认定合同已经解除。

因此,通知方主张合同解除权的,法院应当对照其主张的是约定解除权抑或法定解除权，适用不同的法律规定，审查确定通知方是否拥有合同解除权，不能仅以受通知一方在约定或者法定的异议期限届满内未起诉这一事实就认定合同已经解除。此外，根据《民法典》第564条第2款规定：

法律没有规定或者当事人没有约定解除权行使期限，自解除权人知道或者应当知道解除事由之日起一年内不行使，或者经对方催告后在合理期限内不行使的，该权利消灭。

享有解除权的一方应在法定的一年内或约定期限内行使合同解除权，逾期则不能再主张解除合同。

（五）解除权条款写审改要点

《九民纪要》《民法典》生效后，原本仅作为合同法定解除权构成要件的合同目的条款甚至违约程度条款，也成为合同中约定解除权条款的重要组成部分，甚至决定了约定解除权存在与否。

因此，以后不能再简单地认为只要双方在合同当中约定解除事由即可，双方合同目的、信赖利益以及违约是否已经达到严重或实质性违约程度等内容都将成为合同解除权必不可少的组成部分。因此，应当对合同目的、主要债务、合理期限、违约程度乃至不可抗力条款进行同步设计。关于合同解除权的具体写审改技巧如下：

1. 与合同解除相关的条款

（1）合同目的条款

合同目的条款要写广泛一些，将我方期望的要素，包括对价、期限、质量（当然，具体金额可以放后面，但这里要写，甲方签订本合同目的是信任乙方可以按照本合同约定的对价、期限、质量交货）以及用途等都写入合同，这样一旦对方违约，就直接违反合同目的了。

以某混凝土公司《矿粉采购合同》当中的合同目的条款为例：

1. 甲方同意为乙方维持正常和稳定的生产能力，持续按本合同约定向乙方提供符合本合同质量和数量的矿粉，配合乙方准时完成向第三方供货的需求。

2. 乙方为了保证自身正常和稳定的生产目标，拟按照本合同约定向甲方采购一批矿粉，以实现生产优质混凝土，并按照与第三方所订立合同准时供货的目的。

(2)违约认定条款

根据《九民纪要》《民法典》的精神和具体规定，人民法院要对合同解除权的行使进行实质性审查，违约行为必须要超出显著轻微程度，影响合同目的实现，才能行使约定解除权。

因此，比较妥当的办法是在违约认定条款里面，将对方违约行为按照时间长短或严重程度，区分为一般违约和严重违约两种。

例如，约定对方一旦不依约履行合同就立即构成一般违约，在收到我方通知后多少天内拒不改正，或者逾期多少天后依然没有自动纠正的，就会构成严重违约。

(3)不可抗力条款

《民法典》第180条规定：

因不可抗力不能履行民事义务的，不承担民事责任。法律另有规定的，依照其规定。

不可抗力是指不能预见、不能避免且不能克服的客观情况。

根据司法实践，因为不可抗力导致合同目的不能实现的，人民法院也可以判决解除合同。由于《民法典》对不可抗力范围并未作明确列举，在过往的司法实践中，如双方当事人对不可抗力的范围有约定的，一般会从其约定。

如在货物买卖合同中，出卖方将货物运输过程中遇见或发生的交通事故、道路损坏、无法通行等情形约定为不可抗力，进而约定免除出卖人责任，由于该约定属于不违反法律规定的意思自治，一般是可以得到法院支持的。

以某房地产开发公司起草的《商品房买卖合同补充协议》当中的不可抗力条款为例：

本合同第八条所称的“不可抗力”是指：战争、暴乱、罢工、疫情、交通管制等社会事件;地震、洪水等自然灾害;或由于非市政配套批准延迟施工方拖延工期等非甲方原因而导致的延误;或由于国家法律、法规、行政规章或命令的原因而导致的延误。

2020年1月暴发的新型冠状病毒肺炎重大疫情事件,本身就属于无法预见的客观情况。而且国家基于疫情防治的需要,对交通、人员、生产等进行全面管控,致使合同一方因此无法履行合同义务,显然属于不可抗力范畴。

另外需要注意的是,即使当事人在合同中自愿将社会公众一般认知所认可的、属于不可抗力的事件约定为不属于免责事由,法院也可认定该种约定违反国家法律强制性规定,并认定即使无法履行合同义务也不构成违约,可以免除相关违约责任。

如卓盈丰制衣纺织(中山)有限公司与广东长城建设集团有限公司建设工程施工合同纠纷抗诉案[①][案号:最高人民法院(2008)民一抗字第20号],最高人民法院在认定:台风和暴雨都是独立于施工方之外的客观自然事件,会造成施工的中断。施工方对于台风和暴雨的发生以及施工中断的发生是不能够避免和克服的,因此,台风和暴雨应当属于施工中的不可抗力事件,并进而认定即使双方在合同中约定工期不因雨天而延长,对于因台风和暴雨所造成的工期延误也应当进行顺延。

2. 解除权条款组合

《九民纪要》《民法典》相继实施后,合同解除权条款内容很多,除了解除权条款本身外,主要债务条款、催告条款、解除权行使期限条款、合同解除后的法律后果条款都是必备条款。

(1)合同解除认定条款

《九民纪要》指出,要根据诚实信用原则,合理解释合同条款、确定履行内容,合理确定当事人的权利义务关系,审慎适用合同解除制度。

因此,合同解除权条款应当明确、具体、容易得出唯一的解释,不容易产生

① 江必新主编、最高人民法院审判监督庭编:《审判监督指导》总第29辑,人民法院出版社2010年版,第127~147页。

歧义。同时,该条款应当符合合同的目的,不违背诚实信用原则。

过于笼统概括的解除权条款看似赋予了守约方生杀予夺的权力,但实践中往往事与愿违,容易被法院否定。如四川省高级人民法院《关于审理合同解除纠纷案件若干问题的指导意见》第9条规定:

……合同对当事人设定有多项义务,但在违约条款中仅约定一方违约、对方即可解除合同的,属于对解除条件约定不明,人民法院应当根据合同法第九十四条的规定认定当事人是否享有合同解除权。

因此,合同解除权条款的写法切忌笼统概括,否则容易使守约方陷入被动局面。写作时最主要的是约定清楚违约方拒不履行的哪些债务属于合同的"主要债务",这是守约方行使合同解除权的重要前提条件之一。否则按照《九民纪要》精神,法院可以行使自由裁量权,结合合同的名称、性质和目的来综合认定,结果就很难说了。

以某强势方起草的《商品买卖合同》当中的合同解除和违约认定条款为例:

1. 无论何等原因,乙方主张解除本合同的,应当自本合同签订之日起3日内以书面方式向甲方提出。如果甲方同意的,乙方应当赔偿甲方因此受到的全部损失。

2. 无论何等原因,乙方未能履行本合同约定的主要义务,包括但不限于按时足额交货、付款、提供售后服务,或乙方未能及时配合履行甲方为实现合同目的要求乙方实施相关行为的,均视为乙方违约。

3. 乙方发生上述第1项行为的,甲方有权向乙方发出催告通知并要求乙方在通知要求的期限内纠正完毕。如果乙方未能在前述期限内完成的,视为乙方构成实质性违约,甲方均有权即时宣布解除合同。

4. 如果出现如下情形之一或全部的,甲方有权不经向乙方发出催告通知,直接通知乙方解除合同:

(1)因不可抗力致使甲方不能实现合同目的;

(2)在合同约定的履行期限届满之前,乙方明确表示或者以自己的行为表明不履行相应义务的;

(3)乙方迟延履行部分或全部债务，或者发生其他违约行为，致使甲方不能实现合同目的。

5. 无论甲方是否存在违约行为，均不影响甲方行使前述解除合同的权利。甲方宣布解除合同的，乙方对此不持异议，并同意赔偿甲方因此受到的全部损失。

6. 如果甲方就本合同债权拥有抵押权、质押权、留置权等从权利的，该权利持续有效直至乙方对本合同的所有债务以及对甲方的赔偿全部履行完毕为止。

(2)主要债务定义条款

我们不仅可以将转让对价、支付期限等内容列入"主要债务"范围，而且一些必不可少的登记手续或后续义务，例如股权转让过程中的股权登记手续、商品房买卖合同中的房地产登记手续、借款合同中的按时还款等义务，也都可以列入"主要债务"范围当中，这样才能更全面保护债权人的利益。

以某商场的《商铺租赁合同》当中的主要债务定义条款为例：

本合同中所列的乙方应履行的主要债务或义务包括但不限于下列内容：

1. 按时向甲方支付租金；

2. 按时向相关单位缴纳使用租赁物期间的水费、电费、天然气费、物业管理费、垃圾清运费；

3. 按时向税务机关缴纳乙方使用租赁物过程中产生的税金及相关附加费；

4. 确保使用租赁物过程中不会给租赁物造成任何损害；

5. 确保使用租赁物过程中不会给甲方造成损害，确保甲方不会因乙方与乙方员工、供应商、客户或任何第三方的纠纷而遭受任何损害或被任何单位或个人主张权利。

(3)催告和合理期限条款

催告条款，是证明对方违约程度的有力证据，一方在催告后依然不履行合同义务，不仅可以表明其违约程度已经超越"显著轻微"达到了"严重程度"，而且还有机会适用《民法典》第563条关于"当事人一方迟延履行主要债务，经催告后在合理期限内仍未履行”的法定解除权规定，更充分地保护己方利益。因此，催告条款也应当在合同中予以明确约定。

催告条款应当包括如下内容：

——催告方式。根据《民法典》关于意思表示方式的规定，最稳妥的催告方式除了采用委托国家邮政局发出 EMS 特快专递的方式外，电话、短信、微信、电子邮件等多个方式可同时进行，并做好相关的电子数据网上存证或公证的工作。

——合理期限。基于个体认知的不同，“合理”一词从不同的角度或立场出发往往会得出不同的认知，但由于多数合同当中对于“合理”一词不会作出特别约定，因此一旦发生纠纷，这个最终判断权就完全交给法官或仲裁员。这既加重了法官或仲裁员的负担，也使得律师或者法务在处理纠纷或案件时无法进行很好的预判。

“高云合同六法”主张，避免歧义最好的方法就是让歧义前提不存在。因此，可以在合同中对于何为“合理期限”作出明确的书面约定，杜绝这个争议。

以某公司的《股权转让合同》当中的合理期限条款为例：

除非本合同另有约定，本合同中所称的“合理期限”为 10 个自然日。在适用相关法律规定对本合同进行解释或处理本合同的争议时，双方同意以 10 个自然日作为相关法律规定中所称的“合理期限”。

——拒不履行。拒不履行是预期违约的一种表现形式。根据《民法典》第 563 条的规定，预期违约的构成要件主要包括两个方面：一是履行期限未满；二是当事人一方明确表示或者以自己的行为表明不履行主要债务。因此，应当在合同当中，将何谓“以自己的行为表明不履行主要债务”的具体情形予以明确，避免歧义。

以某国有企业《项目投资合同》当中的拒不履行认定条款为例：

甲方有权对乙方的履约行为随时进行监督。如甲方认为乙方存在违约行为的，有权向乙方发出通知，要求乙方改正。乙方收到甲方的通知后，没有按甲方通知要求的内容和时间进行改正的，视为乙方以自己的行为表明不履行合同主要债务，构成导致合同目的不能实现的根本性违约。甲方是否监督乙方或是否发出改正通知并不免除乙方主动、全面和及时履行本合同内容的义务。

(4)解除权行使期限条款

根据《民法典》第 564 条的规定，当事人双方可以明确约定对于合同解除通知的异议期限，防止出现“合同僵局”。因此强势方应当在合同当中明确写明己方拥有的合同解除权，同时写一个非常短时间(如几天)的、对方对于解除通知的异议期限，如此能够更充分保护强势方利益。需要特别说明的是，《民法典》第 199 条规定：

法律规定或者当事人约定的撤销权、解除权等权利的存续期间，除法律另有规定外，自权利人知道或者应当知道权利产生之日起计算，不适用有关诉讼时效中止、中断和延长的规定。存续期间届满，撤销权、解除权等权利消灭。

解除权属于除斥期间，并不会中止、中断或延长，因此在写作时要小心留意。

(5)通知和送达条款

《民法典》第 565 条明确规定，合同解除应当通知对方，因此，合同当中的通知条款是解除权行使成功的必备条款，在合同写作中应当加以重视，约定内容要尽量做到通知方式明确，且容易判断通知是否已经送达对方。

以某项目的《合作开发合同》当中的通知和送达条款为例：

本协议项下对合同一方对另外一方的任何通知或请求，应当发送至接收方的如下送达地址：

甲方全称：

收件人姓名：

收件地址：　　　　　　　　　　邮政编码：

电话号码：　　　　　　　　　　传真号码：

微信号码：　　　　　　　　　　QQ 号码：

电子邮箱号码：

乙方全称：

收件人姓名：

地址：　　　　　　　　　　　　　　邮政编码：

电话号码：　　　　　　　　　　　　传真号码：

微信号码：　　　　　　　　　　　　QQ 号码：

电子邮箱号码：

本协议项下的任何通知或请求：

1. 如果是传真、微信、短信、QQ 聊天或电子邮件，则在发送当日视为收到；

2. 如果是信函或特快专递，在收件人签收之日或挂号信发出后第三日视为收到，两个日期不一致的以在前的日期为准；

3. 如果是派人专程送达，则在收件人签收之日视为收到；

如果同时使用几种通知方式的，以其中较快到达接收方者为准。

收件人承诺，上述送达地址为与本合同签署、履行、协商、诉讼或仲裁的约定送达地址。一切与本合同相关的通知和文件，按照本合同约定方法和期限送达上述送达地址之一或全部，即视为收件人已经收到。

收件人保证，在本合同有效期间，上述送达地址持续有效和保持稳定。确需变更的，变更的一方应当及时向另一方发出书面通知，并仅限于采用特快专递或专人送达的方式向另一方发出，经另一方书面签署后方才生效。

(6)解除合同覆盖的标的物范围条款

《民法典》第 631 ~ 633 条分别规定：

第六百三十一条　因标的物的主物不符合约定而解除合同的，解除合同的效力及于从物。因标的物的从物不符合约定被解除的，解除的效力不及于主物。

第六百三十二条　标的物为数物，其中一物不符合约定的，买受人可以就该物解除。但是，该物与他物分离使标的物的价值显受损害的，当事人可以就数物解除合同。

第六百三十三条　出卖人分批交付标的物的，出卖人对其中一批标的物不交付或者交付不符合约定，致使该批标的物不能实现合同目的的，买受人可以就该批标的物解除。

出卖人不交付其中一批标的物或者交付不符合约定，致使之后其他各批标的物的交付不能实现合同目的的，买受人可以就该批以及之后其他各批标的物解除。

买受人如果就其中一批标的物解除，该批标的物与其他各批标的物相互依存的，可以就已经交付和未交付的各批标的物解除。

因此，为了避免歧义，对于合同解除覆盖的标的物范围，也应当在合同中予以明确约定。

(7)合同解除后的法律后果条款

这个条款内容通常包括了如下四种法律后果和相应的处理方式：

后果1：解除不影响追究违约责任。合同当中应当约定，合同解除不影响追究违约责任的权利，具体分析见前文。

后果2：从权利消灭或存续。合同当中应当约定，合同解除后从权利继续有效，防止保证或抵押等从权利，伴随合同解除而同时消灭。

后果3：恢复原状。合同当中应当约定，合同解除后，尚未履行的部分，终止履行；已经履行的部分，要根据恢复原状原则，恢复到缔约前的状态；因该合同而取得的财产应当予以返还；双方均因该合同取得财产的，相互返还。

返还责任的范围，也要根据当事人的诉讼请求来确定。并非所有的合同都能恢复到缔约前的状态，一些以使用标的物为内容的合同如租赁、借贷合同，以及溯及既往可能会影响交易秩序的合同如委托合同，合同解除效力仅应当向将来发生，不溯及既往。

后果4：返还原物。合同当中应当约定，守约方同时请求违约方承担违约责任的，返还责任限于返还原物或本金，相关损失可通过违约责任制度解决；守约方未同时请求承担违约责任的，在确定返还责任的范围时，要体现保护守约方利益以及对违约方进行制裁的原则，守约方因返还财产而支出的费用，由违约方负担；守约方取得的孳息，可不予返还。因此，在合同中明确约定合同解除后如何完成清理、交接工作也是非常必要的。

总结全文，笔者认为，合同实务当中，强势方往往喜欢将合同解除之剑高悬于弱势方头上，作为保护强势方利益的武器，这是难以避免的情况。但是，正如“高云合同六法”所述，合同的最大利益不是促成交易，而是合同顺利履行完毕。因此，弱势方不必为苛刻的合同解除条款灰心丧气，应当相信利益是合同的核心。只要弱势方的利益诱饵足够大，再强大的对方都会乖乖地放低身段，自觉签订和履行合同。

所以，与其自卑弱势，不如注重利益。与其悔恨过去，不如放眼未来。坚信在合同签订、履行和解除过程当中，围绕利益核心展开思考，积极行动，企业合同工作一定能够上升到更高的层次。

作者简介

范宇翔 广东东舟律师事务所合伙人律师，先后毕业于成都大学及武汉大学，执业已逾十年，擅长通过整合劳动法、公司法、税法等领域知识为企业、客户降低成本，全面防控风险和创造财富，从业至今，参与处理的项目或案件总额已逾百亿元。

苏英花 广西大学法学院经济法学硕士，曾先后就职于某人民检察院、某国有企业，专注于运用合同法、公司法、劳动法、刑法等知识为企业提供民刑融合的法律风险防控服务。从业至今，已为公司审查了近千份合同，助力公司项目顺利推进。

案例下载

希望下载文中的案例全文？
扫码关注“高云合同”公众号，发送关键词“**合同解除**”，自动获取。

【合同保全】

合同撤销权诉讼应用要点*

《民法典》新增合同的保全章节，撤销权属于当中的重要内容之一。所谓撤销权，是指当债务人实施不当处分名下财产行为时，债权人为防止债务人财产减少影响债权实现，享有的请求法院撤销债务人不当处分行为的权利。这一法律制度的原旨是促使债务人的责任财产维持在适当状态，以此强化债权人实现债权的保障。

近年来的司法实践证明，由于债务人逃废债行为层出不穷，债权人撤销权的作用日益凸显重要。根据笔者在中国裁判文书网上检索的结果，最近5年，债权人主张撤销权的案件纠纷，从2014年的1188件到2019年的2989件，呈逐年增加的趋势，可见撤销权问题在司法实践当中越来越普遍。

撤销权最早见于《合同法》第74、75条，其后，最高院陆续颁布《合同法解释一》第23～26条，《合同法解释二》第18、19条，对撤销权的行使条件、期限及程序要求逐步予以明确。此次《民法典》出台关于撤销权的规定如下：

第五百三十八条　债务人以放弃其债权、放弃债权担保、无偿转让财产等方式无偿处分财产权益，或者恶意延长其到期债权的履行期限，影响债权人的债权实现的，债权人可以请求人民法院撤销债务人的行为。

第五百三十九条　债务人以明显不合理的低价转让财产、以明显不合理的高价受让他人财产或者为他人的债务提供担保，影响债权人的债权实现，债务人的相对人知道或者应当知道该情形的，债权人可以请求人民法院撤销债务人的行为。

上述规定作出了如下改变：

第一，取消了《合同法》及《合同法解释二》中的到期和未到期债权的规定，

---

* 作者：邱瑾。

债权人只要对债务人享有合法有效债权且未受清偿即可主张撤销权,不要求债权人的债权已经到期。

第二,将债务人的行为明确为“放弃其债权”,且增加了“为他人的债务提供担保”的情形,加大了对债权人的保护范围,降低了债权人的举证难度。

第三,将原规定中“对债权人造成损害”变更为“影响债权人债权实现”,降低了债权人的举证难度。

根据目前的司法实践情况,此类诉讼通常存在设计诉讼请求、举证和论证及判断诉讼时效三大问题。

(一)设计诉讼请求

撤销权之诉为确认之诉,并非给付之诉。部分原告在诉状中同时主张撤销债务人行为及确认财产归其所有,部分法院也会同时支持该原告诉请。之所以出现这种现象,是由于没有正确区分债权和物权以及给付之诉和撤销之诉的关系。正确规范的诉讼请求表述方式应该是请求撤销某某行为,撤销范围以债权金额为限。例如,在“(2018)最高法民再437号”案例中,最高院最终判决支持的诉请为:

一、撤销孟银萍将位于安丘市经济开发区(房产证号:安丘房权证城区字第××)房屋转让给孟祥增的行为,撤销范围以500万元为限;二、孟祥增于判决生效之日起十日内将其名下的上述房屋变更登记至孟银萍名下;三、孟银萍于判决生效之日起十日内支付融和银行律师代理费80,000元,孟祥增支付律师代理费26,200元;四、驳回融和银行的其他诉讼请求。

(二)举证和论证

根据《民法典》第538、539条的规定,债权人可以主张撤销债务人行为的具体包括无偿处分财产权益或以明显不合理价格转让或受让财产两种,因此在诉讼当中,关于撤销权诉讼的举证和论证主要围绕上述两种方式展开。

1. 关于无偿处分财产权益

司法实践中,如何证明“无偿处分财产权益”行为构成了“影响债权人的债权实现”，裁判尺度不一。在“国富发展有限公司、广州隧道开发公司债权人撤销权纠纷案”中，原审判决认为：

股权转让时隧道公司的财产远超过其成立时的注册资本，无证据证明隧道公司在股权转让时经营困难及股权转让造成不能清偿国富公司的债权，因此，无偿转让股权不损害债权。

但是，最高院在[（2017）最高法民再92号]判决书当中对上述认定予以纠正，最高院认为：

无偿转让股权不损害债权。这是没有法律依据的，系适用法律错误。且股权无偿转让显然减少了隧道公司的财产，应认定为对国富公司造成了损害。

从上述案例中最高院的观点可知，在债权未受清偿的前提下，只需要债权人举证债务人实施了无偿转让财产的行为，即应认定债权人构成了“影响债权人的债权实现”。

2. 不合理价格转让财产

在该种类型中，对债权人的举证责任要求得更加严格。以债务人“以明显不合理低价转让财产”为例，债权人需对以下要件事实举证：债务人实施了减少自身责任财产的行为；该行为影响债权实现；相对人受让财产时主观上具有恶意。

何为不合理价格，《民法典》并未明确规定。在司法实践当中，目前主要依据的是《合同法解释二》第19条的规定：

对于合同法第七十四条规定的“明显不合理的低价”，人民法院应当以交易当地一般经营者的判断，并参考交易当时交易地的物价部门指导价或者市场交易价，结合其他相关因素综合考虑予以确认。转让价格达不到交易时交易地的指导价或者市场交易价百分之七十的，一般可以视为明显不合理的低价……

根据最高院的案例，对不同财产合理价格的判断方法如下：

(1)股权

股权是股东对公司享有的人身和财产权益的一种综合性权利,合理价格主要依据公司注册资本、公司资产、股东将股权质押时担保债权的价值、股权转让时的交易价格、近3年的资产负债表体现的所有者权益年末数等综合确定。

例如,在“陈伟伟与陈志明、李雅婷等债权人撤销权纠纷二审案”[案号:(2016)最高法民终310号]中,最高院认定:

> 2013年12月16日郑美蓉将荣鼎公司25%股权转让给陈志明、李雅婷时,荣鼎公司25%的股权价值应远高于实缴资本2500万元。

另外,最高院还结合分析了其他证据。例如,《审计报告》当中记载的所有者权益,年末数额25%的股权价值也在1.4亿元以上;还有郑美蓉2012年10月20日向案外人吴某某借款1.7亿元时系以该25%股权作为担保等。

依据前述系列证据,从不同方面佐证了转让当时股权市场价值远高于实缴资本2500万元,最高院最后认定郑美蓉将25%股权以2500万元的价格转让给陈志明和李雅婷,属于明显不合理的低价转让行为。

因此,类似案件并非一定需要进行评估,通过各种能够证明股权市场价值的客观事实和证据,也能够成功论证。

(2)房产

影响房产合理价格的主要因素包括房屋的建造时间、位置、购买价格、税务机关在办理过户手续时的合税价格、同一时期周边区域的销售价格、销售因素、是否有抵押等。例如,在“陈尔聪、莫济良债权人撤销权纠纷再审案”[案号:(2019)最高法民申615号]中,最高院认为:

> 石化大厦建于1992年,距离《抵债协议》签订时已近23年;东诚公司于2009年购买石化大厦的价格为2000万元;税务机关在2015年莫济良与东诚公司办理过户手续时对石化大厦作出的核税价格为23,574,200元。

3. 变相低价转让财产

在司法实践当中,债务人有时候会通过签订《和解协议》解除合同,从而达到不合理减少责任财产结果，这种逃债方法比较隐蔽。我们常用的判断方法是，先分析债务人对合同应当享有的债权债务，再结合合同的履行情况分析解除合同时，双方对债权债务的清理行为，是否减少了债务人的责任财产。

在“海南鑫桥实业集团有限公司与海南香江德福大酒楼、海南香江实业有限公司等债权人撤销权纠纷二审案”[案号：(2015)民二终字第322号]中，最高院认定：

民联公司、香江公司、香江酒楼与新华社海南分社签订《和解协议》，使民联公司、香江公司、香江酒楼的偿债能力明显降低，属于以明显不合理的低价转让财产，对鑫桥公司造成损害，且新华社海南分社知道该情形，根据合同法第七十四条第一款之规定，该《和解协议》应当予以撤销。

民联公司、香江公司、香江酒楼通过《和解协议》处分了其对新华社海南分社享有的请求交付案涉土地使用权的债权，若该行为不影响其偿债能力，基于合同相对性及私法自治精神，债权人毋庸置喙。但是，民联公司、香江公司、香江酒楼并未提交证据证明其除案涉土地外，另有足够财产偿付鑫桥公司债务。显然，民联公司、香江公司、香江酒楼通过《和解协议》减少其责任财产的行为，影响了鑫桥公司债权的实现，其行为对鑫桥公司造成了损害。

(三)诉讼时效

关于撤销权的诉讼时效，不适用中止、中断和延长。《民法典》第541条规定：

撤销权自债权人知道或者应当知道撤销事由之日起一年内行使。自债务人的行为发生之日起五年内没有行使撤销权的，该撤销权消灭。

司法实践中，对“债权人知道或者应当知道撤销事由之日”这一起点的起算应当以不加重债权人责任为原则。例如，在“国富发展有限公司、广州隧道开发公司债权人撤销权纠纷再审案”[案号(2017)最高法民再92号]中，原审判决认为：

国富公司在2008年8月22日提起撤销权之诉，没有超出法律规定的一年除斥期间。要求国富公司时刻关注隧道公司的资产状况，不恰当地加重了国富公司的责任，对此不予支持。

最高院最终认定原判说理充分，予以认同。

总结本文，撤销权是保护债权人的有利武器，但司法实践当中，债务人实施的各种财产处分不合理行为形式多样，我们需要认真领悟和运用《民法典》相关规定并结合最高院的司法解释和判例，才能作出更精准的判断和完美的论证。

作者简介

邱　瑾　河北鸿翔律师事务所执业律师。专注于刑事、民事合同专业领域法律事务，延伸领域涉及公司治理、股权架构、企业税务筹划等。执业理念：在通盘掌握法律体系的前提下，为当事人提供全面、高效的法律服务。

案例下载

希望下载文中的案例全文？扫码关注“高云合同”公众号，发送关键词“**合同撤销权**”，自动获取。

【合同保全】

合同代位权重大变化和写作要点*

现实经济活动当中,经常有一些不诚信的当事人,一方面以各种理由拖欠自己对外的各种款项,另一方面却对第三人拖欠自己的款项迟迟不依法主张权利,导致其债权人利益受损,诚信的交易环境遭到恶意破坏。为此,我国法律建立了债权人代位权制度,强化对债权人合法权益的保护。

《合同法》第 73 条规定:

> 因债务人怠于行使其到期债权,对债权人造成损害的,债权人可以向人民法院请求以自己的名义代位行使债务人的债权,但该债权专属于债务人自身的除外。
>
> 代位权的行使范围以债权人的债权为限。债权人行使代位权的必要费用,由债务人承担。

不过,该条款在司法实践中的实施效果并不太理想,主要是因为债权人行使代位权的前提条件太多,债权人需要明确"债务人怠于行使其到期债权"、"对债权人造成损害"、"以债权人的债权为限"以及"该债权专属于债务人自身的除外",并分别提交证据予以证明。

尽管《合同法司法解释一》明确了"债务人怠于行使其到期债权"是指其"既不履行其对债权人的到期债务,又不以诉讼方式或者仲裁方式向其债务人主张其享有的具有金钱给付内容的到期债权"这个关键概念,但就司法实践的效果来看,代位权实现仍然普遍存在相当大的难度。

而且由于绝大部分债权都属于合同债权,基于合同相对性的传统观念限制,人们都普遍认为代位权实现只与合同诉讼有关,与合同写审改关系不大,因此对于合同写作当中如何通过约定来限制或运用代位权的专门研究不多。

---

* 作者:范宇翔。

随着《九民纪要》和《民法典》的出台，代位权制度内容已经发生了重大变化，在合同实务中关于代位权的写审改技巧也逐渐变得重要起来。根据《民法典》规定，笔者结合自己的合同实务经验，将代位权的重大变化和写作要点总结如下。

（一）重大变化

《民法典》第535条第1款规定：

因债务人怠于行使其债权或者与该债权有关的从权利，影响债权人的到期债权实现的，债权人可以向人民法院请求以自己的名义代位行使债务人对相对人的权利，但是该权利专属于债务人自身的除外。

根据上述规定，代位权发生如下几点重大变化：

第一，行使代位权的两大前提条件均发生重大变化。

根据《合同法》第73条的规定，行使代位权的两大前提条件为"怠于行使到期债权"和"对债权人造成损害"，在《民法典》下均发生了重大变化。

前者从原来的"到期债权"拓宽至"其债权或者与该债权有关的从权利"，取消了"到期"这一限制，而且范围拓宽到抵押权、保证等从权利，保护债权人的力度明显加强。

后者从原来的"对债权人造成损害"明确为"影响债权人的到期债权实现"，是立法技术进步的体现。因为"对债权人造成损害"是相对模糊的主观概念，而且还容易造成代位权涵盖人身损害赔偿请求权、物权等误读，这些并非代位权制度的本意。《民法典》将这一前提条件限定为"影响债权人的到期债权实现"，定义更加精准。

第二，代位权对象定义更为科学精准。

《合同法》并无规定代位权对象，属于立法疏漏。《合同法司法解释一》以"次债务人"定义代位权对象，补上了这一漏洞，但并不包括保证人等相关主体，范围不够精准。

此次《民法典》将代位权对象明确为"相对人"，圆满地解决存在的问题。

第三，新旧债务承接规则发生根本变化。

《合同法司法解释一》第20条规定：

债权人向次债务人提起的代位权诉讼经人民法院审理后认定代位权成立的，由次债务人向债权人履行清偿义务，债权人与债务人、债务人与次债务人之间相应的债权债务关系即予消灭。

上述规定的思路是一环扣一环，只要代位权被认定成立（判决生效），则原有的债权债务关系消灭，代位权所产生的新债权生效。

但是，《民法典》出于保护债权人利益，担心即使判决生效，但相对人不履行债务的，会导致债权人原债权和新债权两头落空，因此增加了一个新的条件——债权人接受履行。

《民法典》第537条规定：

人民法院认定代位权成立的，由债务人的相对人向债权人履行义务，债权人接受履行后，债权人与债务人、债务人与相对人之间相应的权利义务终止。债务人对相对人的债权或者于该债权有关的从权利被采取保全、执行措施，或者债务人破产的，依照相关法律的规定处理。

司法实践中有观点认为，债权人代位债务人向相对人主张权利，其法律后果应当由债务人承担。该观点可能带来的直接后果是，如果债权人恶意行使代位权，或因为庭审表现等原因，导致所代位主张的债权不能得到认可或全部支持，则债务人就只能接受代位权行使的后果，不能再就该债权向其债务人提出诉讼。

如《广东省高级人民法院关于民商事审判适用代位权制度若干问题的指导意见》第11条规定：

法院作出的代位权诉讼判决对债务人具有既判力。债务人就该债权再提起诉讼的，法院不予受理。

笔者认为，《民法典》关于代位权的规定，对债权人（代位权人，下同）相对有利，而对债务人以及债务人的债务人（下称相对人）而言风险更高。

对于债权人而言，根据上述规定，一旦发现债务人拥有任何对相对人的债权，债权人行使代位权并获得认定后，可以拥有较大的自由选择空间。

如果债权人对相对人的履行行为感到满意的，债权人可以选择接受相对人的履行，债权获得实现；如果对相对人履行行为不满意，债权人也可以不接受相对人的履行，但同时将认定代位权成立的生效判决拿在手上。此时，除了债务人继续要对债权人负责外，相对人也被扯了进来，进可攻，退可守，债权人的保障更高。

对于债务人而言，一旦债权人的代位权认定成立，债务人就失去了对自己的债务人——相对人债权的有效控制。然而，如果相对人怠于向债权人履行债务，或者债权人不接受相对人履行的话，依据代位权认定判决，债务人已经无权向相对人继续主张相应权利。

还有，如果债权人怠于接受相对人履行，债务人可以用作清偿债务的对外债权受损，债务人的偿债能力降低，但债务人仍然还要继续对债权人承担还债义务。显然，《民法典》增加了债务人的负担，可以看作是立法者对债务人积极向相对人行使权利的一种督促。

对于相对人而言，在代位权被认定成立之后直至债务履行完毕之前，相对人依据代位权的认定判决要向债权人承担债务，同时，依据法律规定，仍然是原债务人的债务人，显然也承担更重的风险。

第四，“专属债务人自身的债权”范围进一步明确。

根据《民法典》第535条的规定，专属于债务人自身的债权不能行使代位权。何谓“专属债务人自身的债权”呢？《民法典》当中并无明确，笔者经检索后发现目前我国法律、司法解释规定上述范围主要有两处：

其一，《合同法司法解释一》第12条规定：

合同法第七十三条第一款规定的专属于债务人自身的债权，是指基于扶养关系、抚养关系、赡养关系、继承关系产生的给付请求权和劳动报酬、退休金、养老金、抚恤金、安置费、人寿保险、人身伤害赔偿请求权等权利。

其二，《合伙企业法》第41条规定：

合伙人发生与合伙企业无关的债务，相关债权人不得以其债权抵销其对合伙企业的债务；也不得代位行使合伙人在合伙企业中的权利。

第五,《民法典》完善了债权未到期时如何主张代位权的规定。

为了更有力地保护债权人利益,《民法典》第536条规定:

债权人的债权到期前,债务人的债权或者与该债权有关的从权利存在诉讼时效期间即将届满或者未及时申报破产债权等情形,影响债权人的债权实现的,债权人可以代位向债务人的相对人请求其向债务人履行、向破产管理人申报或者作出其他必要的行为。

该条款是中国法律对传统大陆法系"入库规则"的内化适用结果,属于立法观念的进步,债权人可以据此及时行使代位权保存债务人的债权。但可惜的是,我国法律基于债权未到期不能即时兑换的保守理念,仍然不允许债权人将取得的收入用于补偿未到期债权,保护力度仍显不足。

(二)写作要点

在合同实务当中,代位权条款通常是强势方专属权利,因此如下写作要点主要从强势方角度展开思考。

1. 代位权限制条款

强势方可以在合同中直接写明,双方一致同意,弱势方不得就强势方的任何对外债权主张代位权,强势方有自行决定是否以及何时向其债务人主张债权的权利。如弱势方违反,则视为构成实质性违约,并导致合同目的不能实现,强势方有权因此解除合同并要求弱势方承担违约责任和赔偿损失。

为了保障该条款的效力,强势方也可以在合同中为其债务人、相对人等第三人设定抗辩债权人代位履行请求权的权利。

以某公司《材料供货合同》当中的代位权行使限制条款为例:

乙方同意,除非经甲方书面同意,乙方不得向甲方的债务人或任何相对人主张代位行使甲方对其的任何权利,否则视为乙方根本性违约并导致甲方的合同目的不能实现,甲方因此而产生的所有损失均由乙方承担。同时,甲方有权解除合同。

2. 怠于行使债权后果条款

由于债务人是否怠于行使权利是构成代位权的核心条件,因此作为强势方的债权人(甲方)可以在合同中直接与债务人(乙方)约定何种情形构成债务人(乙方)怠于行使债权,以某公司《水泥运输合同》当中的债务人(乙方)怠于行使债权认定条款为例:

甲、乙双方一致确认,为了确保甲方能够如期收到本合同所约定的费用,乙方承诺积极向乙方的债务人、相对人索要应收款项或主张权利。无论基于何种原因,只要在乙方对外享有权利或存在应收款项的情况下,乙方未能按时归还甲方费用,即视为乙方怠于行使其对相对人的权利并严重损害了甲方债权,甲方可以依法以自己名义向乙方的相对人提起代位权诉讼。

乙方对甲方依据本条款行使该等权利无条件予以认可,并同意配合提供相关债权债务文件资料,否则因此所产生的法律责任、甲方费用和一切损失均由乙方承担。

3. 债权到期和行权费用条款

由于债权到期是债权人行使代位权的前提条件,因此,强势债权人可以在合同中加入"宣布债务立即到期条款",以便于尽快行使代位权,并将行权利益优先归属于自己;也可以在合同中扩大行权费用的范围,通过扩大债务人责任来督促债务人行使权利、履行债务,维护自身权利。

以某农场《餐厅蔬菜供应合同》当中的债权到期认定条款为例:

本合同履行过程中,如乙方逾期支付货款超过30日的,或逾期支付货款,经甲方书面通知后3日内仍未支付的,甲方即有权单方宣布乙方所有欠付的款项及其他相关债务自甲方宣布提前到期并通知乙方之日起全部到期。乙方应当在收到提前到期通知后24小时内归还拖欠甲方的全部款项。

4. 行使代位权后果条款

由于《民法典》规定代位权被裁判成立后,相关的债权债务关系在债权人接受履行前并不会终止,因此作为强势方的债权人可以在合同中约定,在债权人行使了代位权后,债权得到完全清偿前,债务人依然须就原债务承担连带清偿责任。

以某《货物买卖合同》当中的行使代位权后果条款为例：

> 如果甲方就合同债权行使代位权并获得生效判决认定的，在甲方合同债权获得完全清偿前，乙方仍然就合同债权向甲方承担连带清偿责任。

总结本文，笔者认为，我国法律制度创设代位权制度初衷是更有力保护债权人利益，但在合同实务当中，代位权往往是一把“双刃剑”，既可以保护善良债权人，督促懈怠的债务人及时履行债务，但也可能成为心怀叵测的债权人恶意损害债务人合法利益的工具。因此，我们应当在日常的合同写审改工作当中小心应对，积极防范。

作者简介

范宇翔　广东东舟律师事务所合伙人律师，先后毕业于成都大学及武汉大学，执业已逾十年，擅长通过整合劳动法、公司法、税法等领域知识为企业、客户降低成本，全面防控风险和创造财富，从业至今，参与处理的项目或案件总额已逾百亿元。

案例下载

希望下载文中的案例全文？扫码关注“高云合同”公众号，发送关键词“**合同代位权**”，自动获取。

【合同诉讼】

新法变化趋势和应对方案*

随着新法的密集出台，合同诉讼的各个方面都产生了不少新变化，例如诉讼策略、请求设计和证据运用等。

（一）新法变化

1. 要求法官主动行使合同效力释明权

关于合同效力的释明，是指对原告提出诉讼请求依据的合同效力，法官经审理后的认定与原告的认定不一致时，是否应当释明、释明后是否允许变更或增加诉求以及相关处理方法等。

关于合同效力释明后当事人不愿变更诉讼请求的处理，最高院2002年4月1日施行的旧《民事证据规则》没有明确说明。在《九民纪要》出台前，各地法院做法不一，存在驳回起诉、驳回诉讼请求、合同效力先行判决以及据实处理几种方式。

《九民纪要》第36条对这个问题作出了详细规定。第36条规定：

【合同无效时的释明问题】在双务合同中，原告起诉请求确认合同有效并请求继续履行合同，被告主张合同无效的，或者原告起诉请求确认合同无效并返还财产，而被告主张合同有效的，都要防止机械适用“不告不理”原则，仅就当事人的诉讼请求进行审理，而应向原告释明变更或者增加诉讼请求，或者向被告释明提出同时履行抗辩，尽可能一次性解决纠纷。例如，基于合同有给付行为的原告请求确认合同无效，但并未提出返还原物或者折价补偿、赔偿损失等请求的，人民法院应当向其释明，告知其一并提出相应诉讼请求；原告请求确认合同无效并要求被告返还原物或者赔偿损失，被告基于合同也有给付行

* 作者：陈万财。

为的，人民法院同样应当向被告释明，告知其也可以提出返还请求；人民法院经审理认定合同无效的，除了要在判决书“本院认为”部分对同时返还作出认定外，还应当在判项中作出明确表述，避免因判令单方返还而出现不公平的结果。

第一审人民法院未予释明，第二审人民法院认为应当对合同不成立、无效或者被撤销的法律后果作出判决的，可以直接释明并改判。当然，如果返还财产或者赔偿损失的范围确实难以确定或者双方争议较大的，也可以告知当事人通过另行起诉等方式解决，并在裁判文书中予以明确。

当事人按照释明变更诉讼请求或者提出抗辩的，人民法院应当将其归纳为案件争议焦点，组织当事人充分举证、质证、辩论。

上述规定内容很长，其实归纳起来很简单，就是要求法官在庭上主动向当事人解释清楚法律规定，提醒原告补全诉讼请求，提醒被告及时提出抗辩理由，做到尽可能一次性解决纠纷。

2. 进一步明确合同不成立的损害赔偿后果

合同不成立所导致的法律后果应当包括财产返还和损害赔偿，《九民纪要》首次明确了前述裁判要旨，第32条规定：

【合同不成立、无效或者被撤销的法律后果】《合同法》第58条就合同无效或者被撤销时的财产返还责任和损害赔偿责任作了规定，但未规定合同不成立的法律后果。考虑到合同不成立时也可能发生财产返还和损害赔偿责任问题，故应当参照适用该条的规定。

此外，《九民纪要》第35条也明确了损害赔偿范围：

【损害赔偿】合同不成立、无效或者被撤销时，仅返还财产或者折价补偿不足以弥补损失，一方还可以向有过错的另一方请求损害赔偿。在确定损害赔偿范围时，既要根据当事人的过错程度合理确定责任，又要考虑在确定财产返还范围时已经考虑过的财产增值或者贬值因素，避免双重获利或者双重受损的现象发生。

3. 贷款基准利率改为LPR利率

《九民纪要》在“（三）关于借款合同”中明确：

为深化利率市场化改革，推动降低实体利率水平，自2019年8月20日起，中国人民银行已经授权全国银行间同业拆借中心于每月20日（遇节假日顺延）9时30分公布贷款市场报价利率（LPR），中国人民银行贷款基准利率这一标准已经取消。因此，自此之后人民法院裁判贷款利息的基本标准应改为全国银行间同业拆借中心公布的贷款市场报价利率。应予注意的是，贷款利率标准尽管发生了变化，但存款基准利率并未发生相应变化，相关标准仍可适用。

（二）应对方案

1. 原告以合同有效为基本前提来设计诉讼请求

以房屋租赁合同纠纷的诉讼请求设计为例，在《九民纪要》出台前，如果租赁合同效力存在无效风险的，作为原告业主方的律师，在设计诉讼请求时就比较头疼。

如果基于合同有效来设计诉讼请求，就应该要求被告支付租金及利息；如果基于合同无效来设计，就应该要求被告支付房屋占用费用及资金占用费。

在法律技术上，原告只能二选一，不能同时提出两个请求，也不能给法官设计一道二选一作业题，即原告不能同时主张，合同被判决有效时就要租金，合同被判决无效时就要房屋占用费。

在《九民纪要》出台前，各地法院法官不一定会主动释明对合同效力的看法，此时，看似有理的原告，都会因为如何正确选择合同效力而纠结。因为一旦对合同效力的判断与法院相悖，法院就会驳回原告诉讼请求。

原告的冤屈在于，明明自己有利，却可能只是因为诉求的两难选择（有效应当主张租金，无效应当主张房屋占用费），而无法在一次诉讼当中直接收回自己应得的经济利益，虽然另行起诉后会胜诉，但这显然大大浪费国家司法资源，也使得当事人对律师的信心大受打击。

因为普通人通常都很难理解和接受，为什么同一个纠纷，放在此案一定败诉，换个理由重新起诉又必然胜诉？此时，当事人往往迁怒于律师，质疑律师的执业能力，造成很多不必要的误会和矛盾。

在《九民纪要》出台后，作为原告业主方律师，倾向于以主张合同有效为原则来提出诉讼请求，可以充分利用合同条款保护自己利益，诉讼效果更佳。

因为根据《九民纪要》，法院可以依职权先行审查合同效力，如果法院认为无效的，会主动向原告业主方释明，提醒变更诉讼请求，以合同无效主张财产返还和损害赔偿。此时，原告业主方还有机会依据法院释明机会变更诉讼请求，有效规避诉讼风险。

如果一开始就主张合同无效，原告业主方就无法援引合同条款来保护自己利益，虽然新法规定法官应当主动行使合同效力释明权，但这无异于将诉讼主动权拱手让出，会让当事人感觉自缚手脚，自废武功，容易造成误解。

2. 被告以合同无效以及原告存在重大缔约过失作为抗辩要点

继续以租赁合同为例，如果是民宅租赁合同，合同效力比较容易判断，有房本为证，除非涉及房屋共有权人不同意等情况。但如果是商业物业租赁合同，情况就比较复杂了。

大型商业中心通常存在工程未完全竣工、质量不合格、消防验收未通过、未确权等情况，这些都会影响租赁合同的法律效力，有可能导致租赁合同无效，此时被告就可以据此主张合同无效，要求原告赔偿损失。

此类损失通常称为直接损失，是指既有财产的减少，如缔约费用（如为签订合同而支出的交通费、咨询费等合理费用）、准备履约费用（如为履行买卖合同而租赁仓库支付的租金等合理费用）、已付金钱产生的利息等。

若合同成立一段期间后又被认定无效，且一方在合同成立后已经开始履行合同的，则这方实际履约的费用也应算作所受损害而得到赔偿。

当然，被告需要举出直接损失实际支出的证据。

同时，被告也可以主张原告当初在招商过程当中，陈述情况失实，人流和其他商铺开业情况等承诺没有实现，导致被告对原告的信赖利益受到损害，此种损失又称间接损失，是指既有财产本应增加而未增加的部分，包括因丧失了与第三人另行缔约的机会所产生的损失等。

间接损失是否受法院支持，除了被告举证之外，非常关键的一点是看合同双方在合同当中有无关于间接损失的明确约定。

3. 改变利息诉求的写法

根据"高云合同六法"的提议，关于利息诉求的示范条款如下：

请求法院判决被告按照前述本金××元为基数，自×年×月×日起至2019年8月19日按照中国人民银行同期同档次贷款基准利率计算和支付利息给原告；自2019年8月20日起至被告实际清偿完毕之日止按同期全国银行间同业拆借中心公布的贷款市场报价利率计算和支付利息给原告。

4. 提高收集自认证据的意识

自认是当事人基于处分权行使而实施的一种诉讼行为，具有免除对方举证责任的效力。新《民事证据规则》在第4～9条对旧《民事证据规则》的内容进行了修改、补充和完善，强化了诉讼代理人自认的效力，扩大了自认的形式和范围，明确了附条件自认的效力。

我方应当留意收集对方在证据交换、询问、调查过程中，或者在起诉状、答辩状、代理词等书面材料中表达的各种事项，作为对方的自认证据，及时补充提交给法庭。因为根据新《民事证据规则》第3条规定：

在诉讼过程中，一方当事人陈述的于己不利的事实，或者对于己不利的事实明确表示承认的，另一方当事人无需举证证明。

在证据交换、询问、调查过程中，或者在起诉状、答辩状、代理词等书面材料中，当事人明确承认于己不利的事实的，适用前款规定。

收集对方自认证据，能够减轻我方的举证责任。

此外，对于诉讼代理人的自认，新《民事证据规则》第5条规定：

当事人委托诉讼代理人参加诉讼的，除授权委托书明确排除的事项外，诉讼代理人的自认视为当事人的自认。

当事人在场对诉讼代理人的自认明确否认的，不视为自认。

上述规定，扩大了代理人自认的范围，将代理人自认的效力从特别授权扩展到一般授权，不再考虑代理人的自认是否有委托人的特别授权，当事人对代理人的自认需积极否认才不发生自认效果。

因此，在此规定下，诉讼代理人和当事人在整个诉讼程序中都应谨慎行事。

作为诉讼代理人，即使作为一般代理人时也需要慎言慎行，在去开庭前，甚至在起诉前或应诉答辩前，当事人必须向律师详尽讲述案件事实的来龙去脉、前因后果和逻辑关系等，避免不当自认给委托人带来不利影响。这个问题的另一个层面是，律师在接案时要更加详尽地做好"收案笔录"，对法律"要件事实"问题一定要弄懂捋清，免得在起诉状、答辩状、代理词的制作过程中掉坑、踩雷。

对于委托人而言，若要规避这种情形则要提前在委托书中明确排除代理人相关重要事项陈述的权利。同时，在委托律师作为诉讼代理人后，绝不能当甩手掌柜，一方面要保证律师了解案件的事实细节，另一方面也要密切关注对方当事人的主张和己方律师的陈述，及时纠正代理人陈述的错误，避免产生对自己不利的影响。

在司法实践中，当事人的自认往往会附加各种限制和条件。新《民事证据规则》第 7 条规定：

一方当事人对于另一方当事人主张的于己不利的事实有所限制或者附加条件予以承认的，由人民法院综合案件情况决定是否构成自认。

因此，我方应当尽量多地收集证据给法院，证明对方的附加条件属于不符合事实或者不合理，争取法院采纳我方意见。

5. 善用"书证提出命令"

新《民事证据规则》对"书证提出命令"制度进行完善，明确"书证提出命令"的申请条件和审查程序，列举了书证提出义务的范围，将"书证提出命令"扩展到视听资料和电子数据，规定了不遵守"书证提出命令"的后果。

新《民事证据规则》第 48 条明确规定：

控制书证的当事人无正当理由拒不提交书证的，人民法院可以认定对方当事人所主张的书证内容为真实。

控制书证的当事人存在《最高人民法院关于适用〈中华人民共和国民事诉

讼法〉的解释》第一百一十三条规定情形的，人民法院可以认定对方当事人主张以该书证证明的事实为真实。

而《民诉法司法解释》第113条的规定是：

持有书证的当事人以妨碍对方当事人使用为目的，毁灭有关书证或者实施其他致使书证不能使用行为的，人民法院可以依照民事诉讼法第一百一十一条规定，对其处以罚款、拘留。

6. 提高电子证据的运用能力

新《民事证据规则》第12～15条的规定，对电子数据范围进行了极大的补充和完善。按照新《民事证据规则》，只要是以数字化形式存储、处理、传输的信息都可能成为电子证据。

同时，新《民事证据规则》也规定了当事人提供和人民法院调查收集、保全电子数据的要求，明确了电子数据审查判断规则。

电子证据具有易修改、毁损、灭失的特性，因此，在取证时，应从电子证据的来源、与诉讼参与人及待证事实的关联性、视听资料和电子数据的完整性等要素入手，综合判断电子证据的合法性。

为稳妥起见，应当做好电子证据的电子存证工作，并提前做好专家辅助人出庭的准备，或者办理证据保全公证。如果当事人无法提供，可以申请法官进行调查取证。

证据清单要点如下：

- 必备要素。包括分组与序号、证据名称 、证明目的与证明内容，以及证据页码。其他如证据来源、证据内容摘要等可视实际情况和需要来灵活掌握。
- 呈现方式。主流的呈现方式一般有两类：文字式清单、表格式清单。比较重要的案件最好两类都准备，文字式清单主要提供给书记员使用，方便其记录；而表格式清单更能突出证据之间的逻辑架构，主要提供给法官和出庭者，方便理解证据内容和证据之间的逻辑关系。

关于电子证据的举证和质证等内容，请详见本书的专题文章《电子合同和数据新法规则和应对方案》，本文不再赘述。

综上所述，笔者认为，对于诉讼律师来说，如何帮当事人设计诉讼请求和通过证据的运用为委托人争取权益，是一项基本功，又是极为重要的工作。诉讼请求设计得不好，证据运用不当，也可能被对方律师抓住问题而进行攻击，最终导致一个胜率极高的案子满盘皆输。新法密集出台之后，对于合同诉讼的影响是显而易见的。律师和法务应当充分重视这些影响，及时研究和总结相应的解决方案，才能继续为社会和客户提供更优质的法律服务。

作者简介

陈万财 国浩律师(乌鲁木齐)事务所合伙人律师，先后毕业于国防科技大学、新疆大学、解放军后勤指挥学院。擅长于运用合同法、公司法、劳动法、税法等知识为企业提供法律风险防控服务。

案例下载

希望下载文中的案例全文？扫码关注“高云合同”公众号，发送关键词“**合同诉讼**”，自动获取。

【合同诉讼】

合同违约和解除诉讼的实务难题和应对方案*

在司法实践当中,合同违约往往与合同解除牵连在一起。例如,前几年房地产市场火爆、房价快速上涨的时候,不少业主在签订房屋买卖合同第二天,发现房价又涨了,随即反悔不履约,俗称“返价”。那么此时的买家,在起诉请求法院判决解除合同的同时,是否可以同时主张赔偿金或违约金呢?

笔者对此作了系统研究,发现这个问题从2009年最高院《民商事纠纷审判指导意见》,到2012年最高院《买卖合同司法解释》,再到2019年的《九民纪要》和2020年的《民法典》,先后出现过不同观点,以致现实当中争议颇多。

本文对上述实务问题进行系统梳理和总结,并结合“高云合同六法”提出相应的诉讼解决方案。

(一)实务难题

1. 立法和司法实践中的争议

《合同法》第97条规定:

合同解除后,尚未履行的,终止履行;已经履行的,根据履行情况和合同性质,当事人可以要求恢复原状、采取其他补救措施,并有权要求赔偿损失。

从上述法律规定可知,法律上认可合同解除可以与损害赔偿并存,却没有规定与追究违约责任并存。但现实情况是,合同解除与违约金并存的处理方式更利于节省司法资源,也更为当事人所乐用。

因为要求损害赔偿的前提,是要求守约方必须举证说明损失的具体范围和计算方式,而守约方对于具体损失往往存在举证困难的情况,最后多数由法

---

* 作者:聂炜昌。

院酌情处理，结果赔偿金额往往偏低。这就容易导致违约方不怕违约，这不利于立法尽力维持交易秩序稳定的本意。相比之下，违约金只需要按照双方约定即可判定，无须守约方举证损失是否存在以及金额多少，能够更快速定分止争，节省司法资源。

但是，追究违约责任能否与主张合同解除同时适用，司法实践当中也一度存在争议，甚至矛盾。

一种是支持的观点，例如《最高人民法院公报》2009 年第 4 期刊登的"重庆索特盐化股份有限公司与重庆新万基房地产开发有限公司土地使用权转让合同纠纷案"判词，最高院就认同可以在解除合同同时支付违约金。

另一种是反对的观点，例如《最高人民法院公报》2010 年第 5 期刊登的"广西桂冠电力股份有限公司与广西泳臣房地产开发有限公司房屋买卖合同纠纷案"的判词，最高院认为：

合同解除的法律效果是使合同关系归于消灭，解除合同的后果，违约方的责任承担方式也不表现为支付违约金。

2009 年 7 月 7 日，最高院公布《民商事纠纷审判指导意见》（法发〔2009〕40 号），对于该问题作出统一的规定。该意见第 8 条规定：

为减轻当事人诉累，妥当解决违约金纠纷……合同解除后，当事人主张违约金条款继续有效的，人民法院可以根据合同法第九十八条的规定进行处理。

该意见当中所指的《合同法》第 98 条规定，即合同权利义务终止，不影响合同中结算和清理条款的效力。也就是说，最高院认为违约金条款属于合同中的结算和清理条款，可与合同解除并行主张。

2012 年 5 月 10 日，最高院正式公布《买卖合同司法解释》，其中第 26 条规定：

买卖合同因违约而解除后，守约方主张继续适用违约金条款的，人民法院应予支持；但约定的违约金过分高于造成的损失的，人民法院可以参照合同法第一百一十四条第二款的规定处理。

其后，在"李金喜、刘忠山民间借贷纠纷案"[案号：(2016)最高法民终 435

号］中，最高院明确说明：

《买卖合同司法解释》第26条的规定……显然不仅能够适用于买卖合同，同时亦应适用于借款合同或者其他合同。

2.《九民纪要》和《民法典》的最终结论

最高院在2019年11月14日发布的《九民纪要》中第49条第1款明确规定：

【合同解除的法律后果】合同解除时，一方依据合同中有关违约金、约定损害赔偿的计算方法、定金责任等违约责任条款的约定，请求另一方承担违约责任的，人民法院依法予以支持。

《民法典》第566条第2款规定：

合同因违约解除的，解除权人可以请求违约方承担违约责任，但是当事人另有约定的除外。

至此，长期困扰司法实践的合同解除和违约金条款能否并存的疑问，终于尘埃落定，有了明确定论。

（二）操作方案

我们以易某（买家、原告）诉黄某（卖家、被告）房屋买卖合同纠纷案为例，笔者为原告设计了四个诉讼请求：

（1）请求判令解除双方签订的房屋买卖合同；

（2）请求判令被告退还原告已支付的定金4万元；

（3）请求判令被告按合同总金额的20%支付违约金；

（4）请求判令被告向原告支付因其根本性违约导致原告产生的损失。

笔者当时关于诉讼请求设计的思路是这样的：

1. 为什么不主张继续履行合同

诉讼请求设计应充分考虑到原告的实际情况和判决后的执行难易程度。

此案当中，原告是通过按揭贷款购买房屋，如果要求继续履行合同将产生两个困难：

第一，法院虽然会支持原告诉求，判决双方继续履行合同，但法院通常会判决原告限期付清房屋全款，原告通过按揭贷款购买房屋，意味着无法短期内付清全款，所以要求继续履行合同对于原告而言也有难度。

第二，即使法院判决双方继续履行合同，那势必会牵涉到按揭贷款办理、贷款审批支付、房屋过户等诸多程序和麻烦事，在被告不主动配合的情况下，执行也会存在诸多难度。

所以综合考虑，本案的最优选择是请求解除合同，同时要求被告支付违约金。

2. 为什么不主张双倍定金

根据《民法典》第588条的规定，当事人既约定违约金，又约定定金的，一方违约时，对方可以选择适用违约金或者定金条款。考虑到原告属于守约方，可以对定金条款或违约金条款二选一。但如果适用定金条款，只能获得已交定金双倍返还的结果，即获得8万元，实际得到的赔偿才4万元；如果适用违约金条款，因合同约定违约金为合同总额的20%，违约金可以高达数十万元，显然后者的经济利益显然更高。因此，原告的更优选择自然是主张违约金。

3. 为什么诉讼请求当中会同时主张违约金和赔偿损失

根据法律规定，即使当事人同时主张违约金和赔偿损失，法院只会支持其中一项。但是，在起诉时同时列出两项请求，然后根据庭审当中对于房屋价值评估结果，选择性地撤掉其中一项，能够最大限度实现当事人利益。

以本案为例，约定违约金为合同总价的20%，房屋成交总价360万元，笔者方可以主张的违约金即72万元。而在庭审过程中，经委托第三方对涉案房屋价值进行评估，发现涉案房屋市值已达514万元，中间差额154万元就是原告受到的实际损失。

此时，违约金低，实际损失高，于是原告就向法院申请撤回违约金的诉讼请求，只主张赔偿损失，使得当事人利益实现最大化。

相反，在笔者代理的另外一起房屋买卖合同纠纷案中，诉讼请求也是同时主张违约金和赔偿金。后来在庭审当中，根据对房屋评估结果，发现房价上涨不多，实际损失金额少于违约金，原告遂向法院申请撤回赔偿损失的请求，只主张违约金，同样实现了利益最大化。

作为一名执业律师，在承办案件的过程当中，不仅要认真研究立法规定和司法实践，还要充分考虑平衡现实情况与当事人的诉求，最终提出的解决方案应该是上述各种因素综合衡量之后的结果，如此才能最大限度地实现当事人利益。

作者简介

聂炜昌 法律硕士，先后从事媒体、公安工作，现为北京大成（重庆）律师事务所专职律师。主要业务领域为争议解决、企业法律风险管理、刑事辩护。

延伸阅读

【实务问题1】弱势方如何在解除权条款上争取主动权?

【实务问题2】如果承租方总是拖欠租金，出租方如何解除合同?

【实务问题3】约定解除权与形成权的关系?

【实务问题4】租户跑路，出租方希望单方收回租赁房屋，如何操作?

【实务问题5】厂房租赁合同，乙方违章建设，甲方如何解除?

【实务问题6】租赁期间房屋转让给新业主，合同到期后新业主通知租金加倍，如何应对?

【实务问题7】民间借贷案件，借款人和收款人不是同一人，如何诉讼才能够实现利益最大化?

【实务问题8】双方合作经营门店，一方私吞收益拒绝分配，如何主张取回?

【实务问题9】客户不告诉具体信息就要求匆忙起草合同，怎么办?

【实务问题10】如何约定投资入股的具体操作方案?

【实务问题11】违约金金额如何举证才能不至于被认定过高，容易被法院采信?

【实务问题12】庭前准备阶段如何进行超额准备?

【实务问题13】关于合同签订方式，如果是邮件来回签署的，需要注意什么?

如果您希望获得包括前述问题在内的所有延伸阅读答案，扫描关注微信公众号“熊猫法律星球”，发送关键词“**合同纠纷**”，即可下载全文。

三、合 同 分 论

【买卖合同】

新法变化和应对方案*

（一）预约合同制度对买卖合同的影响

新法在合同形式方面最主要的变化，是《民法典》第 495 条确立预约合同制度。根据该条规定，认购书、订购书、预定书等文件的性质都将被认定为预约合同。对于预约合同，如一方有违反该合同的行为，对方有权就此要求其承担相应的违约责任。

确立预约合同制度是为了减少和规范经济交易当中的一些争议。以前，交易双方在合同前期的磋商阶段，以了解对方在交易中所处的位置、强势弱势地位、主体资质等信息为主，尚未谈及太多具体条款。但是，交易双方为了表示信用和交易诚意，往往愿意以签订备忘录、长期合作协议（LTA）或者意向书的方式总结前期准备成果。这些备忘录、意向书等文件的作用究竟有多大呢？司法实践当中认识不一。因此，预约合同制度出台解决了此类争议。

关于预约合同制度的详细介绍，请详见本书第三部分专题“预约合同主要内容和风控要点”的相关介绍。本文仅就普通货物买卖合同当中常见的预约合同问题展开论述。

在普通货物买卖当中，有一种比较常见的买卖合同，就是大型企业集团与自己的上游供应商或下游买家签订一份适用于双方自身以及下属子孙公司的

---

* 作者：张笑然。

总体性合同，通常称为《总合同》或《框架协议》。

《框架协议》通常仅约定双方集团公司之间交易的通用性权利义务，对于某一个交易的具体内容，例如货物订购时间、对价、数量、质量、交货时间、地点等，一般交由自己下属的子孙公司互相直接对接。

那么，这类合同应当认定为预约合同还是本约合同呢？

我们不能仅仅看名称来判断，而是要看《框架协议》与订单的各自内容细化到什么程度。

如果《框架协议》仅有宽泛性、通用性的约定，关于交易的具体内容（订货时间、对价、数量、质量、交货时间、地点、双方权利义务等）都留给了订单，即甲乙双方都同意在将来某个时间段，由自己或下属公司另行签订协议的话，《框架协议》就属于预约合同，订单则为本约合同。

另外一个更简单直接的判断标准，就是可以看双方一旦发生纠纷，可否独立使用订单即可确定纠纷双方的权利义务。如果可以，订单就是本约合同，《框架协议》就是预约合同。反之，《框架协议》是主合同，订单是补充合同。

预约合同制度当中的一个重要运用技巧，就是如何约定清楚双方已经就某个交易条件达成一致，但又不至于因此被套牢呢？

方法就是除了在预约合同当中写明双方已经达成一致的具体内容外，还要将签订本约合同的前提条件说清楚，示范条款写法如下（范例来自“高云合同六法”）：

甲乙双方一致同意，乙方同意在2020年自然年度内，应当至少向甲方供应标的货物____吨，每月供应数量不少于____吨。

甲乙双方同时确认，乙方作出前述承诺的前提，系以甲乙双方不晚于________年____月____日就本合同所述的货物采购项目的单价、质量、下单方式、送货地点、违约责任等全部内容达成完全一致并签订《集团采购框架协议》为前提，否则本协议自动作废，对甲乙双方均无法律约束力。

与《框架协议》配套的重要文件是订单，即交易双方在《框架协议》确定的交易框架之内，就某一笔交易或某一时期的交易的具体内容（订货时间、对价、数量、质量、交货时间、地点等）在订单当中予以明确，订单可能构成本约合同，也可能构成补充合同。

那么,我们应该如何管理订单的法律风险呢?笔者认为有如下几点:

第一,在框架协议当中约定清楚订单的形式、内容和对于销售方反馈的处理方式。

示范条款写法如下(范例来自"高云合同六法"):

1. 采购方根据自身生产经营需要,随时可以向销售方发出关于要求销售方根据本协议及/或说明文件进行交易的订单。

2. 销售方同意在收到订单后,销售方应在【×】个工作日内书面通知采购方接受还是拒绝该订单。如果销售方在前述期限内未作出反馈,则视为销售方拒绝该订单,采购方有权将该订单交给第三方供应商以取代销售方,而无须承担任何责任。

3. 采购方可以要求变更"产品",销售方应尽可能实施该等变更。变更适用的订单范围由双方协商确定。但是,如果要求的变更会增加或减少完成工作的费用或完成工作需要的时间,则销售方应以书面形式建议采购方,且应在采购方提供进行变更的书面授权后再行实施变更。

4. 在最后接单日前或生效日前,销售方应允许采购方不限次数不限数量下单采购;并在最后接单日或生效日后,允许采购方享有额外的至少【×】个月的交付排期。

5. 若销售方有意变更或终止向采购方提供的某种"产品"或"服务",应当在变更或停产前的【××】个月内以书面方式通知采购方。

第二,特别注意要约定清楚:销售方应当根据采购方的订单排产或发货,不得提前或延后,这对采购方控制库存和仓储成本非常重要。

第三,要从下单节点前后延伸思考,进一步修订完善《框架协议》相关内容。

例如:往前延伸思考,发出订单之前是否应当对销售方的备货、库存管理等情况做好检查工作。否则即使你下了单,对方供应不了也没用;往后延伸思考,无论是否发出订单,对供应商是否应当做好日常管理工作,例如查厂、审计等,将产品质量不合格的风险扼杀在萌芽状态。

(二)关于无权处分的买卖合同效力

《民法典》第597条第1款规定:

因出卖人未取得处分权致使标的物所有权不能转移的,买受人可以解除合同并请求出卖人承担违约责任。

本条规定是吸收了《买卖合同纠纷司法解释》第3条的规定:

当事人一方以出卖人在缔约时对标的物没有所有权或者处分权为由主张合同无效的,人民法院不予支持。

出卖人因未取得所有权或者处分权致使标的物所有权不能转移,买受人要求出卖人承担违约责任或者要求解除合同并主张损害赔偿的,人民法院应予支持。

例如,房地产领域很常见的"一女嫁二夫"现象,房地产商将已经抵押给银行的房产出售给他人,夫妻一方将属于夫妻共同财产的房产私自出售等,都属于上述情况。

在"大连德民工贸有限公司等与赵学明合同纠纷再审案"[案号:(2017)最高法民申554号]中,再审申请人大连德民工贸有限公司(以下简称德民公司)和大连新嘉宁房地产开发有限公司(以下简称新嘉宁公司)与被申请人赵学明因《联合购买股权协议》(以下简称《协议书》)产生争议,向最高院申请再审。根据《协议书》的约定:借款到期后,德民公司以转让德民公司持有的项目公司股权的方式将案涉土地所有权益抵顶给赵学明或赵学明指定的第三方,股权转让时所有权益都必须在德民公司持有的项目公司名下。

本案中,德民公司以及其项目公司新嘉宁公司主张:德民公司不是案涉土地的所有权人,也不是土地的实际出资人。案涉土地是德民公司替代案外人持有,全部由案外人出资。因此,德民公司与赵学明签订《协议书》,处分案涉土地的约定属于无权处分行为。

对于本案《协议书》的效力,最高院认为:

根据《买卖合同纠纷司法解释》第3条规定,即使有证据足以证明德民公司对案涉土地无处分权的，仍不影响《协议书》的效力。因此，最高院不支持德民公司、新嘉宁公司认为因德民公司对案涉土地无权处分，所以《协议书》中有关案涉土地使用权的约定无效的主张。

因此，为了防止日后产生不必要的争议，我们对于买卖合同的主体审查工作应该更加谨慎，并且在合同当中增加相应的条款，用于保障采购方的合法权益，示范条款如下：

［范例1①：关于合同各方主体资格、批准文件和签约行为合法性、有效性和完整性的表述］

合同各方（下称该方）分别陈述和保证如下：

1. 该方具有签署和履行本协议所必要的资格、授权和完成相应的批准程序的能力；

2. 该方签署本协议的代表已获得该方的充分和有效授权，该方对签约代表所签署的文件予以承认和执行；

3. 该方签署和履行本协议不会导致违反其自身章程性文件的任何条款。

［范例2②：关于合同转让标的合法、完整和全面性的陈述和保证］

乙方在本协议签署日向甲方做出如下陈述和保证，并且该等陈述和保证在转让日将是真实、准确和完整的：

1. 资产

（a）目标企业的资产为乙方单独、完全并合法地拥有和持有，目标企业并未占有、借用或承租第三方财产，包括但不限于计算机硬件、软件和其他计算机设备、复印机、通信设备、存储系统、工具及其他机器和设备；

（b）如果任何资产受制于任何第三方的权利主张，包括但不限于任何贷款人或任何政府机构的权利主张，该等第三方的权利主张已被乙方全部解除，因此，资产的合法所有权不存在任何该等权利主张、留置权、抵押权或其他担保权益或权利负担；

---

① 来自“高云合同六法”。

② 来自“高云合同六法”。

(c)乙方提供给甲方的有关资产的所有信息,在任何方面均真实、准确并完整;

(d)资产构成目标企业在业务中使用的全部资产,并且处于良好和可用状态,符合目标企业正常经营用途,并且该等资产及其使用均符合所有适用的中国法律;

(e)资产的部分或全部均不属于中国法律规定的国有资产范围。

2. 股权

(a)本合同所述股权构成目标企业的全部股权,并且乙方已经缴清了目标企业的全部注册资本(包括其增资部分),以有资质的会计师事务所出具的验资报告为证;

(b)不存在针对股权的任何种类的权利主张、诉讼、质押或其他任何性质的权利负担,并且不存在其他涉及目标企业或出售方的、未决的或可能发生的诉讼;

(c)股权不存在任何未披露的现有的或将来的权益以及对该等权益的任何主张或请求;

(d)除本协议以外,目标企业或乙方不存在与买卖或转让股权或其任何部分有关的任何协议、安排、选择权、权利或承诺;

(e)目标企业并不拥有任何股份有限公司、有限责任公司、合伙企业、三资企业或其他实体的任何股份、股权、出资或投资等。

3. 土地和房屋

(a)目标企业名下的土地和房屋均通过合法途径取得和自行使用,并未向任何第三方出借或出租土地和房屋;

(b)目标企业的土地性质为出让土地,其适合且依法可以用于目标企业的业务,目标企业并未违反任何健康、安全、规划或建设方面的法律法规而影响或限制土地和房屋用于业务。目标企业对土地的使用不会构成对任何第三方财产的侵犯;

(c) 目标企业的土地和房屋上不存在任何抵押、质押、权利主张或其他第三方权利;

(d)目标企业的土地和房屋的前所有人在本协议签署之前已经付清有关土地和房屋及目标企业使用的其他财产的所有土地出让金、税收、建设费用、购买价格及任何其他费用和收费;

(e)目标企业的土地和房屋不存在任何严重缺陷或故障,并且完全根据有效的施工许可建造,通过了有关政府部门的验收,且其状况与其在本协议签署时的状况一致。

(三)关于出卖人的免责声明效力

《民法典》第618条规定:

当事人约定减轻或者免除出卖人对标的物瑕疵承担的责任,因出卖人故意或者重大过失不告知买受人标的物瑕疵的,出卖人无权主张减轻或者免除责任。

该规定其实是吸收了《买卖合同纠纷司法解释》第32条的规定。

比如,在"浏阳市财政局、浏阳市澄潭江煤矿有限公司合同纠纷案"[案号:(2019)湘01民终7076号]中,长沙市中级人民法院查明事实:

上诉人浏阳市财政局在涉案煤矿拍卖前没有进行报批和备案,程序上存在明显瑕疵,且核发给被上诉人浏阳市澄潭江煤矿有限公司的《煤炭生产许可证》中载明涉案煤炭生产能力为9万吨/年,但实际证明该煤矿生产能力为5万吨/年。基于上述事实,法院认为:上诉人在拍卖公示时未向竞买人特别披露涉案煤矿的实际生产能力与证照载明的明显区别,依据《买卖合同纠纷司法解释》第32条的规定,即使在上诉人主张其提供的《拍卖规则和拍卖标的情况说明》中已注明了现状拍卖,应免除瑕疵担保责任,法院仍不能支持上诉人的请求。

限制出卖人免责约定的示范条款如下:

由目标企业生产的或由目标企业委托第三方生产的所有产品均已充分披露给甲方,目标企业未曾生产、销售或提供任何与适用法律法规或标准不符合的、有缺陷的、危险的或违反任何有关的明示或暗示的声明或保证的任何产品或服务。

(四)关于货物交付验收阶段的操作

实务中,货物的交付和验收是货物买卖流程中的一个重要环节。然而,实务中容易发生的问题可能有两类:其一,合同中没有约定交付地点或者对该地点的约定不明确;其二,验收阶段中,甲方收货后只能在限定的检验期间对货物的数量、型号等进行外观上的检验,而这种外观检验并不能代表货物真正符合甲方的要求,往往要等到安装使用阶段,货物的问题才会浮上水面。

针对第一类问题,《民法典》第607条吸收了《买卖合同纠纷司法解释》第12条的规定:

出卖人按照约定将标的物运送至买受人指定地点并交付给承运人后,标的物毁损、灭失的风险由买受人承担。

当事人没有约定交付地点或者约定不明确,依据本法第六百零三条第二款第一项的规定标的物需要运输的,出卖人将标的物交付给第一承运人后,标的物毁损、灭失的风险由买受人承担。

由此可见,对于买卖合同中的甲方而言,必须在合同中明确约定双方的交货时间、地点等重要条款。交货的指定地点描述应当越详细越好。

比如,在实务中,经常见到合同中有关交货的风险转移条款如下面类似表述:

标的物自乙方交付于甲方后,风险才随之转移,甲方承担标的物毁损、灭失的一切风险。

笔者认为,这样的规定看似在维护甲方的利益,但实质上,双方并未就在哪里交货、怎么交货予以明确。那么,在《民法典》下,则很可能被认定为没有约定交付地点或者交付地点不明确。

实务中,大宗货物往往会经过多个承运人,乙方的货损风险转移得越早,对乙方越有利。如果甲方交货的指定地点没有约定,或者约定模糊,乙方不能准确定位的,一旦货物在途中发生毁损等事故,乙方为了减轻己方的责任,会引用《民法典》第607条钻空子，凡是在第一个承运人之后发生的货物毁损风险，都可以试图转嫁给甲方。如此一来，甲方在收取货物之前，承担财货两失的风险会大大增加。而此风险对于甲方而言是不必要的，完全可以在合同审查中予以避免。

对于第二类问题，《民法典》第622～624条是在《合同法》第157、158条基础上，为针对货物检验新增的条款。《民法典》第623条规定：

当事人对检验期限未作约定，买受人签收的送货单、确认单等载明标的物数量、型号、规格的，推定买受人已经对数量和外观瑕疵进行检验，但是有相关证据足以推翻的除外。

甲方签收乙方的送货单、确认单的行为，推定甲方已经完成外观检验和确认数量。因此，甲方必须明确验收的证明标准是什么。如果甲方不重视这个签收环节，未经清点就把货物收入仓库，或者随手签收了乙方的送货单等单据，待日后发现外观、包装和数量存在问题再提出，时机就失去了。

根据"高云合同六法"的观点，我们可以在合同中使用分阶段验收的方式设计验收条款，即外观检验阶段和质量检验阶段两个阶段。并且明确约定，只有在两个阶段中都未发现货物瑕疵或质量问题，才构成验收通过。如果两个阶段中任一阶段发生外观瑕疵或者质量问题，乙方都必须无条件更换货物，从而把控甲方验收货物阶段的风险。

示范条款写法如下（范例来自"高云合同六法"）：

甲乙双方一致同意，标的物验收分为外观验收和质量验收，分别按照两个阶段进行。

（一）外观验收阶段

在乙方将标的物运至××××××（地点）之日起××日内，甲方对标的物进行外观验收。如果发现标的物外观、部件或附件存在破损或瑕疵的，甲方向乙方签发书面通知。乙方在收到甲方前述通知××日内，负责对标的物无偿予以更换或解决。

（二）质量验收阶段

在甲方书面确认标的物通过外观验收之日起××日内，乙方负责完成标的物安装和调试，然后向甲方签发《质量验收申请书》。甲方在收到乙方前述《质量验收申请书》之日起××日内，对标的物进行试运行，试运行期限通常为60日，最低不少于30日，具体期限由甲方自行决定。

试运行结束后，甲方向乙方通知质量验收结果，如果标的物质量或功能存在任何问题的，乙方在收到甲方通知××日内，负责对标的物无偿予以更换或解决，不得收取任何费用。

标的物全部通过外观验收和质量验收两个阶段，才视为验收合格。验收合格日以甲方签发《验收合格通知书》的日期为准。

（五）关于向第三人履行的标准

根据以往观念，合同具有相对性，只约束合同双方。然而，《民法典》第524条的规定，突破了合同的相对性，增加了第三人的请求权：

债务人不履行债务，第三人对履行该债务具有合法利益的，第三人有权向债权人代为履行；但是，根据债务性质、按照当事人约定或者依照法律规定只能由债务人履行的除外。

债权人接受第三人履行后，其对债务人的债权转让给第三人，但是债务人和第三人另有约定的除外。

因此，对于一些产品供应链比较长，上下游买家众多的销售方企业，可以考虑在合同当中引入“第三方履行条款”，即在约定情况下直接向对方的关联第三方履行合同。

例如在一些供应链企业当中，某些采购方其实并非真正买家，他只是中间商，下游买家另有其人。怎么判断他的中间商身份呢？一个比较简单的标准就是看采购方是否有特别提出，要求货物按照他的指示交付给指定的第三方，发票也按照他的指示直接开给第三方。

中间商的存在是正常业态的一部分，厂家不可能做到“大小鱼通吃”，市场因为有这些中间商的大量存在才能保持活力。但是，厂家基于稳定自己整体市场和销售渠道的考虑，应当考虑一旦这个中间商出事，厂家可以直接与下游真正买家接上头，直接履行交货义务，藉此巩固自己的市场，有效降低因为中间商失联，殃及自己市场丧失的严重后果。

因此，厂家可以趁着中间商要求在合同当中注明货物交给指示第三方，以及发票由第三方直接开具给厂家的机会，在合同里面补上如下的合同条款约定（示范条款来自"高云合同六法"）：

乙方未能向与其有合同关联的第三方及时交付甲方产品的，甲方有权向该第三方直接交付产品并收取货款，甲方向该第三方交付的产品数量和货款金额自动扣减甲方与乙方合同当中约定的甲方应当交付乙方的产品数量和应收款项。

（六）关于所有权保留规则的调整

《民法典》第641、642条是有关所有权保留规则以及出卖人依据此规则，享有的取回权权利的规定。《民法典》第642条吸收了《买卖合同纠纷司法解释》第35条的规定，并予以调整。该条增加了出卖人的催告义务。买受人未按照约定支付价款的，出卖人必须对买受人先行催告，催告后合理期限内买受人还是不能支付的，出卖人才能行使取回权。

值得注意的是，《民法典》摒弃了《买卖合同纠纷司法解释》第36条出卖人取回权受买受人已支付价款数额的限制。根据《民法典》的规则，即便买受人已支付标的物总价款75%以上，只要满足出卖人取回权的条件，出卖人仍然可以行使该权利。

但是，所有权保留规则并不是不受限制的。《民法典》第641条规定：

当事人可以在买卖合同中约定买受人未履行支付价款或者其他义务的，标的物的所有权属于出卖人。

出卖人对标的物保留的所有权，未经登记，不得对抗善意第三人。

本条规定是对合同法所有权保留规则的进一步补充，特别增加了"不得对抗善意第三人"的规定，关于"善意第三人"的定义详见《民法典》物权编第311条规定。客观来说，货物买卖实务中涉及上下游多个供应链的情况非常普遍。若买受人转卖货物的行为不为出卖人所知，且出卖人的所有权保留权利往往约定于出卖人和买受人之间，第三人很难知晓买受人实际上对货物并无所有权。因此，出卖人证明第三人非"善意第三人"的举证难度较大。结合上述新规定，笔者认为出卖人的所有权保留权利并未得到较大程度的增强。据笔者的估计，所有权保留条款不可避免将日渐式微，逐渐沦为僵尸条款。

（七）关于不可抗力条款的变化

不可抗力条款是合同审查中比较容易忽略的条款，很多企业的合同模板中对该条款往往用一句话概括，或穿插在别的条款中。《民法典》第 590 条将《合同法》第 117 条和第 118 条进行了合并，我们需要特别留意如下两点：

第一，要充分补充完善不可抗力的范围。

传统的不可抗力条款，仅有天灾、地震、火灾、暴动、禁运、民众或军事起义等类似事件，不包括类似于 2020 年年初的新型冠状病毒肺炎疫情事件等重大事件。因此，应当特别增加这方面的内容，示范条款写法如下：

因不可抗力导致本合同不能履行或迟延履行的，乙方不构成本合同项下的违约行为，也不对无法履行本合同的义务承担相应责任。不可抗力包括但不限于天灾、地震、火灾、洪水、泥石流、暴动、战争、起义、交通堵塞、罢工、禁运、停运、政府管制、重大疫情以及类似的突发公共卫生事件等。

第二，要约定清楚相应的不可抗力证明格式、出具部门、出具时间，以及对方应当承担的减轻损失工作等。示范条款写法如下：

若乙方因不可抗力事件导致本合同不能履行或迟延履行的，乙方应在该事件发生之日起×日内以书面方式通知甲方，并提供该事件发生的证明。证明必须以书面形式说明发布不可抗力事件的具体政府部门、发布时间以及影响。若乙方在上述期限内不能通知甲方且不能提供符合甲方要求的证明的，乙方不能因此免除责任。

发生不可抗力事件后，乙方应积极采取措施，减轻因不可抗力事件给甲方造成的损失。若乙方迟延履行或不当履行之后发生不可抗力事件的，乙方不能免除其违约责任。

（八）关于买卖合同的解除权

关于合同解除权条款，在本书第三部分当中的专题文章《合同解除实务操作要点和写作范例》有专门论述，这里不再赘述，仅就买卖合同当中的特别规定论述如下。《民法典》第634条赋予了采购方在分期付款买卖合同当中的法定解除权：

分期付款的买受人未支付到期价款的数额达到全部价款的五分之一，经催告后在合理期限内仍未支付到期价款的，出卖人可以请求买受人支付全部价款或者解除合同。

出卖人解除合同的，可以向买受人请求支付该标的物的使用费。

该条款其实是吸收了《合同法》第167条的规定，但新增了催告义务，即出卖人在要求支付全部价款或宣告解除合同之前，必须经过催告。根据上述法律规定，乙方解除示范条款写法如下：

若甲方不能按照本合同第×条约定向乙方支付货物款项的，且未支付到期货物款项达到全部价款的五分之一，乙方有权书面催告甲方履行义务，并要求甲方在××日内向乙方支付全部未支付到期货款。上述期限内，甲方如果不能履行义务的，乙方有权解除本合同，并按照本合同约定要求甲方承担相应违约责任。

原则上，只有守约方才能以通知方式解除合同，违约方没有单方解除合同的权利。但是，根据《民法典》第80条以及《九民纪要》第48条的规定，若存在例外情形，违约方也可以解除合同。

针对己方在未来可能发生的违约行为，笔者建议，首先，评估己方未来发生违约行为的可能性大小，制定不同的谈判策略。

另外，值得注意的是，《民法典》第580条对合同目的实现不能，违约方解除合同的情形进行了规定：

当事人一方不履行非金钱债务或者履行非金钱债务不符合约定的，对方可以请求履行，但是有下列情形之一的除外：

（一）法律上或者事实上不能履行；

（二）债务的标的不适于强制履行或者履行费用过高；

（三）债权人在合理期限内未请求履行。

有前款规定的除外情形之一，致使不能实现合同目的的，人民法院或者仲裁机构可以根据当事人的请求终止合同权利义务关系，但是不影响违约责任的承担。

虽然，在买卖合同实务中，绝大多数都是金钱债务履行，涉及非金钱债务履行并不常见。但是，买卖合同中的解除权条款设计仍然可以借鉴《民法典》第 580 条合同目的实现不能与解除权行使的关系，具体分析如下：

如果我方是强势方，而且未来违约可能性较小，则应扩大合同目的条款，将我方对合同目的做扩大化处理，也就是尽量扩大对方赔偿损失的范围。同时将我方依据合同目的行使解除权的约定尽量细化，例如可以在合同中约定：

当乙方违反本合同第×条、第×条时，甲方依据本合同的目的不能实现，乙方的行为构成对本合同项下义务的根本违约。

如果不这样约定，法院缺乏相应的对比依据，就有可能根据《九民纪要》第 47 条，判定违约程度显著轻微，甲方不能解除合同。

如果我方属于弱势方，应对策略则相反，尽可能弱化和缩小合同目的范围，例如结合《九民纪要》第 48 条和《民法典》第 533 条新增的情势变更规则，设计违约方解除合同条款。示范条款写法如下：

若乙方不能履行本合同项下义务，满足下列条件之一的，乙方有权单方解除本合同：(1)合同成立后，如果合同的基础条件发生了重大变化，该重大变化乙方无法预见且不属于商业风险，继续履行合同对乙方明显不公平的；(2)乙方不存在恶意违约行为，继续履行本合同对乙方显失公平的。

作者简介

张笑然　吉林大学国际法学硕士，阿德莱德大学法学硕士。先后工作于律师事务所、外资企业。主要工作领域为公司合规、劳动争议解决。

案例下载

希望下载文中的案例全文？扫码关注“高云合同”公众号，发送关键词“**买卖合同**”，自动获取。

【对赌协议】

实务难点和解决方案*

对赌协议是投融资领域中的一种重要金融工具，它通过法律设计，满足了投融资双方各自需要，在资本市场上发挥着重要作用。

回顾中国资本市场，2002 年摩根史丹利、鼎辉、英联入股蒙牛乳业（该案被业内称为“完美的对赌”），2005 年凯雷徐工并购项目，2007 年摩根士丹利、高盛、英联投资太子奶集团，2018 年华谊兄弟投资掌趣科技等境内外重大并购重组项目，以及最高院颁布的“海富投资案”［案号：（2012）民提字第 11 号］、“天峡鲟业案”［案号：（2015）民申字第 295 号］和“山东瀚霖案”［案号：（2016）最高院民再 128 号］等，都出现了对赌协议的身影。

根据公开数据统计显示①，仅 2014—2016 年，上市公司发行股份购买资产过会合计 803 单，其中 512 桩并购交易需要履行业绩承诺，60% 以上进行了业绩对赌。对赌在资本市场并购重组中的火热度，可见一斑。

然而，对赌协议在中国资本市场的发展可谓命运多舛，颇为曲折，本文旨在梳理对赌协议在法律上存在的困境和难点，并根据新法总结相应的法律解决方案，以供读者在实务中参考使用。

（一）实务难点

1. 对赌协议的效力问题

实务当中，对赌协议主要分成两种：一种是投资方与目标公司的股东或者实际控制人之间的对赌；另一种是投资方与目标公司之间的对赌。关于对赌协议的效力，主要依据对赌主体来判断。

---

* 作者：王圣雪、崔超。

① 数据援引自金融实务链：《上市公司并购重组业绩承诺与业绩补偿深度解析》，载搜狐网：https://www.sohu.com/a/208430819_99924606，2020 年 2 月 7 日最后访问。

(1)《九民纪要》前按照对赌主体不同,效力各异

在《九民纪要》实行之前,中国法律对于对赌协议效力并无明确法律规定,中国法院审理对赌协议所援引的法律规定主要包括:

《合同法》第52条规定:

> 有下列情形之一的,合同无效:
>
> ……(三)以合法形式掩盖非法目的……

最高院《关于审理联营合同纠纷案件若干问题的解答》第4条"关于联营合同中的保底条款问题"规定:

> (一)联营合同中的保底条款,通常是指联营一方虽向联营体投资,并参与共同经营,分享联营的盈利,但不承担联营的亏损责任,在联营体亏损时,仍要收回其出资和收取固定利润的条款。保底条款违背了联营活动中应当遵循的共负盈亏、共担风险的原则,损害了其他联营方和联营体的债权人的合法权益,因此,应当确认无效。联营企业发生亏损的,联营一方依保底条款收取的固定利润,应当如数退出,用于补偿联营的亏损,如无亏损,或补偿后仍有剩余的,剩余部分可作为联营的盈余,由双方重新商定合理分配或按联营各方的投资比例重新分配。

根据海富投资案、天津硅谷案等形成的裁判观点,中国司法实践形成比较一致的看法是:投资方与公司股东、实控人之间的对赌有效,投资方与目标公司的对赌无效。

第一,对于投资方与目标公司股东、实际控制人之间的对赌,因为可以单独适用《合同法》的规定,在不违反法律法规的禁止性规定前提下,不存在合同无效情形的,则根据合同当事人意思自治、诚实信用的原则,认定为协议有效。具体案例请详见表1。

表1　投资方与公司股东、实控人的对赌有效案例总结

序号	案例简称	案例	案号	审理法院	裁判要点	主要理由
1	海富投资案	苏州工业园区海富投资有限公司与甘肃世恒有色资源再利用有限公司、香港迪亚有限公司、陆波增资纠纷案	(2012)民提字第11号	最高院	投资人与股东对赌协议有效； 投资人与公司对赌协议无效	迪亚公司(原股东)对于海富公司(投资人)的补偿承诺并不损害公司及公司债权人的利益,不违反法律法规的禁止性规定,是当事人的真实意思表示,该承诺有效。 投资人履行与目标公司约定的业绩补偿,会导致投资人收到脱离公司经营业绩的收益,损害公司和债权人法益,故合同无效。
2	冷杉投资案	北京冷杉投资中心与曹务波股权转让合同纠纷案	(2013)一中民初字第6591号	北京市第一中级人民法院	投资人与目标公司股东对赌协议有效	遵循“海富案”的先例,认定私募股权中股东之间对赌协议约定“创投公司两年内未上市,则按年息8%标准溢价收购投资公司投资对应股权”,不违反法律法规强制性规定,应认定合法有效。
3	天峡鲟业案	蓝泽桥、宜都天峡特种渔业有限公司、湖北天峡鲟业有限公司与苏州周原九鼎投资中心(有限合伙)投资合同纠纷案	(2015)民申字第295号	最高院	投资人与目标公司股东/实际控制人之间签署的对赌协议为有效	1. 对赌协议中对于股东回购股份的承诺清晰而明确; 2. 对赌条款为当事人特别设立的保护投资人利益条款,系缔约过程中当事人对投资合作商业风险的安排。

续表

序号	案例简称	案例	案号	审理法院	裁判要点	主要理由
4	山东华立股转案	山东华立投资有限公司与 LAURITZKNUDSENELECTRICCO. PTE. LTD 股权转让合同纠纷案	(2015)粤高法民四终字第224号	广东省高级人民法院	未明确约定经营目标、回购责任的股权回购条款不应认定为对赌协议,只是一般的股权转让合同	1. 应经外商投资企业审批机关批准后才生效的合同,经过主管部门批准同意后,应依法认定有效; 2. 股权转让协议对未来发生事实的约定未违反法律、行政法规强制性规定,依法应当认定有效; 3. 未明确约定经营目标、回购责任的股权回购条款,不属于对赌条款。
5	正业控股合同纠纷案	浙江省宁波正业控股集团有限公司与上海嘉悦投资发展有限公司、陈五奎合同纠纷案	(2013)沪一中民四(商)终字第574号	上海市第一中级人民法院	上市公司股东、实际控制人对投资方承诺保底收益,该等对赌补偿不损害上市公司及其股东、债权人利益,应属有效	1. 投资方出售股票过程不违反《认购协议》:(1)投资公司与创投公司签订《非公开发行股票认购协议》并未违反法律、行政法规等效力性强制性规定;(2)上市创投公司非公开发行新股募集资金属于私募股权投资,且该等股票出售已经按证监会对上市公司要求,采用了大宗交易方式进行,不违反特别监管规定;(3)投资公司出售股票时,将其投资做到了尽可能减损。 2. 创投公司股东及实际控制人补偿有明确合法的依据为有效:(1)投资公司与创投公司股东及创投公司实际控制人签订《补偿协议》,就股票

续表

序号	案例简称	案例	案号	审理法院	裁判要点	主要理由
						认购若产生损失时如何补偿意思表示明确;(2)约定补偿具有合理性,因创投公司股东及实际控制人为自身利益考虑要促成本次交易,其向投资方承诺补偿具有合理性;(3)该协议具有独立性,不存在无效情形;(4)协议约定,除投资公司自身原因外,无论协议是否有效,创投公司股东与实际控制人均应补足投资公司净收益和保底收益之间的差价。 3. 赔偿主体为创投公司股东及实控人:(1)具有独立法人人格,独立承担责任能力;(2)不会损害创投公司及创投公司债权人利益;(3)该等赔偿不违反法律、行政法规中效力性强制性规定。 4. 创投公司股东及实控人之间责任区分结果为,双方为连带债务人共同赔偿,理由:(1)协议约定若投资公司净收益低于保底收益,则创投公司股东承担补足责任(主债务人),实控人承担连带责任;(2)实控人作为第三人加入到债的关系中,属于债的加入,应由创投公司股东及实控人共同和承担差价部分赔偿责任,互为连带债务人。

第二，对于投资方与目标公司的对赌，由于投资方此时兼具公司债权人和股东双重身份，对其行为合法性的判断，不仅要适用《合同法》，还应适用《公司法》。

如果公司向自己的股东承诺固定收益，则与《公司法》规定的股东"共分利润，共担风险"的投资原则相背离，同时会损害目标公司利益和公司债权人利益，因此认定对赌无效，具体请详见表2。

表2　投资方与目标公司的对赌无效案例总结

序号	案例简称	案例	案号	审理法院	审理要点	裁判要点
1	天津硅谷案	天津硅谷天堂合盈股权投资基金合伙企业与曹务波、山东瀚霖生物技术有限公司合伙协议纠纷案	(2014)鲁商初字第25号	山东省高级人民法院	投资方与目标公司对赌无效	1. 瀚霖公司回购股份的条款约定违反《公司法》强制性规定无效，协议其他条款不违反公司法规定，为有效； 2. 有限公司除法定减资外，若突破《公司法》第74条规定的三种情形，通过公司与投资方协商约定回购股权，构成对《公司法》强制性条款的违反。
2	金泰九鼎增资案	厦门金泰九鼎股权投资合伙企业(有限合伙)与骆鸿、江西旭阳雷迪高科技股份有限公司增资纠纷案	(2014)夏民初字第137号	福建省厦门市中级人民法院	投资方与目标公司对赌无效； 目标公司实际控制人以"担保"名义加入对赌协议的，控股股东直接承担补偿责任	1. 遵循"海富案"的先例，判决认定对赌条款因使投资方有相对固定收益、该收益脱离公司经营业绩、损害公司利益和公司债权人利益，违反公司法，故投资方与目标公司对赌无效； 2. 目标公司控股股东以"担保"身份加入对赌协议，并承诺履行"担保赔偿"，实质以控股股东身份对投资人承诺进行业绩补偿； 3. 控股股东为诉争增资协议

续表

序号	案例简称	案例	案号	审理法院	审理要点	裁判要点
3						的一方，本案中不存在主从合同关系，不符合保证合同法律关系特征，故“担保赔偿”非保证，属于控股股东与投资人就未来一段时间内目标公司经营业绩进行的约定，若未实现约定业绩，则需要对投资人进行补偿，因此控股股东责任为直接补偿责任，非担保责任； 4. 控股股东对投资人补偿责任为真实意思表示，应为有效。
3	成都新方向公司纠纷案	成都新方向科技发展有限公司、四川久远新方向智能科技有限公司与通联资本管理有限公司与公司有关的纠纷案	(2016)川民终671号	四川省高级人民法院	投资方与目标公司对赌无效	目标公司回购股权不属于我国公司法关于公司收购本公司股份的法定情形，其实质将导致公司资本不当减少，股东缴纳的股本被抽回，有损目标公司及其债权人合法利益，应属无效。
4	山东瀚霖股转案	强静延与曹务波、山东瀚霖生物技术有限公司股权转让纠纷案	(2016)最高院民再128号	最高院	目标公司为其股东回购行为提供担保，担保有效	1. 目标公司为交易的最终受益者，全部款项均为投入公司资金账户，目标公司经营发展使用，有利于目标公司提升持续盈利能力； 2. 目标公司担保行为有利于目标公司的自身经营发展，并未损害公司及中小股东权益，不违反公司法第16条的立法目的。

上述关于投资方与目标公司对赌无效的司法裁判观点，在实务当中引起了较多的争议，具体原因如下：

首先，从法律依据充分性来看，目标公司作为独立法人，其本身与投资方的对赌协议当然适用《公司法》，但投资方既是目标公司股东又是债权人，也应该适用《合同法》。如果单独适用《合同法》或《公司法》判决对赌协议无效，法律依据显然很单薄，结果自然有失公允。

其次，从法律逻辑上看，假设上述判决理由的逻辑成立，如果出现目标公司对赌目标实现的情况，是否也应当认定对赌协议无效，硬生生地破坏目标公司获得良好投资回报的结果呢？这显然是不应该的。但如果不认定无效，就出现了不可回避的"双标"问题，即选择性认定合同效力，对赌成功就有效，对赌失败就无效，就算不提民法上的自愿、公平和诚实信用三大基石原则，这个逻辑本身也讲不通。

最后，从社会效果来看，仅在对赌协议失败时判决对赌无效，不仅对投资方造成了双重伤害，无形中也给部分融资方违反诚实信用原则提供了可乘之机。融资方在对赌成功时固然可以获利，但在对赌失败时，却可以通过诉讼的方式获得对赌无效的结果，以此逃脱责任，其结果将严重打击投资者的信心和积极性，显然不利于促进资本市场的发展。

基于上述问题，有些地方法院的判决并不按照上述无效规则行事，例如在2019年审结的华工案[案号：(2019)苏民再62号]中，江苏省高级人民法院认为：

(三)案涉对赌协议效力应认定有效……扬锻集团公司及全部股东对股权回购应当履行的法律程序及法律后果是清楚的……我国《公司法》并不禁止有限责任公司回购本公司股份，有限责任公司回购本公司股份不当然违反我国《公司法》的强制性规定。有限责任公司在履行法定程序后回购本公司股份，亦不会损害公司股东及债权人利益，亦不会构成对公司资本维持原则的违反。

最终判决结果认定投资者与目标公司对赌有效。

(2)《九民纪要》后无论对赌主体,一律有效

最高院民二庭出版的《〈九民纪要〉理解与适用》①中明确指出:

> 对合同的效力,我们的总体态度是,尽量使合同有效。如果不损害国家利益、集体利益、他人利益,不违反法律、行政法规的效力性强制性规定,就应当认定有效。

也就是说,除非有合同无效情形(指损害国家利益、集体利益、他人利益,违反法律、行政法规的效力性强制性规定),应认定投资方与目标公司的对赌有效。

究竟什么是"强制性法律规定"呢?《合同法》施行后,一些法院以违反法律、行政法规的强制性规定为由,大量合同被认定为无效,出现了动辄认定合同无效的倾向。

因此,最高院在《合同法司法解释二》中将"强制性规定"的范围缩小限定为"效力性强制性规定",后来又在《民商事纠纷指导意见》进一步添加了"管理性强制性规定"的概念,明确规定合同只有在违反"效力性强制性规定"情形下才无效,违反"管理性强制性规定"的不影响合同效力。

于是,有些法院认为凡是行政管理性质的强制性规定都属于"管理性强制性规定",不影响合同效力,又出现了轻易不认定合同无效的倾向。

最高院认为,这种望文生义的认定方法,应予纠正。因此在《九民纪要》第30条明确提出:

> 人民法院在审理合同纠纷案件时,要依据《民法总则》第153条第1款和合同法司法解释(二)第14条的规定慎重判断"强制性规定"的性质,特别是要在考量强制性规定所保护的法益类型、违法行为的法律后果以及交易安全保护等因素的基础上认定其性质,并在裁判文书中充分说明理由。

为了帮助各地法院统一裁判规则,最高院明确列举了如下五种法律规定属于"效力性强制性规定":

---

① 最高人民法院民事审判第二庭编著:《〈全国法院民商事审判工作会议纪要〉理解与适用》,人民法院出版社2019年版,第115页。

- 强制性规定涉及金融安全、市场秩序、国家宏观政策等公序良俗的；
- 交易标的禁止买卖的，如禁止人体器官、毒品、枪支等买卖；
- 违反特许经营规定的，如场外配资合同；
- 交易方式严重违法的，如违反招投标等竞争性缔约方式订立的合同；
- 交易场所违法的，如在批准的交易场所之外进行期货交易。

至于"管理性强制性规定"，则主要包括：经营范围、交易时间、交易数量等行政管理性质的强制性规定。《民法典》对于合同效力规定得非常简洁，第 143 条规定：

具备下列条件的民事法律行为有效：

（一）行为人具有相应的民事行为能力；

（二）意思表示真实；

（三）不违反法律、行政法规的强制性规定，不违背公序良俗。

《〈九民纪要〉理解与适用》在关于合同效力部分①，将"如何判断一个规范是否属于强制性规定"作为实务问题专门叙述：

总之，凡带有必须、禁止这样的规范，均为强制性规定，但要排除属于裁判规范、倡导性规范或半强制规范的情形。没有形式标准可供识别的，再根据实质标准来判断……在难以确定某一规范是强制性规定还是任意性规范的情况下，不妨先将其纳入《民法总则》第 153 条的考察范围，再根据相应的规则认定其是否为强制性规定，以及如果属于强制性规定的，根据其是否属于效力性强制性规定，来具体认定合同效力。

同时，还就准确适用《民法总则》第 153 条第 1 款（即《民法典》第 153 条第 1 款）规定的违法无效规则，明确说明要坚持以下顺序考察：

（一）要确定是否存在强制性规定。要区别某一规定究竟是强制性规定，还是倡导性规定、任意性规定。如果是强制性规定，还要一步区分是公法上的

① 最高人民法院民事审判第二庭编著：《〈全国法院民商事审判工作会议纪要〉理解与适用》，人民法院出版社 2019 年版，第 245、249 ~ 251 页。

强制性规定，还是私法上的强制性规定。只有公法上的强制性规定才可能是管理性规定，而私法上的强制性规定也不都是效力性规定，例如违反权限性规定、赋权性规定的后果就是效力待定。（二）要考察规范对象……（三）要进行法益衡量……

综上所述，总结新法对合同无效的规定，主要有以下五种情形：

- 无民事行为能力人作为协议主体；（《民法典》第 144 条）
- 虚假意思表示；（《民法典》第 146 条）
- 违反法律、行政法规的强制性规定（该强制性规定不导致民事法律行为无效的除外）；（《民法典》第 153 条）
- 违背公序良俗；（《民法典》第 153 条）
- 恶意串通。（《民法典》第 154 条）

综合上述新法规定，我们可以得出对赌协议合法有效的结论。《九民纪要》正是出于上述思路，明确纠正了海富案的裁判思路，不再区分对赌协议主体，在不存在合同无效情形下，认定两种对赌协议均为有效。

2. 对赌协议的可诉性问题

尽管对赌协议已经被认定有效，但协议当中涉及双方权利义务履行问题，不可避免地需要适用《公司法》相关规定，如何使合同约定具有可操作性，是不小的挑战。

合同实务当中，投资方与目标公司的对赌协议当中，在对赌失败时的补偿方案通常有如下三种：

- 减资回购方案，即目标公司从投资方手里把自己的股权买回来注销掉；
- 现金补偿方案，即目标公司向投资方支付现金的方式补偿其投资损失；
- 定向增发方案，即目标公司股东会通过定向增发决议，无偿增加投资方在目标公司当中的持股比例。

实务当中，也可能是这几类补偿方案的混合版本。但是，无论哪一种补偿方案，都将遇上目标公司股东需要配合进行减资、增资或同意利润分配等前置程序的问题。一旦目标公司股东拒不配合，三种方案都将可能遭遇不可诉的障碍。所以,但凡交易结构的设计不够严密,对赌协议就将成为一纸空文,无法执行了。

(1)减资回购方案

如果希望法院判决支持这种补偿方案,法院将重点审查目标公司回购股权是否符合《公司法》的两条规定:一是不存在《公司法》第35条股东抽逃出资情形,这条容易处理;二是符合《公司法》第142条关于股份回购的强制性规定,也就是"减少公司注册资本"这种情形。

但在实际操作当中,这个方案将遇到先回购还是先减资的障碍。

根据《九民纪要》,为了保护目标公司债权人利益,应该是先减资,再回购。但问题是,依据公司法规定,减资事项必须经代表2/3以上有表决权的股东通过,也就是要先取得股东会决议。

根据现实情况,通常是因为对赌失败才触发回购,此时投融资双方通常是互相埋怨、滋生敌意甚至公开矛盾,很显然,要求目标公司自行召开股东会,形成减资决议,征求公司债权人同意,这些事项能够实现的概率显然很小。

《〈九民纪要〉理解与适用》[①]在"【实务问题】关于目标公司履行减资程序是否具有可诉性问题"的分析部分,指出:

> 这一问题在纪要起草过程中就已经注意到了。一种观点认为……另一种观点则认为,公司减资程序属于公司自治事项,司法不宜介入。即使介入,也不能强制执行,社会效果不好。综合各种因素反复考虑,我们认为,司法不介入为宜。

据此可知,最高院倾向认为公司减资程序属于公司自治范畴,司法不宜介入,也不能强制执行,因此不可诉。上述两个问题似乎产生了矛盾,如果回购协议必须以减资为前提,而减资又不可诉,那对赌协议岂非成为没有任何司法保障的空谈?

---

① 最高人民法院民事审判第二庭编著:《〈全国法院民商事审判工作会议纪要〉理解与适用》,人民法院出版社2019年版,第119~120页。

(2)现金补偿方案

如果希望法院判决支持这种补偿方案,前提是要满足两点:一是不存在《公司法》第35条股东抽逃出资情形,这点比较容易实现;二是应当符合《公司法》第166条关于利润分配的强制性规定。

若公司没有可分配利润或者可分配利润不足以补偿投资方的,则人民法院驳回或者部分支持其诉讼请求。今后目标公司有可分配利润时,再另诉处理。

由于投资方身兼目标公司债权人与股东的双重身份,决定了补偿资金来源不能是公司账上资金,只能是可分配给股东的税后利润,甚至股东以资本公积形式投入公司的钱,也不能用于补偿。否则就会给《公司法》的三大基石原则之一的"资本维持原则"戳穿一个大洞,让股东可以借助对赌协议的名义,随意抽逃公司出资。

基于前述限制,现金补偿能否实现,取决于以下两个条件:

第一,目标公司是否有可分配利润?

通常情况下,触发对赌条款的原因是因为对赌失败,此时目标公司多数已经债务爆灯,亏损严重,哪里还有利润?哪怕现金补偿条款写得再完美,恐怕也是"巧妇难为无米之炊",只是一张空头支票而已。

退一步说,即使有可分配利润,投资方也存在举证困难的问题。因为《〈九民纪要〉理解与适用》[①]在"【实务问题】关于公司是否有可以分配利润的举证责任的问题"中,明确说明:

> 就举证责任的分配而言,投资方应当承担举证责任,证明目标公司有可以分配的利润。

故需要多次起诉公司实现现金补偿的,就各次公司具备可分配利润的情形,投资方应承担举证责任。但在实践当中,不少投资方都难以准确掌握公司财务数据情况,这无疑造成了现金补偿的实现难度。

第二,目标公司是否已经作出分配利润的股东会决议?

---

① 最高人民法院民事审判第二庭编著:《〈全国法院民商事审判工作会议纪要〉理解与适用》,人民法院出版社2019年版,第120页。

《公司法》第37条规定：

股东会行使下列职权：……（六）审议批准公司的利润分配方案和弥补亏损方案……

公司分配利润需要股东会或股东大会决议后，方可实行。就公司可分配利润依法作出分配决议，是投资方实现现金补偿的程序性前提。未经决议的，即使分配了，也要根据《公司法》第166条的规定，将违反规定分配的利润退还公司。

在实务当中，要目标公司自觉实现这一条件就更加困难了，因为在触发对赌条款后，对赌协议履行多数陷入僵局。

（3）定向增发方案

如果希望法院判决这种补偿方案，定向增资比现金补偿要好，因为投资方不用另行支付增资款，而目标公司也无须支付现金补偿，《〈九民纪要〉理解与适用》①也认可这种方式。问题是，如果目标公司不自动履行该约定的话，投资方是否可以寻求诉讼解决途径呢？

《〈九民纪要〉理解与适用》②中给出的答案是否定的，基本观点为，在投资人利益保护与公司自治两者之间，公司自治更为重要，公司不履行增资程序，也不能强制履行或者代替履行。

因而，定向增资方案基本为死路一条。

（二）解决思路

"高云合同新三观"提出的"利益观、系统观和流程观"，在帮助我们厘清解决方案的思路和做法上非常有帮助，具体分述如下：

1. 找准核心

运用"高云合同新三观"的利益观找准核心利益，设计多重保障。对赌协

---

① 最高人民法院民事审判第二庭编著：《〈全国法院民商事审判工作会议纪要〉理解与适用》，人民法院出版社2019年版，第118～119页。

② 同上书，第120页。

议之所以产生，根源是投资者需要对冲风险，确保投资安全。哪怕投资增值目标实现不了，还有保值兜底，不用担心做投资交易中的“冤大头”。

因此，应当围绕如何实现预期收益和有效控制风险这一核心利益来配置齐全所有内容，例如：合同目的、对赌标的和条件、回购价格、投资方的止损点、投资回报预期、止损触发条件等都是必备条款。

以回购价格为例。对赌协议本质是降低投资人投资风险，激励公司及股东努力经营的估值调整机制，在双赢不能达成之后对投资方权益的一种补足，而不是将对赌协议作为直接获利的工具，否则将出现阻碍目标公司达成利润指标、恶意促成对赌条件等损害后果。因此，在华工案等司法裁判案件当中可以看出中国法院的裁判态度，就是尤为注重回购价格——股权回购价款或补偿金额的合理性认定。

因此，我们在对赌协议当中设定回购价格的计算公式时，应注意固定收益率、年回报率和现金补偿数额尽量公平合理，充分考虑依据该公式计算的结果，与目标公司同期融资成本、公司正常经营下所应负担的经营成本、目标公司能获得的经营业绩的正常经营规律相匹配，不能过高。

2. 系统设计

运用“高云合同新三观”的系统观进行设计。重点是假设对方未能完成对赌条件，风险如何控制的具体操作步骤。应通过大小系统的有机组合，例如将思考从合同条款本身，扩大到合同效力和操作层面。

例如影响合同效力的合同主体身份审核，尤其要小心国有企业不能选择股权回购或增资补偿方式。因为国有企业必然涉及国有资产处置和投资决策流程的限制，对于回购价格或增资补偿价格，必须在发生该等情形前才报请国有资产管理部门批准，根据当时的实际情况作出决定，因此无法在事前就确定回购价格或增资价格，也就意味着，国有企业无法采用减资回购股权或增资补偿股权方式进行对赌。

当然，如果能够在签订《对赌协议》时，就能取得“同意目标公司股权回购”“同意投资方低价值或者零成本增资”的批文，可以不必考虑上述限制。

同样，股权变动受特殊监管的企业、上市公司等，由于股权变动事项需要根据股权比例等实际情况获得行业监管部门的许可，因此该等文件的生效应以履行完毕前置审批程序为前提，因而在客观上无法实施上述方式。

又如在操作层面，为了降低对方违约风险和损失后果，增加对方信用度，要求控股股东承担连带责任，是确保对赌协议履行成功的重要条件。

因为司法实践当中，经常发现有控股股东或者实际控制人通过关联交易转移资产或者利润，将目标公司掏空，最终又利用公司股东“有限责任”来逃避债务的案例。因此，在设计对赌方案时，应当考虑将对赌主体增加目标公司股东或其实际控制人。同时，严格规范目标公司与其他相关方的关联交易，制定关联交易条款，必要时候，对关联交易行使一定的审议决定权，以此保障投资方利益。

3. 流程梳理

运用“高云合同新三观”的流程观梳理对赌方案效果不错。尤其是针对《〈九民纪要〉理解与适用》明确提出部分事项事后不可诉的裁判指引，为避免目标公司怠于履行各程序性内容，强化一旦对赌失败，投资方如何简单、直接地即可接管公司股权和日常经营，增加协议的可操作性和简便性，大幅降低操作成本和难度，具体方案如下：

首先，对赌协议中应明确投资方利益补偿方式，涉及程序的，明确程序操作步骤和配套文件同意签署声明。

其次，要求目标公司及其股东，将一切涉及后续程序操作的文件，例如减资、增资配套文件（董事会决议、股东会决议、法人委托书、股东同意书、商事变更登记申请书）等一并签署。要留意将文件的签署日期留空，在对赌协议被触发时再填上。

在对赌协议履行过程当中，遇到目标公司变更股东情况的，应当重新签署前述所有文件，同样要留意将文件的签署日期留空，在对赌协议被触发时再填上。

预先签订文件的目的是一旦触发对赌条件，哪怕目标公司不配合，投资方已经手握必要文件，可以自主行动而不需要目标公司配合。

（三）操作要点

1. 减资回购方案

（1）条款要点

若对赌协议约定触发对赌条件后，目标公司应进行股权回购的，则应特别注意回购前的减资程序已经履行完毕，这是合法的股权回购的前提，相关示范条款写法如下：

（范例1：提前签订配套文件的条款）

若触发股权回购的对赌条件后，则目标公司应当在自【投资方向目标公司发出书面通知】日起10个工作日内，按照已经签署的编号为【 】《股权回购协议》及相关交易文件（以下共称"配套文件"）履行减资程序；公司不履行的，投资方有权指定专人，直接办理各项减资手续。

股份回购价款计算公式为：投资额+（投资额*【 】%*投资到公司实际月份数/12）-目标公司累计对投资方的分红金额。

（具体请结合交易实际情况设定）

（范例2：对赌失败后再办理减资手续的条款）

甲乙双方约定，乙方应于××××年××月××日之前在上海证券交易所或深圳证券交易所上市；

乙方未能在约定期限内上市的，需依照《公司法》规定召开股东会/股东（大）会，在××××年××月××日前通过减资决议；

乙方未能在××××年××月××日前通过减资决议的，视为乙方根本违约，甲方有权通知乙方赔偿损失并支付违约金，乙方应当在甲方通知到达之日起×日内付清全部款项。

（范例3：章证照条款）

投资方履行出资义务后，有权派驻专人保管公司的营业执照、开户许可证、税务登记证、组织机构证、公司公章、财务专用章等公司的章证照。

或

若触发对赌条件后，在约定的期限内，目标公司未采取有效行动积极办理减资程序的，约定期满后，投资方有权要求目标公司在【】个工作日内，交出公司办理减资程序必要的一切章证照。

（2）配套文件

相应配套文件包括：

●《股权回购协议》：触发对赌条件后，约定公司在约定期限内履行股权回购事项而提前签署好的协议文本。

●《股东会决议》：就目标公司自投资方回购股权事项作出的决议文件；若后续股东变更的，应要求新股东加入重新签署。

●《公司章程修正案》/《公司章程》：就目标公司减资事项进行的章程修订文件；若后续股东变更的，应要求新股东加入重新签署。

●《授权委托书》：目标公司授权投资方指定人员办理全部减资手续的授权委托书。

上述工作的目的就是把风控工作做到前面，为投资方自行开展减资程序做好操作准备。或者投资方先把章证照控制在手中；或者目标公司应该承诺在履行减资程序时，将办理减资程序所需要的全部章证照等交给投资方，使得投资方能够办理相关手续，顺利完成减资程序，目标公司合法地完成股权回购。

虽然对赌协议下减资程序不具有可诉性，但是投资方可以依据协议约定，向法院诉讼要求目标公司履行协议内容，即在条件达成时交出公司章证照办理减资事项，为顺利退出提供救济途径。

2. 现金补偿方案

（1）条款要点

若对赌协议约定触发对赌条件后，目标公司应对投资方进行现金补偿的，则应特别注意程序的合法，为避免投资方抽逃出资之嫌，应通过公司股东会作出公司利润分配的决议。示范条款如下：

（范例1：提前签订配套文件的条款）

若触发现金补偿的对赌条件，则目标公司应在自投资方向目标公司发出书面通知之日起10个工作日内，对公司进行财务清算，并根据已达成的《股东会决议》文件，进行公司利润分配。

全部可分配利润应先向投资方支付补偿款，若一次分配不足补偿投资方的，则在后续符合利润分配条件下，均应首先向投资方支付补偿款，直至全部支付完毕；在补足投资方后，就剩余可分配利润按照各股东持股比例分配。

现金补偿总额的计算公式为：投资额+（投资额*【】%*投资到公司实际月份数/12）-目标公司累计对投资方的分红金额。

（具体请结合交易实际情况设定）

（范例2：对赌失败后再办理利润分配手续的条款）

甲乙双方约定，乙方应于××××年××月××日之前在上海证券交易所或深圳证券交易所上市；

乙方未能在约定期限内上市的，需依照《公司法》规定召开股东会/股东（大）会，在××××年××月××日前通过利润分配决议，利润分配标准如下；

乙方未能在××××年××月××日前通过利润分配决议，或决议分配的利润低于合同约定分配标准的，视为乙方根本违约，甲方有权通知乙方赔偿损失并支付违约金，乙方应当在甲方通知到达之日起×日内付清全部款项。

（范例3：主动报告财务信息义务的条款）

投资方未获全部补偿前，目标公司应在每季度结束后1个月内向投资方发送资产负债表及其他和公司利润有关的财务信息，并应在目标公司有可分配利润后的5个工作日内，书面通知投资方。

（2）配套文件

相应配套文件包括：

●《股东会决议》：同意目标公司在触发对赌条件后分配利润；若后续股东变更的，应要求新股东加入重新签署。

●《公司章程修正案》/《公司章程》：约定利润分配规则，对赌期间，不得分配利润；若对赌条件触发，则进行利润分配，全部可分配利润应先向投资方支付补偿款，若一次分配不足补偿投资方的，则在后续符合利润分配条件下，均应首先向投资方支付补偿款，直至全部支付完毕；在补足投资方后，就当次利润分配剩余款、后续利润分配的款项，按照各股东持股比例分配。若后续股东变更的，应要求新股东加入重新签署。

●《授权委托书》：目标公司授权投资方指定人员办理利润分配相关手续的授权委托书。

3. 定向增发方案

(1)条款要点

若对赌协议约定触发对赌条件后，目标公司应就投资方作股权调整进行定向增资的，则应重点关注目标公司是否对增资已形成股东会决议、签署相关的文件。示范条款如下：

(范例1：办理增资程序条款)

若触发定向增资的对赌条件后，则目标公司应当在自投资方向目标公司发出书面通知之日起10个工作日内，按照已经签署的编号为【×】《定向增资协议》及相关交易文件(以下共称"配套文件")履行增资程序；公司不履行的，投资方有权指定专人，直接办理各项增资手续。

(范例2：章证照条款)

自投资方履行出资义务后，有权派驻专人保管公司的营业执照、开户许可证、税务登记证、组织机构证、公司公章、财务专用章等公司的章证照。

或

若触发对赌条件后，在约定的期限内，目标公司未采取有效行动积极办理增资程序的，约定期满后，投资方有权要求目标公司在【×】个工作日内，交出公司办理增资程序必要的一切章证照。

(2)配套文件

相应配套文件包括：

●《增资协议》：就触发对赌条款后，约定公司在约定期限内履行增资手续而提前签署好的协议文本；若后续股东变更的，应要求新股东加入重新签署。

●《股东会决议》：就公司各股东同意投资方按约定价款向目标公司定向

增资决议文件；若后续股东变更的，应要求新股东加入重新签署。

●《公司章程修正案》/《公司章程》：就公司增资事项进行的章程修订文件；若后续股东变更的，应要求新股东加入重新签署。

●《授权委托书》：公司授权投资方指定人员办理全部增资手续的授权委托书。

新法确立了对赌协议的有效性，但在可诉性方面依然存在较大风险，所以办理此类项目，既要深入研究法律规定、法院裁审思路，又要根据交易特点巧妙设计和预先签署全套履行文本，还要在整个对赌协议履行过程当中小心行事，及时更新文件，如此才能最终顺利完成对赌项目，这些都非常考验法律人的智慧。

作者简介

王圣雪 毕业于哈尔滨工业大学，曾先后就职于某律师事务所、某国有企业。业务领域主要为信托投融资、私募股权投资基金、公司治理、劳动法等业务，擅长综合运用法律知识、商业思维解决问题。

崔　超 西南政法大学法学硕士，现就职于重庆钜沃律师事务所。主要业务领域有民商事争议解决、信托、企业结构性融资等。

案例下载

【商业租赁合同】
新法要点和合同审查方法*

房地产商业租赁是商业社会当中资产变现最为普遍和重要的交易手段之一，基于目的、用途和对象不同，写字楼、商铺、门店、商场乃至大型商业综合体等各类商业地产的合同内容与普通住宅大相径庭。即使同样是商业租赁，因行业不同，合同特点也大不相同。

中国经过40多年的改革开放和市场经济发展，关于商业租赁的法律问题和解决方案已经日渐成熟。以笔者所在的深圳商业租赁市场为例，写字楼主要集中在科技、金融与专业服务等行业，对场地的要求主要集中在停车位是否方便、网络是否稳定、保安服务是否良好以及附近是否有商业设施配套等；商铺租赁集中在餐饮、娱乐及零售等传统行业，对场地的要求则与上述不同，主要集中在交通是否便利、人流是否充足以及商业气氛是否浓厚等。所以，两者的租赁合同内容也存在较大区别。

可惜的是，目前《民法典》规定的租赁合同内容偏向于住宅租赁，对于商业租赁的不少实际情况没有作出更详细具体的规定。笔者依据新法，结合自身从业经验，总结出商业租赁合同的法律要点和审查方法。

（一）新法点评

《民法典》中租赁合同部分总体来说变化不大，新增了7个条文，主要涉及承租人的优先购买权、转租的默示推定、次承租人代承租人向出租人支付租金、承租人的法定解除权等，部分吸收了之前司法解释的内容，分述如下：

1. 新增承租人承担一定的房屋维修责任的规定，实际作用不大

《民法典》第713条第2款规定：

---

* 作者：邓佳琴。

因承租人的过错致使租赁物需要维修的，出租人不承担前款规定的维修义务。

根据目前普遍的实际情况来看，出租人多数会利用格式合同将维修义务尽量推卸给承租人。上述新规出台后，给予了业主更强有力的借口，可以预见承租人自行承担维修房屋责任的情形将更普遍，承租人在这方面的风险会更大。

因此，承租人在审核租赁合同的房屋维修义务条款时，应当要求尽量细化和明确“承租人过错”的具体情形，可以考虑采用“除外法”的语言表述方式，明确承租人应承担维修责任的一种或几种具体情形。

示范条款写法如下：

除出租人有证据证明承租人擅自改变房屋建筑主体或承重结构或扩建，或恶意破坏房屋内大型设施设备并经出租人明示警告而拒不改正的，承租人不承担维修义务，由出租人负责维修并承担相关费用。

2. 新增默示同意转租的规定，效果利弊参半

实践中，如果承租人在租赁期间直接转租，或者以合伙、合作、承包经营、托管等情形变相转租，转租效力如何认定呢？《民法典》第 718 条规定：

出租人知道或者应当知道承租人转租，但是在六个月内未提出异议的，视为出租人同意转租。

实践当中准确适用这个规定，需要考虑如下要点：

第一，如何证明出租人对于转租行为知情？

例如承租人通过书面、电话、微信等方式告诉出租人已经转租的，或者次承租人以自己名义直接交纳租金、水电费或物管费的，当然是最直接的证据，不过实践当中这些证据内容往往是模糊不清的，例如承租人聊天记录当中只是模糊地说我和第三方进行场地合作，并没有明确说明转租；租金、水电费或物管费虽然是次承租人交纳，但开具的发票或收据依然是以承租人的名义等。因此对于次承租人而言，如果是事后才发现该房屋是不允许转租的，应及时将转租的事实告知出租人，催告其进行追认。

第二，如果原合同当中已有禁止转租的明确约定，而承租人依然转租，依据上述法律规定推定出租人同意的，这种结果在法律上的解释，是否应该是默示推定为双方以实际履行的方式变更了原合同呢？

从文义解释的角度是可以适用的，从现实效果的角度，如果这是住宅租赁合同，将有利于保障次承租人的使用权。但如果这是商业租赁，对于出租人来说，则弊大于利。

例如大型商业综合体的出租人，必然希望对进场品牌和实际经营者实行统一的强监管，才能保障综合体整体良好的品牌形象，因此往往严禁各个商铺私自换人经营。但是，如果实际经营者私下偷偷换人，出租人没有及时察觉和制止，次承租人藉此规定主张双方实际构成租赁转租关系，对于出租人而言，这肯定是不愿意看到的。

第三，本条当中的出租人“提出异议”应当如何认定呢？

根据法理，在未取得出租人同意的情况下承租人擅自转租，该转租合同应系效力待定合同，依法应当履行申请法院裁决撤销才行，但这就明显增加了出租人不必要的讼累。还有，6 个月异议期是否应当理解为除斥期间，不适用诉讼时效中止、中断、延长的规定，抑或属于诉讼时效一种。上述疑问尚待司法解释的进一步明确。

3. 允许次承租人代付租金，有效破解合同僵局

在经济发达的地区商铺租赁会出现大量的连环转租情况。实践当中，连环转租的高风险在于环环相扣，只要当中某个环节的承租人挪用下一承租人租金，整个租赁链条断裂，从而爆发社会群体性事件。例如，在深圳市爆发的文锦渡大厦转租案，就是因二房东擅自对外转租而起，短时间内爆发数百起类似案件，波及面广，对社会造成严重影响。

对于此类案件的处理，如果严格适用合同的相对性原则，因租赁合同环环相扣，整个租赁关系就容易陷入僵局。《民法典》有鉴于此，特地在第 719 条明确规定：

承租人拖欠租金的，次承租人可以代承租人支付其欠付的租金和违约金，但是转租合同对出租人不具有法律约束力的除外。

次承租人代为支付的租金和违约金，可以折抵次承租人应当向承租人支付的租金；超出其应付的租金数额的，可以向承租人追偿。

如此设计能大大降低交易成本，解决了次承租人代付租金的合法性问题，可以预见将大幅减少前述类似纠纷。

为适应这一立法变化，以后出租人在办理出租事务时，除了注意要将租赁合同及时办理备案，确保合法性外，还应当在合同当中写明如下内容：

(1)只要出现承租人欠付租金的情况，允许次承租人为完全享有租赁权益可径行向出租人交付租金甚至是违约金等相关费用。

(2)次承租人代承租人支付的租金超出其应付租金部分的，可以在与承租人结算租金时予以折抵。

(3)在承租人违约的情况下，出租人可以解除与承租人的租赁合同，转为与次承租人直接建立租赁关系。

4. 增加承租人的法定解除权，有助减少纠纷

实践中，出租人往往为强势一方，其提供的格式合同版本当中常见有“出租人按房屋现状交付”等类似表述，实际上是推卸其应承担的产权、规划、消防、环保等法律责任，例如某些出租人对于各种产权不明的房屋，如村集体集资建的房，擅自改变规划的房屋，违反消防、人防、环境、卫生等方面强制性规定的房屋，也会强行对外招租。

但总有不少承租人因为法律意识淡薄和较高的事前调查成本，没有仔细核查房屋情况就轻易承租，在签约后才意识到上当受骗，最终无法合法使用。

此次《民法典》在第724条明确规定了如下三种无法使用的情形：

有下列情形之一，非因承租人原因致使租赁物无法使用的，承租人可以解除合同：

(一)租赁物被司法机关或者行政机关依法查封、扣押；

(二)租赁物权属有争议；

(三)租赁物具有违反法律、行政法规关于使用条件的强制性规定情形。

按照司法实践，上述立法当中所述的“无法使用”，应当是指无法按照租赁

房屋的约定用途或者性质使用，例如租赁用途是商业用途、公司办公，结果后来发现房屋的产权证上写的是厂房；还有一种情况是，房屋用途虽然都是商用或办公楼，但因为房屋存在各种问题，无法使用该地址办理商事登记，此时承租人的租赁目的显然落空，就是达到了“合同目的落空”的程度。在上述情形下，承租人可以主张解除合同。

值得注意的是，本条规定的第三种情形“租赁物具有违反法律、行政法规关于使用条件强制性规定情形”属于可以解除合同的情形，与租赁合同本身无效有区别。如果属于前者，承租人应当起诉请求解除合同。如果属于后者，承租人应当起诉请求判决合同无效。

此外，如果承租人进场装修之后，房屋才出现“无法使用”的情况，解除合同往往会导致装修损失。无论最后能否获得赔偿，对租赁合同双方都不是最优解决方案。因此《民法典》赋予承租人在特定情形下，拥有少交或免交租金的权利。《民法典》第723条规定：

因第三人主张权利，致使承租人不能对租赁物使用、收益的，承租人可以请求减少租金或者不支付租金。

第三人主张权利的，承租人应当及时通知出租人。

5. 明确承租人享有优先承租权，有利于稳定租赁关系

《民法典》第734条第2款规定：

租赁期限届满，房屋承租人享有以同等条件优先承租的权利。

优先承租权以前作为一种期待权，当事人多通过合同加以约定，且出租人往往利用事先预制合同的惯例，在合同当中加入“承租人应于合同到期之前××日/月内提前书面通知承租人，协商订立新合同”等类似条款，作为承租人主张优先承租权的前提条件。

新法将优先承租权明确下来，对承租人而言，无疑是一项重大利好。在合同实务当中，商业租赁尤其是一些较大面积、较长期间的商业地产租赁，承租人往往投入较大费用进行装饰装修和广告宣传，非常希望稳定租赁关系。新法赋予承租人优先承租权，有效保障了承租人的生产经营持续不间断，是立法

促进经济发展的意识体现。

根据司法实践，前述条款当中的“同等条件”应该是指优先承租权人承租出租房屋时，其租赁条件与出租人和第三人达成的租赁条件相同，而不是优于第三人的条件承租出租房屋。

首先，该同等条件应体现在同等租赁价格上。在承租人行使优先承租权时不能损害出租人的利益，必须在价格条款上保持等同，即承租人应当支付的款额不能低于其在合同中约定的价款。

其次，在支付方式上的等同，如出租人允许第三人分期支付租金，除非出租人有理由相信承租人会拖欠租金，出租人必须同样允许承租人分期支付租金。

最后，其他租赁交易条件，例如期限、面积和附加条件等也应当相同。

（二）合同审查

商业租赁合同通常分为两个部分。第一部分是商务条款，例如：房屋概况、租赁期限及续租、租金及支付、房屋交付及装修，房屋现状及现有设施设备、维修维护义务等，确保租赁法律关系真实、合法、全面。第二部分是法律条款，例如合同效力、法律关系、通知送达、保密、争议解决、违约责任及合同解除等，确保依法全面保护当事人利益。

如果站在承租人的角度，律师或法务在审查类似商业租赁合同时，关键点如下：

1. 合同效力

（1）出租主体

审查合同主体的主要目的在于确定其真实性及其履约能力、商业信誉等。其中真实性应注意以下几个方面：权属证书记载的所有权人与出租人是否一致（或是否具有合法转租权限），是否存在共有人及共有人是否同意，是否设有抵押或其他权利负担。履约能力可以通过以下方面判断：是否取得相关行业资质，是否受过行政处罚或涉诉较多，是否为轻资产或无资产公司，是否为壳公司，是否有担保措施等。

如果出租人不是业主而是商管公司（俗称的“二房东”），要注意如下三点：

第一，尽量避免和没有履行能力的分公司签约。众所周知，分公司虽然有诉讼主体资格却无责任能力，无独立财产，后期容易陷入推诿扯皮的旋涡之中。

第二，应重点关注其商业运营的经验和实力。如通过其成立年限、涉诉情况、注册资本、股东背景等进行多方考察确认，防止对方是皮包公司。这其中考验的不仅是合同审改能力，还有深入洞悉客户需求、合同目的和交易背景的能力。

第三，确认出租人是否享有转租权及其租赁期限。《民法典》第717条规定：

承租人经出租人同意将租赁物转租给第三人，转租期限超过承租人剩余租赁期限的，超过部分的约定对出租人不具有法律约束力，但是出租人与承租人另有约定的除外。

因此，这就需要将出租人与原房东签订的租赁合同纳入审查范围，并将其作为附件留存。

（2）租赁房屋

在合同实务中，租赁房屋不少存在缺失公安、消防、卫生等政府部门审批手续而违章出租的问题，有些租赁房屋甚至没有任何合法手续，根本就是违法建筑也对外出租。2020年疫情期间发生坍塌的福建泉州定点隔离酒店欣佳酒店就是适例。

实务当中，如何判断租赁房屋合法性呢？这需要结合合同目的、租赁用途以及相关的法律法规综合判断。首先是《建筑法》第61条第2款规定：

建筑工程竣工经验收合格后，方可交付使用；未经验收或者验收不合格的，不得交付使用。

其次是《消防法》第13条规定：

国务院住房和城乡建设主管部门规定应当申请消防验收的建设工程竣工，建设单位应当向住房和城乡建设主管部门申请消防验收。

此条规定的消防验收即为实务中俗称的“一次消防验收”，即建设单位作为出租人，首先应进行建筑消防申报。验收合格后，公安机关消防机构将颁发《建设工程消防验收意见书》。

而“二次消防验收”是指承租人在对租赁房屋装修后投入使用前需要申请的消防验收，一般的验收对象为室内装修设计。当承租人对租赁房屋进行了改建、扩建、内部装修或用途变更，此时二次装修的消防检查应由其负责，具体依据是《消防法》第15条第1款的规定：

公众聚集场所在投入使用、营业前，建设单位或者使用单位应当向场所所在地的县级以上地方人民政府消防救援机构申请消防安全检查。

这里需要注意的是，二次消防验收和开业前消检不能同时进行，要先经过二次消防验收合格后，才能进行开业前消检的申报。

在审查合同内容之外，承租人还应核实租赁房屋在房屋设计、施工及装修方面是否完全、符合消防等法规，是否取得了相关合格证明材料等，并将其与房屋图纸等一并作为附件列明。

另外，由于消防验收纷繁复杂的规定和其专业性，双方应在合同中明确各次消防验收的申请主体和对方的协助义务。

针对遗留的小产权房问题，笔者建议尽量避免租赁产权不清晰或无产权房屋，除非承租人已经对相应的法律风险有清晰认识和预判。

(3)附件

商业租赁合同的附件非常重要，可以据此确定租赁合同效力。通常而言，应当具备如下附件：

- 租赁物位置四至示意图
- 租赁物产权证明文件
- 租赁物消防验收证明文件
- 租赁物交付标准
- 业主授权出租经营书
- 品牌授权文件
- 租赁物交接确认书
- 消防安全管理责任书

● 物业管理服务协议

● 廉洁协议

作为承租人应充分了解所承租房屋的情况，尽可能要求出租人在房屋租赁合同中对房屋的情况作出承诺或相关释明，以避免发生租赁合同无效的法律风险；同时，也提示租赁合同双方应当在合同中对租赁房屋装饰、装修及扩建等情况作出明确的约定，做好能证明投入价值或遭受损失等相关证据的留存工作，避免在房屋租赁合同被认定无效的情况下，遭受损失一方因证据不足无法获得应有的赔偿。

2. 关键内容

（1）租赁用途

《民法典》第708条规定：

出租人应当按照约定将租赁物交付承租人，并在租赁期限内保持租赁物符合约定的用途。

此条规定为出租人的“适租”义务。对于商业租赁而言，办理营业执照当属应有之义，但因租赁房屋在使用上存在行政管理限制致使承租人无法以该房屋为经营场所办理营业执照，租赁合同目的无法实现，承租人可以依据《民法典》第724条规定，主张解除租赁合同并要求出租人承担违约责任。

租赁房屋在使用上不存在不能办理营业执照的行政管理限制，但出租人迟延履行协助承租人以该房屋为经营场所办理营业执照的义务，经催告后在合理期限内仍未履行，承租人可依据《民法典》第563条的规定，以合同目的无法实现为由主张解除租赁合同。

例如，承租人租赁房屋的目的是用于经营酒店，由于消防法规对此类经营场所有更严格规定，租赁场地是否能够通过消防验收对于租赁合同非常重要。因此，笔者建议在鉴于条款、合同目的条款以及标的物使用用途等条款当中重点着墨，写明合同目的，以免证照办不下来导致无法实现合同目的，同时还需要对出租方承担违约责任。

要写好上述条款，就需要律师或法务人员仔细研究具体交易类型和内容，不能泛泛而写用途为“商业经营”,而是要写明具体内容。而且,尤其要注意将出租人及其代理人的相关承诺、本合同签订的前提列明,构成承租人签订合同的信赖基础,与届时解除合同时出租人的赔偿范围挂钩,尽可能多地转嫁损失;还应当将经营范围以模糊涵盖的方式写入合同文本之中,方便将来公司拓宽经营范围。

(2)租赁标的

租赁标的条款不仅仅包括租赁物的准确位置、概要情况如建筑面积、使用面积等,最好附图说明。此外,还要对租赁物作完整描述,不仅包括房屋且应包括其配套设施设备甚至是其周边环境如停车位等,同时留存设施设备清单作为合同附件。

通常而言,承租人选择特定地址时,公司可能往往还未设立,并未领取营业执照。但根据一般的商业惯例,出租人对于承租人办理相关证照仅负协助义务,这导致实践中出租人在交付商铺后往往不甚积极,但是否能够领取营业执照却是承租人非常看重的一点。

因此,我们在进行合同审查时,对于需要出租人提供配合承租人办理营业执照的相应材料清单,应当以附件方式在合同尾部列明,以便一旦发生出租人怠于提供材料导致承租人无法办理营业证照时追究出租人责任。

(3)租金计算标准

租赁合同当中与租金标准密切相连的是租赁面积。租赁面积是按照建筑面积还是使用面积、套内面积,以及测绘误差的处理办法,这些都影响到租金计算结果。

一般情况下,实际使用面积要占到建筑面积的70% ~75%,但是实践当中,只占到建筑面积50%的先例也不乏,因此这就要求我们在审查合同时充分运用定义条款,明确计租面积的类型。实践中,如果承租人对于计租面积有异议,应及时提出书面异议,与承租人进行协商处理。

此外,租金计算标准有多种方式。例如:固定每平方米的租金及年度涨幅;按营业额计提(需要明确营业额的核算方法);保底租金加提成。如果承租人采取固定租金的租金支付方法,应在合同中明确租金递增幅度(不超过5%

为宜)，以免出租人擅自涨租致使承租人陷入被动。

为防出租人随意摊派费用，合同中还应有以下类似约定进行兜底：

对于除合同所列明的租金、杂物以及本协议明确规定需由承租方承担和(或)支付的费用外，出租方保证不再要求承租方为承租租赁物因任何原因承担和(或)支付任何其他费用。

(4)开业率与营业/商环境

实践中，出租人的招商部门为了尽可能多地争取商户入驻，容易对开业率、人流量、营销策划推广能力等夸下海口，商户们为了抢占有利位置，紧急装修，但是，等到临近开业，才发现商场的开业率、人流量甚至是电梯、空调这些公用设施都没到位，翻查合同，却发现原来的口头承诺在合同当中只字未提，租户此时真的是进退两难了。

因此，除非出租人是国际知名、声誉良好的品牌业主或商管公司，在某种程度上可以相信他们开头承诺的开业率等指标，否则一定要将开业率、营业/商环境等具体内容写入合同文本之中。

(5)关键日期和期限

商业租赁合同当中，有若干关键日期和期限是容易产生争议的，包括合同签订日、起(计)租日、免租期、开业日、清退(场)日、营业时间等。

它们的具体关系如图1所示：

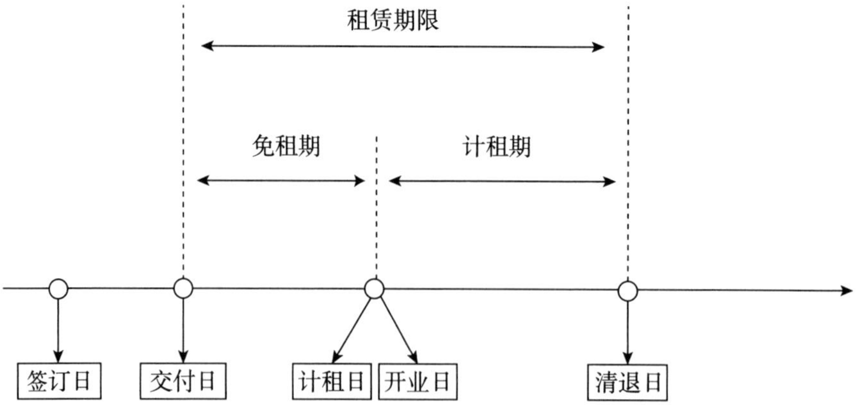

图1　租赁合同中各种期限的界定

以实务当中最容易产生争议的开业日为例。大型商业综合体为了壮大声势，往往倾向于确定一个整体开业日，甚至约定承租人未按时开业的违约责任，这个特点也是商业租赁关系所独有的。承租人如果在合同中没有约定清楚，轻信出租人口头承诺，斥资进场装修。等到开业日才发现开业率和营业/商环境与预期相差甚远，但由于已经投入了巨额装修费用，此时已经骑虎难下，损失就在所难免了。

因此，我们在签订租赁合同时，需要对上述关键日期和期限予以明确定义，在后面的合同履行流程当中，也要注意按照上述定义日期理顺双方履行顺序，如此才能在纷繁复杂的交易流程当中抓住关键点，不至于乱中出错。

(6)排他条款

对于在大型商场的商家而言，最忌讳的是在同一区域内有同行或类似商户经营，这会严重分流客户人群，影响商业收益，因此承租人往往都知道要在合同当中约定“排他条款”，要求在某个特定范围内自己有独家经营权利，这是保护自身利益的关键。

但是，排他并非法律有明确约定含义的用词，它的含义很广，包括了品类排他、同业排他、限时排他、同层排他、同楼排他以及区域排他等形式。例如笔者有一个客户同时经营椰子鸡、猪肚鸡和烧烤三种品类，究竟排他是排除产品、商家还是区域，是一样还是三样，这些都必须在合同当中仔细约定清楚，才能切实保护自身利益。一旦约定不清，就极有可能为将来埋下隐患。

(7)不可抗力条款

《民法典》第590条规定：

当事人一方因不可抗力不能履行合同的，根据不可抗力的影响，部分或者全部免除责任，但是法律另有规定的除外。因不可抗力不能履行合同的，应当及时通知对方，以减轻可能给对方造成的损失，并应当在合理期限内提供证明。

2020年年初暴发的新型冠状病毒肺炎系突发公共卫生事件，2020年2月2日，中国贸促会向某企业出具全国首份新型冠状病毒肺炎不可抗力事实证明书，其后全国人大法工委发声，正式定性此次疫情属于不可抗力事件。

但是，在本次疫情中，承租人是否有权依据法律法规的规定请求出租人减免租金？如果可以，租金减免的期限范围是什么？是减还是免？这些都是当前形势下租赁双方最关注的问题。

结合"非典"时期案件裁判结果及广东省高级人民法院于3月5日下发的《广东省高级人民法院关于审理涉新冠肺炎疫情商事案件若干问题的指引》来看，承租人提出减免租金的前提是租赁房屋的正常使用受到了影响，同时，承租人因经营受到影响进而营业收入减少，来证明合同履行受影响的程度。

另外，承租人因疫情不能履行合同的，还应以合法形式积极履行通知义务。在其与出租人协商减免租金比例时，还可以提供当地租赁行业协会等社会团体倡议减免租金的文件作为参考。

因此，在评估、判断是否能够依据不可抗力主张免责时，应考虑到不同地区的具体情况，包括疫情严重程度、地方性强制性措施等以及对合同履行的直接影响程度。

同时，在审查修改合同之时，还应注意对不可抗力发生后的通知形式是否有特殊要求，包括通知时限、通知的形式（如应以书面形式）、通知对象等进行约定。在设置不可抗力条款时应注意以下几个问题：

第一，为避免模糊的约定产生争议和过大的解释空间，除描述性的约定外，应加入具体、明确的事件作为不可抗力情形；

第二，不可抗力情形的列举可以根据合同的性质进行选择和增加；

第三，对于责任免除的范围、程度也一并进行约定。

关于不可抗力的写法，笔者推荐可以参考ICC国际销售合同范本中的如下写法：

1. 战争（无论是否宣战），武装冲突，敌对行为，入侵，军事动员等；

2. 内战，暴乱和革命，军事政变或篡夺政权，骚乱，群众暴动，公民抗命等；

3. 恐怖主义行动，蓄意破坏，海盗等；

4. 政府行为，法律、政府命令、规章、法规或指令，宵禁，征收，强制收购，没收，征用，国有化等；

5. 天灾，瘟疫，传染病，自然灾害（包括但不限于暴风、旋风、台风、飓风、龙

卷风、暴风雪、地震、火山活动、山体滑坡、海啸、洪水、旱灾);

6. 爆炸,火灾,机器、设备、工厂或其他设施破坏,交通、电信或电力的长期阻断;

7. 劳工争议,包括但不限于抵制、罢工、停业、怠工、占领经营场所等。

(8)损失赔偿条款

租赁合同无效,对于承租人的伤害往往更大,因此承租人应当要求在合同中写明一旦合同无效,承租人有权要求何等范围内的赔偿。虽然租赁合同本身无效也会导致所有合同条款无效,但该等条款属于法律上的清理条款,可以作为法院裁决双方损失的参考依据。

损失赔偿范围包括承租人是否应支付以及以何标准支付房屋占有使用费、水电费及物管费、房屋的装修损失由谁承担等。

(9)履行节点

根据"高云合同六法"提倡的合同节点写作方法,我们在写审改商业租赁合同时,可以绘制合同履行流程图,按照生效、启动、交付、结算、违约和解除六大合同节点,提炼租赁双方关键权利义务点,逐一审查,可以有效避免遗漏关键内容。

3. 租赁备案

在实务当中,未经备案的租赁合同是否有效是容易混淆的问题。《民法典》第 706 条中明确规定:

当事人未依照法律、行政法规规定办理租赁合同登记备案手续的,不影响合同的效力。

因此,租赁合同未备案不影响其效力。当然,在合同实务中,笔者还是建议承租人及时进行租赁合同备案,这样更有助于确定租赁合同的合法性。

虽然新法没有针对商业租赁合同专门作出新规定,但对于租赁合同内容还是提出了不少新变化,因此也影响了商业租赁合同的方方面面。我们应当及时研究和掌握这些新变化,制订出真正符合实务需求的应对方案,为社会提供更优质的法律服务。

作者简介

邓佳琴　北京市京师（深圳）律师事务所律师，“一带一路”法律服务联盟企业股权专业委员会委员，专注于企业常年法律顾问及股权设计等服务领域。

案例下载

希望下载文中的案例全文？扫码关注“高云合同”公众号，发送关键词“**商业租赁合同**”，自动获取。

【银行资管合同】
主要风险和应对方案*

商业银行资产管理业务(以下简称资管业务)是指商业银行接受金融消费者委托,按照与金融消费者事先约定的投资策略、风险承担和收益分配方式,由银行对受托财产进行投资和管理的金融服务。主要表现形式为金融消费者通过银行购买由银行自营或第三方发行的各类非保本理财产品或服务,例如资产管理计划、股票投资基金、货币投资基金或混合型投资基金等(以下简称资管产品)。

根据中国银行业协会和银行业理财登记托管中心联合发布的《中国银行业理财业务发展报告(2018)》,截至2018年年末,银行理财(非保本理财)规模为22.04万亿元,占资管行业总体资产规模的26.7%,银行理财全年非保本理财产品累计兑付金融消费者收益10,566亿元。其中,个人类产品累计兑付金融消费者收益8403亿元,占全部非保本理财产品累计兑付金融消费者收益的78.08%。

由此可见,资管业务,尤其是银行理财业务已经成为银行提高资金融通效率,服务经济发展的重要工具。

而资产管理合同(以下简称资管合同)则是指金融消费者办理资管业务和购买资管产品时与银行所签订的各类合同,根据资管产品类型和模式的不同,有个人理财委托协议、资产管理计划资产管理合同等。

为规范资管业务,中国人民银行、中国银行保险监督管理委员会、中国证监会、国家外汇管理局于2018年4月27日联合印发《资管新规》。2018年9月26日,银保监会正式公布《理财新规》,对资管业务和资管合同管理日趋严格。

---

* 作者:容嘉俊。

目前,《九民纪要》和《民法典》又陆续出台,在新法频发、金融监管日趋严格和金融维权意识日益提高的背景下,银行在资管业务方面的风险日趋加大,合规性要求更加严格。

本文旨在根据新法对于资管业务的影响,总结相关风险并提出相应的应对方案。

(一)主要风险

在我国一贯的司法实践中,法院通常认为银行属于交易强势方,因此从倾向于保护弱者的角度,对银行的合同内容审查、合规操作和举证责任分配等方面提出了更高的要求。

笔者从公开法律数据库检索到的结果和日常法务工作经验总结,资管业务的主要风险集中在如下方面:

1.适当性义务履行不足

根据笔者检索2017年至2019年全国各级法院公布的相关案例,发现涉及银行资管业务赔偿纠纷的共有535件案件,判决银行未充分履行对投资人适格性尽职调查义务而承担赔偿责任的赔偿比例差异较大,从20%～100%不等。

法院判决银行担责的理由主要有两种:一是未进行风险测评或测评有效期已过;二是金融消费者风险承受能力与产品风险等级不符。

在实务当中,主要表现为银行未对金融消费者真实财务情况、投资经验、投资偏好及风险承担能力进行充分、客观的尽职审查,仅要求金融消费者自我判断是否符合"合格投资人"标准,或者引导金融消费者多做几次风险测评以符合条件购买一些较高风险等级产品,从而造成测评结果失实、导致金融消费者损失的案件。

具体案件情况详见表1:

表 1　银行担责理由和赔偿比例统计

担责理由	赔偿比例(%)	法院	案号
未进行风险测评或已过期	70	北京	(2019)京 02 民终 5844 号
	50	广西	(2019)桂民申 1612 号
风险承受能力与产品风险等级不符	100	江苏	(2017)苏 01 民终 10111 号
	50	广东	(2017)粤 03 民终 4424 号
	20	北京	(2018)京 02 民终 7731 号

2. 充分披露风险义务不充分

实务当中,由于银行在制定资管合同范本时,已写明部分风险提示内容,因此存在部分银行营销人员风险意识不足,在销售理财产品过程中没有严格按照指引行事的情况:一是没有再次当面进行风险披露;二是虽然有披露但不够充分;三是即使充分披露了,但为了节省时间没有严格按照规定进行录音录像。

这些不规范的操作导致一旦发生纠纷,银行难以充分举证说明自己已经充分履行了风险披露义务。

而法院在决定金融机构是否担责的时候,重点往往是考量银行对于涉案理财产品具体情况是否已经进行了充分、必要、显著的风险披露,这往往就是银行败诉的主要原因。

3. 销售违规操作经常发生

尽管《资管新规》第 1 条已经明确规定,金融机构开展资产管理业务时不得承诺保本保收益。但在实际销售过程中,银行营销人员为了促成销售成功,容易私下对金融消费者作出“保本”“保收益”等承诺性表述或暗示。虽然相关承诺因为银行合同监管严格的原因,并不会体现在书面合同当中,但金融消费者有时会保留相关证据,最终导致银行败诉。

例如在“(2019)皖 01 民终 8546 号案”中,金融消费者保留了载有银行销售人员手写“到期保底本息 37,060,000 元”的业务申请单。

在“(2019)鲁 09 民终 3162 号案”中,金融消费者保留了银行营销过程中所出具的载有“本产品为保本系列,固定利息 4.8% 加超出业绩基本部分的

70%分红”的产品明细表，以证明其作出购买决定是基于银行营销人员的虚假承诺所误导。

从上述规定和案例可看出，一旦对方出示了该等证据，法院通常就会认为，银行销售人员在营销时作出了保本、保底收益等与产品实际情况不相符的虚假承诺。

即使银行在实际购买时向金融消费者充分披露了风险以及金融消费者签署了产品相关说明及风险揭示书，但由于金融消费者是基于对银行的信任以及在虚假承诺基础上所作出购买理财产品的决定，故而判决银行仍需承担赔偿责任。

（二）应对方案

《九民纪要》对资管产品作了比较多的新规定，例如：

- “卖者尽责、买者自负”原则；
- 该类产品属于高风险等级金融产品；
- 金融监管部门的规章、规范性文件与法律和国务院发布的规范性文件的规定不相抵触的，可以参照适用；
- 银行需要承担适当性义务、风险提示义务和告知说明责任等；
- 银行对其是否履行了适当性义务承担举证责任；
- 银行未尽适当性义务导致金融消费者损失的，应当赔偿金融消费者所受的实际损失（含本金和利息）；
- 银行可免责的情况。

虽然《民法典》中并未针对资管合同进行具体规定，但其接受了《九民纪要》的原则和思路，对于资管业务的合同范本审查、履行操作和举证责任分配等方面都提出了新要求，笔者提出如下几点意见供读者参考：

1. 修订资管合同范本

（1）审订合同效力

《九民纪要》延续了自《资管新规》颁布以来对整治资产管理行业乱象“强

监管”的风向以及最高院近年对于监管规定的重视。

《九民纪要》第 31 条中明确指出：

【违反规章的合同效力】违反规章一般情况下不影响合同效力，但该规章的内容涉及金融安全、市场秩序、国家宏观政策等公序良俗的，应当认定合同无效。

且第 73 条中亦规定：

【法律适用规则】相关部门在部门规章、规范性文件中对高风险等级金融产品的推介、销售，以及为金融消费者参与高风险等级投资活动提供服务作出的监管规定，与法律和国务院发布的规范性文件的规定不相抵触的，可以参照适用。

可见，对于违反监管规定的资管合同，不仅面临监管部门的处罚，在未来的司法实践中被认定为无效的风险将有所提升，这也将导致银行在金融消费者权益保护纠纷案件中的败诉率提升和法律责任加重。

因此，银行法务人员在修订和审查相关资管合同时除进行合法性审查，还需进行合规性审查，密切关注人行、银保监会等监管部门最新规定，及时对合同范本进行更新，即使是过往常用的一些条款表述亦需对照最新的规定予以审查。

(2)杜绝刚兑条款

《九民纪要》贯彻了《资管新规》的监管要求，在第 92 条中进一步明确：

【保底或者刚兑条款无效】信托公司、商业银行等金融机构作为资产管理产品的受托人与受益人订立的含有保证本息固定回报、保证本金不受损失等保底或者刚兑条款的合同，人民法院应当认定该条款无效。

因此，对于刚兑条款的效力，随着《九民纪要》的通过和《资管新规》“新老划断”过渡期将于 2020 年年底届满，刚兑条款已经铁定属于无效条款，因此银行应当尽快修订合同范本，杜绝资管合同、抽屉协议或其他补充协议当中出现刚兑条款的一切可能性。

(3)规范收益表述

自《资管新规》与《理财新规》颁布后，随着刚性兑付的打破和禁止保本保收益的趋势，一般情况下，银行并不会直接在资管合同中明确约定资管产品的收益率或收益区间。

但为了营销需要，银行可能会在明确其不构成受益承诺的前提下在宣传广告或营销人员的销售术语中加入预期收益率、业绩比较基准等类似的表述，而根据《九民纪要》，在双方没有明确约定的前提下，广告宣传资料包括当中的收益计算表述也可能成为资管合同的一部分。

因此，我们审订资管合同范本时，应当加入明确约定，广告宣传资料（包括但不限于公开刊登的广告、私下发送的营销术语等其他可以留下痕迹的营销方式）未经双方签名盖章确认，不作为双方合同约定的一部分，将合同风险控制在银行可以预见的范围之内。

（4）谨慎选择超额管理费模式

在银行理财产品中，除近两年大力推广的净值化理财产品外，较为主流的还有以息差模式（实际收益超过预期收益率的部分全额作为超额管理费收入）收取超额管理费的非保本浮动型理财产品。

虽根据银行业理财登记托管中心发布的《中国银行业理财市场报告（2019年上半年）》，银行理财产品正向理财净值化进行转型，管理费收取模式从息差模式转变为业绩报酬模式将成为未来趋势。

但就目前而言，尤其是《九民纪要》中明确金融监管部门的规章及规范性文件可作为法律依据的情况下，采用息差模式的超额管理费条款可能因违反《理财新规》第4条关于理财产品独立性的规定，影响金融安全而被认定为无效。

鉴于此，笔者建议银行在设计资管产品时，对于管理费条款应优先选择业绩报酬模式，区分不同情况选择使用超额管理费报酬模式。

以下是某银行《资产管理合同》管理费示范写法，示范条款写法如下：

浮动管理费计提基准约定如下：若产品观察期内任一天挂钩标的收盘价较期初价格涨幅首先大于____%，浮动管理费计提基准＝____%；若产品观察期内任一天挂钩标的收盘价较期初价格跌幅首先大于____%，浮动管理费计提基准＝____%。其中挂钩标的收盘价指由××公布的××的收盘价。若因不可抗力该收盘价未能公布，由资产管理人酌情认定。

(5)严防格式条款风险

银行制定的资管合同属于典型的格式合同，根据《民诉法司法解释》第31条规定，经营者使用格式条款与消费者订立管辖协议，未采取合理方式提请消费者注意，消费者主张管辖协议无效的，人民法院应予支持。如果银行未采取合理方式提请金融消费者注意当中的相应条款，则合同的部分甚至全部内容可能被认定无效，对银行造成重大风险。

因此笔者认为，银行对于合同范本审订工作，应当重点关注关于限制对方权利、增加对方风险、减少或免除我方义务等条款，是否已经采用了下划线、加粗、改字体等方式明显提醒对方注意。同时，在合同正文之前特别印刷重点提示。

示范条款写法如下（示范条款摘自“高云合同六法”）：

特别提示

为了维护贵方合法权益，在贵方签署本合同之前，请仔细阅读以下内容，并确认有关事实：

1. 贵方提交的各项申请资料以及相关陈述均为真实、完整、合法、有效，不含有虚假记载、误导性陈述或重大遗漏。

2. 贵方已经认真审阅本合同的所有条款，特别是字体加粗部分的条款，贵方已经充分理解其含义和法律后果，并愿意自行承担。

3. 本合同签署前，贵方有权对本合同提出修改意见。贵方签署本合同的行为，即视为贵方已经完全理解和接受本合同所有条款。本合同生效后，贵方承诺遵守合同约定，主动及时行使权利和履行义务。

4. 如果贵方对本合同及相关事宜有任何疑问，请及时向我方咨询。

还有，在合同签署处由对方亲笔写上“清楚”、“理解”、“同意”和“无异议”的字样，也可以有效证明对方已经完全知悉和同意合同内容。

2. 完善产品销售规范

对于金融产品而言，《九民纪要》堪称“史上最严的销售规定”，充分体现了对金融消费者的倾向性保护，对银行在资管合同订立、履约和纠纷诉讼过程中的义务提出了更细更严苛的义务，银行一旦稍有疏忽将容易承担不利后果，因此在金融产品销售过程当中，银行应当注意如下操作要点：

(1)提升风险管理等级

《九民纪要》全文当中多次提及对“高风险等级金融产品”均应适用“适当性义务”，但没有对什么是“高风险等级金融产品”作出专门定义。

根据银保监会颁布的《理财新规》第24条规定，金融产品的风险评级是由各银行自主制定的，但由低到高至少包括五个等级，如多数银行的理财产品“风险等级”总共分为保守型（低）、稳健型（中低）、平衡型（中）、成长型（中高）、进取型（高）五个等级。

那么是否可以认定，《九民纪要》监管对象仅仅根据人民银行规定所指的“高风险等级”的金融产品呢？

笔者认为，除非最高院明确解释风险等级适用人民银行的产品风险等级分类标准，否则结合最高院对金融消费者的倾向性保护态度，各地法院在操作时很可能会笼统地将凡是不保本的理财产品都列入“高风险等级金融产品”范围，要求银行一律严格履行“适当性义务”。

为了避免此类潜在的法律风险，银行比较审慎稳妥的做法，是主动对所有不保本的理财产品都严格履行“适当性义务”。

(2)规范广告宣传资料

《九民纪要》第77条规定：

> 【损失赔偿数额】……卖方机构的行为构成欺诈的，对金融消费者提出赔偿其支付金钱总额的利息损失请求，应当注意区分不同情况进行处理：……(3)合同文本虽然没有关于预期收益率、业绩比较基准或者类似约定，但金融消费者能够提供证据证明产品发行的广告宣传资料中载明了预期收益率、业绩比较基准或者类似表述的，应当将宣传资料作为合同文本的组成部分……

一般情况下，银行并不会直接在资管合同中明确约定资管产品的收益率或收益区间。但为了营销需要，银行可能会在明确其不构成收益承诺的前提下在宣传广告或营销人员的销售术语中加入预期收益率、业绩比较基准等类似的表述，但根据上述规定，广告宣传资料也可能成为资管合同文本的一部分。

为保险起见，银行应对相关资管产品的广告宣传资料，包括但不限于公开刊登的广告、私下发送的营销术语等其他可以留下痕迹的营销文件资料，进行统一审核后规范，杜绝收益率描述，尽量避免进行预期收益率、业绩比较基准或者类似表述。如确为营销所需，应注意提醒业务部门统一所有营销渠道的宣传口径，将合同风险控制在可控范围内。

(3)拓宽适当性义务范围

银行向消费者销售理财产品，应当承担适当性义务，《九民纪要》第72条对“适当性义务”的范围进行明确的定义，即指卖方机构在向金融消费者推介、销售银行理财产品等高风险等级金融产品，以及提供服务的过程中，必须履行的了解金融消费者、了解产品、将适当的产品（或者服务）销售（或者提供）给适合的金融消费者等义务。

根据上述规定，“适当性义务”包括风险适配、产品介绍和金融消费者背景调查等内容。具体而言，就是银行应当让金融消费者充分彻底、准确完整地了解产品，银行也要充分了解金融消费者的资产情况、投资经验、日常支出特点等。

因此，银行在销售过程当中，应当要求销售人员不仅从形式上审查金融消费者的风险测评结果是否与资管产品的风险等级相匹配，还应当要求销售人员了解金融消费者的资产情况、投资经验、日常支出特点等，并注意留存相关尽职调查证据和结果。

另外，《九民纪要》第78条规定：

【免责事由】卖方机构能够举证证明根据金融消费者的既往投资经验、受教育程度等事实，适当性义务的违反并未影响金融消费者作出自主决定的，对其关于应当由金融消费者自负投资风险的抗辩理由，人民法院依法予以支持。

可见，对金融消费者进行尽职调查并非仅是加重了银行的负担，当发生诉讼时，在银行履行适当性义务存在瑕疵的前提下，通过尽职调查所获取到的金融消费者情况，可作为银行要求消费者自担风险的抗辩理由，以降低银行责任乃至免责。

(4)强化告知说明义务

《资管新规》第12条第1款规定：

> 金融机构应当向投资者主动、真实、准确、完整、及时披露资产管理产品募集信息、资金投向、杠杆水平、收益分配、托管安排、投资账户信息和主要投资风险等内容。国家法律法规另有规定的，从其规定。

延续《资管新规》的要求，《九民纪要》第76条对告知说明义务予以进一步明确：

> 【告知说明义务】告知说明义务的履行是金融消费者能够真正了解各类高风险等级金融产品或者高风险等级投资活动的投资风险和收益的关键，人民法院应当根据产品、投资活动的风险和金融消费者的实际情况，综合理性人能够理解的客观标准和金融消费者能够理解的主观标准来确定卖方机构是否已经履行了告知说明义务。

上述"理性人能够理解的客观标准和金融消费者能够理解的主观标准"评价体系，其实并非《九民纪要》首创，法院在相关案例已经采用主客观相结合的判断标准。

例如，最高院在"(2018)最高法民申5679号"案件中认为，金融机构应当根据产品的风险和金融消费者的实际状况，综合上述主客观相结合的判断标准确定告知说明义务，并据此判定原审法院判决未区分所有涉案金融消费者的不同情况，要求金融机构对所有涉案金融消费者承担同样比例的责任，显然不当，因此判决撤销原判。

可见，我国法院对于银行履行告知说明义务的要求较高，如果是属于高龄或无投资经验的金融消费者，银行责任更重。以高龄金融消费者为例，笔者建议在客观方面，应当严格按照相关监管规定及标准进行告知说明；在主观方面，应当结合高龄金融消费者群体特性进行个性化服务，具体操作流程如下：

第一，在了解其资金来源、投资目的后，应询问其是否曾与家人沟通或取得同意，并尽量取得其家人联系方式，进一步核实相关情况并予以记录；

第二，除金融消费者自身较为熟知网上银行、手机银行等电子渠道的操作的情况外（如长期或经常使用电子交易渠道等），银行应尽量通过柜台办理，并进行全程录音录像；

第三，销售人员进行产品介绍、风险提示等告知说明时，不得流于形式地快速朗读，应当以高龄人士可接受的较慢语速准确、清晰地讲述。

此外，需特别留意的是，最高院在《九民纪要》中明确否认了一些银行的习惯做法，即只保留有金融消费者单独签署一份关于"本人明确知悉可能存在本金损失风险"的风险确认声明，最高院认为这种方式不足以证明银行已经尽到了充分告知说明义务。

可见，法院对于银行履行告知说明义务的要求是必须一个完整系列而非只有一份书面文件。

3. 制定纠纷举证指引

（1）证据组织

根据《九民纪要》第 75 条的规定，卖方机构对其是否履行了适当性义务和告知声明义务承担举证责任。

笔者认为，对于此类纠纷，银行的证据组织应当主要从管理制度、适格性审查、风险测评、产品介绍、产品匹配、风险告知、金融消费者独立决策、销售行为合规性审查等方面入手。为了规范证据组织工作，银行应当尽快制定统一规范的《资管合同纠纷证据保存、收集和举证指引》，主要内容应当包括：

第一，银行是否已经建立了相应的相应管理制度，包括适格性审查、风险测评、产品介绍、产品匹配、风险告知、金融消费者独立决策、销售行为合规性等全部内容；

第二，银行是否已对金融消费者进行了适格性审查并获得清晰结论；

第三，银行是否已经对金融消费者进行了风险测评，获得清晰结论并告知金融消费者；

第四，银行是否已经向金融消费者充分告知涉案产品或服务的收益、风险因素及后果；

第五，银行是否根据金融消费者的具体情况，为其匹配相适应的理财产品；

第六，金融消费者是否独立自主作出购买资管产品或接受相关服务，此点在涉及高龄金融消费者或无投资经验金融消费者时尤为关键；

第七，银行销售理财产品或服务过程中，销售服务行为符合法律法规和监管规定，无任何隐瞒误导或欺诈行为。

(2)证据留存

要注意证据留存时效。考虑到我国目前的民事诉讼时效为三年，而理财产品的存续期多数在一年以上，如果四年之后发生纠纷，购买时的相关文件和证据材料容易缺失。

因此，银行应高度重视理财产品销售和合同订立、履约过程当中的留痕合规工作，妥善保存相关文件资料，如合同、宣传单张、风险测评问卷、录音、录像、录屏和沟通往来记录，尤其要注意能够通过信息系统随时可以调取或传输。

最后，笔者需要强调的是，随着银行理财产品和服务的日益多样化、复杂化，金融消费者的维权意识不断提高，法律法规对银行的合法合规性要求也必然不断提高，未来关于资管合同的诉讼数量和难度都将不断增加，银行应当主动适应变化，学习和研究新法相关规定，努力提高依法合规水平，为社会提供更优质的金融服务。

作者简介

容嘉俊　某大型国有银行广州分行法律合规经理，先后任职于该行贸易金融部和风险内控部，专注于对公授信业务和对私金融消费者纠纷案件、国内外融资非融资性保函业务。

【股权让与担保合同】主要风险和解决方案*

让与担保，作为一种非典型的担保交易结构，本质是为保证债权实现提供担保。它包括了让与和担保两个部分，具体是指债务人或第三人为担保债务人的债务，将担保标的物的所有权等权利先行转移到债权人名下，使债权人获得对债权清偿的有力保证。待担保权人的债权获得清偿后，担保标的物返还给债务人或第三人。如果债权无法获得清偿，担保权人有权就该标的物优先受偿。

例如股东因为各种原因需要对外融资，为了保证融资款的安全性，股东将他持有的公司股权过户到投资方名下。如果股东将来按时还款，投资方就将获得的股权回转给股东。如果股东不能按时还款，则投资方有权对获得的股权主张优先受偿权。

股权让与担保与常见的股权担保的标志性区别，在于是否办理股权过户。前者办理过户，股权暂时过户到投资方名下，直至款项回收或者优先受偿；后者不办理过户，只办理股权质押登记手续。

融资双方为什么喜欢采用股权让与担保这种担保形式呢？因为这种担保模式的设计能够同时满足投融资双方的需求。

投资方看好投资对象发展前景，愿意借出资金，但为了保护资金安全，希望获得比股权质押更强有力的保证措施，所以要求先将企业股权过户到自己名下，但投资方的用意并非要求参与公司日常经营管理。

融资款方即企业原股东，一方面需要借入资金延续企业经营，另一方面又不希望因此增加公司新股东，因为容易稀释自己的股权而失去对企业的控制，所以，他同意暂时过户股权，但希望只是作为一种担保措施，一旦融资款归还

---

* 作者：谭济坤。

完毕，股权就要恢复原位了。

股权让与担保同时能够满足双方商业诉求，但是，由于股权让与担保与其他常见的法律模式例如股权担保，在法律架构设计、文件设计和操作流程上都存在较大差异，当中存在不少的模糊之处。加上新法出台，更给这种新型担保方式增加了新的难题和风险点。

（一）主要风险

1. 合法性

最高院审判委员会专职委员刘贵祥在2019年全国法院民商事审判工作会议上将股权让与担保明确定义为："股权让与担保是让与担保的一种，指的是债务人或者第三人为担保债务的履行，将其股权转移至债权人名下并完成变更登记，在债务人不履行到期债务时，债权人可就股权折价后的价款受偿的一种担保。"

笔者通过公开网络法律数据库检索发现，涉及股权让与担保相关纠纷案件，在2014年前无，在2014—2016年有27件，2017—2019年显著增加到182件，呈现较明显的持续增长态势。各地法院对于股权让与担保融资的合同合法性问题观点不一，甚至相反。

过去，由于让与担保方式没有明确的法律规定，其合法性一直存疑。部分法院认为让与担保系以股权转让的合法形式掩饰担保的非法目的，属于当事人之间通谋虚伪，违反了物权法定原则，最终认定合同无效。

例如，辽宁省高级人民法院在"（2016）辽民申1115号"案件中认为：

从外在表现形式上，滕德荣与王恩柱、陈胜英签订的《股权转让合同》并非双方当事人真实意思表示，不能产生相应的法律效力。从双方当事人真实目的看，双方签订的《股权转让合同》和《合作管理合同书》属于设定股权让与担保，该约定违反了法律的禁止性规定和物权法定原则，故原审认定《股权转让合同》和《合作管理合同书》无效并无不当。

部分法院则认为，该交易方式符合双方真实意思表示，且不违反法律强制性规定，因此应当认定有效。

例如,最高院在“(2017)最高法民申4274号”案件中认为:

通过对合同中关于利息的约定、拟转让股权的份额确定、拟转让股权的交付方式、股权转让的价金、回购权的约定和合同的履行方式等内容进行综合分析后,认定李金喜和刘忠山签订《股权转让合同》并非要进行股权转让,而是一方以获得借贷资金,另一方以出借资金获得利息为目的,股权仅作为融资款的一种担保形式。《股权转让合同》不应被认定无效。

为了统一裁判尺度,《九民纪要》在第71条作出了明确规定:

【让与担保】债务人或者第三人与债权人订立合同,约定将财产形式上转让至债权人名下,债务人到期清偿债务,债权人将该财产返还给债务人或第三人,债务人到期没有清偿债务,债权人可以对财产拍卖、变卖、折价偿还债权的,人民法院应当认定合同有效。

《民法典》虽然没有将上述规定纳入条文之内,但根据立法本意和基本原则,对《九民纪要》的这种做法是认可的,因此可以判断,股权让与担保融资这种方式属于合法行为。

2. 主债权性质

股权让与担保对应的主债权,究竟属于投资行为,还是借款行为?

最高院审判委员会专职委员刘贵祥在2019年全国法院民商事审判工作会议上已经明确提到:“在股权让与担保中,尽管外观上的股权过户登记与设定担保的真实意思表示不一致,但就当事人之间的内部关系而言,还是要根据真实意思来认定,即认定股权让与担保中的权利人享有的是有担保的债权,而非股权。”我们可以探明,司法实践层面更倾向于根据双方的真实意思表示来判定行为的性质,即属于借款行为。

3. 名不副实

股权让与担保在操作过程中,因为股东存在“名不副实”的情况,因此存在如下风险:

(1)隐名股东难以显名

最常见的纠纷，是在隐名股东要求显名时，名义股东出于更大利益的考虑，拒绝配合隐名股东办理显名登记，因此导致产生纠纷。

最高院《公司法解释三》第 24 条第 3 款规定：

实际出资人未经公司其他股东半数以上同意，请求公司变更股东、签发出资证明书、记载于股东名册、记载于公司章程并办理公司登记机关登记的，人民法院不予支持。

隐名股东想要显名，需经目标公司其他股东过半数同意才可以，这一规定无疑对隐名股东显名提出了很高的证明要求。

《九民纪要》从保护实际投资方权益考虑，对此在第 28 条作出新的规定：

【实际出资人显名的条件】实际出资人能够提供证据证明有限责任公司过半数的其他股东知道其实际出资的事实，且对其实际行使股东权利未曾提出异议的，对实际出资人提出的登记为公司股东的请求，人民法院依法予以支持。

该条规定将隐名股东显名风险从要求目标公司过半数股东"同意"降低为"知道其实际出资的事实"，取消了"同意"的门槛，大大降低了隐名股东的显名难度。

(2)显名股东代持股被司法查冻

另外一类纠纷，是名义股东因对外欠债，导致登记在其名下的股权被法院查冻。此时，如果隐名股东申请执行异议，主张所查冻股权实际为隐名股东所有，与显名股东无关，更不能用于抵偿显名股东的债务，这种执行异议能否得到法院支持，在司法实践中，不同法院甚至最高院都存在两种完全不同的观点。

有些裁判案例主张，当商事外观主义原则与保护实际权利人利益相冲突时，实质优于形式，应优先选择保护实际权利人的利益，不应继续机械地坚持商事外观主义原则。

例如，最高院在"(2015)民申字第 2381 号"案件中认为：

案涉执行案件申请执行人中行南郊支行并非针对成城公司名下的股权从事交易，仅仅因为债务纠纷而寻查成城公司的财产还债，并无信赖利益保护的需要。若适用商事外观主义原则，将实质权利属于华冠公司的股权用以清偿成城公司的债务，将严重侵犯华冠公司的合法权利。

有些裁判案例则认为，股权登记具有公信力，外观的显示优于内在的事实，即形式重于实质，从信赖利益保护角度考虑，应当优先保护善意第三人的权利。例如最高院在"（2016）最高法民再360号"案件中，作出如下判定：

即使外在的显示与内在的事实不一致，商事主体仍须受此外观显示的拘束，外观的显示优越于内在的事实。法定事项一经登记，即产生公信力，登记事项被推定为真实、准确、有效，善意第三人基于对登记的信赖而实施的行为，受到法律的保护，即使登记事项不真实、与第三人的信赖不符，善意第三人也可以依照登记簿的记载主张权利。

在《九民纪要》（征求意见稿）中，对上述问题的原有规定是倾向保护实际权利人，支持隐名股东主张权利。但在《九民纪要》（三审稿）中，该条规定被删除了，这表明这个问题将在未来很长一段时间里属于模糊地带，将给隐名股东或实际权利人造成潜在的法律风险。因此，这也是我们在操作股权让与担保项目时，需要特别小心防范的风险。

（3）公司越权担保

在实际操作过程中，虽然有股权过户变更登记作为融资担保手段，但有的投资方为了确保投资安全，还会要求公司另行作为担保人，为资金安全提供担保。此时，就出现了投资方是否应当承担审查目标公司董事会、股东会决议有效性的义务问题。

在司法实践中，部分法院认为，如果担保权人没有对上述文件进行审查的，视为未尽到合理审查注意义务，不属于法律所保护的善意相对人，担保行为应属无效。

例如扬州市中院在"（2018）苏10民终157号"案件中判定：

《公司法》第十六条不仅调整公司内部管理事务，也是关于公司对外担保事宜的意思机关及决议程序的特别规定。法律既已将公司为他人担保的行为予以明文规定即具有公开宣示效力，合同相对人理应知晓并遵守该规定。因此，合同相对人在接受公司为他人提供担保时，理应对公司章程及该事宜是否经过有关机关决议尽到基本的形式审查义务。

在司法实践中，也有部分法院认为，《公司法》第16条属于管理性强制规范，并不属于效力性强制规范，未经公司相关部门决议，不影响公司担保行为的效力。

例如云南省高院在"（2013）云高民一终字第225号"案件中，作出如下判定：

《中华人民共和国公司法》第十六条第二款"公司为公司股东或者实际控制人提供担保的，必须经股东会或者股东大会决议"属管理性规范，未经股东会决议并不影响公司担保行为的效力。

为了解决上述矛盾，《九民纪要》在第17条作出统一规定：

【违反《公司法》第16条构成越权代表】为防止法定代表人随意代表公司为他人提供担保给公司造成损失，损害中小股东利益，《公司法》第16条对法定代表人的代表权进行了限制。根据该条规定，担保行为不是法定代表人所能单独决定的事项，而必须以公司股东（大）会、董事会等公司机关的决议作为授权的基础和来源。法定代表人未经授权擅自为他人提供担保的，构成越权代表，人民法院应当根据《合同法》第50条关于法定代表人越权代表的规定，区分订立合同时债权人是否善意分别认定合同效力：债权人善意的，合同有效；反之，合同无效。

如何判断债权人属于善意？

《九民纪要》第18条亦作出了明确规定：

【善意的认定】债权人对公司机关决议内容的审查一般限于形式审查，只要求尽到必要的注意义务即可，标准不宜太过严苛。公司以机关决议系法定代表人伪造或者变造、决议程序违法、签章（名）不实、担保金额超过法定限额等事由抗辩债权人非善意的，人民法院一般不予支持。但是，公司有证据证明债权人明知决议系伪造或者变造的除外。

根据上述规定,投资方在审查相关股东会决议时,应当要做到对公司机关决议内容的形式审查义务只要求尽到必要的注意义务即可,标准不宜太过严苛。

如果对方以法定代表人身份虚构、决议程序违法、签章虚假、担保金额超过法定限额等事由主张债权人非善意的,人民法院一般不予支持。当然,如果投资方获悉股东会决议系伪造或变造的,应当及时停止投资,否则将陷入风险旋涡当中。

(4)超额税负

这是选择股权让与担保方式进行融资时,必须重点考虑的问题。目前而言,关于股权让与担保方式应该如何征收所得税,税务机关并未作出统一明确的规定,各地税务机关在实际征收中的做法也各不相同。

如果将这种行为认定为融资款,就不会产生企业所得税。如果认定为股权转让,融资款方应当按照转让股权所得缴纳企业所得税。而将来归还股权的时候,投资方还必须按照转让股权所得再次缴纳企业所得税。

因此我们在设计相应的交易方案时,应当与当地税务部门积极沟通,尽量争取获得税务机关对“名股权转让实为融资担保”交易实质的认定,而非仅从形式外观对交易的本质进行判定。

若税务机关坚持依据形式外观主义进行判定,并最终认定融资款方获得的是股权转让款,那么融资款方就会产生所得税。此时,建议投融资双方就税收的承担问题进行友好磋商,并在合同中约定税收的具体承担方式和实际承担人。

(二)解决方案

要解决好前述风险,需要注重写好或审查好如下法律文件:

1.股权转让合同

这是核心文件,主要解决股权过户的性质定位和具体操作问题。在实际操作当中,交易双方通常会签订两份股权转让合同,也称“简繁版”。

简版内容全部是市场监督管理部门要求的标准版本，用于快速通过商事登记。繁版详细记录交易双方的权利义务和交易模式。为了防止简繁两种版本之间的内容冲突，应该在繁版当中明确约定：

本合同为甲乙双方履行本合同所述项目的最高法律效力文件，本合同约定内容与甲乙双方用于商事登记合同内容不一致的，以本合同约定内容为准。

2. 代持股合同

主要是用于说明股权的“暂时过户”性质，在代持股合同中写明：

甲乙双方只是名义上的股权转让，甲方股权仅为乙方暂时代持，实质是通过股权转让的方式，以甲方股权为本合同所述融资款向乙方提供担保。待项目交易完成，甲方将融资款全部归还完毕给乙方后，甲乙双方应当共同配合，将股权过户回转到甲方名下。

关于项目交易结束时间节点的确定，可以根据具体情况灵活约定，但不建议模糊约定，避免双方后续发生争议，例如可以约定：

投资方收到本合同约定的融资款本金和全部投资收益之日即为项目结束之日。

考虑到《九民纪要》针对隐名股东显名的新规要求，建议让目标公司全体股东作为见证人，在代持股合同上进行签名，以证明其他股东对此是完全知情的，后期若因显名问题发生纠纷，可以有效减轻融资方的举证难度。

3. 融资款合同和担保合同

股权让与担保融资活动的核心是融资，因此，在拟定融资款及担保合同时，除按照常规的融资款及担保合同内容拟定外，还应当进行延伸考虑。

在两份合同开头均设置“合同目的条款”，主要用于介绍股权让与担保融资的背景，以此明确整个商业活动的性质及真实法律关系，避免因双方真实意思表达不明，发生纠纷时在真实法律关系的认定上产生分歧。

站在投资方的角度，在合同中明确约定具体的投资回报收益率，以及若融资款方未能兑现投资回报收益时，是选择债转股还是由其他股东对其预期投资回报收益承担连带责任，作为未能获得预期投资收益回报的补救方案。

站在融资款方的角度，由于名义股东另案金钱债权纠纷导致代持股被查冻的争议问题在《九民纪要》中未能得到统一规定，为保护自身合法权益，应当在合同中明确约定：

若投资方因与融资方无关的其他经济纠纷导致其代持的股权被法院查冻的，投资方应当全权负责处理解冻等事宜；若发生融资款方执行异议请求不被法院支持的情况，由此所造成的损失由投资方承担责任。

关于投资方具体如何承担责任，可以根据双方交易的具体情况灵活约定。

如果公司还单独提供了担保，为确保担保合同合法有效，建议投资方要求公司机关向其出具同意公司提供担保的决议，或者要求公司机关成员在担保合同上进行签名确认。

若公司既提供了物保又提供了人保，担保人在承担了债务责任后，想要获得担保人间相互追偿的权利。应当在合同中约定：

担保人承担了担保责任后，可以要求其他担保人清偿其应当分担的份额。

在具体项目操作过程中，关于分担的份额建议写明具体的数额，避免后续各方针对各自应承担的份额发生争议。在实务中还会发生一种情况，部分担保人在应承担的份额内不能承担责任，此时就不能承担的部分能否要求其他担保人承担责任，实务中是有争议的，关于此问题，《民法典》第 519 条第 3 款规定，被追偿的连带债务人不能履行其应分担份额的，其他连带债务人应当在相应范围内按比例分担，加大了对债权人权益的保护力度。

4. 公司章程

目标公司的章程修订，对于保障项目合法性和投资方资金安全相当重要。

由于投资方并非真实的股东，因此需要在公司章程中对投资方的权利进行限制，例如仅享有分红权不享有管理控制权等，关于其分红的具体方式也应当明确，即按照双方约定好的投资收益比进行分红，包括投资方的股权退出机制也应当在公司章程中予以明确约定。

此外，最好在公司章程中约定清楚，公司对外提供担保时，决议机关是谁以及决议通过的条件。

这样写的目的一方面是保护公司的权益，避免负责人滥用职权，侵害其他股东或债权人利益；另一方面也提醒投资方要重视对公司章程的审查，履行必要的注意义务。

5. 股东会决议和董事会决议

以公司对外提供担保为例，为确保担保行为合法有效，投资方应当要重视审查公司股东会或董事会针对此作出的决议。在操作过程中，若还涉及其他公司的行为，为确保行为的效力，均应当注意并重视公司机关是否作出决议。

总结本文，股权让与担保因应商业社会需要而生，属于一种比较复杂的法律设计，既要考虑如何遵守法律规则红线，但又要作出灵活设计和调整。

作者简介

谭济坤　北京市惠城（成都）律师事务所律师。曾担任法蝉知识研究院法律知识工程师，策划并主导开发法蝉核心知识内容；参与写作《家事律师就该这么做》；在中国司法案例网及最高人民法院司法案例研究院刊发《不动产物权期待权在执行异议程序中的司法适用》等多篇实务文章。

【公司保证合同】
立法变化和应对方案[*]

公司保证合同,又称为公司对外保证合同,指公司作为保证人,与债权人订立的,在主债务人不履行其债务或者发生约定情形时由公司履行债务或承担责任的合同。

《公司法》第16条规定:

公司向其他企业投资或者为他人提供担保,依照公司章程的规定,由董事会或者股东会、股东大会决议;公司章程对投资或者担保的总额及单项投资或者担保的数额有限额规定的,不得超过规定的限额。

公司为公司股东或者实际控制人提供担保的,必须经股东会或者股东大会决议。

前款规定的股东或者受前款规定的实际控制人支配的股东,不得参加前款规定事项的表决。该项表决由出席会议的其他股东所持表决权的过半数通过。

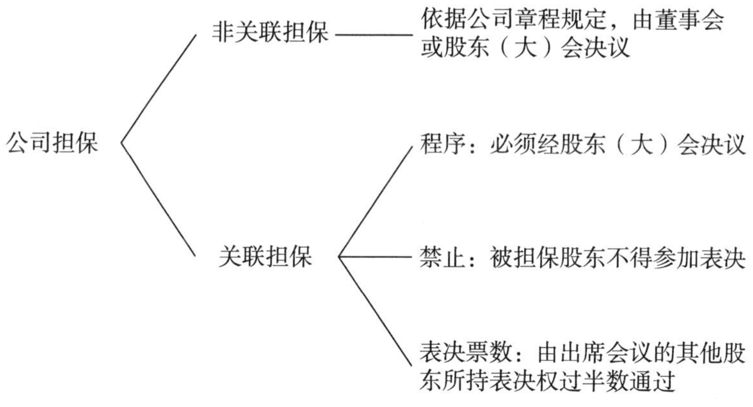

图1 公司对外担保规定

* 作者:陆春霞。

公司保证合同是在贸易、借贷、投资并购等经济活动当中一种常见的增信形式。但在实践中，对于公司保证合同效力如何准确认定，尤其是当公司担保未经股东（大）会决议或董事会决议（以下简称决议）是否有效的问题，实践中一直存在较大争议，各地法院“同案不同判”情形非常普遍。

此次《九民纪要》的颁布，是最高院首次在成文的指导性意见中对公司保证合同效力问题进行全面阐述，统一裁判标准。

本文旨在梳理和总结《公司法》《九民纪要》《民法典》等关于公司保证合同效力的新法规定，并站在债权人立场上，就如何防范保证合同效力风险提出应对方案。

（一）新法变化

1.《九民纪要》颁布之前的裁判观点

公司法定代表人或实际控制人在未取得股东（大）会或董事会决议同意的情形下，就擅自以公司名义对外提供担保，这种情形被称为越权代表。越权代表签订的保证合同是否有效，在司法实践中各级法院有截然相反的两种裁判观点。

第一种观点认为，越权代表签订的保证合同有效。

持这种观点的法院认为“公章即公司，法定代表人即公司”，法律依据是《民法总则》第 61 条“法定代表人以法人名义从事的民事活动，其法律后果由法人承受”的规定。法定代表人以公司名义对外签订保证合同，其法律后果应由公司承受。法人章程或者法人权力机构对法定代表人代表权的限制，属于公司内部事务，第三人不负有注意义务。如“六盘水金太阳房地产开发有限公司、熊德尧民间借贷纠纷再审案”［案号：(2018)最高法民申 220 号］。

也有法院认为，《公司法》第 16 条属于管理性强制性规定，并非效力性强制性规定，不应约束公司以外的第三人，不能引用《合同法》第 52 条第 5 款的规定来认定保证合同无效。如“陕西神木酒业有限责任公司、刘贵平民间借贷纠纷再审案”［案号：(2019)最高法民申 6084 号］。

第二种观点认为，越权代表签订的保证合同无效。

持这种观点的法院认为债权人“应知晓代表权有限制”,《公司法》第 16 条对于法定代表人或授权代表人在担保事项上作出了明确限制,该限制应当推定债权人是知晓的。对凡未经股东(大)会或董事会同意的,应推定债权人知晓法定代表人或授权代表人的代表权有瑕疵,不构成表见代理,未经公司追认的,对公司不发生效力;债权人、公司和债务人按照过错承担责任。如“徐有赞、扬州瘦西湖酒店有限公司民间借贷纠纷再审案”[案号:(2018)最高法民申 4048 号]。

笔者经检索中国裁判文书网,发现最高院在对越权代表签订的保证合同效力裁判时分歧非常大。检索结果详见图 2 所示。

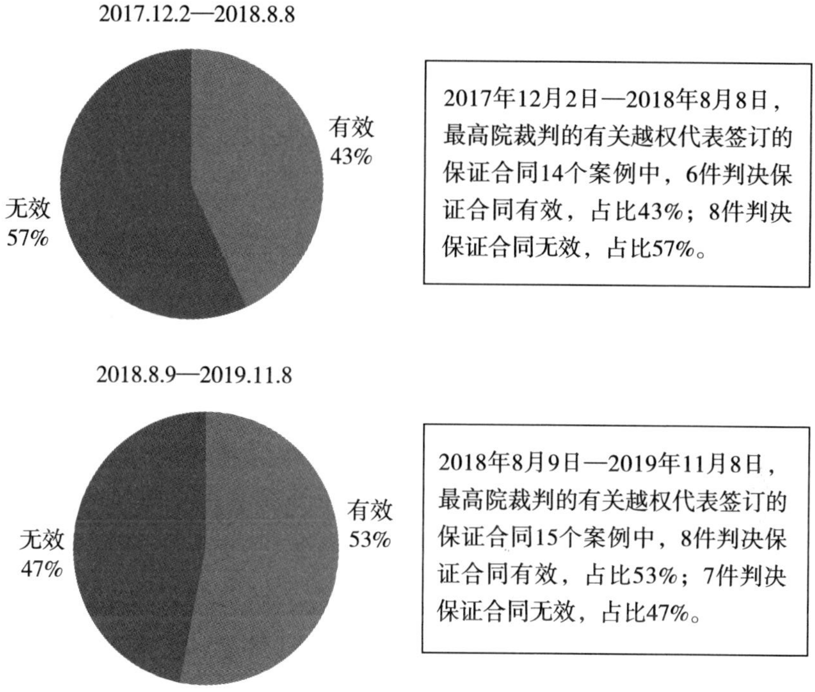

图 2　近年来最高院对越权代表签订的保证合同效力裁判统计

2.《九民纪要》颁布之后的新变化

《九民纪要》对于公司担保效力作了全面阐述并统一裁判规则,具体如下:

(1)除特殊情形外，公司担保必有决议。如无决议，依据善意或恶意判断效力

《九民纪要》第17条规定：

【违反《公司法》第16条构成越权代表】……《公司法》第16条对法定代表人的代表权进行了限制。根据该条规定，担保行为不是法定代表人所能单独决定的事项，而必须以公司股东（大）会、董事会等公司机关的决议作为授权的基础和来源。法定代表人未经授权擅自为他人提供担保的，构成越权代表，人民法院应当根据《合同法》第50条关于法定代表人越权代表的规定，区分订立合同时债权人是否善意分别认定合同效力：债权人善意的，合同有效；反之，合同无效。

也就是说，公司担保不是法定代表人可以擅自决定的事项，必须经公司股东（大）会、董事会等公司权力机关作出决议。如果法定代表人越权代表的，根据《民法典》第504条规定：

法人的法定代表人或者非法人组织的负责人超越权限订立的合同，除相对人知道或者应当知道其超越权限外，该代表行为有效，订立的合同对法人或者非法人组织发生效力。

因此，法院将会区分订立保证合同时，债权人是否存在善意。债权人善意的，保证合同有效；债权人恶意的，保证合同无效。

如何判断善意或恶意呢？

《九民纪要》第18条规定：

善意，是指债权人不知道或者不应当知道法定代表人超越权限订立担保合同。

由此可知，《九民纪要》第18条与《民法典》第504条规定相一致。根据司法实践，判断债权人存在善意的标准通常应当包括三条：

- 公司为公司股东或者实际控制人提供关联担保的，应当审查股东（大）会决议，并且决议的表决程序合法，即在排除被担保的关联股东外，其他股东须过半数同意。

●公司对外提供非关联担保的，应当审查公司章程，确定有权作出有效决议的权力机关是董事会或股东（大）会；其次审查董事会决议或股东（大）会决议的形式是否符合章程规定，包括决议人数、签字人员等；再次审查董事会决议或股东（大）会决议的内容是否与保证合同主要内容吻合。

●债权人对上述公司权力机关决议审查一般限于形式审查，即只要求尽到必要的注意义务即可。

（2）符合五种情形的保证合同直接认定有效

《九民纪要》第19条规定：

【无须机关决议的例外情况】存在下列情形的，即便债权人知道或者应当知道没有公司机关决议，也应当认定担保合同符合公司的真实意思表示，合同有效：

（1）公司是以为他人提供担保为主营业务的担保公司，或者是开展保函业务的银行或者非银行金融机构；

（2）公司为其直接或者间接控制的公司开展经营活动向债权人提供担保；

（3）公司与主债务人之间存在相互担保等商业合作关系；

（4）担保合同系由单独或者共同持有公司三分之二以上有表决权的股东签字同意。

此外，《九民纪要》第22条规定：

【上市公司为他人提供担保】债权人根据上市公司公开披露的关于担保事项已经董事会或者股东大会决议通过的信息订立的担保合同，人民法院应当认定有效。

也就是说，对上市公司保证合同的效力判断，不仅要求债权人取得上市公司董事会或股东大会决议，还需要公开披露此决议信息才能认定保证合同有效。

（3）以债务加入等形式提供担保的，参照公司担保规则处理

为了防止公司采用债务加入等方式规避董事会或股东（大）会作出决议，损害中小股东利益，《九民纪要》第23条规定：

【债务加入准用担保规则】法定代表人以公司名义与债务人约定加入债务并通知债权人或者向债权人表示愿意加入债务，该约定的效力问题，参照本纪要关于公司为他人提供担保的有关规则处理。

(4)公司保证合同，有效承担保证责任，无效承担过错赔偿责任

《九民纪要》第20条规定：

【越权担保的民事责任】……担保合同有效，债权人请求公司承担担保责任的，人民法院依法予以支持；担保合同无效，债权人请求公司承担担保责任的，人民法院不予支持，但可以按照担保法及有关司法解释关于担保无效的规定处理。公司举证证明债权人明知法定代表人超越权限或者机关决议系伪造或者变造，债权人请求公司承担合同无效后的民事责任的，人民法院不予支持。

与之相对应的是《民法典》第682条第2款规定：

保证合同被确认无效后，债务人、保证人、债权人有过错的，应当根据其过错各自承担相应的民事责任。

该规定与《九民纪要》第20条是一致的，即公司对外保证合同有效承担保证责任，公司对外保证合同无效承担过错赔偿责任。

不过为了防止债权人滥用该规定，《九民纪要》特别指出，如果公司能够举证证明债权人"明知"法定代表人超越权限或者机关决议系伪造或变造的，公司不承担合同无效的过错赔偿责任。

笔者认为，《九民纪要》在此处使用的词语是"明知"而非"应知"，意思是要求公司承担更严格的举证责任，不能轻易推定债权人存在过失，例如：

公司不应该仅依据保证合同当中经常存在的表述"基于本保证合同项下公司提供的担保已获得符合《公司法》和公司章程规定的权力机构审议并同意"，而实际上债权人在签订合同时并没有审查公司章程或对外担保决议是否存在为由，就推定债权人"明知法定代表人越权"或"明知决议系伪造或者变造"。

因为证明"明知"的标准要求非常高，不仅有客观事实还要有主观意图，例

如有书面或录音录像资料证实债权人曾经询问、调查上述情况，或者公司直接告诉过债权人法定代表人越权决定或决议属于伪造或变造等。

(5)法定代表人需承担越权代表的赔偿责任

《九民纪要》第21条规定：

【权利救济】法定代表人的越权担保行为给公司造成损失，公司请求法定代表人承担赔偿责任的，人民法院依法予以支持。公司没有提起诉讼，股东依据《公司法》第151条的规定请求法定代表人承担赔偿责任的，人民法院依法予以支持。

(二)应对方案

《九民纪要》第17～23条的规定明确增加了债权人的义务，即债权人和公司签订保证合同前，债权人需审查公司对外担保是否已经公司股东(大)会、董事会等公司权力机关作出决议。在目前市场环境下，面对错综复杂商业利益，签名可能伪造，公章可能造假，债权人即使有"火眼金睛"也不一定能够准确辨别。

笔者认为，当公司保证合同中公司公章、法定代表人不再必然等同于公司的前提下，作为债权人应积极主动采取以下措施：

1. 将保证人变为共同债务人

公司对外担保，债权人需要承担审查义务。为避免程序瑕疵，在交易事项允许和双方同意的情况下，债权人变更法律关系，要求公司直接作为共同债务人一起签订合同，但应注意避免构成《九民纪要》第23条规定的债务加入情形。

2. 公司提供保证时，严格审查公司对外担保文件

(1)审查文件

审查公司的文件包括章程、股东(大)会决议、董事会决议等，其他与担保相关的文件包括股东名册、董事名单等。如涉及上市公司对外提供担保的，所有资料均应以上市公司公开披露的信息为准。

(2)审查内容

第一,对决议机关的合法性进行审查。

审查公司章程对于担保的决议机关是否有明确规定,如有规定,按规定作出决议。实践中,许多公司使用的是市场监督管理局提供的章程模板,章程中并没有明确规定担保的决议机关。

此种情形下,债权人可要求公司的股东(大)会修改公司章程明确担保的决议机关,或者要求股东(大)会和董事会同时作出同意担保的决议,或者也可要求共同持有公司 2/3 以上有表决权的股东在保证合同上签字同意。

第二,对是否存在对外担保金额限制进行审查。

主要是审查公司章程或决议当中,对于公司对外担保金额是否存在特别规定或特别限制。

第三,对决议表决程序的合法性进行审查。

审查股东(大)会决议或董事会决议召集程序是否合法;决议是否可能存在可撤销、无效或不成立情形;表决通过比例是否符合公司章程的规定。

应特别注意《公司法》第 16 条和第 121 条规定的两种特别情形:一种情形是公司提供关联担保的,除关联股东之外的其他股东过半数通过;另一种情形是上市公司担保金额超过总资产 30% 的应当由股东大会作出决议,并经出席会议的股东所持表决权的 2/3 以上通过。

第四,对作出决议的股东或董事资格进行审查。

如股东(大)会决议形式,应结合公司章程及国家企业信用信息公示系统核实公司股东及其持股比例。如董事会决议形式,应通过国家企业信用信息公示系统核实决议签署方是否为公司董事。

第五,对涉及担保决议的其他内容进行审查。

注意公司章程是否有特殊规定,如某一股东或董事在公司对外担保问题上享有一票否决权等。

(3)审查真实性

第一,对股东或董事的签章进行比对。

为了最大限度地防范风险,建议债权人要求公司提供股东或董事在其他决议上的签章、签名以及公司在其他担保类文件上的盖章，债权人可以进行目测比对。如有较大出入，应提出书面质疑。

第二，如有条件，股东（大）会或董事会决议尽量面签。

为防止决议签名或盖章系伪造，如允许，债权人可要求股东（大）会决议或董事会决议采用面签形式。

第三，要求公司提交债权人审查的所有文件均加盖公司公章，并由法定代表人或实际控制人签名并注明文件来源，一旦文件有瑕疵，便于追究责任人。

3. 确保保证合同有效

为了确保保证合同有效，债权人应要求将符合要求的公司章程、决议文件等列为保证合同附件。同时，完善保证合同的签字，不仅有公司盖章和法定代表人签名，还应由公司 2/3 以上或全体股东签名同意。

因为根据《九民纪要》第 19 条的规定，只要符合上述要求的股东签字同意，即使没有决议，保证合同也有效。

但要注意，《九民纪要》第 19 条规定 2/3 以上有表决权的股东并没有区分关联股东，为谨慎起见，如关联担保的，则除了关联股东之外，需要求其他有表决权股东 2/3 在保证合同上签字同意，所以最安全的方式是要求全体股东签字同意。

4. 要求增加保证合同主体

保证合同中可将公司法定代表人或提供公司决议文件的人员列为“文件提供方”，文件提供方的主要义务是保证公司决议的真实性和合法性，承担的主要责任是如公司决议存在瑕疵，导致保证合同无效，须向债权人承担赔偿责任。如果对方同意，保证合同甚至可以直接将公司控股股东、实际控制人和管理层加入保证合同，作为保证人之一，承担无限连带责任。

5. 要求保证合同包括必要条款

为了确保对外担保有效，在合同实务中应当仔细审订保证合同，确保当中包含如下必要条款：

(1)关联担保的陈述和保证条款

示范条款写法如下：

本合同项下公司为股东××或实际控制人××提供的关联担保，按照《公司法》第16条规定，在本合同签订前已由公司股东(大)会作出同意担保的决议。公司承诺其提供的股东(大)会决议已全面履行了法律和章程规定的表决程序，并获得除关联股东外的其他股东过半数同意，表决人数及签名人员完全合法，表决程序和决议内容无任何瑕疵。

(2)非关联担保的陈述和保证条款

示范条款写法如下：

本合同项下公司提供的非关联担保，按照《公司法》第16条和公司章程第*条规定，在本合同签订前已由公司股东(大)会/董事会作出同意担保的决议。公司承诺其提供的股东(大)会/董事会决议已全面履行了法律和章程规定的表决程序，并获得股东(大)会/董事会过半数同意，表决人数及签名人员完全合法，表决程序和决议内容无任何瑕疵。

(3)违约赔偿条款

示范条款写法如下：

若因公司违反陈述和保证条款(列具体条款)，导致因违反《公司法》第16条规定造成保证合同无效，即视为公司存在严重过错，应承担造成合同无效的全部法律责任。如因此给债权人造成损失的，公司应赔偿全部损失。

经过对新法的研读，我们不难发现，新法的价值取向是倾向维护中小股东利益，加重债权人义务。因此，债权人必须牢记“公司担保必有决议”这个基本原则，同时清晰认识到“法定代表人、公章并不等于公司”这个主要风险，可以参考使用“高云合同六法”倡导的“合同新三观”之利益观、系统观和流程观，在保证合同的谈判、写改和管理全流程上层层设防，全面把控风险，才能最终实现保证合同目标。

作者简介

陆春霞 清华大学法律硕士，国际金融标准专业委员会认证私人银行家（CPB）资深讲师，广西欣和律师事务所高级合伙人。

案例下载

希望下载文中的案例全文？扫码关注“高云合同”公众号，发送关键词“**公司保证合同**”，自动获取。

【劳动合同】

企业劳动用工事务应当如何改进*

企业的劳动用工,是决定企业是否能够生存与发展的关键。如何合理地利用工作人员为企业创造财富,并避免用工过程中可能产生的风险、损失,是每一个企业都需要关注的问题。人力资源方面的法律风险,尤其是“用人者责任”已经成为企业等用人单位最主要的用工风险之一。

笔者在中国法律文书裁判网上检索了 2015 年 1 月 1 日至 2019 年 12 月 31 日全国判定用人单位因“用人者责任”承担赔偿责任的民事案例,共计 22,456 件,遍布金融业、交通运输、仓储和邮政业、批发和零售业、制造业、租赁和商务服务业等各个行业,范围非常广泛,其中尤以金融业和交通运输、仓储、邮政业为主。

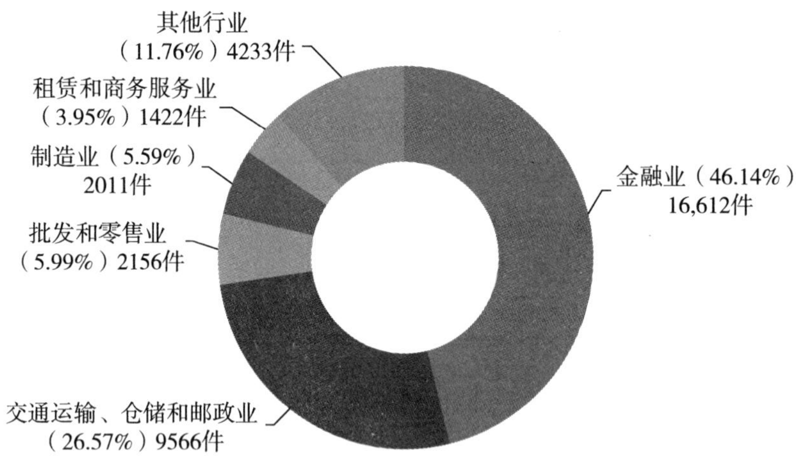

图 1　因“用人者责任”承担赔偿责任案例行业分布图

本次《民法典》出台,虽然未直接对劳动用工方面的法律、法规进行大的调

---

* 作者:范宇翔。

整，但相关规定依然对用人单位的劳动用工事务造成了一定影响，企业规章制度、劳动合同甚至用工模式等用工事务，都存在重新梳理和调整的必要，本文就此专题总结相关变化和应对方法如下。

（一）新法变化

在《民法典》出台前，我国的法律制度奉行“用人者责任”理论，要求用人单位或用工单位在获取用工利益的同时，对工作人员给第三人造成的损失承担替代赔偿责任，以减轻相对处于弱势地位的劳动者或工作人员的风险和责任。例如《侵权责任法》第34条规定：

用人单位的工作人员因执行工作任务造成他人损害的，由用人单位承担侵权责任。

劳务派遣期间，被派遣的工作人员因执行工作任务造成他人损害的，由接受劳务派遣的用工单位承担侵权责任；劳务派遣单位有过错的，承担相应的补充责任。

但是，该条款在实践中的实施效果引发了不少争议，主要是因为该条款并未规定用人单位或用工单位的追偿权，导致工作人员在履行职务过程中因故意或重大过失造成第三人损害时，用人单位或用工单位在承担替代赔偿责任后，无论是基于劳动关系的用工，还是劳务派遣关系的用工，都无法就造成的损失向工作人员追偿，这使得企业等用工主体在用工方面的法律风险大大增加，也给企业等用工主体造成很大的不公平。

最高院在司法实践当中也发现了类似问题，因此在《人身损害赔偿司法解释》第9条第1款规定：

雇员在从事雇佣活动中致人损害的，雇主应当承担赔偿责任；雇员因故意或者重大过失致人损害的，应当与雇主承担连带赔偿责任。雇主承担连带赔偿责任的，可以向雇员追偿。

最高院对于劳务关系当中雇员如何赔偿作出了规定，弥补了立法不足，但对于同属用工关系的劳动关系中，劳动者在造成用人单位承担“用人者责任”

后，如何进行赔偿却没有作出相应司法解释，使得法官遇到基于劳动关系的索赔案件时，往往难以下判。

如在“济宁振华丰田汽车销售服务有限公司与苏洋洋追偿权纠纷案”[案号：(2014)济民终字第2005号]中，对于工作人员苏洋洋在无机动车驾驶证的情况下，擅自移动车辆将他人致伤的损失，用人单位在赔偿后向苏洋洋提出了追偿诉讼。法院审理后认为，有明显过错的苏洋洋应承担相应的责任才属公平。但因为没有任何直接法律依据，法院运用了《全国人民代表大会法律委员会关于〈中华人民共和国侵权责任法(草案)〉审议结果的报告》中倾向于支持用人单位追偿权的观点：

用人单位与其工作人员之间以及因个人劳务对追偿问题发生争议的，宜由人民法院在审判实践中根据具体情况处理。从以上内容来看，立法者还是倾向于肯定用人单位享有追偿权的。如果不赋予用人单位的追偿权，显然有违公平原则。

审理此案的法院最终依据上述原则，判决苏洋洋应按用人单位已支出赔偿金额的20%进行赔偿。该案固然体现了公平合理原则。但是在我国司法实践当中，法院依据立法原则来断案的情形是相当少有的，仅就理据而言，略有不足。

鉴于实践当中存在大量用人单位在承担责任后无法向有故意或重大过失的劳动者、工作人员追偿的情况，《民法典》第1191条第1款规定：

用人单位的工作人员因执行工作任务造成他人损害的，由用人单位承担侵权责任。用人单位承担侵权责任后，可以向有故意或者重大过失的工作人员追偿。

根据上述规定，《民法典》就用人单位对劳动者等工作人员的追偿权规定如下：

第一，追偿权主体从雇主扩大到各种用人单位。

根据《人身损害赔偿司法解释》第9条的规定，只有雇佣关系下的雇主才可以享有追偿权。《民法典》的上述规定，将行使追偿权的主体从单一的雇主扩大到了包括劳动关系中的企业、个体工商户以及人事关系中的国家机关、事业单位在内的所有用人单位。

第二,被追偿主体从雇员扩大到各种工作人员。

根据《人身损害赔偿司法解释》第 9 条规定,被追偿的主体只能是雇佣关系当中的雇员,而《民法典》将追偿权的对象扩大为用人单位的工作人员。

“用人单位”系劳动法领域的特有概念,但《民法典》未使用其对应的概念“劳动者”,且在《民法典》中未再单独规定劳务关系下雇主对雇员的追偿权,这足以说明《民法典》认为此处的工作人员应当是包含劳动者、劳务提供者(雇员),甚至公务员等机关事业单位人员在内的所有工作人员。

第三,行使追偿权的前提由承担连带赔偿责任变更为承担侵权责任。

根据《人身损害赔偿司法解释》第 9 条的规定,雇主只有在承担连带赔偿责任后,才可以向对损害有故意或者重大过失的雇员追偿。《民法典》将用人单位行使追偿权的前提限缩为用人单位已承担侵权责任,且删掉了承担连带赔偿责任作为前提的表述,解决了该司法解释表述欠缺科学性的问题,进而明确了只要用人单位承担的责任是侵权责任,在承担后即可对存在故意或重大过失的工作人员依法行使追偿权,而无须再受是否承担连带赔偿责任的束缚。

第四,用工单位向劳务派遣单位追偿有了明确法律依据。

《民法典》第 1191 条第 2 款规定:

劳务派遣期间,被派遣的工作人员因执行工作任务造成他人损害的,由接受劳务派遣的用工单位承担侵权责任;劳务派遣单位有过错的,承担相应的责任。

根据上述规定,《民法典》将劳务派遣单位的责任由补充责任改变成了过错责任,即劳务派遣单位有过错的,应成为相应责任的最终承担者,这就意味着用工单位在承担责任后,依据法律规定或合同约定向劳务派遣单位进行追偿有了明确的依据。

(二)改进方案

正如“高云合同六法”当中所言,消灭风险最好的方法就是让风险的前提不存在！要减少或避免用人单位承担“用人者责任”，最好的方法就是根据不同企业、用人单位的各自特点选择不同的用工模式，分述如下：

1. 四种模式

根据目前市场情况，用人单位的用工模式通常可以分为劳动关系、劳务派遣、劳务外包和劳务关系四种。

其中，劳动关系属于最传统和普遍的用工模式，劳动关系的好处是劳动者对用人单位的人身依附性强，但法律限制最大，用人单位的管理、用工成本也很高。

劳务派遣的好处是用工单位与用人单位相分离，用工单位按照协议支付派遣费用，无须再与被派遣的工作人员订立劳动合同，无须承担用人单位在劳动法律、法规中的义务。同时，用工单位的规章制度对被派遣者有效，被派遣者接受用工单位的管理，人身依附性与劳动关系区别不大。但根据目前的相关规定和实践情况来看，劳务派遣仅适用于季节性、偶然性和辅助性岗位，依法不能成为用工的主流模式。

劳务外包又称服务外包，是指接受服务单位将其所需服务外包给第三方，通过订立服务合同的方式，由提供服务单位派出相关工作人员为接受服务单位提供服务。由于派出的工作人员属于提供服务单位的人员，与接受服务单位无关。因此该种用工模式通常用于保安、清洁、技术维护、法律服务等方面。

劳务关系模式是指用工单位与提供劳务的自然人之间以签订劳务合同等形式合作，一般用于用工单位与达到退休年龄并领取基本养老保险的人员之间，部分零散、短期、依附性弱的用工关系也可属于劳务关系。这种用工模式除广泛用于装修、建筑等行业外，在教育、医疗等专业技术依赖性较强的行业也广泛运用，很多大学或者私立学校、医院、设计院都存在返聘退休教师、医生或工程师的情况。此种返聘，在用工模式上即属于劳务关系用工。

2. 对比分析

(1)传统劳动关系下的员工归属感强，但经济成本太高

在传统的劳动关系用工模式下，员工归属于用人单位，用人单位能够对员

工进行较为紧密的管理，企业或单位的文化、价值理念容易传递给员工，使其对企业或单位形成强烈的归属感和认同感，进而在工作中更加积极主动，发挥更高的劳动用工效能。而劳务派遣和劳务外包用工模式下，由于工作人员不归属于用人单位，因而归属感不强，用工效能较低。

但是，对于劳动关系下的劳动者，用人单位应当按照《社会保险法》《住房公积金管理条例》的规定为其缴纳社会保险费和住房公积金。根据目前测算，一个劳动者如果要拿到1万元的到手工资，用人单位实际应为其支付的成本约为1.7万元（不同的地方由于政策的不同，存在差异），这对于用人单位而言是一笔不小的负担。

虽然在2020年的疫情期间，国家就通过实施大范围的社会保险费减免来帮助企业渡过难关，但社会保险费用和住房公积金毕竟是较重的成本，是企业选择用工模式时应当考虑的重要问题。相较之下，其余三种用工模式中，用人单位或用工单位并不存在为工作人员缴纳社会保险及住房公积金的问题，用工成本较低。

此外，有些用人单位委托其他劳动用工公司或人力资源公司为劳动者代买社会保险，以降低用工成本，这是不可取的。根据《全国人民代表大会常务委员会关于〈中华人民共和国刑法〉第二百六十六条的解释》的规定，该行为还可能涉嫌诈骗罪等刑事犯罪。

具体规定如下：

全国人民代表大会常务委员会根据司法实践中遇到的情况，讨论了刑法第二百六十六条的含义及骗取养老、医疗、工伤、失业、生育等社会保险金或者其他社会保障待遇的行为如何适用刑法有关规定的问题，解释如下：

以欺诈、伪造证明材料或者其他手段骗取养老、医疗、工伤、失业、生育等社会保险金或者其他社会保障待遇的，属于刑法第二百六十六条规定的诈骗公私财物的行为。

至于劳务派遣这一用工模式，基于法律规定限制，注定只能成为补充和辅助模式。

首先，根据《劳务派遣暂行规定》第3条规定：

用工单位只能在临时性、辅助性或者替代性的工作岗位上使用被派遣劳动者。

前款规定的临时性工作岗位是指存续时间不超过6个月的岗位;辅助性工作岗位是指为主营业务岗位提供服务的非主营业务岗位;替代性工作岗位是指用工单位的劳动者因脱产学习、休假等原因无法工作的一定期间内,可以由其他劳动者替代工作的岗位。

用工单位决定使用被派遣劳动者的辅助性岗位,应当经职工代表大会或者全体职工讨论,提出方案和意见,与工会或者职工代表平等协商确定,并在用工单位内公示。

其次,《劳务派遣暂行规定》第4条第1款也规定:

用工单位应当严格控制劳务派遣用工数量,使用的被派遣劳动者数量不得超过其用工总量的10%。

还有,有些用人单位、用工单位采用劳动关系和劳务派遣关系区别对待的方式来处理,被派遣劳动者的工资远低于与用人单位签订劳动合同的劳动者的工资,这种方式违反了《劳动合同法》第63条关于被派遣劳动者"享有与用工单位的劳动者同工同酬的权利。用工单位应当按照同工同酬原则,对被派遣劳动者与本单位同类岗位的劳动者实行相同的劳动报酬分配办法。用工单位无同类岗位劳动者的,参照用工单位所在地相同或者相近岗位劳动者的劳动报酬确定"的相关规定,属于违法行为。

(2)《民法典》减轻了劳务关系模式下的用人单位责任

劳动关系由于受《工伤保险条例》等法律、法规、规章的调整,所产生的工伤赔偿责任属于最重的无过错责任,且用人单位应承担责任的情形不仅包含了劳动者在执行工作任务过程中受到的损害,还包含了劳动者上下班过程中受到的交通事故损害(非劳动者主要责任)等视同工伤的情形,且不可以通过约定予以减免。

而在劳务关系模式下,双方责任主要根据合同约定来区分。例如《民法典》第1192条第1款规定:

> 个人之间形成劳务关系,提供劳务一方因劳务造成他人损害的,由接受劳务一方承担侵权责任。接受劳务一方承担侵权责任后,可以向有故意或者重大过失的提供劳务一方追偿。提供劳务一方因劳务受到损害的,根据双方各自的过错承担相应的责任。

同时,《民法典》第 1173 条规定:

> 被侵权人对同一损害的发生或者扩大有过错的,可以减轻侵权人的责任。

上述规定将劳务关系模式下用人单位承担责任的原则,从无过错责任修改为过错责任,大大减少了用人单位的责任和风险。

此外,正如前述第一点的分析,对于工作人员造成的第三方损害,劳务外包和劳务派遣模式下,工作人员不属于用人单位员工,因而用人单位的赔偿风险较其他模式小很多。

3. 选择方法

那么,哪一种用工模式是最好的,笔者的回答是,没有最好的,只有最合适的。正如《孙子兵法》所言,“故兵无常势,水无常形;能因敌变化而取胜者,谓之神”。不同的行业应当根据其自身情况选择相应适合的用工模式。

例如金融业、交通运输、仓储和邮政业,由于其业务开展过程中存在较高的责任风险,且工作场所变化大,工作强度较高,且需要对工作人员的从业资质、安全意识、处理突发事件的能力等进行统一的管理和培训,以提高劳动用工的素质,降低发生损失的概率,就不适合选择用工风险最小的劳务外包模式来用工,劳动关系或劳务关系可能比较适合该行业。

但是,对于工作场所相对固定、用工技术要求不高、存在季节性用工等情况的传统服务业、批发或零售业而言,劳务派遣模式和劳务外包模式就是不错的选择。

比如,在“何念能与李四俭、沃尔玛(中国)投资有限公司武汉配送、山东菏泽安邦劳动就业开发有限公司侵权责任纠纷案”[案号:(2018)鄂 0115 民初 9201 号]中,沃尔玛(中国)投资有限公司武汉配送就通过签订《配送中心工作量外包合同》的方式,由山东菏泽安邦劳动就业开发有限公司安排合适员工到配送中心的指定场所工作。后山东菏泽安邦劳动就业开发有限公司安排的员工在工作过程中造成了他人损害,法院最终认定由山东菏泽安邦劳动就业开发有限公司作为用人单位承担责任,沃尔玛(中国)投资有限公司武汉配送无须承担责任。

综上所述,我们在制订或选择用工方案时,只有注重行业或用人单位的具体情况,才能够找到对企业等用人单位最合理的方案。

4. 改进要点

在合同实务当中,由于不同用工模式的合同条款皆有不同,我们选择了其中部分比较典型的条款进行介绍和示范。需要说明的是,如下写作要点主要从强势方角度展开思考:

(1)在合同当中增加工作人员故意或重大过失认定条款

例如用人单位可以在合同中直接写明,工作人员在执行职务的过程中应当做到哪些事项,如未做到这些事项,在何种情形下应当认定故意或重大过失,明确的过错程度判定条款对行使追偿权至关重要。以某货物运输公司的《劳务合同》当中的过错程度判定条款为例:

乙方确认并承诺,乙方已经认真学习了甲方所下发的规章制度、操作规程及货物运输过程中应当注意的各项法律、法规,掌握了各种突发情况的应对方案及处理办法。乙方保证在执行货物运输工作过程中,严格遵守按本条约定所学到和掌握的内容,做到遵纪守法,安全行驶,杜绝任何安全事故、交通事故的发生。

如因乙方违反本条约定造成任何第三方人身损害或财产损失的,视为乙方对造成的损害或损失存在故意或重大过失。由此造成甲方被第三方索赔或主张权利的,甲方因此而支付的所有费用,由乙方在甲方承担责任并通知乙方后3日内赔偿给甲方。

(2)在合同当中增加追偿权行使配合条款

例如用人单位可以在合同中直接写明,在发生工作人员履行工作任务致他人损害时,应当在第一时间通知用人单位,配合用人单位与受害方进行沟通协调,并将与损害相关的文件提供给用人单位。这样做的好处,是可以在第一时间了解事故的全貌,防止损失过高,更为关键的另一方面是,在用人单位与第三方存在合同关系的情况下,通过协商谈判让对方明确系依据侵权责任从用人单位处得到的赔偿,而非基于双方之间的合同约定,是非常重要的。因为如果用人单位承担的不是侵权责任,其将丧失对工作人员进行追偿的权利。以某装修公司《劳动合同》中的追偿权行使配合条款为例:

1. 乙方确认并承诺,乙方在完成工作任务的过程中造成任何第三方人身损害或财产损失的,乙方应在损失或损害发生后 2 小时内通知其主管领导,稳定受害方的情绪,收集和保存现场资料。在甲方派出的纠纷处理人员到达前,不得向受害方就赔偿作出任何的承诺或保证。

2. 在甲方派出的纠纷处理人员到达后,乙方应将收集的资料交付给该处理人员,如实告知与损失或损害发生相关的事实,并按处理人员的要求配合处理与纠纷相关的所有事宜。

3. 乙方没有按照本条约定履行配合义务,给甲方造成损失的,甲方有权根据《中华人民共和国民法典》中"侵权责任篇"的规定追究乙方的侵权赔偿责任。

(3)在《劳务外包合同》当中增加工作人员致人损害责任承担条款

以某用工单位签订的《劳务外包合同》中的外包工作人员致人损害责任承担条款为例:

1. 双方一致同意,乙方在向甲方派出工作人员履行本合同约定义务前,应当对所派出的人员进行业务培训和安全教育,确保派出的人员在履行本合同义务的过程中遵守国家法律、法规、规章及规范性文件的规定,并保证不发生任何的安全事故,也不会给任何第三方的人身或财产造成损失或损害。

2. 如乙方派出的工作人员造成任何第三方人身损害或财产损失的,由此产生的所有损害为损失均由乙方承担。如甲方因此而向第三方支付任何费用的,该等费用均由乙方承担。乙方应在甲方支付该等费用后 3 日内,按甲方发给乙方通知所载明的金额,将甲方所支付给第三方的费用支付给甲方。

（4）在《劳务派遣合同》当中增加被派遣者自身损害责任承担条款

根据《劳务派遣暂行规定》第 7 条的规定，“被派遣劳动者工伤、生育或者患病期间的相关待遇”等内容均属于合同双方可以自由约定的范围，因此，双方可以在合同中对劳务派遣单位的义务、被派遣人员损害的责任承担进行约定，对于强势方而言，可以降低自身的用工风险，对于弱势方而言，风险的增加也可以成为索要更多费用的谈判筹码。

以某用工单位签订的《劳务派遣协议》中的劳务派遣人员自身损害责任承担条款为例：

1. 乙方作为被派遣到甲方处提供劳务的人员的用人单位，应当按照国家的规定为被派遣人员进行安全和职业技能的培训，并应当按照国家规定为其购买社会保险，承担用人单位的责任。

2. 被派遣人员在为甲方提供劳务的过程中，无论是因为被派遣人员自身或第三方的原因导致被派遣人员人身损害的，相应的所有责任（包括但不限于工伤赔偿责任、非因工导致的疾病或伤亡而产生的赔偿或补偿责任等）均由乙方承担。

（三）仍需明确和解决的问题

在实践当中，用人单位在用工事务当中仍有很多的问题尚待明确，例如在因第三人侵权造成工伤的情形下，用人单位赔偿后是否可以享有部分追偿权、劳动者造成用人单位损失时用人单位应当选择何种方式主张权利、劳动者在双重用工模式下如何保护自己的合法权益等，均值得继续深入探讨。

笔者认为，《民法典》等新法出台给用人单位的劳动用工管理和风险防控提出了新课题，作为法律人应当积极研究对策和提出解决方案，帮助企业有效规避风险，创造更多的价值和财富。

作者简介

范宇翔 广东东舟律师事务所合伙人律师，先后毕业于成都大学及武汉大学，执业已逾十年，擅长通过整合劳动法、公司法、税法等领域知识为企业、客户降低成本，全面防控风险和创造财富，从业至今，参与处理的项目或案件总额已逾百亿元。

案例下载

希望下载文中的案例全文？扫码关注“高云合同”公众号，发送关键词“**劳动合同**”，自动获取。

延伸阅读

【实务问题1】中标方将中标合同条款当中的风险转嫁给上游供应商合适吗？

【实务问题2】合同关系条款、目的条款和鉴于条款的区别是什么？

【实务问题3】如何判断随意解约的条款效力？

【实务问题4】关于成套设备的质保期和保修期，例如零部件和成套设备的质保期如何确定？和保修期如何区分？

【实务问题5】经销合同当中遇到“最优价格”和“合理价格”定义分歧，如何解决？

【实务问题6】为了获得学位，需要签订房屋租赁合同，需要注意什么？

【实务问题7】客户发过来的外资银行贷款合同，作为借款人如何把握审查尺度？

【实务问题8】婚姻关系存续期间，一方以其夫妻共有财产签署保证合同有效吗？

【实务问题9】公司参与新项目投资或者接受投融资过程当中需要签署保密协议，如何审查和把控风险？

【实务问题10】融资租赁合同中，设备不合格，如何提出索赔？

【实务问题11】合同六法当中的谈法能够运用于日常生活当中吗？例如说服老公戒烟？

如果您希望获得包括前述问题在内的所有延伸阅读答案，扫描关注微信公众号“熊猫法律星球”，发送关键词“**合同分论**”，即可下载全文。

四、准　合　同

【不当得利】

不当得利的实务应用*

《民法典》合同编的第三分编准合同，将无因管理、不当得利和悬赏广告三种法定之债纳入合同编当中，其中第二十九章规定的就是不当得利制度，具体规定为第 985 条不当得利的除外情形、第 986 条善意得利人的法律责任、第 987 条恶意得利人的法律责任、第 988 条受损失人的追偿权，基本吸收了我国法律原有关于不当得利的内容。

但在司法实践当中，如何准确理解和适用不当得利制度，依然存在一些争议，这里和大家分享笔者曾经遇到的一个案例：

客户 A 老板与 B 老板做生意，双方虽然签订了书面的《买卖合同》，但合同当中没有约定明确的收款人和收货人。在实际履行当中，双方贪图方便，交货和付款都不在 A、B 之间进行，而是 A 根据 B 的电话指示，将货款通过银行转账汇入 C 的个人账上；B 根据 A 的电话指示将货物直接交给 A 的下家 D。对于上述的实际履行情况，双方都没有充分证据证明。

这个合同交易之初还算顺利，每次都是 A 先付款给 C，然后 B 交货给 D。后来 B 因为经营不善，蓄意赖账，在 C 收取了 A 一大笔钱后，B 就没有继续向 D 交货了。A 找 B 理论，B 谎称不认识 C，还称 A 付款给 C，还有 B 交货给 D，是各自独立的事，与 A、B 之间的合同无关。

---

* 作者：邱瑾。

到这个境地,A 才对当初的混乱追悔莫及,苦恼之余只能咨询律师意见。

笔者结合案情和证据,对比衡量合同违约责任和不当得利的法律规定之后,总结出解决上述纠纷的两种操作思路:

第一,提起合同违约之诉。

依据 A、B 之间的合同,起诉 B 违约。为了证明 B 存在违约行为,就必须举证证明 C 的收款、D 的收货均为接受 B、A 的指示。但是,这个方案的危险性在于,A 手头没有证据证明上述两个关键事实,根据民事诉讼"谁主张,谁举证"的基本原则,A 如果无法举证合同付款和交货行为均与 B 有关联的话,A 就有可能被法院认定证据不足从而面临败诉。

第二,先行提起不当得利之诉,再视情况而定决定下一步行动。

因为 A 付款给 C 有银行流水,这是本案当中最为确凿和有力的证据,A 可以不当得利为由先起诉 C,直接向 C 追回钱,或者通过 C 举出的证据另行起诉 B。

上述两种操作思路涉及的其实就是司法实践当中关于不当得利制度的两个争议焦点:

第一个争议焦点,什么是不当得利? 即在司法实践当中如何准确把握和认定不当得利的含义,具体的判断标准是什么?

第二个争议焦点,举证责任如何分配? 不当得利属于消极还是积极事实? 举证责任在原被告之间如何转换和分配?

(一)什么是不当得利?

根据《民法典》第 985 条规定,得利人没有法律根据取得不当利益的,受损失的人可以请求得利人返还取得的利益,不当得利是指没有合法依据,有损于他人而取得的利益。一旦发生,利益所有人有权请求不当得利人返还不应得的利益,不当得利者有义务返还。

在司法实践当中,如何判断不当得利,基本遵守如下要点:

第一,双方法律关系性质。

也就是得利方取得的利益没有任何法律依据,例如转错账、将代为保管的他人财物出售后获益等,这些都是比较容易理解的例子。

不过，不能仅局限于这个狭小的范围，有些案例是得利人原来有合法依据取得财产，但期限届满后合法依据已经结束；或者有些案例是得利人行使权利的范围超过了合法依据范围的，例如最高院在“江正云、陈玲娥不当得利纠纷二审案”［案号：(2018)最高法民终1163号］中认为：

本案系因何云根多次出借款项，江正云等五原审原告在2012年至2015年陆续归还借款本息，现江正云等五原审原告诉请主张返还超额支付的款项，故本案讼争纠纷虽因民间借贷而起，但并非民间借贷纠纷。江正云等五原审原告为返还超额支付款项而提起的本案诉讼显为不当得利纠纷，一审将案由确定为民间借贷纠纷不当，本院予以纠正。

另外一个例子是最高院在“樊迎朝、史三八不当得利纠纷再审案”［案号：(2019)最高法民再34号］中认为：

广州市番禺区人民法院(2013)穗番法民三初字第447号及相关民事判决确认案涉房屋为史三八所有，在此前提下，樊迎朝提起本案诉讼，请求判令史三八向其支付购房款以及相关费用。概言之，樊迎朝认为，生效判决认定史三八取得房屋所有权，但其未支付房款，故而构成不当得利。二审法院将本案定性为不当得利纠纷正确。

第二，有损他人利益而获益。

对于有损于他人而获益的认定也是实践中的难点，其中应正确掌握受益人的认定以及受益人的过错与返还范围的关系这两个要点。

对于认定是否为受益人，应从其对所得利益是否实际控制的角度来把握。例如最高院在“中国农业银行股份有限公司太原市城西支行、山西证券股份有限公司不当得利纠纷二审案”［案号：(2019)最高法民终450号］中认为：

山西证券公司并未取得不当利益，理由为山西证券公司基于储蓄存款合同对其账户内的资金并不直接享有物权，故涉案8000万元款项虽进入了山西证券公司在交行晋安分理处开设的账户，但上述款项汇入并不导致山西证券公司取得物权，本案也不存在因该款项汇入导致山西证券公司债务消灭或减少等获利情形。

对于受益人的过错与返还范围的关系，应按照《民法典》第986、987条的规定，在正确区分善意/恶意受益人的前提下，进一步确定不同收益人的返还范围。例如最高院在“刘忠友与南昌市市政建设有限公司、江西省福振路桥建筑工程有限公司建设工程合同纠纷申诉、申请案”[案号：(2017)最高法民再287号]中认为：

虽市政公司无法律根据取得600万元利益，致刘忠友受到600万元损失，二者之间构成不当得利，但因市政公司在取得600万元的次日，即按照辛国强的指示将该600万元转出至辛国强掌控的博世强公司，就市政公司而言，所受利益已不存在，不应向刘忠友负有返还义务。

(二)举证责任如何分配?

在不当得利案件当中，关于“得利没有合法根据”的举证责任如何分配，往往是难点。

根据最高院颁布的相关案例，最高院的基本观点是：认可原告对其主张的事实承担举证责任，但“得利没有合法根据”这一事实属于消极事实，基于公平原则，在原告完成初步举证的基础上，举证责任应当转移到被告处，由被告就其抗辩理由继续承担举证责任，若被告举证不能，则由其承担不利后果。

因此，司法实践当中的举证步骤和方法如下：

第一步，原告承担初步举证责任，通常为原告在起诉状当中写明认定被告不当得利的理由，例如说明原被告之间不存在合同关系，同时原告应当举出相应的银行转款流水记录予以佐证自己的说法。此时，可以视为原告完成初步举证责任，进一步的举证责任转移到被告处。

第二步，如果被告提出抗辩的，应当针对原告的主张和证据，提出相应的反驳理由，而且还应当就其获利的合法性进一步举证。若举证不能，则应当承担败诉的风险。

例如最高院在“郑祥、洪叶珊不当得利纠纷再审案”[案号：(2016)最高法民再39号]中认为：

认定洪叶珊是否不当得利，关键是认定其取得诉争款项是否具有合法依据。从举证责任角度分析，对得利没有合法依据的举证，系对消极事实的证明；权利主张人对于消极事实通常无法直接予以证明，而需要从相关事实中予以推导判断。这其中，得利被主张人对消极事实的抗辩，则会成为认定消极事实主张是否成立的直接证据。对于洪叶珊取得诉争款项是否具有合法依据，不仅郑祥需就其主张提供证据，洪叶珊亦需就其抗辩主张提供证据，人民法院在审核认定双方提交证据的证明力基础上作出认定。

类似的案件见"于特变电工股份有限公司与上海群灿建材经营部不当得利纠纷案"[案号：(2016)最高法民终 223 号]，最高院所持观点与上述案例相同。

综合上述两点，关于本文开头的案例，笔者当时提出的指导思路是"根据证据倒逼法律关系"，具体而言：

考虑到虽然 A 与 B 之间存在合同关系，但因 A 欠缺合同履行与 B 有关的证据，如果 A 固执于合同关系，很可能因为证据不足而败诉，因此 A 转而主张不当得利关系，通过举证责任分配规则，逼迫对方固定说法和主动举证，进而可以获得证明这笔债权法律性质的有利证据。

届时，A 再根据获得的证据，选择继续沿不当得利之路走下去，还是按照合同关系再行起诉，A 的主动权就大很多了。

根据本文前述的司法实践当中关于不当得利的举证责任分配原则，C 不能仅仅反对 A 的主张，还必须对其收取款项的合法性负有举证责任。因此，C 无非如下三种结果：

第一种，C 不出庭，法庭就会判决 C 默认 A 的诉讼请求，A 胜诉，C 必须将款项返还给 A。

第二种，C 出庭，举出证据说明这笔款项与 A/B 合同无关，那 C 就势必构成做伪证，有虚假诉讼的法律规定等着处罚 C，重者 C 还可能构成诈骗罪，承担刑事责任，A 因此也可以从 C 处将款项追回。

第三种，C 出庭，举证说这个款项其实属于 A、B 合同款项，那么 A 在这个案件当中就会败诉。但是，A 可以等待法院在判决书当中将上述查证事实写明，或者 A 拿到 C 在法庭上的举证证据后，就自己主动撤诉这个案件，然后再以新取得的证据，另行以合同违约之诉起诉 B，A 因此也可以从 B 处将款项追回。

A、B 之间发生纠纷除了履行合同不规范外，还有一个很重要的因素，即在合同中未约定指示付款和指示交货条款。如果事先在合同中约定有关条款，那么 A 既可以降低 B 违约的风险，也可以降低 A 的诉讼成本。

根据“高云合同六法”的知识体系，具体示范条款写法如下：

1. 交货条款

甲乙双方一致同意，乙方向采购订单当中指定的收货方交付完毕货物。在取得该收货方的收货证明后，视为已经履行完毕采购订单约定的交货义务。

2. 付款条款

甲乙双方一致同意，乙方收到采购订单下单方或该方委托的付款方按照本合同约定支付的相关款项，视同采购订单下单方亲自履行本合同约定的付款义务。

不当得利制度与合同制度相互配合使用，能够在保护当事人合法利益方面起到很好的作用，建议大家在合同实务当中充分注意到上述两者之间的密切联系。

作者简介

邱　瑾　河北鸿翔律师事务所执业律师。专注于刑事、民事合同专业领域法律事务，延伸领域涉及公司治理、股权架构、企业税务筹划等。执业理念：在通盘掌握法律体系的前提下，为当事人提供全面、高效的法律服务。

案例下载

希望下载文中的案例全文？扫码关注“高云合同”公众号，发送关键词“**不当得利**”，自动获取。

附录

一、从司法数据角度解读《民法典》合同编

想要获取《从司法数据角度解读〈民法典〉合同编》全文吗?

扫码关注“高云合同”公众号,发送关键词“**司法数据**”,自动获取。

二、《最高人民法院关于民事诉讼证据的若干规定》新旧条文对比精读

想要获取《〈最高人民法院关于民事诉讼证据的若干规定〉新旧条文对比精读》全文吗?

扫码关注“高云合同”公众号,发送关键词“**新旧证据**”,自动获取。

三、《九民纪要》与现行其他主要法律法规、司法解释对比精读

想要获取《〈九民纪要〉与现行其他主要法律法规、司法解释对比精读》全文吗?

扫码关注 “高云合同”公众号,发送关键词“**九民纪要**”,自动获取。